创新创业与数字管理系列教材

ENTREPRENEURIAL PRACTICE:

METHODS, TOOLS AND APPLICATIONS

创业实战

方法、工具与应用

卢世军　周丽　张晓春　余来文　编著

中国财经出版传媒集团
经济科学出版社
Economic Science Press

图书在版编目（CIP）数据

创业实战：方法、工具与应用 / 卢世军等编著 . --
北京：经济科学出版社，2023.6
创新创业与数字管理系列教材
ISBN 978 - 7 - 5218 - 4871 - 7

Ⅰ. ①创… Ⅱ. ①卢… Ⅲ. ①创业 - 高等学校 - 教材
Ⅳ. ①F241. 4

中国国家版本馆 CIP 数据核字（2023）第 107493 号

责任编辑：杜　鹏　郭　威　胡真子　常家凤
责任校对：李　建
责任印制：邱　天

创业实战：方法、工具与应用

卢世军　周　丽　张晓春　余来文　编著
经济科学出版社出版、发行　新华书店经销
社址：北京市海淀区阜成路甲 28 号　邮编：100142
编辑部电话：010 - 88191441　发行部电话：010 - 88191522
网址：www. esp. com. cn
电子邮箱：esp_bj@ 163. com
天猫网店：经济科学出版社旗舰店
网址：http：//jjkxcbs. tmall. com
固安华明印业有限公司印装
787 × 1092　16 开　18 印张　450000 字
2023 年 6 月第 1 版　2023 年 6 月第 1 次印刷
ISBN 978 - 7 - 5218 - 4871 - 7　定价：59. 00 元
（图书出现印装问题，本社负责调换。电话：010 - 88191545）
（版权所有　侵权必究　打击盗版　举报热线：010 - 88191661
QQ：2242791300　营销中心电话：010 - 88191537
电子邮箱：dbts@ esp. com. cn）

前　　言

　　创业充满机遇，但也险象环生，如果想要取得创业的成功，必须学会用系统思维统筹布局与创业相关的复杂元素，理论指导实践，在实践中打磨自己的创业模式，同时融合新的思想和工具，不断优化创业组织范式，提升创业绩效。具体来说，对于创业的整体把握可以从以下七个问题入手。

　　一是商业模式。商业模式是创业者要思考的第一个问题，商业模式也就是"企业是什么、有什么"这一问题，是创业者对创业行为的自我审视与建构，要清晰所有企业角色、关系、资源的商业逻辑。

　　二是创业团队。创业领导与团队管理回答了企业中"人"的问题，不同的人怎样形成团队、怎样发挥作用，由人组成的团队怎样运转，不同的人在创业过程中应当各司其职，发挥各自的作用，通过合作沟通进行磨合协作，使团队力量大于团队所有个人力量的总和。

　　三是商业计划。商业计划是企业对外展示、吸引投资时使用的"皮肤"，同时也是创业活动开展的行动准则。商业计划可以帮助创业者理清思路，它贯穿于企业从创业到辉煌甚至衰败整个发展过程的始终，是最好的创业工具。

　　四是产品和服务。企业向用户提供的产品和服务是什么？这是产品定位方面的思考。用户的需求呈现多元化趋势，对产品各方面的要求越来越高，从用户需求出发，定位产品，为用户创造更多的价值，这是企业产品开发唯一的捷径。

　　五是创业营销。有了产品就要考虑怎样把产品卖出去，创业营销就是在这种情况下诞生的，创业者必须要在创业营销方面深入规划，作出最优的价格决策、渠道决策和促销决策，让产品在市场上畅销，为企业发展持续"造血"。

　　六是创业融资。资金是制约初创企业成长的主要因素，只有获取充足的资金、对资金进行科学管理，企业才能安全地度过创业期，稳步提升自身竞争力。

七是创业运营。创业运营回答了"企业的生命怎样延续"这一问题，设计一个适合自身发展的创业运营模式必须理解创业运营的概念，将创业运营细分为各个不同的板块，优化资源配置，积累并形成企业的竞争优势。

以上就是本教材要与读者探讨的主要问题，本教材学习、参考了众多国内外专家学者的书籍文献和研究成果，部分内容引用了来自网络、报刊的数据和资料，已在参考文献中列出，对这些学术成果的作者深表谢意。此外，还要感谢伊若文、张怡瑾、张彤丹和周静等同学参与本教材相关资料的收集整理工作，以及谢汶君、余腾夏、梁志乔等同学参与书稿的反复研读和校订等工作。

笔　者

2022 年 11 月 27 日

目 录

第一章 创业管理概况

创业管理就是一个系统性地运用、组合创业要素的过程，运用管理手段使得创业团队能够高效运转，研究创业管理就是研究如何取得创业的成功。要系统性地理解创业和创业所需的各个要素，包括创业环境、创业机遇、创业精神以及创业模式，创业和创业管理两者是紧密相连的，同时要将创新的思想融入创业管理实践中，在全民创业的时代背景下，闯出自己的一片天地。

在个人创业中，有两个维度。第一，你要做未来的事情，要看未来的趋势是什么，你要比别人提前进入这个领域；第二，就是别的公司做不了的，或者它们不愿意做的，它们有包袱。

——58 同城 CEO 姚劲波

【学习要点】

☆学会识别创业机遇的方法
☆了解常见的创业模式
☆掌握创业管理模型

【开篇案例】

从电话呼叫中心到饿了么

一、企业简介

可以说外卖这一餐饮形式改变了中国人的生活习惯，根据中国互联网络信息中心在京发布第 48 次《中国互联网络发展状况统计报告》的数据，2021 年 6 月，我国网上外卖用户规模达到 4.69 亿人，占网民整体的 46.4%，其中稳居外卖市场份额第二名的"饿了么"值得关注。饿了么创立于 2008 年，服务范围覆盖全国多个省、市，是拥有 2.6 亿名用户和 15 000 多名雇员的大型互联网公司，同时拥有近 300 万名的"蜂鸟"平台配送服务人员。在过去的 14 年里，饿了么经历了曲折的创业历程。

二、把握创业机遇

饿了么的创业想法来自创始人张旭豪在学校里的生活经历，2008 年的一天，张旭豪在宿舍肚子饿准备点外卖，在那个时代商家的外卖服务并不普及，张旭豪联系的商家要么不提供外卖服务，要么打不通电话。于是他萌生了在外卖领域进行创业的想法。

这一创业想法很快就落地实施。张旭豪的团队联系了学校附近的几家餐厅，与这些餐厅合作向学校内的学生提供外卖服务，最开始的饿了么雏形是"传单＋呼叫中心"的模式，当时还没有设计出网站和应用程序，所以张旭豪亲自印制了外卖服务的宣传材料，在学校里分发"饿了么"的宣传单，可以说最开始的饿了么就是一个电话呼叫中心，张旭豪雇了几名电话客服和配送员，有订餐需求的用户拨打呼叫中心的电话，配送人员先到餐馆取餐然后再送给顾客，餐费由张旭豪团队代收，每周和餐馆结算一次费用。饿了么成立时，配送团队的力量非常有限，有时张旭豪还经常自己亲自去送外卖。就这样，饿了么成立初期的头一两年，张旭豪在工作中揣摩这个行业、揣摩商家的需求。

三、创业发展

因为他们是大学生创业者，没有丰富的创业或者工作经验，因此他们大多数时间都是在"摸着石头过河"，直到 2009 年，团队才开发出首个网络订餐平台，当时这一平台就被命名为"饿了么"，这一平台支持根据顾客的地址匹配符合商家配送范围的商家，网络平台的运营起到了很好的效果，当时入驻饿了么平台的餐馆超过了 30 家，日订单量超过 600 单，然而这时的饿了么却突发变故：小偷潜入宿舍将张旭豪的电脑等财物洗劫一空、一位配送员在送外卖途中遭遇了车祸、一辆进行配送服务的电动车被盗，于是饿了么改变了平台亲自配送的模式，取而代之的是让顾客在平台上下单而商家在平台上自动接单，由商家提供外送服务。

没有了配送力量的限制，饿了么团队开始进行业务扩张，平台推广。作为一个初创企业，业务的扩张最缺少资金，张旭豪采用的筹集资金方法是参加创业比赛。饿了么最开始获得的资金来自上海慈善基金会在 2009 年主办的创业大赛，饿了么团队的优秀表现赢得了 10 万元的全额贴息贷款，同年 12 月，张旭豪在欧莱雅举办的创业竞赛中获得冠军，冠军奖金 10 万元。通过参加各种创业比赛，饿了么团队用不到 1 年的时间得到了第一桶金，共计 45 万元，这笔钱帮助平台在上海实现了业务扩张。2010 年，升级版的饿了么网站上线，上海市的其他高校陆续被划入饿了么的"势力范围"，产品的使用人群也从单一的学生群体扩展到企业的上班族。

不久后，饿了么推出了行业首创的超时补偿体系，确立了以配送时间为核心的外卖服务评价体系，外卖服务更加规范。随着手机网页订餐平台的投入使用，饿了么的商业版图进一步扩大，2011 年平台的交易额突破 2 000 万元，张旭豪的创业团队也搬出了宿舍，成立了上海总公司和杭州、北京分公司。随后饿了么开发了网络在线付款的支付方式和升级版的餐厅结算方式，对于消费者而言整个外卖过程的便利性发生了质变，饿了么也是第一个做到网上订餐闭环运营的外卖平台。2014 年饿了么将业务范围扩展到江苏、福建、广东以及东北地区，获得了大众点评网的投资入股，两者成为深度合作的伙伴。

四、创业管理创新

1. "年费制"取代"抽佣制"

起初饿了么采取"抽佣制"的方式，当商户入驻饿了么，平台对商户收取 8% 的佣金。随着饿了么平台发展壮大，团队发现在用户习惯和商户习惯都没有养成的行业发展初期，将商户营业额按比例收取费用的方式使平台与商户产生了矛盾，平台商户取消接单，私下联系消费者交易的不规范行为肆虐，这种不规范的交易方式一方面使平台利益受损，另一方面缺少了平台的保护，消费者的权益也难以得到保证。于是饿了么团队对症下药，希望在盈利模式方面作出一些改变。同时期国外的服务类平台开始尝试软件即服务（SaaS）的模式，即按年付费的会员制收费。一番论证讨论后，饿了么创业团队认为对商户按年或按季度收费的模式可行，于是开始对入驻商户按服务时间收费，签约时间越长，服务费越划算，年费 4 820 元，如果只签约了三个月，则服务费用是 1 630 元。饿了么团队成员至今仍对这个数字印象深刻，把商户按营业额比例付费的模式转变为按服务时间收费，平台使用者更喜欢这种固定收费的模式，多出来的盈利都是自己的，商家购买的是饿了么平台对商家的服务，而自己挣到的钱全部是自己可支配的，没有必要跳单、绕过平台进行交易，整个平台的服务规范化程度得到了提高。

2. 创新接单系统

传统的外卖接单模式是当顾客下单以后，订单信息通过平台，用电话或短信的方式传递给商家。饿了么对这一模式进行了创新，饿了么团队从一个很小的角度切入，在入驻平台的商家店铺里安装一个专门用于接单的小型电脑，当顾客预订了商家的食品，商家只需要在接单电脑上点击一下，详细的订餐情况就可以打印出来，便于商家准备食物，提升效率的同时也便于外卖配送员进行服务，商家平时运营过程中各种杂七杂八的小事情全部得到了解决，这种创新设计的接单模式使大量商家选择饿了么平台。通过半年的运营，饿了么的市场竞争力大幅提升，从市场份额小、落后于竞争对手的被动转变为绝对的主动，这一在接单系统上的创新也奠定了饿了么在行业内始终走在前列的竞争基础。

五、结论与展望

基于以上三点，可以看出饿了么从一个简陋的"呼叫中心"发展为改变国民生活方式的外卖平台，其创业中的创新思想以及创业者积极、执着的创业精神对它的成功至关重要。尽管饿了么已经覆盖了全国大部分的区域，外卖的便利程度已经很高，但饿了么继续在服务效率、满足消费者个性化需求、整合生活服务板块生态资源方面展开探索，希望未来能进一步改变人们的生活方式。

参考资料：

[1] 唐安. 外卖 O2O 商业模式分析及发展建议——以"饿了么"为例 [J]. 中国物价，2021（8）：101 – 103.

[2] 李康宏，项瑜嫣，周常宝. 外卖江湖　谁主沉浮？[J]. 企业管理，2021（1）：80 – 83.

第一节　创业概述

一、创业的概述

1. 什么是创业

创业是一种普遍的社会现象和人类活动，每个人都对创业有不同的理解，但如果要准确地对创业进行定义，可能又是一件非常困难的事情，学者们给出的定义也很多。张玉利（2006）认为创业的本质是创新，是变革。创业就是有价值的商业机会和有创业精神的个体的结合，是创造性地整合资源、创新和把握机会，开创新事业。创新包括制度创新、技术创新、管理创新。彼得·F. 德鲁克（Peter F. Drucker, 2007）认为，创业是一个过程，创业者承担着来自财政上、心理上的风险，投入一定的时间和精力，获得物质性和精神上的回报，收获成就感。梁宏（2015）认为创新是创业的基础，而创业推动着创新。一方面，人们生产生活方式的变革通过科技和思想观念的创新而不断促进，为整个社会不断地提供新的消费需求；另一方面，创业活动是一种开创性的实践活动，在创业实践活动中主体的主观能动性得到充分的发挥，这在本质上体现了创业是人们的一种创新性活动。

实际上人们对创业的理解经过了不同的阶段（如表 1 - 1 所示）。

表 1 - 1 不同时期的创业定义

创业认知阶段	学者	观点
特质观	威廉·比格雷夫（William Bygrave, 1989）	首创精神、想象力、灵活性、创造性
	奈特（Knight, 1921）	成功地预测未来的能力
组织观	加特纳（Gartner, 1985）	创业就是建立新组织
	管理学会杂志（The Academy of Management, 1987）	创办和管理新业务、小企业和家族企业
市场观	伦普金和德思（Lumpkin and Des, 1996）	创业是开创新事业的行为，本质是产品进入市场
机会观	柯斯纳（Kirzner, 1973）	正确预测下一个不完全商场和不均衡现象在何处发生的套利行为和能力
	尚恩和文卡塔拉曼（Shane and Venkataraman, 2000）	创业就是发现和利用有利可图的机会
领导观	杰夫里·提蒙斯（Jeffry A. Timmons, 1999）	创业是一种思考，品行素质，杰出才干的行为方式，需要在方法上全盘考虑并拥有和谐的领导能力

（1）特质观。对"创业"进行的研究起源于早期西方学者对企业家特征的研究。法国经济学家康狄龙（Cantillon）在 18 世纪将创业行为定义为以一定价格买入但以不确定价格卖出的行为，在这一创业行为中，承担风险的就是创业者，不承担风险的就是普通雇员，创业的概念基于创业者，因此随后大部分学者都以创业者的特征来定义创业，例如创新、不确定性、从不完全信息中套利、超前行动、产品开发、管理团队等关键词。

（2）组织观。用创业特征来定义创业存在漏洞，因为早期理论无法完全列举创业成功的全部影响因素，且这些创业特征未必与创业的结果相关联，具备创业特征的创业可能失败，而不具备创业特征的创业反倒有可能成功。学者们开始转变思路，仍然是从创业者的角度出发定义创业行为，这部分学者将创业同新组织的创造划等号，如我国学者张玉利（2004）认为，创业是创业者从产生创业想法到新组织创建的完整过程。

（3）市场观。市场是复杂多变的，创业的新形式也逐渐涌现出来，不仅仅是新组织可以创业，成熟的企业同样可以进行再创业，且创业活动的主体和形式发生了扩展，将创业等同于组织创造在这种情境下已不再适用。有学者认为创业就是产品进入市场，创业可以等同于开创新事业，只要是"产品进入市场"的行为都可以称之为创业，不论是新产品进入新市场、新产品进入既有市场还有既有产品进入新市场。这一类模糊定义获得了广泛的认同，然而这一概念将任何扩大市场的行为都算作创业行为，一些毫无新意的开扩市场的营销行为也因此定义被划入了创业的范畴，这显然是不准确的。

（4）机会观。创业就是进入市场的观点在一定程度上成为阻碍创业活动发展的绊脚石，传统的观点均从什么是创业者来定义创业行为，创业机会观学说开始从"什么是创业机会"来解释创业。创业机会是通过新的手段、目标或手段目标关系引入新产品、新服务、新材料、新市场或新的组织方式的情形，基于此，创业就是机会发现与利用的过程，创业者的使命就是要弄清楚怎样才可以发现新的机遇，然后将这些机遇按照一定的方法去发展成为一个成功的商业组织。基于机会观的创业概念获得了更广泛的认同，是目前对创业理解的主流观点。

（5）领导观。创业领导是指在创业组织或群体内，为实现组织预定的创业目标，运用其影响力，影响被领导者的行为，并将其导向组织目标的过程。创业绩效是由创业跟随者的群体活动创造出来的。领导者具有更高的谈判、沟通、社交等与别人共事合作的能力，在知识、经验、技术、自信、创新等方面胜人一筹，具体表现为在创业过程中审时度势、分析决策、统揽全局、放眼未来的能力。

对于创业始终没有官方权威的定义，创业在一些角度上表现为追求利润、创造价值、追求成长等，这些都是创业活动努力想要实现的目标；寻求机遇、创新求变、将不同的资源和生产工具进行全新的排列组合、开发改进发展新业务是达到目的的一种方式；承担风险、高瞻远瞩、居安思危，这些是创业的特征。我们应当从多个不同的视角来界定创业，创业的界定由窄而宽。从狭义上分析，创建一个新的公司是创业，通过看一个人是否在做生意就可以分辨出他是否在创业。从更宽泛的角度来看，创业就是"创"新事业，凡是在新环境中开发新的商品或事业的人或群体，创造新事业就是创业。总之，创业是创业者及其团队对他们拥有的资源进行优化整合，从而创造出更大经济或社会价值的过程，同时也是一种需要创业者及其团队组织经营管理的行为。

2. 创业的要素

如图 1 - 1 所示，创业包括以下四个要素。

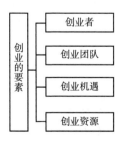

图 1 - 1 创业的要素

（1）创业者。从词源学角度来看，"创业者"与"企业家"的英文单词均用 entrepreneur 表示。从时间上来看，"创业者"最早出现于 18 世纪的法国，在经历了古典经济学、新古典经济学和现代企业家理论等学派近三百年的研究历程后，演变成为现代管理学意义上的创业者概念。创业者是指发现某种信息、资源、机会或掌握某种技术诀窍（know how），利用相应的平台或载体，创造财富、价值的人。法国经济学家让·巴蒂斯特·萨伊（Jean-Baptiste Say，1800）将创业者描述为将经济资源从生产率较低区域转移到生产率较高区域的人，并认为创业者是经济活动过程中的代理人。著名经济学家约瑟夫·熊彼特（Joseph Schumpeter，1934）则认为创业者应为创新者，即具有发现和引入新的更好的能赚钱的产品、服务和过程能力的人。创业者是整个创业进程的核心个体或群体，在整个创业的进程中，创业者的个性、认知、决策以及多个层面的特征都对创业机遇的识别，创业组织的建立，融资，创业资源的收集、分配与利用，创业产品的开发、营销和产品创新产生重要的影响。

（2）创业团队。创业团队是为开展创业活动而形成的利益共同体。两个或多个拥有共同创业思想和价值观，且同时具备创业意愿的创业者组成创业团队，为了达成创业的目的，创业团队的成员共同承担风险、分享收益，他们为实现共同的目标而共同承担责任，分享快乐，紧密团结在一起，为创业团队的发展而努力。创业团队的成员可以在各自擅长的领域大显身手，共同为创业团队的发展出谋划策，规避因个体认知偏差而产生的潜在危险，从而为初创公司创造可观的社会和经济利益。优秀创业团队具有的基本因素有：一个胜任的团队带头人；彼此十分熟悉，能够相互很好地配合的团队成员；创业所必需的足够的相关技能（陆雄文，2013）。

（3）创业机遇。创业机遇就是增加创业者创业成功率的偶然机会和时机。创业机遇是一种对创业者创业活动有利的条件、环境，它具有偶然性、时效性、环境制约性、风险性、隐蔽性、竞争性等特征。创业机遇是创业活动的起点，创业者把握住创业机遇，产生创业想法，于是将想法转化为创业行动。创业机遇在创业过程中具有重要作用。在一些创业故事中，机遇识别似乎瞬间完成，这是一种错觉和误导。对于创业机遇的研究，是现代创业理论研究的核心，不同的创业机遇价值也不同，同样的机遇让不同的创业者来开发，效果也会差异巨大。创业的实质是具有创业精神的个体对具有价值的机遇的认知过程，包括机遇的识别、评价和建构等环节。创业机遇有多种类型，如战略机遇、战术机遇、当前机遇、未来机遇、现实机遇、潜在机遇等（黄迎富，2022）。

（4）创业资源。创业资源是指创业企业在成长过程中，所需要各种要素、条件和信息的总称，包括一些有形或无形的资源，如资金、资产、信息、技术等。创业资源是创业企业在成立之初赖以运作的基础，是企业生存和发展的基础条件，创业企业的成长容易受特定资源不足的影响而受到限制，因此，在创业企业发展过程中尤其是企业成立之初，资源获得与整合显得尤为重要（尹然平，2022）。在现有创业研究中，学者们通常将创业资源划分为两大类：一类是运营性资源，主要包括资金资源、技术资源、人力资源、物质资源等；另一类是对新企业生存和发展具有关键作用的战略性资源，主要是指知识资源（朱秀梅、费宇鹏，2010）。为成功实施创业，需要将各种形式的创业资源进行整合。创业者是否能够成功地利用好创业机遇，从而促进企业的发展，通常取决于他们所拥有的创业资源数量多少，以及是否能够合理地使用创业资源。杰出的创业者在创业的历程中表现出来的重要创业技巧就是如何有效地利用创业资源，尤其是那些可以创造持续竞争优势的资源。特定的企业资源和独特的资源配置是初创企业取得高优绩效的关键。

二、创业管理的概述

1. 创业管理的概念

创业管理是指通过捕捉和利用创业机会，组织优化创业资源，以创造价值为最终目的的过程，也是企业管理层不断延续和注入创业精神和创新活力，增强企业战略管理柔性和竞争优势的过程。通常而言，创业管理就是一个系统性地运用、组合创业要素的过程，运用管理手段使得创业团队高效运转。这种组合并非仅靠某一基本因素就能够起到作用，而是需要系统性地进行全局规划，来判断能否帮助企业提高效率。创业管理还必然要囊括到整个企业的创新性活力、创业者的冒险精神、创业者的执行能力以及整个创业团队的整体性团队精神等。

2. 创业管理模型

当前主要有以下几种创业管理的模型。

（1）加特纳模型（Gartner model）。学者威廉·B. 加特纳（William B. Gartner）认为创业管理就是有效处理各创业管理要素，使创业组织高效运行，加特纳将个体、创业组织、创业环境和创业流程作为创业管理综合分析框架的四个要素，个体是新企业创建的行动者，创业组织是新企业的类型，创业环境是企业或组织所面临的经营环境，创业流程是创业活动的实施过程，充分研究这四个要素以及相互作用关系，才能够全面诠释创业的过程。

（2）蒂蒙斯模型（Timmons model）。学者杰弗里·A. 蒂蒙斯（Jeffrey A. Timmons）提出了蒂蒙斯模型。蒂蒙斯模型的基本假设是，一段创业历程始于一个机遇，在一个特殊的时间里，团队、机会和资源的组合将会影响一个企业的成败。如图 1 - 2 所示，创业团队要想顺利进行创业活动，就要努力实现创业机遇、资源和团队三者的动态均衡。创业过程是从机遇开始的，只有获得了足够的资金并组建了一个创业团队，这个项目才可以继续下去。特别是在企业起步阶段，对机遇的挖掘和筛选是至关重要的；而在企业达到一定规模之后，最重要的是如何建立起一个创业团队；在新业务开始平稳运行时，对创业资源的要求会有所提高。蒂蒙斯模型注重动态和灵活性，指出机遇、团队和资源三个要素在空间和时间上都会因为比例的变动而出现不均衡。优秀的企业经营应适时把握企业经营的侧重点，适时地作出相应的调整，以达到企业经营的均衡。

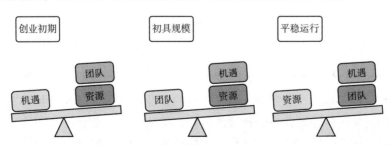

图 1 - 2　蒂蒙斯模型创业管理战略示意

（3）莫里斯模型（Morris model）。学者莫里斯·M. H.（Morris M. H.）提出了创业过程的输入—输出模型。环境机会、创业者、组织环境、商业概念和资源要素是"创业输入"的内容（如图1-3所示），这些关键输入要素经过识别创业机会、评估并获取必要资源和贯彻实施等创业过程，产生创业的输出即创业强度。而因为创业强度的差异，最终结果可能包括一个或多个进行中的新事业、价值创造、新产品、新技术、利润、工作和经济增长等。

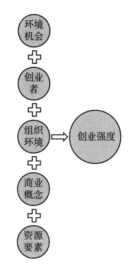

图1-3 创业过程的输入与输出

3. 创业管理与传统管理的区别

创业管理与普通的企业经营管理有所不同，创业管理的重点是对创业企业的基本创业活动进行探讨，当对企业的管理层进行深度研究时，创业管理要关注的是怎样加强对创业团队的激励，提高公司的创新能力，加强公司基础策略的灵活性和基础能力，强化创业企业现有的创业精神或开发出新的创业精神内涵。如表1-2所示，传统管理与创业管理存在以下四方面的区别。

表1-2　　　　　　　　　传统管理与创业管理的区别

项目	传统管理	创业管理
时代背景	工业革命之后	信息化社会
研究客体	大型公司	所有公司
研究出发点	提效	成长
内容体系	规范	创新

（1）时代背景不同。工业革命之后，传统的企业经营管理理论开始形成并逐渐趋于完善。如今的世界正在经历着一个转型的过程，将从一个工业化的文明逐步过渡到一个消费型的文明，从工业化的社会过渡到一个信息化的社会，时代背景的转变造就当今的主要经济主体是创业型的组织。纵观大部分传统的经营管理模式，人们将研究的重点聚

焦"产品"，以技术为主导，同时还要考虑到其他与产品的周期相关的因素，例如营销、研发。如今，重要的商品整体上的使用寿命正在不断地减少，产品的生命周期缩短，如何迅速地打入市场和稳健地撤出市场是应对之策。创业是一个发掘产业链机遇的途径，在企业发展的全过程中，成功都是通过迭代的机遇而取得的，否则，全球的革新将减缓，技术发展减缓，经济发展将减速。

（2）研究客体不同。传统的管理理论更适用于大型公司，对于小型组织却缺乏关注。创业管理的研究基于所有进行创业活动的客体，小型初创组织可以借用创业管理的理论进行管理，已经形成规模的大型组织同样可以进行创业管理，维护自己已经取得的创业成果。

（3）研究出发点不同。传统的管理理论研究的是考虑效率和效益的最优决策，一切都是为了让企业盈利，提高绩效，而创业管理更看重如何有效识别、利用创业机遇，从而帮助自身成长，传统管理出发点是"提效"，而创业管理出发点是"成长"，两者的研究出发点明显不同。

（4）内容体系不同。传统的企业管理理论研究各种管理职能，使用管理职能管理企业生产和运营；然而创业管理要更充分发挥整个体系的功能，重点要从总体的协同出发，强化企业经营效能的提高。普通的企业管理侧重于规范，创业管理侧重于创新。

三、　创业环境

创业环境是指使创业活动客观存在的情景和条件。企业经营环境包括内部环境和外部环境两个方面。早期的创业研究侧重于考察创业者的才能、个性特质和文化背景等内部环境，随着研究的深入，创业的外部环境也引起了学者们的重视，并成为创业研究的核心要素。本部分所涉及的创业环境更多的是指外部环境，即创业者建立新企业或开发新业务的环境。

1. 创业环境的类型

（1）政治法律环境。政治法律环境是指创业企业所在国家或地区的政治情况、法律法规和其他各种企业经营相关的制度。不同国家的社会体制各不相同，对商业行为的约束和规定也不尽相同。有时即便在同一个国家，也会因为不同时期的政治状况发生变化，对企业的政策也发生变化，以上种种都会对企业的创建产生影响。适宜的政治法律环境可以为创业者创造新的市场机会，有利于企业获得创新性发展。例如，政府制定的税收优惠政策、金融政策、贸易政策、福利政策等会直接影响创业者的创业决策和企业的选择。另外，创业者所在的国家或地区的法律法规对创业行为意愿具有显著影响，创业成本高、对创业行为约束严格的地方，个人成为创业者的意愿很低。通过政策扶持、法律规范和优质的服务，营造公平、友好的创业氛围，可以促进创业的发展。苛刻的法律法规、高税率、难以获得贷款，都会阻碍创业活动的发展。

（2）经济环境。经济环境是影响创业企业活动的重要环境因素。宏观经济周期的波动，经济运行方式、经济形势、经济结构、经济政策等的变化，无时无刻不在催生或者压制创业的发展。创业是否恰逢其时，取决于消费需求、物流配置、资金融通、劳动力市场的现状。例如，有许多地方建立创业园区以吸引创业者来此地创业，这就是在营造一个良好的经济环境，经济因素直接影响各种经营战略的可行性，对新创企业制定战略决策非常重要。

（3）科技环境。以计算机技术、信息技术、生物工程为主的新技术革命，使人们的生活方式、商业活动发生了深刻的变革。并不是所有的技术进步都对新企业有利，只有新的柔性技术的实现才是导致新企业纷纷出现的最具决定性的因素，适合大批量生产的标准化的技术天生就是"非柔性"的，更有利于大企业。当顾客更愿意去选择新技术的时候，这就给新企业带来了市场机会。对技术环境的研究，不仅要注意科技的发展和演变，还要掌握技术投入和支持的力度、技术的发展趋势和费用的总额、技术商业化的速度以及专利权和对技术的保护。

（4）社会文化环境。社会文化环境包括地区通用语言、居民风俗、人口结构、宗教信仰、受教育程度等因素，社会文化环境的差异形成了人们的需求差异。社会文化环境对于创业活动具有不容忽视的重要作用。一种有利于创业的社会文化将有效地影响创业个体的人格特征，这样的社会文化长期影响个体，就会形成竞争合作并存、和谐友好的社会环境。创业文化一定蕴含公正平等、竞争合作、开放包容、创新等精神，其中鼓励创新、宽容失败是尤为重要的创业文化。

（5）自然环境。自然环境包括地理位置、气候条件和资源条件。一个国家或区域拥有特定的资源、运输便利和适宜的气候对于企业家来说都很关键。原材料短缺、能源成本上升以及对环保的紧迫需要，促使企业家们在开发新材料、新能源或能源节约型的新能源领域创业。同时，新成立的公司要尽可能充分地挖掘和使用本地的各种资源。如果企业家们的行为能够促进地方的发展，那么他们的公司就会得到本地的拥护和顾客的忠实。

2. 环境对创业的影响

创业活动形成与发展是由其所处的创业氛围所决定的。外在的环境会给创业群体带来正面或负面的冲击。营造一个和谐的创业氛围，可以让创业者在市场中进行公平的竞争，并在整个社会营造起一种相互竞争与协作的氛围，从而提升创业者的积极性，培养创业者的亲和力和人格魅力。良好的创业氛围是指社会经济文化在一定时间和空间内的发展状况，有助于创业者或创业群体的形成与涌现。

（1）创业环境影响创业发展。通常某个地区的创业环境好，当地的创业机会就会增加。好的创业环境意味着在融资渠道、融资成本、创业培训与信息、人才供给、法律支持等方面具有更多的便利和优势，从而增加创业成功的可能性。当创业者认为自己所处的创业环境是友好的，创业者可以在激励创业的宏观环境或微观环境里大展拳脚，开拓创新。创业环境好，创业者的意愿被人尊敬，创业行为有更大概率被扶持，在这种情况下创业者的才能被充分地利用，并且所取得的成就可以被所有人认可。可见良好的创业机会会带来更多的商机，这是一个良性循环的过程。某些环境因素也会带来负面影响，减少企业的机遇。

（2）创业环境决定人才吸引力。作为一个城市的实力体现，人才倾向于选择创业环境较好的区域，创业早期自然需要"招兵买马"，人才资源也是初创企业最为宝贵的财富。例如深圳在改革开放之后，地理位置优越、城市建设完整、生活便利、政策大力支持，可以说是拥有得天独厚的创业环境，并以优良的创业环境吸引了大批创业者和人才，成为创业人才的聚集地，经济得以快速发展。

总之，创业环境对创业机会的选择、创业活动的开展、创业的成功以及创业者的成长，都具有十分重要的作用。

四、 创业时代的机遇

1. 意识：什么是创业机遇？

创业因机遇而存在。机遇是具有时效性的有利情况，往往是没有被满足或没有被充分满足的市场需求。创业者识别创业机遇要敏锐地注意到有利情况，捕捉甚至创造出创业机遇。创业机遇存在的意义在于满足消费者的需要，为消费者所认识和未认识到的现实问题提供服务，从而使他们的生活更加美好。创业机遇来源于环境的变化，或发现未被发现的领域，主要有四种突破口（如图1-4所示）。

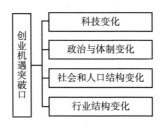

图1-4　创业机遇的突破口

（1）科技变化。科技变化可以让人完成以往不能完成的任务，也可以让他们更高效地完成以往较低效率的工作。

（2）政治与体制变化。政治与体制变化清除了以前的限制和阻碍，重新审视某种经济要素的价值，产生更多新利益。

（3）社会和人口结构变化。社会和人口结构变化改变了宏观层面的市场需求和消费结构，由于社会发生了变化，因此有可能产生一些原本不存在的需求，这便是创业者可以把握的创业机遇。

（4）行业结构变化。行业结构变化是指行业中某些重要的企业消失，不再涉足此行业，或者发生了企业兼并，使得本行业市场格局、市场占有率、市场竞争情况发生了变化，由于行业的变化，产生了一些新的创业机遇。

没有变化，就没有创业机遇，创业者应善于创造性地利用变化。

2. 认知：识别创业机遇

如图1-5所示，创业机遇识别的方法较为常用的有以下五种。

图1-5　创业机遇识别的方法

（1）新眼光研究。读别人的研究成果和发表的著作时就是一种研究。通过网络查找资料，找到你所需信息的报刊报道，这些都是研究方式。获得大量的资料有助于找到问题并能更迅速地解决问题。"新眼光"就是在自己做研究的时候多问问题，跳出原来的思维定式，随着自己不停地学习、质疑，"新眼光"就会继续发展，直到发现可以进行尝试的创业机遇。

（2）系统分析。事实上，大部分创业机遇都能通过系统分析的方法挖掘出来。从公司的大环境（政治、法律、技术）入手，在消费者、对手、供应商的变化中寻找机会，通过市场调查在市场变化中寻找机会，这是创业机遇发掘的普遍法则。

（3）问题分析。问题分析需要确定某个消费者或某种类型消费者的需求，以及给他们造成不便的问题。这些问题可能显而易见，也可能难以被发现。通过分析问题的方法寻找创业机遇，可以先从"怎样让消费者的处境更好"找到突破口，这要求创业者深入了解消费者的个人特点、生活习惯，分析其需求。

（4）顾客建议。一个新的机遇可能会由顾客识别出来。顾客建议有多种形式，最常见的顾客建议是在与顾客的沟通中，顾客会提出一些诸如"如果这样改变那么会不会有更好的结果"这样的非正式建议。有的顾客也会选择非常详尽和正式的短文形式提出建议。无论使用什么样的手段，从顾客那里得到的建议最接近真实的市场情况，创业者必须重视这些建议。

（5）创造需求。在高新技术领域，最普遍的做法是围绕创业活动想要满足的市场目标，主动地开发出与之对应的新技术新产品，或者是已经有了新技术新发现，探讨这项发现可以怎样进行商业转化然后进行实践。创造机会是最困难的，也是最危险的，但创业团队一旦成功创造了需求，它的收获也会更大。

3. 行为：对创业机遇进行加工

创业者需要在企业经营和市场活动中获取信息，然后将有价值的信息加工升华为创业机遇，在创业机遇的加工过程中，创业者的启发式思维和系统思维对创业机遇的加工非常重要。创业机遇的加工本质上是对信息进行加工的过程，为了共享信息、创造新知识、建构机会，创业者必须找到方法证明自己挖掘的创业机遇是科学的。

专栏 1-1

蓝斯通信：将社会痛点转变为创业机遇

一、企业简介

蓝斯通信是智慧公交系统、智能交通整体解决方案服务商与供应商，2021年被评选为"中国智能公交行业十大优秀企业"，在全国的公交车载设备系统市场中占据了大量的市场份额，包括公交车操作设备、刷卡设备、行车监控、客流记录仪和调度运营等。随着企业规模的扩大，蓝斯通信的产品范围也逐渐扩展到智慧出租、智慧校车以及互联网出行的核心软硬件产品。

蓝斯通信成立初期，主营业务是为工程项目提供通信硬件设备，后来企业发现了在智能公交领域的创业机遇，抓住了创业机遇，一路发展成为行业的技术引领者。

二、公共交通的痛点：效率与安全

蓝斯通信一直都是以解决痛点作为创业的出发点，让新产品新系统的开发以实际需求为导向，提高产品研发的效率。一直以来，效率与安全问题都是公共交通最重视的痛点问题。

在10年前尚未普及智慧公交的时代里，公交车上时常发生盗窃案件，由于当时公交车监控设备尚未普及，小偷在实施盗窃之后往往逃之夭夭，很难将这些不法分子绳之以法，于是蓝斯通信开发了一套公交车实时监控系统，监控设备的存在对于不法分子起到了威慑作用，一旦发生盗窃案件，也可以帮助警方调查取证。

等待公交车的时候，在高峰期因为交通拥堵可能出现等待很久都等不到车辆的情况，要么车辆不进站，要么同时有好几辆车同时进站，导致公共交通利用效率低，蓝斯通信根据这一社会痛点，开发了提升公共交通调度效率的"智能调度运营管理系统+客流统计系统"。智能调度运营管理系统可以做到实时采集一条公交线路所有车辆、司机的情况，数据通过公交车上的车载终端传输至公交车的调度中心，当车辆在行驶途中遇到了拥堵，调度中心的工作人员可以根据路况和空闲车辆的实际情况，调动其他空闲车辆进站或缩小发车间隔。客流统计系统用视频采集的方式收集不同时间段、不同站点的上下车客流量以及实时的载客情况，通过客流数据分析，为车辆的发车计划优化、高峰期调度以及线路的设计改进提供依据。

三、AI技术解放人力

公共交通行业的另外一个痛点是调度难度大，高峰期工作量繁重，仅凭人脑作出判断难免出现错误和疏漏。蓝斯通信在公交调度领域开创性地引入了人工智能技术，取代了人力，让乘客和公交客运企业同时受益。一方面对于市民，人工智能系统依据市民的投诉和反馈，通过数据分析，研究不同线路客流情况和现有公交线路汇集情况，得出各种客流数据的分析报告从而进行线路的规划和布局，市民直接感受到出行的便利性提高，等车时间缩短，满意度大幅提升。另一方面对于公交客运企业，人工智能技术的应用节省了车辆调度方面的人力，在一定程度上可以取得减少车辆投入却提高客运效率的效果。

蓝斯通信成立初期还仅仅是一个10余人的小型创业团队，厦门公交集团公开向全国招标智能公交系统，各企业将自己开发的设备安装在公交车上，在实际环境下进行测试，蓝斯通信的智能公交系统效果最好，一个小型创业团队的产品得到了厦门公交集团的认可，厦门市的公交车安装了蓝斯通信的系统。安装了智能公交系统后，厦门市公交客运的运营效率大幅提升，事故率也下降了30%。

四、便利乘车革命

为了顺应移动支付迅速、大面积覆盖支付体系流行的趋势，蓝斯通信在全国率先推出了全支付系统。全支付POS机是一款集公交卡支付、微信支付、支付宝支付、银联支付以及苹果支付、华为支付和三星支付等手机NFC支付功能于一体的新型车载智能POS终端，并通过CCC、银联PBOC3.0L1、银联PBOC3.0L2、住房和城乡建设部认证，可无缝接入全国互联互通系统平台，全方位满足客户的需求。

五、结论与展望

基于以上三点，蓝斯通信抓住了城市公共交通智能化转型的创业机遇，发展成为智能公交领域的技术领跑者。蓝斯通信未来将继续完善智能公交整体解决方案，探索产品在公共交通以外领域的应用，将产业链的深度和广度进一步推进。

参考资料：

[1] 张亦弛，赵鹏超，谢卉瑜. 中国智慧公交示范现状分析及展望 [J]. 时代汽车，2021 (6)：35-38.

[2] 《福建省"城市智慧公交"系列标准》通过专家评审 [J]. 城市公共交通，2022 (5)：5-6.

第二节　创业发展

一、国内创业现状

2021 年，中国的创业生态环境在全球 100 个主要经济体中排名第 7 位，位居亚洲第一，中国有 6 个地区的创业生态环境进入全球前 50，其中北京和上海分别位列全球排名的第 3 位和第 7 位，深圳、香港、杭州和台北也在榜单中名列前茅。世界知识产权组织发布的 2021 年全球创新指数报告中，中国位列第 12 名，贸易、市场规模以及知识型人工等指数均处于全球领先位置。上述国际机构的研究表明，近年来中国的整体创业生态较好。①

1. 创业数量

创立企业是进行创业的一种最常见的形式，一个国家或地区的创业活力通过企业的注册数量可以略知一二。近年来，全国每年新成立的市场主体数量大幅提高，在 2013 年，我国全年成立 250 万家左右的新企业，到 2021 年，这一数字上升到了 904 万家，是 2013 年水平的 3.6 倍。2012 年，我国的市场主体数量为 5 500 万户，2021 年我国各类市场主体新增 2 887 万户，市场主体总量已上升为 1.54 亿户，增速逐年上升的同时，市场主体活跃度也保持在 70% 左右的较高水平。企业发展的水平显著提高，在新成立的 860 万家企业中科技型企业数量超过了 38 万家，个体工商户的数量也达到了 9 670 余万户，成为促进居民就业、畅通国内经济内循环的重要力量。

从不同地区来看，江苏、福建、海南、浙江和陕西五个省份的每万人新设市场主体数量在全国领先，这几个省份的创业氛围最好，其中，江苏是创业活力最强的地区，每万人新设市场主体 440 个。②

2. 创业质量

（1）独角兽企业。独角兽企业是引领社会变革的新型经济形态。独角兽企业一旦成

---

① 资料来源：Startup Genome 发布的《全球创业生态系统报告》（2021）。
② 资料来源：由中国青年创业就业基金会等发布的《中国青年创业发展报告（2021）》。

为一个行业的领军企业，那么这个行业的发展水平和经济效益将会得到极大的提升，甚至会带动一个国家或地区工业质量的提升。

　　一般来说，独角兽企业被界定为一种成立时间较短但估值已达到一定规模的企业，独角兽企业的数量可以用来评判一个国家的创业质量。2021 年，全世界共有 1 058 家独角兽企业，中国全年新增 74 家独角兽企业，现有独角兽企业总量 301 家，仅次于美国的 487 家（如图 1－6 所示），中美两国的这一差距在逐渐减小。2021 年我国前十独角兽企业市值情况如表 1－3 所示。

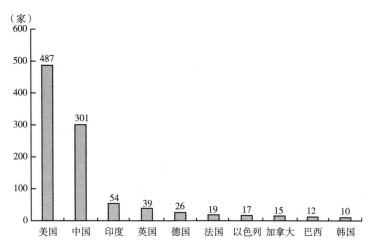

图 1－6　2021 年主要国家独角兽企业数量

资料来源：广州市商务局、广州市黄埔区、胡润研究院联合发布的《2021 全球独角兽榜》。

表 1－3　　　　　　　　　　**2021 年中国前十独角兽企业市值情况**　　　　　　　单位：亿元

排序	企业	市值
1	字节跳动	22 500
2	蚂蚁集团	10 000
3	菜鸟网络	2 200
4	京东科技	2 000
5	微众银行	2 000
6	Shein	1 300
7	小红书	1 300
8	大疆	1 000
9	元气森林	950
10	商汤科技	750

资料来源：广州市商务局、广州市黄埔区、胡润研究院联合发布的《2021 全球独角兽榜》。

　　（2）科创板。科创板企业的数量可以体现创业企业的质量。科技创新能力强且具有一定发展潜力的企业才有资格注册成为科创板企业。总体来看，科创板企业走出了疫情的阴霾，科创板的良好表现得益于疫情影响的消退、科技企业获得政策力挺以及企业高质量的研发创新。

从总量来看，截至 2022 年 6 月，科创板上市公司数量达到了 428 家，如图 1 - 7 所示，中国科创板上市公司以信息技术、工业、医疗等行业为主。科创板上市的信息技术企业为 157 家，占比为 37.29%，位居第一位；生物医药、高端装备制造分别为 88 家、69 家，位居第二位、第三位。

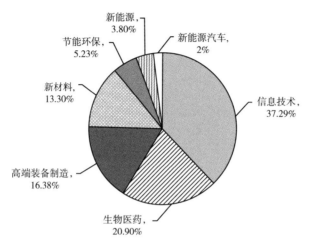

图 1 - 7　科创板上市公司行业分布

资料来源：科创板这三年［OL］．人民网，http：//m2. people. cn/news/default. html？s = M18zXzlwMTMzODQ2Xz QxMzhfMTY1NTY4NTA1MA == ，2022 - 6 - 20.

3. 创业投资

全国已拥有将近 3 000 个创业投资组织，管理了超过万亿元的资本数量，[①] 我国的创业投资机构在税收、有限合伙人、融资渠道等方面已经取得了显著成效，通过差别化的财政扶持等多个层面建立了较为完善的创业投资优惠政策和制度系统，创业投资活动得到了快速发展。

4. 创业服务

近年来，我国开始涌现一大批以创新工场为代表形式的创业企业孵化组织，汇聚了金融、产业、技术、专业服务等创新元素，是促进创业的核心力量。截至 2021 年底，全国共有 1.5 万多个创业孵化组织、载体，这些创业孵化载体投入资金 1 418 亿元，正在帮助 66 万个企业和项目进行创业孵化，为社会提供了 4 500 万个岗位。创业孵化组织本身就是一个企业，向社会提供了大量的就业岗位，全国范围内的创业孵化组织提供了 450 万个就业岗位，其中有 46 万名应届大学生进入了这些创业孵化组织工作。[②]

---

① 由中国青年创业就业基金等发布的《中国青年创业发展报告（2021）》。
② 资料来源：《2021 中国创新创业生态发展蓝皮书》。

二、 创业精神

1. 主动精神

创业精神中的主动精神体现为积极进取，主动采取行动让自己的创业组织走向成功。主动精神是一种来自精神层面的强大创业动力，驱动着创业者不断奋斗接近自己的目标，是每一位成功企业家必须具备的精神品质。在创业活动遇到不稳定状况时，积极进取的心态可以调动企业家的全部智慧和力量，积极应对各种问题，确保企业不被困难所击败。

一切创业活动都是以主动精神为前提的，在市场经济条件下，激烈的竞争决定各创业主体对于创业机会的把握要更加敏锐。创业者要主动、积极地挖掘创业机遇、把握创业机遇，主动寻求资源和市场、主动创新来实现自己的事业目标。顺其自然、愿者上钩式的被动创业是缺乏竞争力的，注定被市场淘汰。

创业者要有进取心，即有强烈的成功欲望，通常表现为对超越现状的渴望和对自我实现的渴求。这种强烈的信念激励着创业者将其创业的想法付诸实践，并使其在面对外界环境压力时表现出不凡的能力，从而克服前进中的困难，取得创业的成功。进取精神还使得创业者具有很强的持续学习的能力，持续学习的习惯可以提升创业者自身的能力和素质，更好地应对知识经济和信息技术发展带来的挑战。

2. 创新精神

创新精神是创业成功的基础。每一个成功的创业者都关注创新精神，在创新精神的帮助下，他们也许会发明新的商品或者服务，也许会发现新的业务模式，或者是新的系统和经营方法。一个优秀的企业家能够以敏锐的眼光看出一件事情的潜在价值，然后把它发展壮大。若把创意比喻为池中的一颗小石子，则创新即是由小石头引发的涟漪效果，必须有人把小石子扔进池塘，把小石子扔进池塘的举动就是创新精神。也一定有人认识到，那些微小的波动会掀起一场巨潮，而那个人正是企业家。他们亲眼看到了那一圈圈涟漪，感受到了那无坚不摧的气势。在作出了预言以后，他们就会明智地驾驭着巨浪，勇敢地前进。创新精神就是这种激励着每位企业家不断地进行革新的行动。

3. 冒险精神

创业活动是有风险的，必须要承认的是能否取得创业的成功也有运气的成分和不确定的因素。不确定的因素包括各种灵活决策（经营策略、人员任用）、市场变化、创业团队人际关系等，其产生的结果大部分都不能准确地预测和判断，创业者必须具备面对和把握这种不确定的能力，即冒险精神。

创业的风险性是不可忽略的，冒险精神也是极为重要的一种精神。在创业活动的发展过程中，创业精神的冒险性表现为：制定并实施企业的经营策略，调整企业的生产计划，发展和应用新技术；开发新产品，开辟新市场，调整产品价格。可以看出，在一个创业组织运行的每一个阶段，冒险精神都发挥着一定的作用。

创业精神的冒险性并不意味着事情的结果不可控，冒险精神具有可控的概率，在掌握好市场动向并做好市场调查的前提下，冒险行为也可以增添几分"胜算"。

专栏 1-2

大疆的创业精神

一、企业简介

大疆创新科技有限公司（以下简称大疆）在全球的消费类无人机市场中是绝对的龙头企业。大疆凭借自身强大的技术水平，在产品性能以及产品稳定性方面都在行业中保持领先地位。大疆的创业过程中展现出了耐人寻味的创业精神，这种创业精神是大疆逐渐发展成为行业巨头的重要力量支撑。

二、主动精神

可以说大疆的创业动机来源于其创始人的兴趣。大疆的创始人汪滔从小就对飞行器产生了浓厚的兴趣，课余时间全都用来阅读航模读物获取飞行方面的知识，在大学期间，汪滔投入了自己大学四年几乎所有的课余休息时间、倾注了大量的心血开发了一套小型直升机的飞行控制系统，虽然这套飞行控制系统存在悬停功能的问题，但他的这一发明受到了机器人领域专家的李泽湘教授的认可，他推荐汪滔进修了研究生课程，汪滔进一步丰富了自己的专业知识。

完成学业后，汪滔主动开始了商业探索。早在大疆成立初期，汪滔就对自己产品的市场开发路径进行了清晰的构思，具体而言就是在国际化社交网络上主动宣传并且参加无人机赛事和展览提高产品知名度。在创业初期，大疆的无人机产品被推销给了国内外无人机业余爱好者，这些人成为大疆的第一批用户，大疆无人机和第一批用户以及其他无人机爱好者通过留言板进行互动，以便于掌握市场需求，对产品进行迭代升级。随后汪滔将视野转向各种小型展览，如数码摄影器材展览和小型电子产品贸易展，大疆创业团队在这些展览上推销他们的早期产品，在多次参加小型展会后，大疆这一品牌受到了航拍爱好者以及无人机爱好者的认可，大疆产品的用户进一步增加。

三、冒险精神

大疆成立初期由于企业内部矛盾导致员工流失严重，资金运转困难，新生的企业面临夭折的威胁。关键时刻大疆引入了风险投资的模式，汪滔创业团队的一名成员投资了9万美元，另一名成员卖掉了自己的房子来支持创业，这两笔钱对于早期的大疆至关重要，避免了其夭折的厄运。为了继续扩大自己的业务版图，大疆继续接受投资，于2014年和2015年分别接受了3 000万美元和7 500万美元的巨额投资，这两笔关键的投资帮助大疆逐渐在行业里站稳了脚跟。

大疆在其发展过程中一个具有里程碑意义的事件就是冒险推出的名为"幻影"的无人机，这款无人机的特点是操作简便，在无人机机身安装四旋翼，安全性高，稳定性强，即使是从高空坠落也不会解体，机身保持完整。这是一款售价仅为679美元的入门级产品，就是这款产品帮助大疆打开了无人机的市场，全球畅销，由于这款产品成本低且没有过多的市场投入，这款冒险发布的产品盈利能力很强，大疆的收入迅速增长。

四、创新精神

大疆将技术革新视为公司的生命，将其视为对"中国制造"的最好诠释。大疆在关键零部件的创新、开发、制造和检测方面，一直秉承着"自主"的思想和方针，以高标准约束飞行器控制系统、机架、摄像头、云平台等核心部件的研制与开发。

公司拥有一批自主创新的新产品，每年有新的技术突破；产品的设计完全从消费者的实际出发，先对飞行器进行样机设计，再由部分大疆产品使用者或爱好者来进行交互，从中发现缺点；然后再进行改进，再体验，再改进，直到满足用户的个性化要求，获得用户的认同，产品才会上市。大疆的产品主要分为四个系列，有面向入门级消费者、适合短视频拍摄的小型无人机产品，也有专业进行电影视频创作的专业产品，各种不同的消费者需求，大疆都可以满足。

五、结论与展望

大疆创业过程中所体现出的主动精神、冒险精神和创新精神是一种宝贵的精神力量，激励着大疆一步一步取得了辉煌的成就。对于行业的未来发展，大疆的战略是继续坚持利用核心技术筑牢和行业内同类型企业的壁垒，让"中国制造"走向世界。

参考资料：

[1] 马翙华，郭立甫. 大疆无人机占领国际市场的成功经验与启示 [J]. 对外经贸实务，2016 (1)：76 - 79.

[2] 周常宝，李自立，张言方. 大疆创新生态系统 [J]. 企业管理，2020 (3)：64 - 67.

三、　创业模式

1. 创业模式的理解

创业模式是进行创业活动的一个最基本的体系架构，与创业相关的各个活动主体、不同个体的利益、创业组织、创业组织提供的产品或服务以及整个创业过程的信息流构成了这个复杂的体系架构，创业模式说明了企业获取价值的方式、内容和规则，创业者将创业初期形成的创新机遇转变为创业模式，以此为中心进行具体的商业活动以创造价值。

可以从解决问题的角度理解创业模式，因为创业模式的存在就是为了解决创业企业的经营问题，如图 1 - 8 所示，创业模式包括两个基本问题。

图 1 - 8　创业模式的基本问题

（1）怎样为消费者创造价值。所有的企业都有自己的创业模式，当创业者创建了一个创业组织，在一个价格水平上为消费者提供某种产品或服务，这时创业者就应当思考为什么消费者要选择我的产品而不是别人的产品，如果一种产品在整个市场中都没有同类型的替代品，消费者恰好有这一类产品的需求，那么你的创业模式自然是一个可行的方案，或者你的产品有同类型产品难以模仿的价值、较同类型产品有价格优势，这些都是为消费者创造价值的方式。优秀的创业活动还善于挖掘消费者的需求，有针对性地开发更多的为消费者创造价值的方式，在消费者的一种购买行为背后找到隐藏着的其他需求。

（2）怎样为企业创造价值。创业活动为消费者创造价值归根结底是为了给企业自身创造价值，大多数的创业活动都是以盈利为目的。创业模式在这里并不等同于盈利模式，盈利模式只是创业模式的一小部分，可以把创业模式理解为创业组织在市场上创造价值并留下价值的方式，创业者还应当综合考虑产品或服务的成本结构、资源利用、人力资源甚至是利益分配等一系列问题。

2. 创业模式的常见类型

（1）自主创业模式。自主创业模式是指创业者自行创建公司、自行完成机会开发的行为。所谓的白手起家就是这种模式，创业者从零开始努力，逐渐积累实力，需要艰苦卓绝的奋斗，同时，也担心机会主义侵蚀自身利益，所以采取自主创业模式开发机会。绝大多数初创企业都是采取自主创业模式。

（2）依附创业模式。依附创业是指依附一个已经成熟的企业，通过特许经营、获取经销权、直销、加盟的方式进行创业，加盟是最常见的依附创业模式，创业者要慎重地作出选择，因为这一种创业模式自主性差，依附对象的发展前景难下定论，甄别一个有发展前景的依附对象是有难度的。

（3）网络创业模式。互联网技术为创业者提供了全新的创业思路，移动支付的普及更是让网络创业成为门槛最低的创业模式，主要的网络创业模式包括电子商务（注册运营淘宝微店等形式的网店）、网上加盟（基于电商平台进行经营，利用成熟品牌的货源和销售渠道）、利用网络平台提供服务以及运营自媒体。网络创业是内容最为丰富的一种创业模式，与传统创业模式相比，网络创业门槛低，风险小，规模也较小，不需要太多的创业资金，创业者的时间可进行灵活安排。网络创业的具体形式如图1-9所示。

图1-9 网络创业的形式

（4）居家创业模式。居家创业模式也可以理解为一种独立工作的模式，不隶属于任何其他企业、组织，居家创业者可以在自己的能力范围内寻找自己感兴趣的领域工作，有一部分居家创业的具体形式与网络创业重合。脑力劳动者（作家、编辑、会计等）是最普遍的居家创业者，这种创业模式具有独立不受干扰、时间灵活、环境舒适且兼顾家庭的优点，然而这一模式也有一些缺陷，例如难以找到打开局面的突破口，收入不稳定且创业者承受的压力较大。

（5）市场创业模式。完全意义上的市场模式实际上不是创业，它意味着创业者发现机会后，自己不进行机会开发，而是找到合适的买家，从中赚取差价。创业者充当了中间人的角色。有些职业的炒家专门从事机会倒卖工作，他们利用自身的特许地位和关系网络，寻找有价值的机会，然后卖给那些寻找机会进行开发的人。

（6）内部创业模式。内部创业是指在企业的支持和帮助下，有一些有创业能力的员工会根据公司的现有商业项目进行改善和革新，并将其结果与公司共享。内部创业是一种企业与雇员互利共赢的创业模式，通常只有一些规模较大公司的雇员能够利用这种形式来发挥自己的才能，这种创业模式既能让它们员工的才能得到充分的发挥，又能最大限度地激发雇员的积极性，实现个人追求，优化企业的价值分配模式。

专栏 1-3

米哈游的独特创业模式

一、企业简介

2021 年，《原神》这一游戏在海外应用商店的年收入达到了 18 亿美元，帮助米哈游科技有限公司（以下简称米哈游）成为除中国市场外全世界收入最高的游戏公司，甚至把腾讯都甩在了后面。《原神》背后的研发公司是成立时间不到十年的米哈游科技有限公司，前有崩坏系列的热门 IP，后做中国第一款开放世界手游，米哈游的野心和能力展现得淋漓尽致。米哈游的创业始于对动漫的兴趣，错位突围、铺开受众以及内容驱动是米哈游创业模式的最大特点。

二、创业内容来源于兴趣

米哈游的核心创业团队成员平均年龄不到 30 岁，这一创业团队中成员的共同点是热爱动画动漫游戏（ACG），这也是米哈游选择游戏制作的初心，他们希望其可以成为全世界最强大的动漫公司，振兴国产动漫，除了游戏之外，凡是和 ACG 相关的内容都是米哈游所热衷的事业，现在企业的业务从单一的游戏开发扩展到漫画、小说、音乐、动画以及周边产品，这些新的尝试也同样深受动漫爱好者的喜爱。

三、错位突围

米哈游这样的游戏新势力有一个很大的特点，就是在某一个细分赛道内不断迭代、创新，慢慢地推出了比较成熟的产品，也总结出了成功的产品经验，再接着就推出了爆款。例如，米哈游在推出爆款《原神》之前，就有《崩坏学园》系列，从《崩坏学园1》到《崩坏学园3》一直迭代，积累了 6 年的二次元 3D 动作游戏开发经验。在二次元动作手游这个细分赛道上一路跑，不与大厂在大众品类上碰撞，反而杀出了自己的一片天地。一开始这方天地很小，也被人戏称为小赛道，但是小赛道真的微不足道吗？在米哈游创业刚起步的阶段，这类游戏的体量和受众似乎并不多，甚至这样的二次元手游也被人调侃为小众、宅文化的游戏。虽然二次元群体在不断增加，但终究不是主流，很难得到资本的看好，没有人会觉得这东西能做到那么大。但是，当产品质量足够优秀，它就有机会突破原有的文化群体，成为"破圈"的作品。任何种类游戏的用户都不是固定的，玩家其实并不会给自己贴上特别的标签，对玩家而言，无非是一种娱乐，如果某一款游戏有吸引人的地方，制作精良或话题度较强，只要玩家不排斥这种游戏类型，就有可能去尝试，《原神》也正是靠着这一点，成为错位突围的一个爆款产品。

四、受众全面铺开

在《原神》公测前的一年，米哈游宣发团队下了血本，1 亿元的宣发费用砸下去，全球化、全平台、全面铺开，在各处都能看到《原神》的广告，从广告牌、地铁口到日本电车，甚至各大游戏展会，《原神》的广告几乎随处可见。短时间内，《原神》几乎成了游戏圈内人人热议的话题。2021 年 9 月，米哈游陆续与诸多国家 5A 级旅游景区进行了联动，并放出了联动张家界的宣传片。同时，在主机、PC 和移动端多平台同时开发，面向群体也更加庞大。

五、内容驱动

2020 年 9 月，《原神》开启公测，其发行方米哈游并未在主流安卓商店上架。这在过去是难以想象的，因为长期以来，游戏厂商依赖应用商店的传统渠道触达用户，应用商店抽取高额的分成。在安卓系统，渠道商会分走 50% 的利润。开发商们曾提出过不公平，因为游戏研发是一个长周期、高门槛的工作，而渠道商仅仅是上架这款游戏，就能分走一半的收益。但米哈游却有着自己的底气，渠道为王的时代已经过去了，发行渠道不过只是个下载途径，如今应是游戏内核为王。第一个吃螃蟹的米哈游也收获了甜头，让国内手机厂商警醒。在游戏品质不断优化的今天，用户越来越看重口碑，游戏的发展也逐渐转变成了"内容驱动"。

六、结论与展望

独特的创业模式使米哈游从无到有，发展成为 ACG 行业一颗冉冉上升的新星。《原神》带来的巨大经济效益使米哈游有能力快速扩充自身规模，壮大自己的游戏开发队伍，米哈游的员工总数已超过 4 000 人，并在新加坡、加拿大、美国、日本等地设立了游戏工作室，米哈游将会给游戏爱好者们带来更多精美、新颖的游戏作品。

参考资料：

[1] 沈羽. 米哈游：致力于中国游戏的世界表达 [J]. 上海企业，2021（11）：20–23.
[2] 杨皓. 冲破秩序的《原神》[J]. 检察风云，2019（18）：66–67.

第三节　创业管理

一、创业与创业管理

1. 创业管理与创业的关系

"创业管理"意味着创业学和战略管理的交叉融合。创业管理是保障创业者成功创业的必需品，决定创业能否成功、企业能否生存的要素有很多，之所以说创业管理是创业的"必需品"，是因为创业管理的一个本质特征就是要做到控制风险，虽然创业鼓励冒险性的创业行为，但是创业管理可以将创业风险尽量控制在合理的范围内，用一系列成本控制措施、管理制度和执行方案，提升创业企业的抗风险能力。

　　创业管理是一个系统的组合，并非某一因素起作用就能导致企业的成功。决定持续创业成功的系统必然包括创新活力、冒险精神、执行能力以及团队精神等，通过这样的系统来把握机会、环境、资源和团队。创业管理的根本特征在于创新，创新并不一定是发明创造，而更多的是对已有技术和要素的重新组合；创业并不是无限制地冒险，而是理性地控制风险；创业管理若没有一套有效的成本控制措施以及强有力的执行方案，只能导致竞争力的缺失；创业管理更强调团队的创业，而不是单打独斗式的创业（徐海涛，2016）。

　　创业管理提升创业的质量，它是一系列有助于企业生存下去的要素的组合，要求创业者系统性地处理好创业机会、市场环境、创业资源以及创业团队之间的关系，帮助创业者规范创业行为、探索企业发展的高效捷径。

2. 创业管理的阶段

　　在一家企业进行创业活动的每一个不同阶段，其创业管理的内容和重点也会随之发生变化，可以将创业管理分成四个阶段，如图 1 – 10 所示。

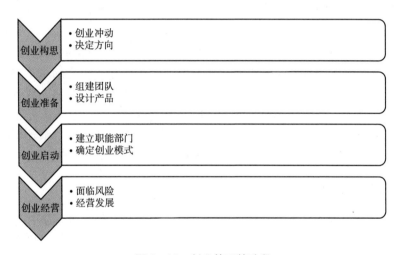

图 1 – 10　创业管理的阶段

　　（1）创业构思期。创业构思期是企业家从产生创业冲动、创业热情到作出创业决定的一个时期，是决定创业方向方式、创业产品或服务的思路形成期。

　　（2）创业准备期。创业准备期是企业家在完成创业构思后，为创业决定做好各项前期准备工作，其中包含资金筹备、市场调研、创业经营计划的撰写、创业团队的组建、定位企业的主要商品或服务、选择合适的创业场所、进行企业经营政策咨询。

　　（3）早期成长阶段或创业启动期。这是企业的雏形阶段，在这一阶段企业要进行工商登记、税务登记，建立生产、销售、出纳、会计等基本职能部门；确定创业团队的分工和创业模式、创业模式各环节的具体流程，购置生产和办公等具体的设施设备。其成功的执行取决于创业准备期的规划。

　　（4）创业经营期。创业终于正式开始，在这个阶段，创业组织面临着高度的风险，因为刚成立的组织实力不足，承受风险能力弱，任何负面的信息都会对公司造成致命的影响。在此期间，每一个创业组织都有着自身特有的经营问题和发展模式，这需要企业家具备优秀的企业经营管理能力，才能在创业中取得更大的成就。

二、 创新与创业管理

对于创业管理而言，其最为关键的特征就体现在创新方面，对于创新而言，并不一定需要不断地进行有关发明创造，而是需要将企业所掌握的技术、管理要素、资源进行整合，提升整个创业团队的运行效率。

1. 创新与创业管理的关系

（1）创新是创业管理的特定工具。创新是创业活动发展的根本动力，创新对于创业的影响不仅仅是开阔思路，帮助企业开发新产品、采用新材料、开发新市场，创业活动的发展也得益于对创业组织进行合理有效的创业管理，这一点也可以通过创新做到，创业者必须不断寻找创意源头和变革，寻找因变革而带来的创新机遇，必须理解和应用成功的革新原则，实施新的经营方式，对创业团队成员进行创意的引导，这样的创业团队才能取得胜利。

（2）创业管理推动创新的发展。创新就是把知识、技术、市场机遇转变成现实的生产要素，从而实现财富的增加和整个社会的发展，而实现这一转变的基本方式就是通过创业。创业者在进行创业管理的过程中，会发现具有发展潜力的个体，或者是具有冒险精神和创造力的个体，随着企业的发展，任用和激励这类人才，这类人才很有可能创造出崭新的产品或想法，创业管理促进了创新的发展，有的创业者绞尽脑汁思考创业管理的高效方式，在不经意间或许也可以推动管理方法的变革，对企业的管理理论进行创新。

2. 创新机会的来源

（1）意外情况。意外情况包括意外成功、意外失败和其他小概率事件造成的意外状况。偶然事件发生的根源是我们现有的认识无法进行分析和判别。偶然事件通常都是一种新的情况，关注在市场和社交中发现"违反常规"的情况，并对其原因进行剖析，从而发现了一个创新机会。

（2）不一致。不一致是指现实和期望不相符，或是现实与本应当发生的情况不相符。在每个人的眼中，事务的发展和变化都会有一个固定的规则，但这样的规则是比较主观的，不同人对规则的认知有所差异。在激烈的市场竞争中，随着环境的改变，一些规则可能会突然失效，也有可能出现一些不符合常理的现象、与以往规则相违背的现象，也就是说，过去的规则发生了变化，产生了新的趋势和新的机会。敏锐的创业者会抓住机会，不断地研发符合需求的新产品和新的业务。

（3）过程需要。在日常工作中，我们会感到很多的不方便，也就是我们的一些需求没有被完全满足。一些工作过程存在漏洞和缺陷，工作过程不能含糊，必须从宏观角度出发进行优化设计，满足未被完全满足的需求，工作过程是一个产业和公司运转的内在逻辑。工作过程的革新使企业中的所有人都能感受到积极的变化，然而，企业的管理者常常"睁一只眼闭一只眼"，甚至没有任何反应，当革新的成果产生后，新的过程会被认为是"再平常不过的东西"。由过程需要创造出的新的工作流程蕴含大量的创造性机会，既要符合人的认知水平，也能满足人的预期和价值观。

（4）产业和市场的变动。在很多时候，市场结构都是逐步改变的，并且在外表看起来非常平稳。然而，量变是质变的基础，特别是在技术发展速度越来越快的今天，新技术的出现，将会持续地改变产品结构、价格结构和消费结构；从微观层面来看，产业和市场的变动使工业内部的结构性和某个行业的变化骤然加快，从而产生"井喷现象"。如果能够提前预见到产业的结构性和市场的变动，那么公司将会在产业中领先，占据先发优势。

（5）改变了的社会认知。人们对某一件事情的理解是根据经济条件、社会地位和生活水平决定的；在不同的文化等因素下发生改变。一个持续发展的社会是一个巨大的机会源头。运用人类"社会认知的改变"这一特点进行创造，需要抓住机遇。有时，社会认知的改变不过是昙花一现，若将它当作一种持续的社会潮流以投入大量精力进行深入探索，那就是得不偿失了。反之，当认知改变的潮流已兴起，而公司对此熟视无睹，则会错过机会。

（6）科技与技术变革。新的技术和新的技术的开发常常催生出新的商机和革新的机会。对大众来说，这样的革新机会是最引人注目的。然而，基于知识的创新型企业在实践中存在着较长的周期和较高的损失；较低的可预见性给创业者带来了更多的困难。要顺利地把握这一机会，需要具备三个条件：一是要对所有必要的因素进行仔细的剖析；二是要有一个清晰的战略目的，该战略目的应当助力企业在行业中形成竞争优势，占据领导地位；三是科技人员在从事科技活动时，既要有一定的管理经验，也要与有经营能力的人才共同努力。

3. 将创新融入创业管理的要点

如图 1-11 所示，分析机遇、把握创业团队成员的需求和创新目标明确是将创新融入创业管理的要点。

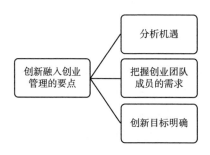

图 1-11　将创新融入创业管理的要点

（1）分析机遇。在各行各业，各种机遇在不同时期可以发挥的作用也不尽相同，所以必须对这些机遇进行系统性的分析与研究。创业者还需要考虑长期性和系统性，选择具有潜力的创新方案。创新应当是具有协调性的，在现有创业管理机制中不被重视和关注的领域往往是可以大做文章，有价值的机遇。同时要进行创新，一定要有能够为公司创造利润的潜力，而这正是公司开展创新的最初推动力。

（2）把握创业团队成员需求。创业管理的创新还应当满足团队成员的需求，创业领导者一切"封闭"的想法都是不明智的，创新要求创业管理制度的相关设计者深入创业组织的基层岗位进行调研、咨询和倾听，以了解每一位创业团队成员的期待和价值，重视每一位团队成员的想法，采取合理的管理手段激发创业团队成员对于整个事业的热情和投入，每一个创业团队的实际情况都不同，因此每一个对症下药、量体裁衣的有效创业团队管理方案都是一种创新。

（3）创新目标明确。在改进创业管理制度的时候，要清楚一次改变能把一项工作做好就不容易了，一次性解决创业团队所有问题的完美改变可遇而不可求，希望在多个领域取得成绩常常会适得其反，让管理情况变得更糟糕。有效的创业管理创新往往都很简单，过于复杂的创新成果难以修正，创新应当以特定的、清晰的目的和需要为导向。创业者必须关注组织运行的实质问题，具有深刻的见解，能够看到复杂的事情，发现其核心，脱离问题实质的创新往往是很松垮的，不能被称为有意义的创新。

专栏 1 - 4

欣旺达：锂电池领头企业的创新探索

一、企业简介

欣旺达电子股份有限公司（以下简称欣旺达）于 1997 年成立，自成立起经营镍氢电池、锂离子电池模组等二次电池模组的研发、生产及销售，公司积累多年锂电池组装经验，从事锂电池模组研发制造业务，公司产品涵盖锂电池组装、电芯、BMS、精密结构件、智能制造类等多个领域。在 20 多年的发展历程中，欣旺达在每一个重要的时间节点上都准确把握市场风向，在创业管理过程中融入创新的元素，逐渐发展壮大起来。

二、将创新融入创业管理

1. 融入大客户供应链

欣旺达是国内较早进入锂电池行业的企业之一，2000 年欣旺达进行了战略层面的创新，开始进入快速发展的阶段。当时手机、随身听等电子产品逐渐普及，飞利浦、西门子占据了主要的电子产品市场份额。锂电池是必不可少的电子产品零部件，欣旺达发现飞利浦使用的电池存在一些缺陷，于是对飞利浦的电池产品进行了优化，优化后的产品受到了飞利浦的认可，欣旺达开始进入飞利浦的供应链，为飞利浦供货，逐渐积累了大量的优质客户。电子产品的消费类锂电池仍然是欣旺达的主要营收来源，欣旺达占据了全球消费类锂电池市场 30% 的份额，是全球最大的消费类锂电池供应商。

2. 创新布局动力电池

在动力电池领域，欣旺达非常有前瞻性，早在 2009 年，欣旺达就嗅到了新能源汽车的商机，当时国家实施"十城千辆工程"，在示范城市推广新能源汽车，主要应用于公共交通、公务、邮政等领域。作为锂电池领域的开创者，欣旺达自此开始布局研发新能源汽车的电池产品，以国际顶尖锂电池企业为目标，优化产品品质和技术，逐渐积累资源，建立竞争优势。2018 年，欣旺达自主建设的电芯工厂开始供货，企业具备了动力电池生产的核心能力。近年来，动力电池产业才来到了高速发展期，得益于多年的技术资源积累，欣旺达快速进入行业第一梯队，2022 年上半年，欣旺达的电动汽车电池装机量全球排名第九位。

3. 低碳化、智能化升级

随着国家"碳中和、碳达峰"政策的提出，普及新能源汽车成为实现双碳目标的重要途径。2022 年 5 月，欣旺达发布了企业的"双碳"规划，在管理、品牌建设和排放等多个方面进行企业的低碳化升级，尤其是在电池制造环节，欣旺达践行"低碳管理"，用创新工艺技术和数字孪生技术实现资源的循环利用以及电池生产环节零排放，用区块链技术建立了工业互联网平台，上下游企业可以在此平台进行产品中"碳"的追溯。利用 5G 技术和大数据技术，欣旺达在深圳建成了首个 5G + 工业互联网示范工厂，减少人员配备，保护生产数据，产能较传统生产线提升 17%。

4. 与"新势力"抱团取暖

宁德时代是动力电池行业绝对的霸主，在新能源汽车行业有一些成立不久的新势力，这些新势力都十分依赖宁德时代的动力电池供货，在供货、议价方面处于被动位置。向哪家企业供货，供多少，在产能紧张的时候不供给哪家企业，宁德时代有自己的标准，掌握着绝对的主动权，为了顺利拿到宁德时代的电池，新势力车企有时需要支付巨额的预付款。

于是，欣旺达选择与新能源汽车的新势力进行合作，蔚小理、东风、广汽等 19 家企业共同出资 24.3 亿元，投资欣旺达，与欣旺达开展合作，其中蔚来、小鹏和理想三家企业投资 10.5 亿元获得了欣旺达电池 8.4% 的股份，投资金额几乎占了投资总额的一半。在多家造车新势力企业的帮助下，欣旺达动力电池业务的收入突飞猛进，产品获得了多家知名车企的认可并已大量交付，吉利汽车与欣旺达合作成立合资公司布局混合动力电池，小鹏某款车型将欣旺达作为 A 供公司，供给超过 50% 的电池量。

三、结论与展望

基于以上四点，可以总结出在每一个重要的阶段，欣旺达都用新的思维对企业运营方式、发展战略进行调整，创新求变。未来欣旺达将继续保持在消费类电池市场中的主导地位，随着动力电池业务的稳健增长，欣旺达将开辟业绩的第二增长极，继续扩大规模。

参考资料：

[1] 王柄根. 欣旺达：消费电池、动力电池未来可期 [J]. 股市动态分析，2020（14）：37.

[2] 叶伊倩，陈岚. 欣旺达：品质与技术双核驱动产业群协同低碳转型 [J]. 广东科技，2021，30（10）：44 – 47.

三、 全民创业实践

创业作为普遍存在的社会现象，自然会表现为多种形式，在"大众创业，万众创新"的全民创业时代，需要增加创业的数量，更要提升创业的质量；需要聚焦创业活动，更需要把握内在的创业机制，塑造和优化创业生态环境。下面介绍几种不以商业价值为直接目的的创业活动，以便更好地理解创业机制，感受创业机制和创业知识在社会活动中的价值与应用。

1. 社会创业

社会创业的理念起源于 20 世纪 90 年代，这一创业模式是为了谋求创业者与社会的共同发展，它在促进社会进步的过程中，也可以为创业者自身创造价值。与普通的创业形式相比较，社会创业至今尚无统一的界定。我国的社会创业研究遵循坚持社会底线的原则，从三个方面进行理解。

（1）社会创业行为的功能。关于社会创业行为的功能问题，大多数学者已经形成了一致意见，社会创业可以处理自由市场体制和政府等公共部门尚未处理的问题。社会创业者的创业初衷并不是盈利，而是希望可以用创业的形式、管理的方法为社会作出贡献，使社会更加美好。社会创业者解决了自由市场经济体制和政府等公共部门无法解决的社会问题，为弱势群体服务，此时出现了社会创业组织来解决这些社会问题，因此社会网络、资本支持以及创业管理都是社会创业必不可少的。

（2）社会创业者的行为。作为一类具有特殊行为特征的企业家，创业者在解决社会问题方面有独到的见解。社会创业的实质是社会企业家为实现其社会价值所推动的，无论遇到什么困境，社会企业家总是致力于用创业的方式来实现其目标，通过发现和发展创业机遇，从而产生更多的社会利益，在重要的决定中体现创新性、超前性和冒险精神。可以说，这些社会创业者是用新的方式来处理社会问题，在创业理念传播、能力建设和组织管理等层面上，社会创业的多维度行为系统表现出不同的特征。

（3）社会创业的创业进程。社会创业也会受到市场因素的影响，但是社会创业在经营活动中一定要坚守"努力创造社会价值"这一基本准则。非营利性组织通过创新经营模式来提高其社会化服务的能力，其核心在于扩大规模、运用资本、提高资源流动性和加快响应速度四个方面。

2. 环境创业

环境创业也被称为生态创业。20 世纪以来有许多人认为，生态环境不仅仅是经济活动的一种消耗，生态环境本身也是一个具有良好发展前景的市场。有关的研究也显示，经营方式创新不仅能提高环境质量，更能为新兴的公司开辟更广阔的市场，但却常常被忽略。与普通的创业模式相比，环境创业的重点在于遵循"环保"的基本原理，是以环保为基础的一种具有主动创新性和市场化导向的价值创造方式，或者为绿色目标而创建新型环保企业。环境创业并不看重在企业成长的进程中应遵循何种规则，更多的在于找到先进管理思想与经营策略，引导公司以绿色化的方式达到经济效益，环境创业者成为先锋，产生"拉动"的效果，促使其他公司更加积极地参与到环保中。开发环保技术是环境创业的重点，技术革新对于环境创业有正向影响。企业的存在使得环保技术得以转化为可应用的技术，而环保技术也是企业提高资源利用效率和盈利的一个抓手。

3. 学术创业

高校是促进区域经济发展、提升国家核心能力的关键机构，科研和知识的集聚在现代社会中是非常重要的力量。高校的综合职能不断扩展，世界各国高校都在开展"创业变革"，学术创业就是把高校教学、科研、调查分析的功能和推动经济发展相结合，使高校从一个教育型、研究型社会机构转型为一个为社会发展、经济增长服务的创业型社会机构。

对于"学术创业"的定义学术界尚有争议，现在主要有两类侧重不同的理解：一类观点认为学术创业是以商业化、盈利为导向的，着重于将学术成果进行商品化转化，与"学术组织"有一定的相似性；另一类观点将学术创业与创立一家新公司相提并论，将学术创业定义为一个商品化的发展过程，超出了传统的创新来源范围，创造一种新型的业务，创新的来源是在高校中发展转化出来的技术和知识。

【章末案例】

燃石医学是怎样成为中国肿瘤医疗龙头企业的

一、企业简介

燃石医学是为肿瘤精准医疗提供测序服务的龙头企业，在现代肿瘤治疗技术中，精准诊断精准医疗的模式将逐渐取代传统的治疗模式，燃石医学主打的 NGS 癌症伴随诊断测试在这一领域有广阔的应用前景。燃石医学在肿瘤基因检测领域取得了亮眼的成绩，目前可以进行胃癌、肠道癌、肺癌、乳腺癌等 13 种癌症类型的伴随诊断测试，公司最大的泛肿瘤检测产品可以分析超过 500 种大多数与实体瘤相关的基因，是中国最大规模的癌症伴随诊断服务提供企业。

二、创业机遇

在 2014 年，当时我国尚无肿瘤相关的伴随检测市场，各大医药公司研发癌症的新药物时会涉及研究多个药物在体内的作用结合位点，单一的基因检测很难满足这种需求，必须要对多个基因进行平行检测，这样才有机会进行更多药物的筛选。基于一代测序技术进行产品开发的企业并没有计划进行二代测序技术研发的打算，肿瘤伴随诊断（NGS）的二代测序技术有助于肿瘤药物的开发，筛选用药，于是燃石医学的创始人汉雨生决定以肿瘤的伴随诊断作为未来的发展方向。

尽管开发一种全新的技术需要投入大量的时间和金钱，汉雨生的创业理念也过于前沿和新颖，难以获得投资者的认可，但是在被拒绝了 30 多次后，最终燃石医学还是获得了融资。获得了启动资金之后，燃石医学便有能力建设自己的实验室并着手研发测试新产品。在 2015 年，公司成功研发出了两款用于肺癌检测的产品，可以分别对 56 种基因和 295 种基因进行检测。

燃石医学的产品从上市到被认可也花费了非常长的时间。燃石医学产品问世初期，团队与许多医生进行沟通开阔市场。燃石医学早期开辟市场的尝试并不顺利，团队向医师介绍自己的产品时，大部分医师都认为测试这么多的基因是毫无用处的，NGS 肿瘤伴随诊断技术过于复杂，仅适用于学术研究，燃石医学提供的基因检测当时包含接近 300 种不同类型的基因，甚至是专业的医师也难以理解，完全无法向病人解释检测结果，如果在检查结果中出现异常，患者未必能得到出现异常基因的靶向治疗药物，因为当时大部分的癌症相关靶向药物没有在中国审批上市。为了解决市场不畅通的问题，燃石医学通过大量的调研和交流，终于清楚了解决问题的思路，当一个产品的市场前景不明朗时，可以从两方面思考找到突破口，产品可以解决哪些临床医学方面的问题？病人是否可以从该药品中受益？基于这样的想法，燃石医学对产品定位和营销战略进行了重新的梳理，燃石医学的研究小组也改变了自己的营销策略，与肺癌领域的资深专家探讨学习，完善产品的内容。当新的靶向药物开始大规模在国内上市，医师也逐渐认可了燃石医学的产品，肿瘤伴随诊断产品的市场前景明朗了起来。

三、创业精神：对生命的敬畏

在燃石医学首席执行官（CEO）汉雨生的一次访谈中，他提到燃石医学工作的本质就是出于对生命的敬畏，公司的成立也是源于对生命科学的兴趣。汉雨生从高中时就对生物非常感兴趣，相信生命科学在未来人类社会的发展中可以起到非常重要的作用，于是他大学时选择了生化专业，大学毕业后进入医学院继续深造，接触了非常多的肿瘤病例后，他发现有非常多的科研成果仅仅是被保存在图书馆里，并没有被应用于临床医学，没有用于拯救病人、挽救生命，于是他希望可以借助"商业"，找到科研和临床应用之间的结合点，让科研成果惠及患者。于是汉雨声先工作了一段时间，积累了大量经验后，开始了创业的尝试。

燃石医学企业价值观的第一条是：科学驱动，患者至上。燃石医学要求员工时刻保持认真、保持严谨，对于日常的每一个实验流程，每一个报告部分的解读，都要用科学严谨的态度去对待，因为做错任何一个检测，都可能直接导致患者的诊断结果和治疗方案发生差错，直接影响患者的生命安全。燃石医学希望通过"对生命负责"让这个世界变得更好，在生命科学领域，技术每提升一点点，都需要付出大量的努力，每一个对患者生命负责任的瞬间都会促成一点点技术的积累，不断重复这样的过程，医疗技术会发生突破，无数个医疗技术的突破，才会让医疗方式、人们的生活质量发生改变。

四、组建创业团队

1. 寻找行业核心人才

开始创业的时候，燃石医学就意识到"科学驱动"肯定是这个行业最核心的要素。所以汉雨生努力寻找生物信息学的科学家，因为身边没有这样的人，就通过各种渠道寻找，基本上把网络上能搜到的所有跟二代测序相关的人员、猎头能找到的人员以及通过朋友层层关系介绍的人员都找了个遍。2014 年初，燃石医学终于引入了第一个科学家。随后，燃石医学尝试进一步搭建科研团队和实验室，最开始想从国内优秀公司学习相关经验，但发现没有任何先例可以学习，于是就派人去中科院基因组所学习二代测序的方案以及肿瘤实验室的建设方法。那个时候国内还不存在这个行业，没有人知道这个东西怎么设计，都是燃石医学在自我探索中一步一步将方案完善起来。这套找人的逻辑一直延续到现在，让燃石医学拥有了一支强大的科学团队，全公司 800 人中，这支队伍就有200 人。

2. 形成利益共同体

把高层次人才找来之后，为了让大家形成一个稳定的利益共同体，燃石医学进行了一些独特的设计。先要求核心高管每人最少投 100 万元进来，尽管最开始的燃石医学一穷二白，但这是一个通行证，有这个通行证才有资格进入燃石医学的核心管理层，高管层每年只发放 30 万元的薪资，为了检验是不是真的相信这份事业，与这份事业共同承担风险。这两点保证了初创团队筛选出有决心的人，并且大家要真实地为自己的利益负责。在每一轮融资的时候，都会鼓励管理层去做跟投。管理层做跟投，是深度的利益绑定，燃石医学整个股权投资覆盖的人员数量超过了全公司员工的 30%。通过寻找符合行业本质的关键人才和利益共同体的机制设计来为高管团队的"能上能下"打好基础。

3. 创业团队维护

为了将创业团队维护好，燃石医学采取了一系列行动。燃石医学向员工发放期权，在期权的分配上，更多地以引进人才的不同位置为依据，预留了足够多的期权池，去引进更多的管理层。员工的培养体系层次化、多样化，为新员工提供线上游戏化学习平台，帮助新员工学习基本知识以及公司的各项业务流程，迅速适应新环境，员工日常可以参加学习到专业技能、行业知识、企业文化和政策流程等种类的专业培训课程，在工作之余的空闲时间快速成长起来。此外燃石医学还向员工提供了大量的员工福利，例如，员工每年可以享受全面的健康体检，员工的家属可以享受到燃石医学的健康体检福利，当员工结婚或成为父母，燃石医学会发放员工家庭角色升级礼包，为员工增添一份祝福。

五、商业模式设计

1. 中心实验室与院内检测相结合

对病人的病情进行精准检测是进行癌症精准医治的第一步，精准检测技术基于大量的检验样本数据，并且市场要对这一技术有认可度。燃石医学由于其在数据规模和市场认可两方面形成了巨大的竞争优势，因此备受行业的关注。为了满足不同医疗机构的需要，燃石医学采取中心实验室和院内检测相结合的精准检测模式。燃石医学的中心实验室收集了来自国内所有合作医疗机构的肿瘤患者的组织样品和检测样品，燃石医学与 602 所医疗机构共 4 162 名医师达成合作。燃石医学在面对某些大型医疗机构时，会选择提供"院区"模式的服务，因为大型的医疗机构具备自行为患者进行医疗检测的能力，更加便利快捷，于是燃石医学在这些大型医疗机构设立了检测实验室，为其配备试验仪器和技术，医疗机构检测需要用到的医学试剂全部从燃石医学购买，燃石医学和各医疗机构保持长期的合作，在这样的商业模式下，燃石医学六年里共完成了 18 万余次测试，检测周期的中位数缩短为 6 天。

2. 研发多癌种早筛产品

多癌种早筛产品就是利用创新的液体活检技术，做到一次性筛查多种癌症。与单癌种筛查产品相比，多癌种早筛产品便捷度优于单癌种筛查产品，有的产品甚至可以做到让病人居家筛查，多癌种筛查产品可以一次性筛查出更多的癌症种类，适用于没有明确癌症高危因素的人群进行癌症筛查，虽然多癌种早筛产品需要耗费大量的生产研发成本，且多癌种早筛产品的检测位点、机器学习的方法以及组织溯源方面都有很大的研发难度，审批难度比较大，但是多癌种早筛产品具有更加广阔的市场前景，产品复购率较高，产品的适用人群可以从高风险人群扩展到中低风险人群，甚至扩展到任何有癌症早筛意愿的人群。人人都是目标客户，一旦产品市场成熟，将会有非常可观的销量。燃石医学很早就开始布局多癌种早筛产品的研发，已经研发出 6 癌种、9 癌种以及 22 癌种的多癌种早筛产品，这些产品已处于临床验证阶段。

3. 建设肿瘤基因大数据分析平台

燃石医学建立了全国最大的肿瘤基因信息数据库，创建了癌症基因组数据生态云平台，云平台的建设是进行大数据分析不可缺少的一个途径，这一平台在数据呈现、数据分析、报告权限和临床对接等方面进行了大量的优化，可以呈现可视化的患者数据，使医师之间共享数据，便于医师开展交流。虽然目前这一平台仅处于探索阶段，并没有太大的作用，但是未来，随着肿瘤基因数据、体细胞突变数据的完善，这一数据分析平台将成为燃石医学与普通企业的技术壁垒，具有巨大的市场潜力。

4. 加强市场教育

癌症筛查的观念在我国并不普及。燃石医学曾经对年收入 50 万元以上、本科学历以上的高素质人群进行了调查，结果显示有超过 80% 的人并不知道可以通过癌症筛查提前发现患癌风险，癌症筛查在高素质人群中普及度如此之低，在普通人群中的情况必然更加不容乐观。

如果癌症早筛的市场规模想要获得提升，必须加强市场教育，进行防癌知识普及和教育。这样的市场教育也是企业的社会责任。燃石医学一方面向普通消费者进行案例宣传，让消费者主动关注自己的健康；另一方面向医师宣传癌症早筛的必要性，由医师向患者传递健康观念。

六、结论与展望

在合适的时间抓住创业机遇，组建创业团队并让创业精神驱动团队前进，精心设计商业模式，燃石医学因此成为一个成功的企业。燃石医学的经营并不是简单的商业活动，同时也蕴含了帮助患者延续生命的美好愿景。燃石医学的癌症早筛概念将拯救更多的患者，拯救更多的家庭。

参考资料：

[1] 张如奎，徐增辉. 浅论基因检测对肿瘤精准医疗的意义 [J]. 中国医药生物技术，2016，11 (2)：103 - 109.

[2] 魏洪泽，李玉杰. 精准医疗与伴随诊断产业发展研究 [J]. 中国生物工程杂志，2019，39 (2)：13 - 21.

【本章小结】

本章重点介绍了创业管理的相关概念。首先概述了创业的内涵，从创业的各种定义、创业的要素、创业管理的模型、创业环境和把握创业机遇几个方面讲述一个成功的创业活动必须考虑到的事项。其次介绍了现阶段我国的创业环境，创业者要选择合适的创业模式，在创业团队中弘扬创业精神，助力创业活动的进一步发展。最后论证了创业与创业管理、创新与创业管理的关系，探讨在全民创业时代，应当如何进行创业实践。

【思考题】

1. 当创业者发现创业机会后，自己不进行机会开发，而是将创业想法出售给他人，从中赚取差价，这种创业模式是（　　　）。

 A. 自主创业   B. 内部创业

 C. 依附创业   D. 市场创业

2. 创业者在进行创业管理时，努力实现创业机遇、资源和团队三者的动态均衡，这是（　　）的观点。

A. 加特纳模型　　　　　　　B. 蒂蒙斯模型　　　　　　　C. 莫里斯模型

3. 我国的科创板上市企业中，（　　）行业的占比最大。

A. 生物医药　　　　　　　　B. 高端装备制造

C. 信息技术　　　　　　　　D. 新能源

4. 举例说明怎样将创新融入创业管理中。

5. 识别创业机遇的方法有哪些？

第二章　商业模式

商业模式是一个概念性工具，是产品、服务以及各种信息组成的一个综合体系，用于解释说明企业内部不同角色、利益关系、收入来源等商业逻辑。商业模式的构思与设计是创业的基础。创业者必须清楚商业模式的概念，组成商业模式的诸多商业元素以及各元素之间的逻辑关系，具体包括在进行需求定位时锁定目标客户，设计企业创造价值的方式与流程，从价值链的角度梳理企业该如何创造价值，此外还需要根据市场的实际情况，选择合适的交易方式和商业设计，控制交易成本，最终获取收益。没有完美的商业模式，好的商业模式需要在市场的考验下不断发展完善。

商业归根到底是靠逻辑赢的。只不过有些行业，直接展示这冷冰冰的逻辑就够了，有些行业则必须把逻辑包装成情怀。

——美团创始人　王兴

【学习要点】

☆学习需求定位的流程
☆了解价值链理论的内容
☆掌握商业模式的选定原则

【开篇案例】

小熊电器：小家电品类的创业之路

一、企业简介

美的、苏泊尔、九阳是中国消费者耳熟能详的家电品牌，这些大品牌具有超高的知名度和影响力，占据了大量的家电市场份额，成为消费者的首选。即使是在这样一个格局稳定的市场中，仍然可以依靠独特的商业模式，从"家电巨头"手中抢到一块"蛋糕"，小熊电器就是一个这样的企业，从最开始制造酸奶机出发，到2019年，小熊电器已经成为上市公司，被誉为"创意小家电第一股"。

二、市场定位

1. 从酸奶机起家

小熊电器最早的产品是酸奶机。小熊电器成立于2006年，当时，中国进入了经济腾飞的时期，"80后""90后"逐渐具备消费能力，成为市场消费的主力，家电行业正悄悄发生变化，而大家电品牌并不重视消费主体和消费需求的变化，小熊电器发现了其中的机会。

年轻人的饮食习惯和生活方式已经发生了巨大的改变，他们更喜欢能够彰显个性的消费方式，在消费的同时体现差异化，追求与众不同的生活方式，个性化的小家电就是可以满足年轻人需求的产品。于是小熊电器从酸奶机产品入手，这种产品毛利率高，而且产品研发难度不大，酸奶机除了本身是一种维护健康生活方式的工具之外，产品还具备一定的情感、社交功能。以牛奶为原材料制作成酸奶，这个过程使消费者产生很强的成就感，作出酸奶之后消费者会选择在社交媒体上与朋友分享，这就是产品的社交属性。小熊电器将自己的产品打上"亲民且方便"的标签，删除了市面上已有产品杂乱的功能，主打便于清洗和小巧的特点。很快，产品获得了大量消费者的追捧与喜爱，直至今日，小熊电器的酸奶机仍然占据国内酸奶机市场80%的份额。

2. 扩展品类

如果仅开发单一的一种产品，这对于小家电厂商而言是很难生存下去的。因为家电品类是低频消费，一旦买卖双方交易结束，企业和消费者很难继续产生联系。必须用更丰富的产品线和更多的品牌曝光，培养消费者和品牌之间的黏性，当消费者再次产生需求，就还会选择这一品牌的产品。很快，扩展品类就成为小熊电器的核心战略，用和开发酸奶机产品类似的思路，小熊电器将目光投向其他小品类、市场规模不成熟、非必须但实用的小家电。

以小熊电器的煮蛋器产品为例，传统的煮蛋器仅仅是将鸡蛋完整地放在机器里蒸熟，小熊电器调研发现中国消费者更喜欢吃蛋羹而不是吃完整的鸡蛋，而且消费者早餐吃鸡蛋往往要搭配包子、玉米、地瓜、速冻面食等主食填饱肚子，如果将"煮鸡蛋"和"热饭"两者结合起来，将极大地便利消费者的生活。所以小熊电器把原来只有一层的煮蛋器变成了两层，以方便消费者在第二层煮其他食物。将煮蛋器的功能突破"煮鸡蛋"的限制，让产品成为一种厨具，成为一种刚需家电。这个理念让小熊电器的煮蛋器再次获得了巨大的成功。

除了酸奶机和煮蛋器，小熊电器的电热饭盒、养生壶、空气炸锅和打蛋等产品也都有不错的市场反响。对多品类产品进行创新，小熊电器的产品逐渐从小众市场进入主流市场。

三、运营粉丝经济

一种性价比更高、更便利的产品在一些消费者使用后，将其推荐给更多的消费者，这就是年轻人流行的"种草"。小熊电器在营销方面的思路就是运营好品牌的粉丝群体，让粉丝"种草"，帮助品牌进行宣传推广。

小熊电器从多个角度触及消费者，在消费指引、售后服务以及使用指南等服务方面构成了完整的服务闭环，精心运营粉丝经济。传统的营销方式不再能吸引年轻消费者，朋友分享、直播带货这样的新式营销才能受到年轻人的青睐。小熊电器利用微博、抖音和淘宝的直播平台进行日常化运营，通过影视、综艺、短视频和线下投放等途径打造一个"小熊电器为消费者创造快乐生活"的品牌形象，与年轻消费者保持同频共振。

除此之外，小熊电器还举行多项粉丝活动，增强用户黏性。在"'兴'青年聊天室"栏目中，小熊电器邀请了多位小熊电器产品的粉丝，讲述他们在生活中探索打拼、追求内心的故事；发起了"城市漂流客厅"共创计划，将那些工作繁忙、在外奋斗、散落在城市不同角落的年轻人以美食、跨界饭局的形式聚在一起。

四、聚焦线上渠道

产品销售渠道并非多多益善，对于实力较弱的初创企业，将精力集中于一个产品销售渠道是一种更好的选择，渠道的集中有利于企业资源的集中，可以获得渠道方更多的资源倾斜。小熊电器就是这样，将销售渠道聚焦于电商，小熊电器的线上销售占比超过了总销量的九成。小熊电器成立初期，电商还是新鲜事物，小熊电器发现体积小、安装简单的小家电产品与电商适配性很好，于是小熊电器进军线上销售渠道，尝试在阿里巴巴诚信通推广产品，幸运的是格兰仕发现了小熊电器，下单了 10 万台酸奶机作为自己产品的赠品。于是小熊电器从格兰仕手中赚取了创业的第一桶金。

随后，小熊电器创新性地采用"网络授权经销商"的模式，消费者在与小熊电器合作的经销商网店下单后，小熊电器直接获取订单信息，直接向消费者发货，帮助经销商降低运营成本，提高了销售积极性。小熊电器已经建立起了比较完整的线上电商营销网络，和天猫、拼多多、京东、苏宁易购和唯品会等线上电商平台均进行了合作，网络分销商超过 200 个。

五、提高生产能力

小熊电器认为生产力才是一个制造业企业生命力的源泉，坚持"自产"，在规模化、定制化和柔性化之间寻求平衡，以满足多样化的生产需求，以不同品类为维度，建立起不同品类对应的独立运营团队。小熊电器拥有五大生产基地，70 多条生产线，每个生产基地都有相对独立的管理和工厂实体，专注于不同品类的生产制造。2022 年 5 月，小熊电器投资 6 亿元完善其智能化小家电制造基地，将实现数字化、智能化生产与智能立体仓库的协同运营，该智能仓库建成后，小家电的年产量可以达到 1 500 万台。

六、结论与展望

小熊电器已经进入了稳健增长的阶段，企业自身生产能力不断提高，逐渐丰富的品类可以满足消费者不同的需求，粉丝群体扩大有助于小熊电器的销量和复购率提高。小熊电器市值已经超过 80 亿元，虽然和家电巨头厂商仍然有较大的差距，但小熊电器有非常广阔的发展前景，以做年轻人喜欢的小家电为目标，用差异化的产品改变年轻人的生活方式，小熊电器的存在为小家电行业注入了活力。

参考资料：

[1] 王婷，杨力澉，刘耘，伏洁. 高质量发展视角下家电制造业转型升级路径分析——以小熊电器为例 [J]. 北方经贸，2021（12）：144 – 147.

[2] 张瑜. 小熊电器差异化战略分析 [J]. 现代商业，2021（14）：13 – 15.

第一节 商业模式概述

商业模式的设计基于理解商业模式的概念，不同的商业模式定义均存在其合理之处，本节认为商业模式应当从企业生存、创造价值出发，厘清不同商业模式之间的逻辑关系，在一定的框架下思考商业模式的设计。

一、 商业模式的概述

1. 商业模式的概念

商业模式描述了企业如何创造价值、传递价值以及获取价值的基本原理。现实中我们经常发现，尽管大量创业者识别到了绝佳的市场机会、形成了新颖的创业思路并组建了能力较强的创业团队，但仍然会很难获得投资人的认可，成长乏力或快速失败，其中一个可能的重要原因便是没有建立起驱动企业健康成长的正确的商业模式。因此，创业者的一个主要任务就是探索并建立与创业机会相适配的商业模式。商业模式是一个概念性工具，是产品、服务以及各种信息组成的一个综合体系架构，用于解释说明企业内部不同角色、利益关系、收入来源等商业逻辑，简单来说，商业模式回答了创业者比较重视的几个问题：谁是顾客？顾客的价值是什么？如何为顾客提供价值？如何运营企业获得收入？

2. 关于商业模式的不同观点

（1）先破后立观。最早关于商业模式的观点源于经济学理论，尽管在这个阶段缺少具象化的商业模式创新与设计的工具，但是这些观点从经济学的角度，揭示了商业模式对企业经营行为的结构性创新的贡献，以及为企业创造经济价值增值的本质规律，由此奠定了商业模式不同于企业战略和管理学的理论基础。著名经济学家约瑟夫·熊彼特（Joseph Schumpeter）认为企业经营的核心问题就是商业模式的更新换代，商业模式的更新换代过程就是"破坏并重构"，打破原有的市场秩序并建立全新的市场秩序，建立新的市场秩序并不是企业经营的目标，而是任何一个企业想要在市场中生存必须要进行不停歇的自我革命。

（2）价值交换观。价值交换观认为商业模式主要描述了企业创造价值的方法，具体包括企业应当经营什么样的产品、提供什么样的服务、树立怎样的形象、采用何种策略达到目标、组织架构、各组织需要的人员以及企业运营需要的设备等，涵盖企业运营的方方面面，商业模式的实质是各个商业活动参与者进行价值交换，这是价值交换观的核心，价值交换观并不关注创造某一商业模式的具体过程。

（3）盈利观。盈利观认为商业模式就是研究各种产品成本、企业经营成本以及收入流之间的优化配置，一个企业只有获得一定的收入，并且这些收入能够支撑自身继续运营下去才有意义。简单来说，商业模式就是一种方法，通过这种方法，企业产生收入并生存下去。商业模式的盈利观就是在说明"如何赚钱的问题"，明确了价值链、企业与价值链的关系，还包含了企业成员间的关系以及各个利益主体的利益分配问题。

（4）战略观。战略观认为商业模式是设计物流、信息流、资本流的各种业务流程，企业合理分配资源从而向顾客交付产品和服务，并通过与顾客的交易获取利润。战略视角概念的重点在于分配资源，从战略的角度设计企业经营各要素的配置和流动，这就要求企业将各种管理思想和方法结合企业实际不断进行尝试和设计，形成自身独特的商业模式体系。

（5）学术观。学术上定义商业模式是：为了实现客户价值最大化，把能使企业运行的内外各要素整合起来，形成高效率的具有独特核心竞争力的运行系统，并通过提供产品和服务，达成持续盈利目标的组织设计的整体解决方案。因此，商业模式是为了满足客户需求或实现客户价值而采取整体解决方案及一切方式方案的整合，也就是实现客户价值的逻辑。

（6）实践观。在实践中，把商业模式展开就是探讨企业如何获得资本的过程：用资本做什么、为谁做、用什么做、怎么做、用什么方式提供给客户、成本是多少以及最终获得利润的整体解决方案。在分析商业模式的实践过程时，主要关注企业在市场中与用户、供应商以及其他合作的关系，尤其是彼此间的物流、信息流和资金流。

综合理论研究与实践探索，可以推导出商业模式的标准流程。商业模式的标准流程涵盖了企业经营的整个过程，贯穿于创业融资、企业资源开发研发模式、制造方式、营销体系、市场流通等各个环节，也就是说，企业在每一个经营环节上的创新都有可能衍生出一种新的商业模式。

3. 商业模式的研究范畴

（1）价值链理论。价值链是由与企业相关的一系列基于某种业务流程的经营活动及价值增值活动环节所构成的。商业模式并非局限在价值环节的既定选择之中，当今的商业世界，不同产业、不同行业的交互空间越来越大，跨界的交易活动越来越多样化，用既有产业价值链的视角已经难以表达和发现更多的创新机会，而商业模式设计则可以创造新的交易活动。在商业实践中，许多"跨界颠覆"的案例就是商业模式突破产业隐性边界的具体体现。研究价值链也必须考虑不同价值链元素的时间顺序，随着交易活动的拓展、交易主体的增加，不同价值链元素进行不同的组合，产生的结果也完全不同，这些就是价值链理论的研究范畴。

（2）业务经营以及组织管理。商业模式把企业活动分为两类：业务经营和组织管理。商业模式的研究侧重点是业务经营，但同时也包含对组织管理的研究，因为业务经营需要组织管理来驱动，业务经营模式决定了组织管理的方式，商业模式的设计需要与之相匹配的管理能力，决定了具体的管理模式，同时管理模式的优化可以加强补充商业模式的设计。

管理理论的研究对象是企业的管理者和员工，属于商业模式中的内部利益相关者，在商业模式设计中，先是业务活动中的角色、角色间的关系，以及业务的构型等，而要保障交易的有效运作，则对管理模式范畴内的组织、人力资源、企业文化等要素提出了要求。

专栏 2 - 1

国产 GPU 领军企业的商业模式

一、企业简介

景嘉微是国产图形处理器（GPU）的龙头企业，图形显控、小型专用雷达和 GPU 芯片是景嘉微主营的三类产品。近年来，景嘉微业绩稳健增长，产品逐渐受到消费者的认可。GPU 就是人们常说的显卡，它的全称是图形处理器，是台式电脑、笔记本电脑必备的零件，同时在航空设备、安防设备、大数据与人工智能等多个领域也有应用。该市场目前被 Intel、Nvidia 和 AMD 三个海外巨头所垄断，在这样的背景下，国产 GPU 龙头企业景嘉微被寄予厚望，在商业模式方面采取国产化、产品化、错位化和商业化策略，逐渐缩小与行业巨头之间的差距。

二、国产化

除了在计算机设备的应用之外，GPU 还在云计算、人工智能技术、物联网设备和新能源汽车等领域有着广泛的应用，中高端 GPU 芯片国产化在近年来受到了国家的政策扶持，景嘉微开发的 JM5400 芯片实现了国产高性能 GPU 芯片零的突破，打破国外企业的垄断，该芯片在 2014 年流片成功，性能与当时同期常用芯片的性能大致相当，但仍然与国际最高水平的产品有较大的差距。于是景嘉微加速追赶，缩短了产品的研发周期，技术提升加速度较大，JM5400 的研发耗时 8 年，JM7200 的研发周期缩短为 4 年，而 JM9 系列的研发周期进一步缩短为 3 年，紧跟海外巨头研发节奏，在这样的高速迭代情况下，景嘉微产品与同时期 Nvidia、AMD 产品的性能差距逐渐缩小，GPU 芯片国产化指日可待。

三、产品化

从公司里程碑式的 JM5400 芯片开始，景嘉微的产品化能力就不断提升，在国内市场中形成了较强的竞争优势。2018 年，景嘉微推出第二代产品 JM7200，这一产品与第一代产品相比工艺和性能都有较大提升，提供多种外接设备接口，功能进一步丰富。在 JM7200 芯片的基础上，景嘉微在 2019 年推出了 JM7200 芯片的商用版本，可以应用于个人的电脑显示系统，该芯片全面支持国产计算机操作系统和国产计算机零件，这是国产芯片首次应用于个人电脑。

2022 年 5 月，景嘉微第三代芯片 JM9 系列的第二款图形处理芯片已完成初步测试。这款芯片全面支持高性能显示需求应用于台式电脑、笔记本电脑等设备中，其性能可以对标 Nvidia 在 2016 年推出的当时性能最强的 GTX1080 芯片，JM9 系列产品即将产品化，为消费者提供中高端显卡的新选择。

四、错位化

错位竞争是景嘉微商业模式中的独特设计。景嘉微的产品研发思路是从中低端向高端发展，前期主要面向军工和信创市场，海外巨头主营高端产品，国内初创 GPU 厂商同样以高性能芯片为卖点，因此中低端市场竞争难度较低，景嘉微可以轻松占据大部分市场，与国际巨头、国内企业展开错位竞争，在销售中低端产品的同时积极开发高端产品，当企业的经营根基筑牢之后，开始布局高端产品，用价格优势打开市场。

五、商业化

景嘉微正积极将产品推广至民用市场，提升商业化水平。第二代产品 JM7200 芯片已经实现了与国内主要的计算机操作系统、计算机配件的兼容适配，与国内十多家主要计算机整机厂商建立合作关系，与整机厂商联合进行产品测试，与苍穹、超图、昆仑、中科方德、中科可控等多家软硬件厂商进行互相认证。JM9 系列芯片可以无缝兼容市面上主流的中央处理器（CPU）、操作系统和应用程序，这为产品的商业化筑牢了基础。

2019 年景嘉微与湖南长城科技信息有限公司签署协议，向湖南长城科技信息有限公司提供 10 万套 JM7200 显卡。在此之前，国产计算机使用的均是 AMD 和 Nvidia 的产品。景嘉微作为国产 GPU 芯片供应商，第一次实现了民用计算机国产 GPU 采购。

六、结论与展望

国产化、产品化、错位化和商业化是景嘉微成为国产 GPU 芯片龙头企业的关键，如今国内 GPU 规模已经接近千亿元，随着景嘉微产品性能的提升和产品种类的丰富，景嘉微未来有望继续扩大市场份额，打破国外三家企业对国内 GPU 市场的垄断，让"中国芯"走向世界。

参考资料：

[1] 孙锦乔. 景嘉微有望引领 GPU 国产化"芯"时代吗？[J]. 现代经济信息，2020（1）：160 – 162.

[2] 郭建辛. 数字经济时代，GPU 将如何引领行业变革 [J]. 华东科技，2022（2）：12 – 13.

二、 商业模式的框架

商业模式是一个含有诸多组成元素的整体，不同组成元素依照一定的结构组合成为一体，组成元素内部和元素之间存在着联系而并不是孤立存在的，它们相互影响相互依存，循环作用使得企业获取价值。具体来说，使得不同商业元素组合成为一个整体的就是商业逻辑，商业逻辑描述了企业可以提供的价值和获取的价值、资源网络、资本以及种种可以创造和提供价值的要素。而这些源于商业逻辑的商业元素就是商业模式的框架，如图 2 – 1 所示，商业模式的框架主要分为客户锁定、价值主张、交易方式、交易成本、盈利模式、关键业务以及核心资源。

图 2 – 1　商业模式的框架

1. 客户锁定

企业为谁创造价值呢？企业不同的产品具体针对哪一类客户呢？客户锁定就是明确产品的受众群体。有的产品面向大众化的市场，企业开发的一种产品可以解决大规模人群的需求；有的企业开发多元化的市场，产品可以迎合各种不同客户群体的需求，或者产品服务的设计可以灵活变化以锁定客户。

2. 价值主张

企业产品的问世是为了解决什么问题呢？客户选择了我们可以获得什么价值呢？更高的性价比，以较低的价格提供与其他高价格可获得的同样的产品，这是一种价值主张；产品理念创新，给客户带来全新的体验也是一种价值主张；便利易用、性能优良、经久耐用以及给客户带来正面的情绪价值、迎合客户生活习惯、彰显使用者的地位等，这些都是价值主张的体现。

3. 交易方式

客户用怎样的方式可以获得企业提供的产品或服务？企业与客户怎样进行价值的交换？交易方式是指在一个交易的过程中所有具体的行为，包括交易双方的沟通方式、价格约定、价值交换媒介以及种种相关的商业契约。

4. 交易成本

维持企业运营的所有花费是多少？产品的开发生产与销售需要多少成本？维持人际关系、资源网络需要什么样的付出？可以说许多企业的经营都是以成本驱动的，尽可能压缩生产运营过程中的各种成本，采用低价策略赢得市场。不采用成本驱动模式的企业也必须重视成本，因为这关系到利润空间。

5. 盈利模式

企业如何让客户付费？创造价值获取利润的方式是什么？在进行一系列商业运作之后，怎样让企业的利润最大化？一般来说，企业可以通过所有权销售、广告收费、租赁收费、授权收费、订用收费、增值服务收费、衍生消耗品盈利等常见方式盈利。

6. 关键业务

关键业务是在商业模式每一个具体流程中，为了使整体正常运转必须要做好的业务，关键业务可能只是一个简单的步骤，但是需要耗费大量的精力去打磨完成，关键业务的任何一点风吹草动都会被无限地放大，影响企业运营的整体走向，若处理得当可以在整个流程中起到事半功倍的效果。一个产品从构思到问世一定需要经过多个关键业务，例如价值主张、盈利模式环节的设计都存在着关键业务。

7. 核心资源

核心资源是商业模式框架中比较抽象的一个概念，它也是维持商业模式运转的一个因素，但是一个企业所拥有的资源未必可以立即起到作用，有的资源花费了企业大量的精力去维持，然而并不会起到作用，有的资源可能会在未来某个时间帮助企业"走捷径"、解决问题，这样的资源就是企业的核心资源。

三、 商业模式的认识误区

如图2-2所示，对商业模式的认识要避免以下误区。

图2-2 商业模式的认识误区

1. 弱化概念

明确商业模式的概念是设计商业模式的先决条件，当前学术界对商业模式的理解并不一致。由于观念上的不一致，许多公司都将商业模式的具体设计直接从实际操作开始，淡化概念的理解，只看重实际操作的思想盛行。

商业模式与创业运营有重大的交集（市场营销、价值链路），创业者可能会认为商业模式就是把所有的创业运营元素简单地融合在一起，建立商业模式体系等同于制定企业战略、设计组织结构和营销方案，将各种创业运营元素堆积起来，不能发挥出这些因素相互作用而产生的效果。

必须深入理解商业模式的概念，如果忽略了对商业模式概念的理解，就无法把握商业模式设计的方向。商业模式包含交易方式、成本、营销等企业经营元素，更重要的是要理解不同元素之间的逻辑关系、相互影响路径。大部分企业的商业模式差异只会导致产品的差异，并没有因此而影响产品的品质，甚至会导致商业模式的设计向"盈利模式""运营模式"的方向极端倾斜，顾此失彼，效果不佳。

2. 过于重视创意

新颖的创业想法因创业者的丰富经验、知识和敏锐的眼光产生，可以发展出卓越的商业模式。但是过于重视商业模式的创意会让很多企业产生"只要大胆去想就可以成功"的错误观念，不在乎实际情况和市场现状，挖空心思追求"跨界"以及"创新"，甚至出现了一些以提供创业创意为业务的公司。企业经营必须依赖企业所掌握的资源和力量，没有足够的资源和实力支撑，过于新颖的创业点子不可能成为现实。企业家们不重视发展自己企业的核心竞争力，只想通过创新的商业模式创意博取投资人的好感，这是很难成功的。

3. 滥用工具

商业模式设计催生了大量的商业模式设计工具，例如麦肯锡 7s 理论、CMB 商业模式设计工具、商业模式画布等，许多企业将这些工具视为至高无上的商业模式"圣经"，认为只要运用了商业模式设计工具，就可以设计出最优秀的商业模式，在市场竞争中领先，有些公司甚至委托专业的咨询公司、提供商业模式设计服务的公司设计商业模式，这样做既偷懒又不负责。

客观来说，咨询公司以及商业模式的设计工具都是很有价值的，但是它们的作用是引导创业者去思考而并不能直接取代思考的过程，外界不可能像创业者一样对公司的状况了如指掌，对于一个工具，充分理解工具的使用方法并将其与企业的实际情况相结合，才能发挥出工具的效果。创业者的思想才是商业模式最重要的来源。与上面提到的过于重视创意的做法相区别，创业者的思想是创业者对内外部环境持续进行辩证思考的产物。

商业模式工具为创业者提供了设计创业模式的高效捷径，助力创业者对商业模式的组成元素进行增添或删除，可以根据自己的实际状况自行选择。所有的工具都只能用来协助创业者进行创造性思考，而不会把成果直接送到眼前，当创业者的行为被困在业务模型的工具中时，也就丧失了想象力。

第二节　商业模式构成

本节探讨的是商业模式的组成元素，创业者将需求定位与客户锁定、价值环节与价值链路、交易方式与交易成本、盈利模式与商业设计这四部分的细节以及每一部分的相互关系设计好，那么一个商业模式的雏形就完成了。

一、 需求定位与客户锁定

1. 从客户价值思考

所有企业的价值创造都源自满足消费者的需求，为客户创造价值，公司的商品只是为了迎合顾客的需要。企业为顾客提供了价值，就可以得到应有的报酬，只有商品符合顾客要求的情况下，顾客方能接纳商品，为客户创造了价值，企业才能创造出自己的价值。这一逐步由外向内、由客户到企业的商业运营方式，是现代公司所要具备的思维方式，而要达到这个目标，就需要构建一整套符合客户价值逻辑的企业运营流程。所谓客户价值就是对客户有意义的东西、客户真正需要的东西，在商业模式的设计中，客户的价值观是企业在设计商业模式时最基本的起点，不仅要考虑客户需要什么，还要考虑顾客将重点放在了什么方面，什么是最关键的，不同需求的优先次序。

2. 需求定位

需求定位的差异带来了丰富且有差异的客户选择，以满足客户不同的需求点。例如，饮料满足了客户解渴的基本需求，但在这个基本需求之上，客户还有各种不同的需求，企业也因此进行差异化的营销定位。例如，运动饮料可以给运动者补充身体水分和盐分的消耗；咖啡可以给消费者提神醒脑，缓解疲劳；碳酸饮料口感独特，清凉解暑。同时，商业模式的需求定位必须考虑企业的价值主张对客户认知产生的实际效果，不同客户面对企业的价值主张，会产生不同的价值判断。

无论是战略的定位，还是营销的定位，都强调客户需求，以及设计满足客户需求的产品、服务和认知的细节，但忽略了与满足客户需求非常相关的一个维度：客户需求的满足方式——交易方式。例如，在炎炎夏日，客户想喝一杯冷冻的果汁，这是一个确定的客户需求，而满足这个需求的方式却有很多种：企业可以开设连锁店销售冰冻果汁，消费者直接购买获得果汁；企业可以建立果汁生产体验馆，客户购买体验门票，企业给体验者提供生产机器、原材料和制作方法，指导客户制作果汁，最后可以把制作成果带回家；企业还可以销售榨汁机、销售速溶果汁粉，甚至还可以销售水果、冰块……以上各种不同的满足需求的方式都可以直接或间接地满足消费者需求。这说明同一个客户需求，满足需求的方式是非常多样的，而且从交易时效、交易效率、交易成本等方面来看，不同方式的差别是很大的。从商业模式的角度来看，这种交易方式的差异和选择就是商业模式的需求定位问题。

3. 客户锁定

（1）针对客户真实需求。客户锁定可以从客户真实需求的角度进行创新和设计。一般而言，随着一个行业发展成熟，行业通行的商业模式会逐渐固化，形成相对稳定和有差异的所谓"业态"。新的从业者似乎会不假思索地模仿和跟随，行业利益相关者形成的规模效应也会成为变革的障碍。然而，市场和客户需求始终是在变化的，固定的业态并不能长久地保持竞争力。因此，从最根本的客户需求的角度出发，进行客户真实需求的再探索，往往会有出乎意料的效果。

（2）找到优势。准确的客户锁定可以从现有的成功案例中寻找革新的机会，也可以另寻思路，分析竞争对手的资源和优势，通过对比找出企业自己拥有的优势。由于这种优势是体现在需求满足方式上的，因此优势并不总是来自企业资源能力禀赋，而有可能来自企业对需求的差异化洞察和创新。

（3）自身资源。客户锁定应当考虑企业自身的资源能力，设计最有效的满足客户需求的方式，必须结合自身的资源能力条件。一方面，根据企业的资源能力，选择自己最擅长的满足客户需求的方式，即这种需求满足方式是交易价值最大的，或者采用这种方式交易的成本是最低的，这样就具备将价值传递给客户或其他利益相关者的空间。另一方面，根据自己擅长的满足客户需求的方式，选择更加看重这类价值满足方式的客户群体，以形成高价值的交易，挖掘资源能力的商业模式价值，这也是从资源能力角度设计定位的有效方式。

一个好的商业模式，要能同时具有探索规模经济和范围经济的优势，规模经济带来成本优势，范围经济带来成长前景。同时，还要有品牌、专利、技术，或者有独占的合约、地理位置，或者有规模和网络效应。

专栏 2-2

白酒行业的后起之秀——江小白

一、企业简介

白酒行业是个传统行业，大部分白酒品牌都努力营造一种高端的形象，华丽的酒瓶搭配精致的产品礼盒，味道辛辣刺激且价格较为高昂，中老年人是白酒市场的主力，而30岁以下的年轻消费者更倾向于啤酒等较为柔和的酒类，年轻消费者的白酒消费仅占所有酒类消费的8%。

然而就是在这样一个传统的产业中，江小白成为行业的后起之秀，代表着青春、新奇的江小白以二三十岁的年轻人为主要的消费群体，在传统的酒类产品营销规则之外进行了一系列革新，融入了年轻人喜欢的元素，深度开发市场，达到了30亿元的年营收，开创了"白酒年轻化"的路线。江小白在需求定位和客户锁定方面做了很大的努力。

二、需求定位

传统白酒企业面临着这样一个问题，青睐白酒的45岁以上中老年人身体状况不及年轻时，且退休后的中老年人社交活动减少，饮酒的情景减少；现代人则更加重视身体健康问题，消费观念和消费方式受此影响发生了变化，白酒的需求量在减少，这意味着走传统白酒的路，仅仅是在争夺有限的市场份额。二三十岁的年轻人是白酒市场尚未开发的蓝海，这类群体消费能力强，注重娱乐和享受生活，具有巨大的市场潜力。然而白酒行业一直难以找到打开年轻人市场的突破口。

在这时，江小白在市场中进行了清晰的市场定位，在对市场进行充分细分的基础上开展产品创新，江小白认为与中老年消费者相比，二三十岁年轻人的消费大多是情绪消费，商品的情怀与寓意比商品本身的价值更具吸引力。江小白提出了"小聚、小饮、小时刻、小心情"的年轻人白酒消费突破口，酒精是一种可以麻痹自己神经、逃避现实、暂时让自己收获快乐的好方式，接地气的啤酒以及华丽高端的红酒都平平无奇，江小白针对年轻人群打造的"青春白酒"个性十足，成为年轻人全新的选择。

三、客户锁定

1. 产品包装

年轻人购买商品时更看重外观，一个时尚的外观是加分项。精简、个性、情感共鸣是江小白的包装方案。没有包装盒，只有一个普通的玻璃磨砂瓶，传统白酒的包装大多奢华优雅，往往白酒外包装的成本就占到商品总成本的30%，而江小白的产品包装成本大幅度地降低了，提高了产品毛利率，外包装的成本只占到产品总成本的10%左右。

2. 产品规格

年轻消费者的需求是具有多样性的，丰富的产品规格、产品口味有助于扩大受众群体。江小白旗下的产品规格种类丰富。例如，"江小白青春版"是轻口味高粱酒，一改传统白酒辛辣刺激的味道，味道轻柔，产品设计理念为让消费者大口畅饮，适合年轻人在派对、聚餐中饮用；"江小白金标"将咖啡的香气，葡萄干、蔓越莓的味道融入白酒，味道丰富有趣，深受年轻人的欢迎。

为了进一步激发消费者的"兴奋点"，江小白推出了包装瓶个性定制的服务，消费者可以在微信公众号上进行简单的操作，把自己想说的话、想要的样式呈现在白酒的瓶身包装上，追求个性的用户不再满足于购买现有的文案包装，这项服务让追求个性的用户拥有了独一无二的、只属于自己的产品。

3. 拟人化营销

在玻璃瓶身印有生活语录以及卡通形象和个性化语录的结合，可爱的卡通形象不仅是产品的符号，同时也让消费者将自己与卡通形象联系到一起，生活语录产品与消费者零距离，消费者产生了情感共鸣，娱乐化的、接地气的内容更容易收获粉丝、广泛传播。在江小白的所有社交网络中，都是以一个名叫"江小白"的人物来运营，这给"江小白"的品牌赋予了生命，消费者会认为"江小白"是一个自己的朋友，在喝酒时会陪伴在自己的身边，这种方式提高了消费者的忠诚度。

四、结论与展望

江小白跳出了传统白酒产品的营销思维定式，紧紧围绕年轻消费者这一群体，进行清晰准确的需求定位，开发出一套独特的营销体系，江小白的创业案例是值得借鉴的。随着"90后""00后"的消费能力增强以及年轻人生活习惯改变，江小白也将成为一个不可替代的白酒大品牌。

参考文献：

[1] 柯佳宁，王良燕. 跨品类延伸对老字号品牌和新兴品牌的影响差异研究 [J]. 南开管理评论，2021，24（2）：4-14.

[2] 安天博. 社交媒体环境下江小白的品牌传播策略研究 [J]. 出版广角，2020（21）：77-79.

二、 价值环节与价值链路

1. 价值环节

价值环节顾名思义就是企业创造价值的相关环节。一般来说，企业创造价值的过程可以分为五个环节（如图2-3所示）。第一个环节是寻找价值，也就是上面提到的需求定位，进行大量的市场调研，思考寻找消费者的需要、行业的缺陷与痛点，寻找可以创造价值的市场领域；第二个环节是将价值创造的实体进行落实，也就是研发产品，开发可提供的服务；第三个环节是价值生产，需要企业整合大量的资源（供应链和资金），将产品大量生产出来，使其可以投入市场；第四个环节是价值营销，产品投入市场进入了营销阶段，企业采用各种手段挖掘用户，将企业创造的价值转化为用户的价值，在价值交换中获取收益；第五个环节是价值创造过程的优化，企业提供产品的售后服务，维系消费者，了解用户对产品的意见，优化企业价值创造过程的每一个步骤，追求长期稳定的获利。

图 2 - 3　价值创造的过程

2. 价值链理论

纵观价值链理论领域的发展，著名经济学家迈克尔·E. 波特（Michael E. Porter）最早提出价值链理论。如图 2 - 4 所示，价值链是由企业内部及外部一系列相关的基于某种业务流程的经营活动及价值增值活动环节所构成的的。这一系列活动被划分为基本活动和辅助活动，这一系列活动中的基本活动主要包括总务行政、生产制造、营销及售后服务等相关业务活动。而辅助活动则主要是指企业的外包采购、产品技术研发、人力资源管理与开发以及企业的基础设施管理维护等。无论这两种活动中的哪种，在前述一系列价值活动中各业务环节都可能对产品的成本构成和市场价格产生影响。依据价值链理论，企业的竞争本质上是企业所处价值链的整体性、全面性、系统性竞争，而非某一个或某些环节的竞争。

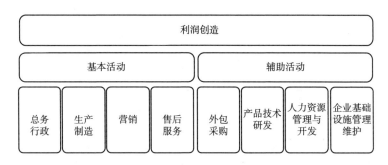

图 2 - 4　价值链理论概念

3. 价值链的分类

根据价值链相关理论及概念，价值链类型按照不同维度可区分为行业价值链、内部价值链以及竞争对手价值链。

行业价值链是把企业置于由供应商、客户或渠道商所构成的行业价值链条中去，并以此为视角寻求同上下游的合作，实现企业整体利益目标。行业价值链是把企业作为一个整体系统对待，经过从最初的原料购买、投入生产、制造到完成最终产品并经顾客购买等一系列活动，实现价值增值和价值转换。

内部价值链是指由企业内部各职能业务单元基于相互关联的一定业务流程而形成的为客户提供某种产品和服务的业务价值链条。企业内部各业务单元基于业务职能分工不同，相互协调配合，完成价值创造增值。

竞争对手价值链是将企业置于本行业竞争对手中，进行相对应的价值链各业务环节对比分析。进而从中学习借鉴有益经验，发挥自身长处，发现自身不足，并针对性地根据具体问题采取相应改进措施，进而赶上和超越竞争对手，为企业的发展增添动力。

三、 交易方式与交易成本

交易是买卖双方进行价值交换的行为，而商业模式研究的交易问题，并不是如何促成单次或多次交易的发生，也不是交易给市场均衡带来的变化和影响，而是交易各方形成的能够保持长期持续交易的相对稳定的交易形态。

1. 交易方式

客户用怎样的方式可以获得企业提供的产品或服务？企业与其客户怎样进行价值的交换？交易方式是在交易过程中所有的具体行为，包括交易双方的沟通方式、价格约定、价值交换媒介以及种种相关的商业契约。

2. 常见的交易方式

常见的交易方式如图 2-5 所示。

图 2-5 常见的交易方式

（1）议价买卖。议价买卖是最简单的交易方式，发生交易行为的买卖双方交流商议产品或服务的价格，双方达成一致后，完成商品、价值的交换。

（2）批发交易。商品的购买者从商品的提供者处采购商品，商品的购买者将采购得来的商品转卖给其他用户，在这一过程中，要求交易的商品量达到一定的规模，当交易的商品量达到一定的标准后，商品购买者可以享受到更优惠的价格，这样的交易方式被称为批发交易。

（3）零售交易。零售交易是商品或服务在市场中流通的最后一个环节，该商品或服务被交易给了最终消费者。所谓最终消费者，就是指获得该最终商品的消费者不会应用该商品进行其他的商业行为，而是直接使用。

（4）租赁交易。商品的提供者以租赁的形式将商品交付租赁者，租赁者需按期限交付租金，商品的使用权仅在商品租赁期限内有效，在租赁过程中，商品的所有权始终归商品提供者所有，租赁者在租赁期限内拥有有限的使用权。

（5）非现货交易。远期合同是一种非现货交易，买卖双方虽约定了交易数量和价格但并不进行现货交付，交易双方签订合同规定在未来的某一时期按照约定好的价格和数量进行商品交付。另外一种非现货交易的形式是期货交易，这是以远期合同交易为基础发展起来的交易形式，期货交易除了可以交易物品之外，还可以交易期货"合约"，把合约当作一种商品。

3. 交易成本

交易成本是指交易双方在一笔交易中所产生的所有与这笔交易有关的支出，正因如此，交易成本包含种类繁多的组成元素，不仅包括在买卖过程中的货币、时间，还包括市场营销所需信息的传播成本、广告成本、产品物流产生的运输成本以及商业活动产生的协商研判、制定签订合约各种成本。

如图 2-6 所示，交易成本可以进一步细分为信息成本、议价成本、决策成本和监督成本。信息成本是指交易双方搜寻市场信息、产品信息和交易对象信息等信息产生的成本；议价成本是指交易双方针对产品的价格进行谈判，最终确定价格产生的成本；决策成本是指决策者思考权衡或借助外界力量作出决定签订合约产生的成本；监督成本是指在交易中和交易后，监督交易对象按照约定完成交易产生的成本，包括产品跟踪、过程监督、质量检验成本以及可能产生的因违约付出的成本。

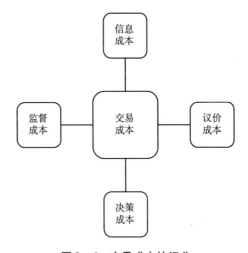

图 2-6　交易成本的细分

经济学家奥利弗·威廉森（Oliver Williamson）进一步将交易成本归类为事前交易成本和事后交易成本。事前交易成本包括谈判、达成约定的成本，事后交易成本是指使交易约定落实以及交易约定不能履行所产生的成本，此外威廉森还认为商业模式中还存在讨价还价的成本（谈判双方互相适应，为各自利益而谈判的成本）、维护成本（解决交易纠纷矛盾产生的相关成本）和约束成本（为获取交易对象信任而产生的成本）。

专栏 2-3

SHEIN 是怎样解决服装行业库存痛点的

一、企业简介

SHEIN 是一家主营时尚女装产品的国际电商巨头，全称希音电子商务有限公司，除女装外，SHEIN 还经营男装、鞋包、配饰等其他快时尚产品，SHEIN 的公司业务集生产、研发、销售于一体，用数据分析和智能计算的高新技术确保了产品供应的稳定性和整合的可控性。虽然在国内品牌知名度不高，但是 SHEIN 在国外女性群体中拥有超高的知名度，以性价比高的服装著称的 SHEIN 被称为"服装界的拼多多"。服装行业一直面临着库存成本高、更新换代快导致货品积压的行业痛点，SHEIN 从交易方式以及成本结构方面进行了一系列探索，克服了库存的阻碍。

二、大数据预测流行趋势

使用大数据技术进行服装流行趋势的预测，这是 SHEIN 掌握的技术优势。SHEIN 创建了流行趋势内部追踪体系，并运用 GoogleTrends 辅助查找分析流行词的数量和增长趋势，一方面，可以预测出市场流行的颜色、款式、图案、面料等信息以及价格变动的情况，快速设计出相应的产品，整合企业资源使未来可能流行的产品快速生产，然后以最短的时间完成产品上新；另一方面，可以在特定地区提前发售产品，分析销量数据和消费者反馈，市场反响好的产品继续销售，市场反响不理想的产品停止销售，用这种方式高效完成产品的筛选和批量生产。

三、零库存

在传统的服装生产行业中，产品的生产是边际成本递增的，库存成本是令服装行业企业非常头疼的问题。而 C2M 模式直接解决了服装行业库存成本的痛点，减少库存，降低产品总成本。当供货商根据要求进行定制化生产后，企业第一时间获取数据信息对产品实施"零库存"管理，正在制作的产品完工后立即组装，完成后马上出货，所有的商品每一个时刻都是周转的状态，在不占用库存节省大量成本的同时，也不会过量生产，避免了产品滞销的风险。

四、小单快反生产模式

SHEIN 的生产模式被称为"小单快反"，先小批量生产大量不同款式的产品，根据这些产品的受欢迎程度，选择最受欢迎的款式快速进行大量生产投向市场。实现小单快反的重要前提就是上新效率，SHEIN 新款服装的上新周期缩短为一周，比行业小单快反的鼻祖 Zara 的上新周期还要短，Zara 的单款服装订单最少要生产 1 000 件，而 SHEIN 单款服装最少仅需要生产 100 件，更加快速灵活。SHEIN 为设计师设计了一套以大数据为基础的辅助设计系统——SHEINX。技术加持的 SHEIN 推出新品的速度惊人，根据官方网站的数据，2021 年第四季度，平均每日推出 5 000~6 000 件衣服，而 11 月 1 日的新款达到 10 610 件。当某一款产品市场反响好，SHEIN 可立即联系供应商，扩大产能，最快三天就可以进行特定款式服装的大批量出货。

五、高效的柔性供应链

产品从开发到问世的过程中，SHEIN 先制造出样品，供应商根据 SHEIN 提供的样品加工，SHEIN 要求供应商具有超强的反应能力和制造能力，因为平台所有的订单都要在 7~11 天之内发货，因此供应商需要在极短的时间内从样品研究开始，快速制作出 500 份成品，有服装设计能力的供货商也要在 15 天之内完成包括设计、制作和发货的所有工作。此外，SHEIN 对供应商的上新效率、发货速度以及产品质量等指标均进行严格的考核。

虽然 SHEIN 的供应商压力巨大且利润空间小，但供应商仍然选择 SHEIN 作为合作伙伴，主要是因为 SHEIN 的资金回款速度行业最快，一般的合作伙伴需要 90 天的时间支付款项，而 SHEIN 的回款速度缩短到了 30 天，并且订单数量大，供应商也可以放心地走薄利多销的路线。

六、差异化营销

SHEIN 主要的营销渠道是电商网站以及手机应用程序，SHEIN 运营各大国际社交平台积累了大量的粉丝，这些粉丝成为在网站上消费的主力。SHEIN 在推特、Ins、脸书以及 TikTok 等国际大型社交平台聘请专业的运营团队运营账号，国际化销售要面对的现实问题是，不同地区消费者由于存在文化差异，导致产品需求也产生了差异。因此 SHEIN 针对不同地区的市场进行差异化营销，创建了大码服装、童装、特殊服装的社交平台子账号以及面向不同国家用户的子账号，子账号进行本土化运营，发布的内容迎合当地文化和风俗习惯。

七、结论与展望

基于以上的交易模式设计，SHEIN 目前已经成为在欧美地区最受欢迎的电商平台，在一些地区甚至超过了亚马逊，成本低、供应链反应更灵活的 C2M 商业模式为传统的制造类企业提供了一个转型的思路。随着业绩的增长，SHEIN 也尝试扩展品类，从服装鞋帽扩展到美妆、家居、宠物等品类，SHEIN 的未来不仅是一个快时尚巨头，还有可能发展成为聚焦女性产品的大型国际化电商平台。

参考文献：

［1］薛昀淳，向永胜．跨境电商 C2M 商业模式研究——以 SHEIN 为例［J］．商场现代化，2022（7）：24-26.

［2］胡小玲．跨境快时尚品牌 SHEIN 的品牌建设与崛起之道［J］．对外经贸实务，2021（12）：66-70.

四、 盈利模式与商业设计

1. 盈利模式的定义

很多企业都非常关注营业收入和市场份额的增长，对于企业应该如何盈利的问题却缺乏深度的思考和设计。企业决策者往往认为只要有了规模，利润自然会随之而来。这种观点以某种既定的盈利模式为假设前提，认为企业盈利的提升更多通过客户价值的提高和客户规模的扩大来达成，忽略了企业盈利模式创新带来的盈利空间。在朴素的盈利模式下，企业收入来源单一，基本依赖主营业务。行业竞争的加剧往往会引发价格战、无效的宣传促销、无差异的品牌认知等问题，导致企业利润空间被压缩。而成功的企业往往能够通过主动设计盈利模式，提高交易效率，创造竞争优势。

2. 常见的商业利润来源

如图 2-7 所示，常见的商业利润来源主要有以下几种。

（1）所有权销售。最简单的盈利方式就是直接向顾客出售商品，顾客用金钱获得物品的所有权。所有权销售的对象可以是实物产品或虚拟产品、数字产品。公司向客户供

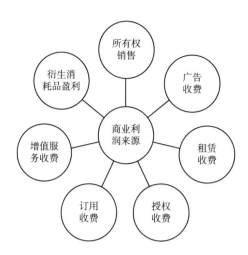

图 2-7 常见的商业利润来源

应商品，消费者自然要为其支付费用，而公司将其费用中的成本减去，剩余的则是公司的盈利。一般情况下，当一个公司完成了产品的设计和制造后，再通过销售渠道向消费者销售商品。公司仅提供一个单一的生产流程，通过产品流向终端用户，资本流向公司。公司的盈利来源归根结底是靠卖出商品的利润，仅有这一个盈利来源，大多数公司采用的是这种简易的方式。

（2）广告收费。广告费也是商品成本的一部分，人们对某些产品并不直接进行付费而是依靠第三方支付。报纸行业就是一个典型的广告收费盈利模式，报纸的售价很低，但读者并非唯一给一份报纸买单的人，广告商付费将信息在报纸上刊登。对于报纸读者而言，报纸的价格越低，他们越愿意购买，对于广告商而言，一份报纸的订阅者越多，他们的广告效果也就越好。广告费是产品零售商营销成本的一部分，总会有一部分消费者被广告所吸引，购买商品来支付它们的广告成本。

（3）租赁收费。这种收入源于针对某个特定资产在固定时间内的暂时性排他使用权的授权。承租方通过向出租方租赁的方式获得设备或产品的使用权，然后利用设备产生的利润，向出租方交纳一定的费用，并且自己也能够从中获得利润。对于出租方，将物品进行租赁可以获得长期的、稳定的收入，在一些大型设备企业的销售中经常采用这种方式，租赁收费的实质就是出售物品的使用权，减少了承租方在没有能力的前期购买大型设备或产品的费用，厂家也能够获得稳定的收入。例如挖掘机、吊车等这些工程机械经常采用这一模式。

（4）授权收费。授权收费是向消费者提供被保护的知识产权，以获得授权的收益。授权可以让拥有知识产权的企业无须制作任何商品或提供任何服务，凭借知识产权本身就能获得收益。在传媒产业中，授权收费是十分常见的。内容拥有者拥有知识产权，可以向他人出售使用权限。与此类似，在科技产业中，专利权拥有者授予其他公司使用专有技术的权利，并向它们收取许可费用。

（5）订用收费。一般的产品都是用户一次花钱获得一次产品或服务，而订用收费模式则是用户一次花钱购买在特定时间内有效的、可多次使用的商品或服务。现在很多健身房、美容院、理发店甚至是超市都采用这样的盈利模式，会员卡、消费周卡/月卡/年卡就是订用收费的具体形式，这种模式让用户重复购买，从而为企业带来稳定的用户，消费者进行预消费，提前支付未来消费的金钱，有利于商家企业进行资金的周转。

（6）增值服务收费。增值服务收费主要是靠一个产品的附加服务来盈利，为了吸引大量的用户，附加服务所依附的基本产品通常是免费的。这种方式的可行性在于这种商业模式靠少部分的付费用户盈利，而为其他非付费用户提供免费的基础服务也几乎不需要太多的花费。不少婚恋交友网站的商业模式就是增值服务收费，用户在网站上注册个人信息寻找心仪的对象是免费的，然而付费后可以享受到优先配对、优质对象推荐的增值服务，网站就可以靠增值服务获取收入。

（7）衍生消耗品盈利。衍生消耗品盈利就是指一种商品想要正常使用必须要购买其衍生品，将这种商品的价格尽量降低以吸引更多的消费者购买，然后通过出售衍生品获得利润。打印机就是运用这种盈利模式，打印机的价格普遍较低，甚至有的企业会"亏本"卖出打印机，这样做的目的是让消费者购买耗材，即打印机墨盒。使用打印机必须购买与之配套的耗材，一台打印机可以使用多年，而耗材经常需要补充，打印机企业的耗材销量非常高，且耗材产品利润空间大，打印机企业依靠墨盒等耗材衍生品可以获得长期利润。

专栏2-4

小红书靠什么盈利？

一、企业简介

小红书是一个在年轻人群体中流行的生活方式分享平台，小红书的创业团队认为随着中国消费者消费能力的提高，产生了购买多样化商品以提升自己生活品质的需求，然而消费者们并不知道应该怎样从海量的商品种类中进行挑选、怎样比较，这是消费者购物时的一个痛点，因此小红书从这个消费者痛点入手，逐渐将平台发展起来，成为同类型平台中的佼佼者，用文字、视频的形式在平台上分享自己购买的商品和消费体验已经成为一种潮流的生活方式。小红书的盈利模式主要包括广告盈利、佣金盈利和电商盈利。

二、广告盈利

广告是小红书最大的盈利来源，主要包括出售广告资源、出售"薯条"和短剧综艺中的广告。商家可以花钱来竞价小红书平台的某个关键词，出价高的商家就可以出现在搜索结果的前面，用户在平台中搜索某一个具体品类的商品关键词，最先映入眼帘的就是出价更高的商家品牌，这就是竞价搜索广告。开屏广告也是同样的逻辑，商家竞价购买小红书应用程序的进入页面，用户打开应用程序后，会在广告界面停留一段时间才能进入应用，竞价搜索广告、开屏广告以及搜索热榜、惊喜盒子都属于出售广告资源。"薯条"是小红书特有的增加博主或品牌笔记曝光量的工具，博主或品牌购买"薯条"后，发布的内容可以优先向用户推送，10元"薯条"可以为内容增加1 000次的曝光。除此之外，近年来，小红书也开始投资热门综艺、自制综艺节目和影视剧集，为平台带来了一部分广告收入。

三、佣金盈利

佣金收入是小红书另外的一个重要盈利来源。佣金和广告两部分的盈利占据了小红书总盈利的80%以上，入驻平台需要保证金和技术服务费，其中保证金在店铺关店后可以申请退还。从2020年4月起，入驻小红书的博主都在小红书的蒲公英平台进行交易，任何博主在小红书发表商业内容都需要在蒲公英平台提前报备，其他的报价、接单、下单和付款等所有交易流程都必须在蒲公英平台中完成，小红书抽取交易金额的10%作为平台服务费用，如果有博主想要绕过平台与品牌进行合作，就会被判定违规，自己发表的内容就会被限流。蒲公英平台使博主们的内容分享流量更加稳定，降低了品牌拖欠费用的风险。

四、电商盈利

电商领域的盈利是小红书近年来着力发展的板块，小红书依次进行了自营跨境电商、主题式电商平台和直播电商的探索。

2015年，小红书进入跨境电商领域，和许多国际品牌开展合作，获得品牌的授权，将商品以官方自营的方式售卖，平台低价进货后，直接发货或者保税仓发货，从中获得商品的差价。

小红书旗下成立了许多主题式电商平台，2014年推出"福利社"，2018年推出"有光REDelight"，基于平台的众多用户分享笔记主打保温杯、床上用品、卧室用品、厨房用品等类型的居家生活用品，2022年3月重新推出"小绿洲"，该品牌主打户外活动用品，产品涵盖露营用品、滑雪冲浪用品、骑行用品。

直播电商是新的发展风口，2022年，小红书正式向所有入驻平台的创作者开放直播权限。在直播带货方面，与抖音、淘宝、拼多多推崇的"追求全网最低价格"不同的是，小红书的思路是主打高端产品、奢侈品销售，因为小红书的用户主要是年轻女性，有一定的消费能力，因此也具有很好的直播转化。小红书提供的直播电商模式是互动直播与带货直播相结合的模式，主要围绕品牌的推广需求，向用户推出各种品牌活动、内容分享，让内容与直播相呼应。

五、结论与展望

作为消费者心目中日常生活的百科全书，小红书拥有巨大的品牌价值，前景不可估量。然而，小红书也迫切需要盈利结构的优化调整，因为广告收入在所有的盈利来源中占据了大部分比重，而淘宝、抖音、快手等"巨头"也开始纷纷探索内容分享平台的建设，小红书的广告盈利面临挑战，因此小红书有必要继续加强电商业务，形成"内容分享+电商"的商业变现闭环，让盈利模式更加规模化、多元化，提升竞争力。

参考资料：

[1] 张明. 小红书 从"种草"到"拔草"[J]. 企业管理，2022（8）：48-53.

[2] 张雯婷，刘艳. 社交化电商商业模式分析——以小红书为例 [J]. 上海商业，2021（6）：32-33.

第三节 商业模式选定

商业模式的设计是一个动态过程，在第二节提到，设计好商业模式的四个构成要素就形成了商业模式的雏形，但是商业模式还需要根据企业的发展阶段、战略侧重点以及利益主体进行调整，给雏形注入灵魂，最终选定商业模式，在商业模式的具体实践中，不断发展与完善。

一、 商业模式的谋划

1. 改变利益主体

相同的资源被不同的创业者拥有，会产生不同的经营效果。增加利益主体或者减少利益主体都意味着资源能力的分配将发生变化，将导致价值增值的变化。在一个交易结构中，任何利益主体都承担了某个交易角色，或者是为了提升交易价值，或者是为了减少交易成本，又或者是为了降低交易风险。恰当地增减利益主体，可以改变交易结构的价值、成本、风险，从而影响交易增值。事实上，在很多具体交易结构的设计中，为了提升价值增值，引入新的利益主体并不少见。

如传统的零售领域，由于最终客户分布较广，交易的时间、地点分散，依靠厂家和客户直接达成交易效率极低，而引入中间商（包括代理商、批发商和零售商）则在交易的融资属性、地点属性、时间属性方面增加了交易价值。反过来，由于电商的兴起，在很多消费品领域已经可以通过互联网平台实现厂商和消费者的高效率直接交易。这时，取消一定的中间环节，减少利益主体，将使交易增值。商业模式既是利益主体之间的组合，又是资源能力之间的组合，同时也是它们交易关系的组合。

2. 改变利益主体的资源能力

不同利益主体拥有资源的能力是不同的，因此增加或减少某个利益主体的资源能力，或者将资源能力转由其他利益主体承担，其价值增值都会发生变化。每一个利益主体都拥有很多资源能力，但放到交易结构中的资源能力未必越多越好。一个利益主体如果承担了交易中太多的资源能力要求，那么对该利益主体能力的要求就很高，很难做到体系化复制，这就会成为整个交易结构的效率瓶颈。减少了某一利益主体的资源能力投入，从而换来交易结构的扩张，这是一个辩证的关系。好的商业模式并不需要企业单方面具备超强的资源能力，相反要通过切割和简化来增强这些资源能力的可获得性，从而提高整体交易价值。

对于某些利益主体，若新增加的资源能力与原来的交易结构有一定的协同效应，则可以提高交易价值。例如供应链金融，充分利用了供应链上下游的信用、仓储等联动信息，叠加了包括信用背书、交易合同质押等在内的融资能力，形成了对上下游利益主体原有资源能力的再开发，并且没有增加太多成本。

3. 优化剩余收益配置方式

利益主体获得的收益可以分为两类：固定收益和剩余收益。固定收益是指与交易产出并没有直接关系的收益，例如商业地产商对商场收取租金，商场营收的多少对商业地产商的租金收入并没有影响，地产商获得的是固定收益；而剩余收益是指与交易的产出有较直接关系的收益，例如股权收入、分红收入都和交易产出相关，产出越多，收益越大。利益主体投入资源能力会对交易产出产生影响。在一个既定的交易结构中，不同利益主体对交易投入的资源能力不同，对交易产出的贡献和影响力也不同。如果资源能力的效率受到利益主体主观意愿的影响，那么利益主体获得剩余收益索取权的多少，也将对价值增值产生巨大的影响。

二、 商业模式的选择

1. 商业模式选择的原则

（1）客户价值最大化原则。一个企业的商业模式是否能够获得长期稳定的利润，取决于它是否能够做到客户价值最大化。如果一种商业模式无法达到顾客的预期，那么它的利润必然是短暂的、偶然的，不会持续太长时间。相反，一种能够将顾客的利益做到最大化的商业模式，哪怕短期内没有利润，但最终还是会赚钱的。

（2）持续盈利原则。评判一个企业的商业模式优劣，可盈利性和盈利的持续性是一个很好的标准。持续盈利指的是合法合规、手段正当地连续赢利，注重企业发展的可持续性，而非仅仅一时的偶然赢利。

（3）组织管理的高效率原则。企业高效运转是每一个公司管理者的追求，这也是商业模式所追求的目标。组织的高效率管理也在一定程度上影响企业盈利，商业模式理论与现代管理理论相结合的结论是，首先，商业模式的设计也必须把企业核心价值观、愿景问题放在首位，这是企业生存和发展的动力，也是企业的工作动力；其次，要建立科学实际的业务体系和有效的员工激励方案。解决好上述问题，才能实现组织的高效运转。

（4）风险控制原则。无论多么精巧的商业模式设计，若没有足够的抗风险能力，就如同没有地基的高楼，在风雨中不堪一击。风险不仅是指制度以外的各种风险，例如交易、政策、法律、产业等，还包括制度内部的各种风险，如产品变动、人员变动、资金短缺等。

2. 商业模式的选择步骤

如图2-8所示，可以按照以下步骤进行商业模式的选择。

确定市场，发现机会 〉 整合资源，系统思考 〉 产品价值定位 〉 产品定义 〉 销售计划 〉 组织设计 〉 构思创意 〉 原型制作

图2-8　商业模式的选择步骤

（1）确定市场，发现机会。企业先确定一个范围相对较小的市场，找到自己的产品所服务的消费者，然后充分进行市场调查，分析消费者的消费心理，集中力量满足消费者最主要的需求。同时还要对目标客户群划分层次，分出主次，找准每个层次的消费者不同的消费动机，然后对症下药，各个击破。一些企业往往把重点放在市场调查上，却忽视了客户对产品设计、服务及商业模式的看法。因此，实现商业模式创新，要加深对客户的进一步了解，关注其愿望和焦点，广泛听取和采纳客户提出的具有建设性的建议或者意见，把焦点集中在潜在客户群上，满足潜在客户的迫切需求。在满足不同消费者需求的同时，企业也要做好产品的售后调查，得到消费者的有效信息反馈，找出自己在产品性能等方面的优势和不足，从而为下一批产品的改进打好基础。如果企业在产品的创新上有新的设想，要及时与目标消费群体进行沟通，以验证自己的设想是否能得到他们的认可、市场是否广阔，在充分调查的基础上再决定是否生产。

（2）整合资源，系统思考。企业要将目标客户、原材料供应商、合伙单位以及相应的外部资源进行整合，弄清利益相关者之间的关系，然后全面系统地思考，利用这些利益相关者从产业链上得到自己想要的。当然，除了一些合作伙伴之外，企业还要深入研究自己的竞争对手和潜在的竞争对手，本着公平竞争的原则，在产品的创新上下功夫，避免与竞争对手进行直接、正面的竞争，找准恰当的时机，迅速占领市场。

（3）良好的产品价值定位。企业产品价值体现在可以引起消费者的共鸣，给他们带来兴奋感。在对产品价值是否可以满足市场需求进行调查的时候，企业可以用样品让消费者直观感受，这样更具说服力。对产品价值定位后，根据不同消费者的消费心理，生产出具有竞争力且适销对路的产品。

（4）完整的产品定义。创业企业对自己的产品进行完整的定义要从三个方面着手：一是产品的核心，即功能、性能、品质等方面；二是产品的售前和售后服务；三是产品可以为消费者带来消费体验。产品定义确定之后，先生产一些试用品，并通过消费者使用体验的反馈结果来确定产品的改进、定价并研究量产和销售的途径。

（5）精密的销售计划。好的产品要想占领市场，离不开配套的销售计划。企业可以先制定销售目标，开展对销售人员和渠道人员的培训，同时把销售成本预算包含到销售计划之内，把用于销售的人、财、物所需成本尽可能地固定下来，以增加利润。

（6）合理的组织设计。成功的商业模式离不开合理的组织设计。企业的组织设计是实现企业目标的重要保障。因此，管理者要明确企业核心团队的优势所在，为投资者树立投资的信心。

（7）新颖的构思创意。商业模式的创新来源于新颖的构思创意。创业者要大胆构思各种创意，从中选择可操作性最强的创意。创意构思分为两个阶段：一是创意生成阶段，要保证创意的数量足够多，以供选择；二是创意形成阶段，要对所有创意进行整合，选择出几种切实可行的创意。商业模式创新是针对旧有模式来说的，创新就意味着不可复制，必须进行全新设计，甚至可以颠覆正统，只要这个构思可以为企业创造价值，它就是一个成功的创意。

（8）进行原型的制作。原型制作是将创意进行具体化的一种方式，可以促进企业继续对商业模式创意进行探索和创新。商业模式原型作为一种思维工具，可以帮助企业进行模式创新探索。制作原型一定要源于对商业模式的构想，并为其最终实现而服务。在这个过程中，可以根据不同的客户层次，制作适合每个层次的原型，以更好地满足不同客户的需求。按照上述步骤实施，再结合自身实践和探索，就一定可以找到适合自己的商业模式，在激烈的市场竞争中获胜。

三、 商业模式的实践

1. 商业模式实践的发展阶段

随着商业生态系统的发展、完善和复杂程度的日渐提高，商业模式创新与演进的环境也在发生着变化。这些变化具有共性的趋势，同时也影响了商业模式演进的顺序。从中国电子商务行业的商业模式发展历程中，我们便可以看出这样一个演进趋势和过程（如图2－9所示）。

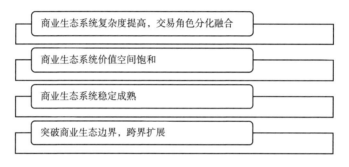

图2－9 商业模式的演进趋势

第一阶段，商业生态系统的复杂程度不断提高，随着交易角色的不断分化与融合，交易角色、价值创造环节、价值转换层次越来越多，而对应的价值获取逻辑也在发生变化。企业不得不考虑如何选择合适的交易角色和价值创造的交易环节。早期电子商务的交易角色相对简单——买家、卖家、平台、支付、物流等，不同的电商企业选择了不同的交易角色和价值创造逻辑，如阿里巴巴选择了平台和支付，京东则选择了卖家、平台和物流。

第二阶段，商业生态系统的价值空间从"不饱和"状态趋向"饱和"状态，生态系统可以产生的增量价值空间变小，生态系统存在各类不同的交易角色，逐步占满当前商业生态系统的所有价值点，生态系统越来越稳定，也越来越难以改变。伴随着电商的发展，价值空间逐步被增加的角色占据，例如金融、保险等衍生产品的交易空间被逐步释放。

第三阶段，整个生态系统走向稳定成熟，价值创造的效率已经较高，这时在生态系统边界之内会发生结构性的变化，交易关系和企业商业模式的要素会发生变化与调整，一些变化涉及商业生态系统内价值创造效率的优化，另一些变化则对整个生态系统的商业模式产生变革性的影响。举例来说，阿里巴巴开始通过"菜鸟"平台介入物流环节，试图提升物流环节的价值效率；顺丰则一度试图开展卖家业务。这些都是在生态系统边界内，对价值环节进行重新选择和配置的过程。

第四阶段，商业生态系统的空间逐步向外扩展，突破现有的商业生态边界，开展跨界的拓展，这意味着不同商业生态系统在发展空间上已经存在竞争。各大电商纷纷布局传统电商之外的商业生态，包括餐饮、出行等各领域，以及面向企业用户的云和大数据行业，并形成了新的竞争格局。这种跨界的商业模式演进，对行业原来的交易角色、交易结构和交易价值形成了巨大的冲击。

2. 商业模式改进

（1）借鉴改进。借鉴改进可以参考现有的创意。通过对现有典型商业模式进行研究，可以适当地参考引用有价值的创新点和内容，将借鉴的好想法与企业的实际情况相结合，从而找到企业商业模式设计和创新点的缺陷，如果学习到的创意可以满足公司目前的经营需要，那么完全可以将这些创新理念添加到本企业的商业模式中，进行改进优化，发挥价值。借鉴创新点、优秀商业模式的方式适合于各种不同行业、不同定位的企业，借鉴盈利模式对企业的实力提升效果比较明显，在产品设计、组织运营、产品成本方面的借鉴学习也可以给公司创造更多的增值空间，增强公司的竞争力和产品力。

学会逆向思维也有助于进行商业模式的借鉴改进，在学习了业界领袖的经营方式或主要的业务模型后，有些人可能产生逆向思维，这种逆向思维就是与现市场领袖的业务模型或行业的主要业务模型运作模式相反，或者是在整体业务框架之下颠覆某些步骤，以成功案例为基础反向设计业务模式，可以起到切断市场份额或吸引主流商业模式下不能吸引的客户群体的作用，出奇制胜，取得意想不到的效果。

（2）市场竞争中调整改进。市场竞争是残酷的，不存在一个万能的公式来预料商业竞争的结果。单纯地分析商业模式的某个环节或从某个视角分析商业模式带来的经营效果，或许可以比较出两种模式孰优孰劣，但是如果从其他的角度去分析，原本具有优势的商业模式就有可能落下风。时期不同，地区不同，以及受到各种突发事件的影响，这是商业模式难以尽善尽美的原因，因此对商业模式的细节进行动态调整，分析竞争对手，适应环境显得尤为重要。

一方面可以通过强化企业的良性循环来完善商业模式。商业模式的某些关键要素在适当的组合配置下，可以相互促进良性循环，让企业更快地积累优势积累财富，形成绝对的竞争优势。这些循环常常会强化商业模式中的其他循环。另一方面可以尝试削弱竞争对手的良性循环。一个产品的受欢迎程度不仅取决于产品自身的质量，与其他竞争对手的比较与互动才决定了哪种产品可以成为市场的主宰。

（3）试错调整。对商业模式的调整，要注重在企业经营实践中试错调整，试错调整是指结合企业运营的实际情况，具体分析不同商业模式组成要素的效果，针对不同要素，要问这样的问题：如果这个部分这样调整，会有怎样的影响呢？只在理论层面上进行思考是不会得出结论的，在试错空间允许的情况下，可以把自己的想法尝试进行改变，用实际经营成效回答心中的问题。因为企业一旦在市场中开始运转，商业模式中所包含的所有要素以及要素之间的联系是否有效，都会经受市场的考验，市场的考验最具说服力。

创业者要有能力在试错中调整自己的想法，甚至颠覆自己的逻辑。如果创业者有尊重市场的思维，一切以实际的市场效果为纲，那么在试错调整过程中每一个想法每一个测试都会获得有价值的收获。商业模式的设计初衷是达成创业者的某些目标，如果没有实现创业最初制定的目标，即使现有的模式能带来利润也有必要检验调整商业模式。

3. 商业模式创新

（1）理解商业模式的本质与具体内涵。如前所述，商业模式是一个概念性工具，是产品、服务以及各种信息组成的一个综合体系架构，用于解释说明企业内部不同角色、利益关系、收入来源等商业逻辑。只要从"商业逻辑"和"整体解决方案"出发，去思考具体业务的相关要素和需要解决的问题，创业者就有可能设计出可行的商业模式。

（2）善于把握"由简到繁"的设计过程。创业者可以从客户锁定、价值环节和盈利模式这三个原点出发，逐渐将原点发散，来设计商业模式。商业模式是要具体实施的。要使设计的商业模式达到可以实施的程度，那就需要把它具体化为"整体解决方案"。企业通过为客户创造并传递价值，从而使自己获取利润的商业途径与方式，是商业模式设计的难点所在。一些企业能够为客户创造并传递价值，但自己却不能盈利。盈利模式的设计重点是在企业内部价值链的每个环节都考虑成本、效率和新增的价值；在企业外部价值网络的每个节点，都需要考虑本企业可能得到的利益和其他利益相关者期望得到的利益。企业在与外部交易中，从各个节点上得到的利益综合为"正"，才有可能获得期望的利润。

（3）适时根据商业模式的变化调整企业的价值链与价值网络。在企业经营中，商业模式不应是一成不变的，而应根据企业为客户创造并传递的价值的变化、企业内外环境的变化等来调整企业的商业模式。随着企业内部价值链上基本价值创造活动的调整，辅助价值创造活动也需要进行相应调整。对于企业外部价值网络的调整，除了调整外部价值网络上的节点，还需要调整节点之间的关系。

【章末案例】

年轻人钟爱的玩具盲盒是什么？

一、企业简介

泡泡玛特于2020年底在港交所挂牌上市，是中国潮流文化企业的龙头，2014年，处于成立初期的泡泡玛特营收仅为1.58亿元，而2021年泡泡玛特的业务开始爆发，年度营收达到了45亿元。实现业绩爆发的最大功臣就是"盲盒"销售模式，盲盒产品销售时，消费者不能提前获悉产品的具体款式，只知道这一产品属于哪一个系列，具有相当大的随机性，凭借这一新奇的消费模式，泡泡玛特旗下的7类盲盒产品销售额过亿元。

除盲盒之外，泡泡玛特还将盲盒背后的IP进行挖掘运营、开发艺术家相关产品、借势推广"潮玩文化"、提升消费者综合体验，围绕玩具完善了一整套完整的产业链。

二、用户锁定

1. 聚焦年轻用户

盲盒玩具精致美观，玩法本身新鲜刺激，但是盲盒的玩法意味着抽盲盒时难免出现重复的商品，如果想要收集一个盲盒玩具系列所有的款式，需要花费大量的金钱，然而还是有大量有收集意愿的消费者愿意为"盲盒"的随机性买单。因此泡泡玛特将主要的消费群体定位到比较年轻的、收入水平较高的女性群体。根据泡泡玛特的用户性别数据，泡泡玛特消费者男女比例为 1∶4 ，其中大部分为 18～30 岁的年轻女性，消费者中有 90% 月收入在 8 000～20 000 元之间，大多数为收入较高的中产阶级群体，消费黏性高。

2. 产品概念新颖

泡泡玛特的品牌理念是创造潮流，传递美好，让自己的产品成为一种潮流。公司主打产品盲盒，围绕这一理念，在设计时注重加强消费者消费时的综合感官体验，用户对盲盒中的产品款式充满好奇，自然也就吸引用户去研究不同的抽盲盒秘籍，与好友交流购物心得，在消费心理的作用下，泡泡玛特用户的复购率很高，而且抽取盲盒的过程会吸引其他顾客进店选购，扩大了潜在核心用户群体。

泡泡玛特的盲盒有一个非常有趣的机制被称为"隐藏款"，一套盲盒通常包括 12 款不同外观的玩具，但是消费者在购买盲盒时有较小的概率可以获得 12 款常规外观玩具之外的"隐藏款"玩具。这种抽奖机制激发了消费者对稀缺商品的追求欲望，丰富了消费者与品牌的互动，从而增加了消费者的黏性。"隐藏款"能够吸引消费者的本质来源于消费者的"猎奇心理"，猎奇心理促使消费者极度渴望得到"隐藏款"。

3. 满足情感需求

泡泡玛特出售的产品本身只是一个内容的载体，如果消费者将自己的情绪和思想融合到这个内容载体上，那么产品就会成为消费者的情感投射载体，增强了其品牌的生命力。"改娃"就是消费者表达自身情感的一种方式，购买了泡泡玛特小型手办的消费者，可以根据自己的爱好对手办进行拼合、改色、修改，使其成为一个独一无二的玩偶，例如可以根据自己的心情把手办涂改为自己喜欢的颜色，微调手办的面部表情，甚至是为手办更换一套服装。消费者直接参与手办的创作，向手办注入自己的个性，使其成为体现自己情感的载体。追求"隐藏款"的过程使消费者产生了情感归属，这种情感归属不仅与消费者的经济水平有关，也是生活压力、工作压力的产物，消费者不仅有物质方面的需求，还希望通过某种方式找到自己的情感归属。

三、价值链创新

1. 产业链上游创新：围绕 IP

泡泡玛特围绕产品的 IP 挖掘创新。盲盒产品存在着高同质化的缺陷，产品必须独特且具有较强的竞争力才能被消费者注意。因此，泡泡玛特不断探索产品的 IP 化，扩展产品的 IP 库并提升自身 IP 运营的能力。泡泡玛特现阶段正在运营 93 个 IP，其中有 25 个独家 IP 和 12 个原创 IP。什么样的 IP 可以得到消费者的认可呢？泡泡玛特认为，原创的 IP 更具有生命力，具有更大的开发空间，引进合作的 IP 虽然自身知名度很高，但开发难度比较大，IP 要有故事性和价值内核，可以把某个 IP 所传达的价值与传统文化或者潮流文化相融合，以一定的逻辑把故事向消费者讲出来，此外 IP 还必须易于传播。

2. 产业链中游创新：生产外包

泡泡玛特的产品生产外包，由代工厂制作。生产外包存在着一定的风险，因为在生产外包模式下盗版产品会以低廉的价格流入市场，损害公司的利益。泡泡玛特将产品生产流程划分为不同的部分，然后将每一个不同的部分外包给不同企业，避免了产品盗版。此外泡泡玛特的体量巨大，与其合作的代工厂众多，这使得泡泡玛特有巨大的议价空间，即使是生产外包且同一产品制造商众多，也要尽可能降低生产成本。

3. 跳出盲盒，进军"潮玩"

虽然盲盒为泡泡玛特带来了巨大的利润，但是作为一种门槛很低的玩具，盲盒是一种具有局限性的玩法，可以吸引到一部分玩具爱好者但是不能很好地形成用户黏性，影响企业长远的发展，因此泡泡玛特开始探索新的玩法、新的IP变现方式。2021年6月，泡泡玛特发布了名为MEGA的珍藏系列手办，将比较受欢迎的Molly产品变为放大版，进军高端"潮玩"市场。以"年轻人的第一件收藏品"为宣传口号问世的MEGA产品遭到消费者狂热抢购，400%大小的手办售价每个1 299元，1 000%大小的手办售价每个4 999元。其中Molly×海绵宝宝的MEGA珍藏系列手办以抽号的形式限量发行3 000个，吸引了超过百万名消费者抽奖参与。这种限量发行的方式使MEGA手办在二手交易市场价格不菲，有的产品甚至被炒到了每个10万元的天价。

四、交易方式

1. 线上线下双轮驱动

采用线上销售与线下销售相结合的销售方式，是泡泡玛特与同类型玩具品牌不同的策略。泡泡玛特线下销售渠道分成三个部分：门店、机器人商店以及潮玩展览。除了在国内部分一二线城市建立了136家门店之外，泡泡玛特还尝试在东京、洛杉矶、首尔等海外城市建立线下销售门店。在大型城市核心商圈的大型商场中布局门店，通过产品陈列吸引消费者进行体验，而机器人商店选址灵活，大小近似于一台普通的家用冰箱，占地面积小，一方面让消费者可以近距离选购产品，另一方面占据核心地区的消费者流量，将线下销售场景扩展到消费者的生活场景，扩大了受众，小型的机器人商店方便品牌快速扩张，泡泡玛特已拥有1 001家机器人商店。

为了让IP流量快速变现，泡泡玛特设置了线上销售渠道。泡泡玛特的线上渠道主要有京东、天猫官方旗舰店、微信、抖音等。2020年"双十一"，泡泡玛特的销售额超1.42亿元，是天猫玩具行业的第一名，也成为玩具行业销售额首个突破亿元的品牌。虽然线下销售是泡泡玛特的主要渠道，但是线上销售的份额也达到了产品总销售份额的40%，泡泡玛特在小型城市几乎没有线下门店，小城市的消费者只能通过线上渠道进行购买，而大城市的门店设置几乎饱和，在未来的一段时间内，线上销售渠道将会成为泡泡玛特业绩增长的主要力量。

2. 二手市场

盲盒玩法的随机性催生了二手交易。泡泡玛特推出了综合玩具发售讯息、潮流资讯、二手交易、社交的应用程序"葩趣"，葩趣目前是中国最大的潮玩平台，玩家可以在这个应用程序中发布二手交易信息，可以用重复的商品款式换取自己需要的商品款式，整个交易过程是透明化的，降低了消费者的成本。除了自建二手交易平台之外，泡泡玛特的盲盒在闲鱼平台也是最热门的二手交易商品。闲鱼建立了"盲盒无忧购"的二手盲盒产品专栏，卖家在平台上直接出售确认款式的盲盒（这样的盲盒被称为"确认款"），对不同样式的玩具进行差异化标价，这样买家就跳过了拆盲盒的过程，直接购买某一系列中自己最喜爱的款式。除了盲盒文化的爱好者、泡泡玛特IP的粉丝之外，一些盲盒投资者和"黄牛"也参与到二手盲盒交易市场中，增添了整个盲盒交易市场的热度，也使泡泡玛特产品的价格在二手市场水涨船高。闲鱼的数据显示，部分泡泡玛特商品在二手交易中的成交价格与原发售价相比，涨幅接近 30 倍。

五、盈利模式

1. 高溢价获取暴利

对于商家而言，泡泡玛特产品制作成本较低，在此基础上产品在品牌、IP、限量发售等诸多因素加持下，产生了超高的溢价，泡泡玛特产品定价不菲，单个小型盲盒玩具价格为 39～69 元不等，包括所有款式的成套盲盒价格约为 800 元，其他限量版的大型玩具、手办和潮流玩具的价格更是超过千元，即便是如此高的产品价格，产品也时常供不应求，泡泡玛特因此收获暴利。对于消费者而言，泡泡玛特的消费门槛其实比较低，新人可以轻易地选择一个自己感兴趣的 IP 入手玩具，虽然全套盲盒以及大型限量版玩具售价昂贵，但新手可以从购买单个商品入手，购买了盲盒的消费者会产生一种"中毒式"的消费体验，一旦开始购买，就会逐渐购买越来越多的泡泡玛特产品，成为品牌的资深用户。

2. 高速更新迭代

玩具行业如果想要长期在市场站稳脚跟，必须高频率更新产品，保持消费者对产品的新奇感，持续吸引新的消费者。泡泡玛特以发展成熟的 IP 为基础，在已有 IP 之下创作新的形象并和外部品牌开展联动合作，旗下产品快速更新换代，几乎每隔 2～3 天，就会推出全新的产品系列，原来的旧系列也不会下架，消费者仍然可以在线上购物渠道购买旧款式的商品，不断丰富的商品种类以及用户超高的复购率使整个品牌的热度流量节节攀升。

六、结论与展望

可以说泡泡玛特打开了中国的潮流玩具市场，使更多的人了解并喜爱潮流玩具，未来的潮流玩具市场却面临着诸多不确定性。一方面，越来越多的品牌开始尝试踏入这一行业，并且崛起迅速，对泡泡玛特的地位发起了挑战。另一方面，二手交易平台的监管更加严格，从 2022 年上半年开始，许多溢价严重的商品价格也开始回落，二手市场降温，此外由于疫情的影响，许多玩具展被迫延期或取消，这给泡泡玛特扩充艺术家团队、扩展玩具设计思路造成了相当大的阻碍。总体来说，围绕 IP 进行产品开发，创作团队强大且营销渠道完善的泡泡玛特前景依旧非常乐观。

参考资料：

[1] 蒋钰香，彭玉婷，肖宇欣. 基于 IP 储备与联名的泡泡玛特发展优化研究 [J]. 商场现代化，2021（19）：21－23.

[2] 万琪，刘捷. 浅析中国盲盒行业的发展前景——以泡泡玛特公司为例 [J]. 现代商业，2022（6）：22－24.

【本章小结】

本章主要讲述了商业模式的概念以及商业模式的设计方法。从商业模式不同时期的概念变迁、组成商业模式的框架以及商业模式的认识误区三个方面对商业模式进行概述；详细介绍了商业模式的组成，将商业模式的具体环节分为需求定位和客户锁定环节、价值链路环节、交易方式与交易成本环节和盈利模式设计环节；提供了在实践中选定商业模式、完善商业模式的思路，例如商业模式的设计原则、选择标准以及商业模式的改进与发展。

【思考题】

1. 按照迈克尔·波特的价值链理论，以下（　　　）不属于利润创造的基本活动。

A. 生产经营　　　　　　　　　B. 基础设施

C. 市场营销　　　　　　　　　D. 物流

2. 消费者购买在特定时间内有效的、可以多次使用的商品或服务，这属于（　　　）商业利润来源。

A. 订用收费　　　　　　　　　B. 授权收费

C. 广告收费　　　　　　　　　D. 租赁收费

3. 在商业模式的改进过程中，如果商业模式较为新颖，同类型的企业案例、竞争对手较少，希望根据实际市场效果进行调整，应当采用（　　　）改进方法。

A. 市场竞争中调整改进　　　　B. 借鉴改进

C. 逆向思维　　　　　　　　　D. 试错调整

4. 请简述选择商业模式的原则。

5. 结合实际谈谈应当如何进行客户锁定。

第三章　创业领导与团队管理

"大众创业，万众创新"理念是当下数字经济时代的发展潮流，全民创业的浪潮来势汹汹。一个公司想要实现从零到一到无限大的蜕变，需要创业领导和创业团队的共同努力。初创公司存在企业经营经验不足、创业团队的协调性和包容性较差的问题，因此需要创业领导发挥自身的作用，优化创业团队的组建与管理，促进创业团队成员的合作沟通，帮助创业团队磨合协调，使创业团队更好地发挥作用，提升公司的绩效，帮助公司平稳快速地发展起来，降低经营风险。

企业发展就是要发展一批狼。狼的三大特征：敏锐的嗅觉；不屈不挠、奋不顾身的进攻精神；群体奋斗的意识。

——华为科技有限公司董事、CEO 任正非

【学习重点】

☆了解什么样的人能做创业领导
☆如何搭建并管理创业团队
☆如何进行有效的团队激励管理

【开篇案例】

吉因加：从重视经营到重视团队

一、企业简介

北京吉因加科技有限公司（以下简称吉因加）创立于 2015 年 4 月，主营业务是肿瘤基因的检测和肿瘤疾病基因数据库的建立与维护。公司打造了集生物科研、检测应用及健康服务"三位一体"的肿瘤基因大数据平台，旨在为精准医疗领域的研究提供广泛数据支持。公司成立至今已经在北京、深圳、江苏建立了基因研究院、医学检验实验室、医疗器械生产基地等多个研究站点和产业基地，为公司的多业务发展战略提供实体产业支持。凭借公司对肿瘤精准医疗领域的专注追求，吉因加在专业技术和产业营销模式上不断提升，已成为该领域的头部企业。基于公司近几年在资本市场的出色表现，其成长潜力也得到了广泛的认可，如今已经成为肿瘤精准医疗领域的佼佼者，是首批国家级专精特新"小巨人"企业。

二、创业历程与领导观念的转变

1. 创业领导

2015 年，吉因加由易鑫和杨玲两位博士创始人创立。公司 CEO 易鑫本科就读于中南大学临床医学专业，按照医学生常规的发展路径，他本应该在临床医学领域继续攻读硕博，走临床医生这条职业业线。但一次偶然的机会，易鑫听了校友汪建关于基因科技的讲座，他萌生了进入基因技术产业、实现人类基因组探索任务的想法。后来他选择进入中国科学院北京基因组研究所硕博连读，在专业技术与研发领域有足够的知识储备。另外一位创始人杨玲是中国协和医科大学医学博士，临床检验经验丰富。在决定创业前，易鑫和杨玲两人都在当时被称为基因技术产业黄埔军校的华大集团进行科研工作，易鑫主攻产品研发，杨玲主攻临床 NGS 检测。两人都具备足够的专业知识储备，却没有足够的公司管理经验，但两人仍然选择创业，带着"探索基因检测更多可能性，为人类健康做贡献"这一执念开启了他们的创业征程。

以坚定的目标为导向，决策魅力十足。创业之初，吉因加的创业领导就将创业目标写在了公司名上——"基因＋"，就是要探索出基因技术的无限可能，这也是他们对基因技术发展的期望。2015 年是"精准医疗"的元年，在这两位创业领导者的眼中，"基因科技神秘且充满无限可能，探索它、转化它、为人民所用"是他们最初就在心里埋下的要不断攀登的"山"。但通往山顶的路总是满布荆棘与分叉，吉因加迎来了关乎企业未来发展的首个重要分叉——"大 Panel 还是小 Panel"。选择"大 Panel"意味着吉因加要走产品技术驱动的发展路线，而选择"小 Panel"则是以客户需求为导向。在决策的过程中，吉因加内部出现了许多不同的声音：CEO 易鑫首选检测覆盖基因数量更多的"大 Panel"，他认为这可以探索基因检测技术更多的可能性，创造长期收益和长远社会价值；而销售团队则认为，当前公司处于创业初期，应该解决的是"收益"这个更为现实的问题，选择"小 Panel"成本更低，且产品满足客户的需求。创业团队产生了意见分歧，但易鑫还是近乎偏执地选择了"大 Panel"，他认为"路径的正确选择源自对目标的坚定"。事实证明，易鑫带领团队选择的这条"大 Panel"发展之路是大势所趋，并且给公司的长远发展带来了巨大的可能。

创业领导被质疑，依旧能够保持清醒。在面对"国产化之路还是国际化之路"这一选择时，易鑫认为这是影响企业发展战略的关键问题，一旦选错无法扭转。吉因加面临的是国外测序仪一家独大，国产平台一片迷茫的外部环境，遭到了销售团队、研发团队和投资人多方的质疑，他们一致认为选择国产化 NGS 战略是非常冒险的。即便是这样，易鑫依然顶着质疑选择了走国产化的医疗机械发展之路，可见他在决策过程中的魄力与果敢。国产测序仪面临着高难度的技术挑战，但是只要掌握了核心技术，国产测序设备就有巨大潜力，可以在未来的竞争中站稳脚跟；从商业角度，吉因加希望在未来取得相关资质后与医院合作，让技术更好地为民所用，这也符合吉因加的创业初心。

发展至今，吉因加已经做到了仪器、软件、试剂三证齐全，与国内 40 多家医院达成合作，公司的国产化体系和全套解决方案都在临床中得到了应用，这些发展成果也很好地证明了易鑫的坚持是正确的。

2. 团队管理

相比创业之初，吉因加对创业团队重要性的认知发生了转变。回看过去多年的创业之路，易鑫觉得最大的缺憾就是没有将重心放在团队培养上，在人才方面走了弯路。吉因加创立初期，由于团队管理经验的相对欠缺，易鑫选择了先聚焦业务和经营模式，而忽视了在长远的市场竞争中只有人才和团队才是企业的核心竞争力。他在采访中也曾表示："以前认为把一件事做成，最主要因素是战略、战术、前瞻性，后来随着团队规模的不断扩大才明白，想要成功更重要的是执行战略的团队。"

在带领创业团队前进的过程中，易鑫也完成了由掌握技术的科研人员向掌舵创业公司的领导者这一角色和认知上的重大转变。现在吉因加在投资人眼中不仅仅是一个拥有技术的公司，更是一个具有凝聚力的团队。他们有具备卓越科研能力的人才，创业团队成员潜心科研，形成了"工作价值不仅是发表顶刊，更应该考虑能不能让老百姓切身从这些技术中受益"的工作共识。

对于创业团队的管理，吉因加制定了针对性的管理方法，团队管理有方。科研人员往往对除科研外的事情不以为然，这给科研人员团队的管理增加了难度。针对这一情况，易鑫形成了一套特有的管理原则——"721 原则"：科研人员 70% 的决策必须按公司战略走；20% 由团队协商决定；留 10% 的空间给科研人员自由支配。可见，易鑫掌握了合理授权的领导艺术，激发出团队的创造力，公司自创立至今，团队核心成员依然留在公司中。正是这样令人羡慕的团队，使得投资人愿意为吉因加的未来买单。

三、成功经验

吉因加从最初十几人到今天近千人的团队，并且在基因测序领域占据一席之地，绝不是企业经营管理要素简单相加的结果，而是多方面、多层次的要素共同作用的结果。其成功秘诀主要可以总结为以下几点。

1. 创业领导的个人领导魅力

在战略路线的选择上，吉因加的创始人易鑫有足够的领导魄力和精准的价值定位，并将终极价值定位作为其他决策的"灯塔"。在公司发展的过程中能够不断总结，并迅速纠正认知上的偏差。科研人员出身的他条理性强，善于进行理性分析复盘，以结果和目标为导向，基于结论提供坚实的论据，这样的决策方式更具说服力，同时增强了团队的凝聚力。

2. 具有向心力的专业团队

团队的核心成员一致认同公司的愿景、使命和价值观，他们在观念上达成共识，减少了团队管理的阻力。在科学独特的管理方式——"721 管理原则"下，他们愿意为实现公司的发展调整自己的认知，发挥自己的团队价值。

3. 重视团队建设

吉因加的创业团队成员多为专注于学术的科研人员，他们对于商业经营缺乏经验，虽然在营销模式的选择上处处碰壁，但在照搬药企营销模式和打磨自主营销模式两者之间选择了符合自身发展的自主营销模式道路。团队的管理层中，搞科研的专心科研，做行政管理的不断进步，各自发挥作用，即使意见存在分歧也愿意遵循企业价值追求。这也是初创核心团队成员至今依旧还全员保留的秘诀。

四、结论与展望

总之，从吉因加的案例中可以看出，创业是一个包罗万象的技术活，需要有卓越才华的创业领导者带领创业团队前进。创业领导者的成功，一方面来源于创业者的内在，不论外界的声音多嘈杂，他们的内心是坚定的，他们对未来有较为明确地预判，懂得取舍，只有这样才能为公司的发展明确方向；另一方面是外在的管理，他们充分重视团队的建设，领导者在作出决策后还要让团队中的成员相信这个选择是值得他们齐心去追逐的，建立一个有能力且力往一处使的团队。

参考资料：

[1] 陈睿雅. 吉因加 肿瘤防治在路上 [J]. 中国企业家，2022（7）：60 – 63.

[2] 阿茹汗. 小巨人 | 吉因加 CEO 易鑫：选对路源于对目标的坚定 [N]. 经济观察报，2021 – 12 – 24.

第一节 创业领导

企业要拥有可持续创造组织价值的关键人物，创业者的战略领导力对创业企业组织效应的影响具有重要意义。创业领导可以分成交易型和变革型，不同领导风格和行为对组织学习、动态能力和价值共创的影响各异，正确理解创业领导有助于创新和拓展创业企业价值创造的理论视野与实践路径。

当下，绝大多数公司处于极不确定且竞争激烈的市场环境之中，尤其是对初创企业而言。平稳地度过初创期，确保公司朝着正确的方向可持续发展，一个好的创业领导是必不可少的。创业领导对于如何提升公司对内外部环境变化的适应性、如何探索和确定公司战略以实现高效的价值创造、如何进行创业团队班子的搭建与引导管理等都起着重要的作用。因此，想要在创业的过程中成为一个优秀的创业领导，需要对创业领导相关理论进行全面的理解与掌握。

一、 创业领导特征的概述

1. 什么是创业领导

要理解创业领导的概念，首先要理解领导的概念。不同的学者对领导的具体定义有所不同，但是大多数学者认为：领导是在一定条件下，影响他人并使之自愿为实现组织预设目标而努力工作的过程（蔡光荣和唐宁玉，2006）。具体来说，领导就是有一定影响力的个体或集体，在群体中通过示范、说明和命令等正式或非正式的方式（唐超，2020），激励群体中的成员积极主动地为实现组织或集体的目标而努力的过程。对于领导这一概念的理解包括两个核心：一是领导要确定组织努力的目标，设计一个足以让组织中的成员共同认可、足以鼓舞人心的组织目标（唐超，2020）；二是领导者要有令人信服并值得追随的特质（政工，2002），能够点燃下属自愿投入工作的热情。此外，也有学者基于企业初级阶段，提出初创期领导力，将企业创业阶段的组织、管理、协调、控制等行为融入领导含义之中，重点突出初创期领导的特性。初创期领导力强调领导在应对企业资源匮乏、目标渺茫的现实挑战中，要通过战略性思维主动提高企业价值创造动力，为企业争取良好的竞争优势和技术增长条件（魏萍，2018）。

创业领导作为创新创业和领导力两个概念的交叉（杨娟等，2019），是一种将创业精神与领导力相融合的新型领导方式，是众多领导类型中的一个分支（王弘钰和刘伯龙，2018），是一个综合性的概念。实际上，近些年随着企业面临的外部环境不确定性加剧，且市场竞争越来越激烈，学术界开始重视领导理论与创业理论的融合研究，发展出了创业领导这一新兴领域（陈奎庆和李刚，2016）。创业领导作为一个全新的研究课题，尚处于探索研究阶段，还没有形成统一的定义（杨静，2012）。

目前，学术界对创业领导内涵的界定存在两种不同的观点，即"能力观"和"行为观"（杨静，2012）。学者科文和斯莱文（Covin and Slevin，2002）持"能力观"观点，他们认为创业领导是一种通过影响他人来进行战略性资源管理的能力，这种能力有利于强化领导和下属的机会识别和优势搜寻意识，对企业长期绩效的改善具有重要作用。持"行为观"的学者们则把创业、创业导向和创业管理融入领导的内涵中，更加强调创业领导与其他类型领导之间的区别，他们将创业领导定义为领导持续灵活地带领企业进行创新，并积极地应对高度变化的竞争环境的一种行为（杨静，2012）。学者古普塔（Gupta，2004）首次从实证研究的角度对创业领导进行了研究，并将研究成果与前人的研究成果相结合，得出了在学术界被广泛认可的创业领导的定义。他将创业领导定义成：领导通过创造组织愿景来激励下属，使其信服并获得他们的支持，从而让下属主动为组织探索和创造战略价值。古普塔的定义强调创业领导在组织价值的创造过程中面临着构建愿景、整合资源、赢得下属的支持等方面的挑战（杨静，2012）。领导者要战胜这些挑战，必须想方设法让下属与自己达成共识，使员工自发产生对组织的价值承诺，从而达成创业目标。

为了让读者更好地理解创业领导的概念，基于对上述学者"能力观"及"行为观"不同观点的总结，本书将创业领导定义为：为了适应高度不确定的创业和竞争环境，领导者能够以自我驱动为前提，通过创造一个整体的组织愿景，并以这一愿景来感召和动员下属为实现组织目标而主动工作，同时激励下属积极地发现和探索公司的价值创造路径的一种新型领导方式。创业领导与传统领导方式最大的区别在于"创业善于让员工自主进行价值探索"，创业领导面临着两个关键问题：资源获取和下属承诺，也就是说创业领导的重点是创造愿景目标和打造一个有能力实现愿景目标的支持型团队。除此之外，还强调在创业过程中，领导应该采取战略性思维思考问题，以保证创业发展过程的主动性。

2. 创业领导的特征

本部分从领导的过程和领导的特质两个角度来分析创业领导的特征（如图3-1所示），帮助读者更好地理解创业领导。

从领导过程来看，创业领导表现为通过自身的工作行为，以身作则地激励员工，激发员工的内在工作动机，从而依靠组织成员来实现公司价值创造机会的识别与开发，最终转化为公司价值。创业领导的过程观点强调领导者在领导过程中的行为特征，例如，促进团队合作、组织成员学习、适时权宜应变等行为方式，用这些行为提高组织整体的工作效率，主导企业整体的发展。

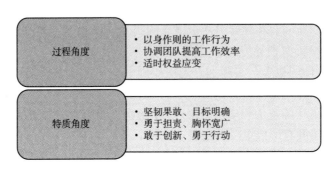

图 3－1　创业领导的特征

从领导特质来看，创业领导的重点要素包含公司愿景、组织创新、承担经营风险、识别机会、自我驱动和意志坚定等内容。从领导者自身的素养出发，创业领导的特质包括：目标明确，他们往往是目标导向的，以公司的远景目标作为一切工作的前提；坚韧果敢，在日常工作中表现出来的是主动、积极向上的作风；勇于担责、胸怀宽广，在组织出现危机时，创业领导总是第一个站出来承担责任，求同存异，包容性强；勇于行动、敢于创新，创业领导对市场有敏锐的洞察力，善于发现价值创造的机会并及时行动。

从上述两个角度对创业领导的特征进行描述，各有其侧重之处，在实际的理解中，既要注意创业领导对组织创业活动的领导过程，同时也不能忽视创业领导独有的领导特质。

二、 创业领导的条件

创业是通往成功的路径，但是人们又常常陷入"将创业与成功捆绑并将创业作为成功捷径"的误区。殊不知创业的风险是非常大的，实际上创业企业的生存概率非常低，通过创业实现成功有相当大的难度。想让创业企业生存下去、获得成功需要卓越的创业领导，创业领导需要具备一些基本条件。如图 3－2 所示，创业领导应该具备的基本条件可以概括为五个。

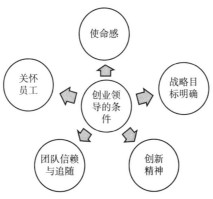

图 3－2　创业领导的条件

（1）具有使命感。使命感是指对某种重大责任愿意自觉承担的意识。创业领导的使命感在于他们始终知道自己应该并且会主动为实现公司的发展目标而承担责任，此过程是内生的自我实现需要发挥着驱使作用。只有创业领导自己树立崇高的工作目标，并主动带领组织成员去实现才能够使得团队具有凝聚力。

（2）明确组织战略目标。在创业组织中，无论外部环境多么复杂，变化多么快速，创业领导作为"掌舵人"一定不能迷茫。创业领导要明确地为公司的发展制定战略目标并清楚地描述给团队，将大目标分解为小目标，同时还要明确达成这些目标的方式和合理的人员分配，使目标得到组织成员的认可并为实现目标而工作。另外，在公司发展的过程中创业领导这个主心骨往往是最认可这一目标，同时也是最愿意为实现目标奋斗的人，以此来保证员工对组织目标的认同。

（3）具有创新精神。创业公司处于初创期，公司经营业务和组织规模还未完全稳定，需要在不断地探索中加以完善。市场时刻都在变化，世上唯一不变的就是变化，如果领导者故步自封，不作出改变，那么创业公司在本就不具有市场优势的情况下就更容易遭到淘汰。创业领导代表的是企业，只有保持不断开拓的创新精神，才能够带领创业团队持续成长。

（4）得到团队中其他成员的信赖、追随与尊重。一个好的创业领导要靠团队的共同努力来实现公司的发展，因此他应该是一个得人心的领导。由于他的领导风格和个人魅力，其赢得团队成员的信任、追随与尊重，在员工的心目中建立威严的形象，有利于团队成员的稳定。

（5）关怀组织成员，重视员工。领导者往往是具有包容性的，他们不会轻易袒露自己的情绪，但是他们常常亲切地关心员工。因为员工也有心理上的需要，这是在生存需要得到满足后能够更好留住员工的要素之一。可以说只有当创业领导将组织中人的因素放在第一位，懂得关心员工，这样的人才能被称为好的创业领导。

从上述五个创业领导条件中，可以看出，创业领导在创业团队中是一个多元化的关键角色。想要做一个合格的创业领导需要具备多方的条件支持，包括市场条件、心理条件、人员条件等。创业领导的工作态度、行事方式、处事风格等的好坏不仅影响他个人，也会在组织中形成一种积极的企业文化。

三、 创业领导的能力

除了满足创业领导的条件，还需要一定的领导能力才能更好地发挥创业领导的作用，那么创业领导一般具备哪些能力呢？高等教育背景对于创业者成长是否有显著影响呢？是否人人都可以有创业领导力呢？

1. 领导力

说到"领导力"，我们最先会想到"领导"一词，领导在中文中可以作动词，表示引领、指挥；作名词表示领导者，从事领导工作的人。"领导力"则是指领导者在从事指挥和引领工作的过程中通过一些行为所表现出来的能力和素养的集合。

对于领导力的构成要素，现有的主流观点认为，领导力的发展与识别主要可以从认知、决策、问题解决以及人际交往这四个维度考虑（彭程，2022）。在这四个维度的基础上，又概括出了领导的概念技能、领导的态度、领导意愿、决策和判断思维、人际沟通与交往能力这五个构成领导力的因素。

2. 创业领导必备能力

为了更好地认识创业领导能力的具体内容，如表 3 - 1 所示，可将创业领导必备的能力分为两个维度（自我领导力和团队领导力）和七个要素（认知能力、积极的人格、自我管理能力、实践创新能力、资本运作能力、风险控制与承担能力、人际沟通与协调能力）。

表 3 - 1　　　　　　　　　　创业领导能力维度划分

维度	要素	具体能力与素养
自我领导力	认知能力	专业知识储备、知识更新、独到见解
	积极的人格	主动性、自信心、胸怀宽广
	自我管理能力	自治力、及时复盘
团队领导力	实践创新能力	果敢、多样的想法、行动力
	资本运作能力	融资能力、资源分配能力
	风险控制与承担能力	担当、严谨、敏感的洞察力
	人际沟通与协调能力	共情能力、影响力

（1）认知能力。认知是人们对知识的获取与应用的过程，是创业领导的必备能力。而知识储备又是认知能力的基础，创业领导的认知能力决定了他能够到达的高度，不断顺应市场发展的知识更新能力是创业者发展事业的前提。一个不懂得专业知识、满怀一腔热血想要创业的人在创业初期乃至创业的整个过程都是会处处碰壁的。

（2）积极的人格。不同的人有不同类型的人格特质，不同人格特质的领导风格和领导效率会有所差别。对于创业领导而言，积极的人格特质是一种不可或缺的能力。在创业领导的人格特质中，应该具备对周围事物的主动性，主动为追求公司的利益寻找路径；有足够的信心支撑他们在回报速度可能没有那么快的环境中坚持自己的创业想法；还要有宽广的胸怀，公司大大小小的事情已经够多了，如果没有宽广的胸怀，对于领导者来说无疑是劳力伤神的，这是一种情绪上的内耗，会降低工作效率。主动性、足够的信心以及宽广的胸怀都是积极的人格。

（3）自我管理能力。自我管理能力是创业领导力中自我领导力维度的体现，创业领导者想要管理好一个团队里的其他人和事，先要有良好的自我管理能力，他们需要有严格的自治力才能够做好时间管理去处理好繁杂的事务。除良好的时间管理之外，好的创业领导还要懂得在日常事务中及时复盘，发现错误及时采取纠偏措施，总结好的经验并继续发扬。

（4）实践创新能力。实践创新能力是创业领导能力结构中的重中之重，创业的成功是在实践中得来的，创业需要有创新的点子，更需要及时地将这些点子在实践中去检验，将新的想法变成事实。

（5）资本运作能力。任何一个组织的管理与运作都需要足够的资金支持，创业组织也不例外。倘若没有足够的资本做后盾，组织就像鱼儿离开了水。作为创业领导，要懂得资本运营的有关政策、程序和方式，懂得发掘公司的价值并将价值作为与投资人谈判的筹码，最大限度地争取尽可能多的资金支持，保证持续安全的资金链条，维持创业项目的持续动能。

（6）风险控制与承担能力。创业是一件极具风险的事情，创业需谨慎。创业领导需要时刻警惕的风险包括被同质化、产品质量导致的信任危机、资金链断裂、法律问题等。所以创业领导要有很好的风险管控能力和风险承担能力。对可能出现的风险有事先预测，才能更好地把握创业进程。即便是在非常谨慎的风险控制前提下，公司依然会出现各种不可预见的风险，因此也需要领导者勇于担责，成为公司的"定心丸"。

（7）人际沟通与协调能力。人际关系在社会关系中占据重要地位，创业领导也不可避免地一定要处理好各种人际关系，如与部门、管理层、员工、投资人之间的关系。因此创业领导应该具有良好的共情能力，感受人际交往对象的想法，这有利于良好社交关系的建立。还要有较强的沟通能力，精准地表达自己的观点，一个重点突出、思路清晰的表达可以让沟通对象迅速抓住要点，获得他人的青睐并在不知不觉中建立影响力。

3. 高等教育背景对创业者成长有着显著影响

王少奇（2022）以 2018～2020 年连续且同时进入《财富》世界 500 强排行榜和《福布斯》全球企业 2 000 强排行榜前 500 强的 247 家企业首席执行官为样本数据，从学位层次、学科背景和毕业院校层次三个维度考察了全球顶尖创业人士高等教育背景对其成长时间的影响。研究发现，高等教育学科背景对全球顶尖成功创业者平均成长时间的影响较复杂；高等教育学位层次对全球顶尖成功创业者平均成长时间具有显著性影响；世界一流大学和知名大学对全球顶尖成功创业者的培养发挥了重要作用。

4. 人人都可以培养创业领导力

早期领导力被误认为只是少数精英的专属，普通人只能追随并服从这些精英。实际上，一个好的领导者所要具备的领导力，是可以通过后天的学习和培养修炼而成的。领导力不是一种与生俱来的天赋，它是一种可以通过学习掌握，并能逐步提升的能力。创业者如果在创业初期领导力还不够高，是能够通过自我学习来提升的。当前已经有领导力的完整培养体系，例如 MBA 课程、情商修炼、高效团队管理等课程，通过系统的课程学习将创业领导潜力开发出来。

专栏 3-1

探路者：职业经理人赋能企业发展

一、企业简介

探路者控股集团股份有限公司（以下简称探路者）于 1999 年创立于北京。公司集"研产销"于一体，主营产品覆盖户外生活的各个领域。2021 年，探路者成为"神舟十三号"宇航员的舱内御用装备品牌，2022年，公司的户外产品已经融入了 GPS 定位系统，产品正在向高科技升级，已然成为我国户外运动装备行业的领头羊。

二、创业领导

探路者如今的成功，源于其选择了户外用品这一快速发展的行业，更与探路者的创业领导盛发强的优秀领导才能密不可分。

创业之初，盛发强就发挥出对市场动向敏锐的洞察力，选择了当时发展潜力巨大的户外运动系列服装作为产品线，经过早期的发展之后，又大胆地对企业产品线进行了大范围的扩张。企业规模不断扩大的同时，公司原有的团队已经无法继续满足公司发展的需求。于是，盛发强积极寻求团队优化方案，及时实施了"去家族化、推职业化"这一方案。先引入职业经理人，之后又引入人才激励机制，团队管理方式得到进一步优化。如此，盛发强一步步地为探路者的发展打下了坚实的人才基础。

盛发强眼光长远，注重公司的长期发展，大胆寻求科学的公司治理方案。当公司的发展前景得到认可时，有一些投资机构就会主动找上门来与盛发强谈合作。起初，他还没有明确的上市想法。通过沟通和学习，他意识到，想要让公司长远发展下去，迫切需要对公司进行规范化治理。但彼时，团队成员经验、能力有限，盛发强及其创业团队随即作出了进行战略转型的决定。通过公开招募，引入外部人才，优化团队原有的人才结构，尤其注重人才知识体系互补性的重要性，以满足战略转型需要。

经过慎重筛选，探路者把韩涛引进公司，将他安排在产品运营的中心，这也标志着探路者迎来了战略变革后的第一个职业经理人。事实证明盛发强在知人善任这件事情上做得很好。韩涛曾求学于英国，并有着在类似品牌（鳄鱼、梦特娇、暇步士等）做设计开发的丰富工作经验。而在工作过程中，他会针对产品运行过程中出现的主要问题，及时提出多个解决方案，然后再向盛发强汇报，由盛发强拍案定板。另外，韩涛还专门组建了设计工作小组，并带领公司完成了由订单式营销模式向推销式营销模式的转变。可以说，职业经理人的加入，给盛发强的公司带来了全新的知识体系和企业长远发展所需要的资源，职业经理人在团队中的地位也有所提升。直至今日，盛发强已经将高管团队组建为一个覆盖所有运行程序的互补团队，分别负责研发、生产、品牌、运营、供应链、财务和法务工作，各司其职，人员结构完整。高管团队中也只剩下蒋中富这一个与盛发强有关联的人了，去家族化计划小有成效。

在清理完团队中的家族成员并对职业经理人的职权进行明确的划分后，盛发强又开始思考"如何激励并留住职业经理人"。他坚信在探路者实施股权激励是有必要的，通过设计配合个人能力考核的股权分配激励制度，能够让被激励者感受到自己被当作主人，让他们感受到公司对他们的信任。

盛发强很快兑现了这一设想。2009年10月，探路者成功在创业板实现上市。半年后，公司就正式开始实施股权激励制度，不仅是职业经理人，副总经理、财务总监、董秘、技术骨干等在内的公司骨干成员也是股权激励的对象。至今，公司的股权激励机制依旧活力四射。用于激励计划的股权在授出股票期权总数中占比 9.42%，在公司总股本中占比 1.98%，在公司股本总额中占比 0.19%。2022年3月，公司发布股权回购公告，计划回购公司总股本 0.48%～0.96% 的股份，并将这些股份进一步用于实施激励机制，进一步完善公司的利益共享机制，留住和吸引更多的人才。

三、结论与展望

总之，在市场竞争日益激烈的今天，新生企业要想发展壮大，领导者卓越的管理才能是必不可少的前提条件。企业团队是一个整体，领导者需要有相当卓越的领导能力来带领大家，打造轻松积极的企业氛围，建立共同愿景同时采取合适的激励制度，让成员充分感受到自身价值，发挥自身的作用，企业才能够积极面对外部挑战，在行业内发展壮大。

参考资料：

[1] 胡楠楠. 卷上露营风口的探路者［J］. 中国企业家，2022（7）：99-103.

[2] 石一. 何华杰：用科技创新破局的"探路者"［J］. 经理人，2022（6）：60-61.

四、 创业领导与职业经理人的区别

1. 职业经理人

在实际的理解和操作过程中，人们往往容易混淆职业经理人与领导者的角色，因此有必要通过职业经理人相关概念的学习帮助读者进行区分。

在传统企业中，由于企业的体量较小，企业的所有权和经营权是统一的，随着市场的不断发展，企业规模日益扩大，有些企业家光凭他们个人的能力已经无法完成日趋复杂的经营管理工作，因而把自己投资建立的企业交给专业的、有才能的、符合企业发展要求的职业经理去管理（原喜泽和孙晓芳，2007）。职业经理人产生的根本原因在于企业发展壮大的过程中出现了资本占有与经营才能不对称的趋势（何波等，2014）。

职业经理人的概念最早出现在19世纪的西方国家，它与企业管理的变革相关（周晓丰，2005）。法国著名经济学家让·巴蒂斯特·萨伊（Jean Baptiste Say）最早提出"职业经理"这一概念，他认为职业经理人是能够把经济资源从生产效率较低和产量较少领域转移到生产率较高和产量较大领域的人。1954年，现代管理学之父彼得·F. 德鲁克（Peter F. Drucker）提出职业经理人是企业中最昂贵的资源，而且也是折旧最快、最需要经常补充的一种资源。在彼得·F. 德鲁克的管理理论中建议将组织管理系统中的全部成员都归为管理者，而组织管理人员系统又按职务高低划分为了四个等级：初级、中级、高级和公司管理者，经理人则属于公司管理者（孙启伟，2009）。

在国内，对职业经理人的正式定义出现在上海市劳动与社会保障局2003年制定的《职业经理人职业标准》中，对职业经理人的定义是：运用全面的经营管理知识和丰富的管理经验，独立地对一个经济组织（或一个部门）展开经营或进行管理活动的人（张启鹏等，2014）。

虽然学术界对于职业经理人的定义各不相同，但是他们各自的定义存在着几个职业经理人的共同特征。1910年组织理论之父马克斯·韦伯（Max Weber）在其著作《社会和经济组织的理论》中提出职业经理人的共同特征是："经理人员是通过正式考试或者训练和教育而获得技术资格上岗的，他们不是他所管辖的那个企业的所有者；他们领取固定的'薪金'，他们是专职的公职人员；他们遵守有关企业的各项职责和规则、纪律和约束。"简而言之，职业经理人的显著特征是：通过专门的培训和学习获得出色的经营管理才能；他们代理企业所有者管理企业，但他们自身并非企业所有者，对法人的财产权承担绝对的经营管理职责，保证法人财产的保值增值；他们不享受财产增值的分配权，主要是以受薪的方式获得劳动报酬；他们受企业所有者和企业制度的约束。

综上所述，我们将职业经理人归纳为通过学习和管理才能的积累，具备独立经营管理一家企业的各项能力，专门从事企业的经营活动，并对企业的经营过程和结果负责的职业化企业经营管理专家。职业经理人通过发挥自己的才能为组织作出贡献，对组织负责，同时在代理经营管理企业的过程中获得自身的发展机会。职业经理人常常是在实行公司经营权、监督权和法人所有权"三权分立"的企业中被聘用，以保证公司权力的平衡。

2. 职业经理人必备的三要素

如图 3 - 3 所示，组织中职业经理人的评价主要可以概括为以下三个要素，分别是职业道德、知识储备和职业技能。职业经理人要有职业道德，职业经理人应尽心尽力为代理经营企业服务，遵守契约关系的基本职业道德和价值取向。职业经理人需要有足够的知识储备，对企业整体经营的基本知识理论有全面的了解，如：管理学知识；商法、经济法、行政法等法律知识；行业运营、区域经济、行业发展规则；内外部环境洞察等。对职业经理人的职业能力要求也比较全面，要求职业经理人具备战略管理、资源整合、决策、企业文化搭建、人力资本运作、市场定位与开拓、危机处理等职业经营能力。

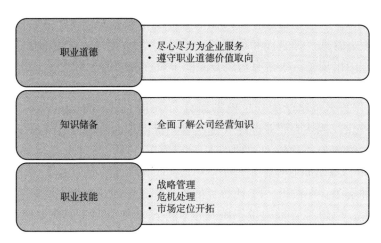

图 3 - 3　职业经理人必备的三要素

3. 创业领导与职业经理人的区别

从上面的描述中可见，创业领导与职业经理人在许多方面存在相似之处，但依旧有很多区别。通过对周晓丰（2005）关于企业家与职业经理人异同分析的研究，加上对其他有关创业领导者和职业经理人特质研究成果的总结，得出创业领导者与职业经理人最根本的区别在于价值追求方面。创业领导是追求未来长期价值回报的，他们为了实现自己的创业理想愿意主动承担经营风险；而职业经理人往往更看重短期的得失和利益，他们不愿意主动承担组织的经营风险，并且在遇到经营困难的时候他们往往有董事会的资金作为后备支援力量。

除在价值追求方面的根本区别之外，如表 3 - 2 所示，两者之间的区别还可以归纳为下面六个方面：职场经历、压力来源、风险承担、决策风格、产品定位和自我更新。

表 3 - 2　　　　　　　　　　创业领导与职业经理人的区别对比

项目	创业领导	职业经理人
职场经历	可能没有足够的企业经营经验，有创业想法、把握创业机遇、组建创业团队，成为领导者	靠自己一步一个脚印的经验、资源和能力积累，适应市场对专业人才的需求，被企业聘用
压力来源	创业领导是赔上了身家性命去创业的，因此压力来源于激烈的市场竞争、内外部环境的变化以及对公司经营结果的担忧。主要是来自创业领导自身的压力	来源于公司法人、董事会成员的施压；职业经理人自己为了使得自己在职业生涯上不可替代，必须通过为公司创造价值来提高自我价值。主要是来源于外部
风险承担	在风险承担上，为了创业领导是主动求变，不断地寻求新的发展机会，因此在风险承担方面是积极主动的	职业经理人是为企业服务的，更多地偏向稳定，只要不出大问题他们就不会主动地寻求新的发展，面对可能出现的风险他们不愿意主动承担
决策风格	在决策上，创业领导是以组织的经营效率为导向的，决策的要素具有多元化的特点。他们希望通过科学的决策和经营获得尽可能高的利润，保证长期收益	为了避免决策可能带来的风险，他们常常信奉唯门单论，决策要素单一，常常做面子工程，只在乎表面的规模而不愿为更高的收益冒险做决策
产品定位	以市场的需求和客户的要求为导向，不断开发新的符合市场需求的产品，保证企业的长期发展	满足于公司现有的产品，想方设法推销现有产品，试图通过扩大现有产品的销量来获得收益
自我更新	主动不断地自我学习，完善知识与能力体系，为公司的长远发展更新自我价值	如果不是业务要求，常常不会主动更新，他们更愿意营销自己，只有将自己很好地推销给雇主才能受到重用

专栏 3 - 2

猪八戒网：创业就是将烂牌打成好牌

一、企业简介

猪八戒股份有限公司（以下简称猪八戒网）创立于 2006 年。猪八戒网是一个涵盖网站建设、网络营销、创意设计、文案策划等的综合性网络交易平台。有千万个服务商为该平台的用户提供定制化服务，将技能、创意、智慧有效地转化成社会价值和商业价值。目前，猪八戒网已在行业中处于领先地位。猪八戒网的成功并不是一蹴而就的，值得一提的是其创业领导朱明跃的逆风翻盘之道。

二、创业领导

创始人兼首席执行官（CEO）朱明跃，他的人生经历十分丰富，正是他创业前的丰富经历练就了他独特的创业领导特质。创业前，曾任职教师三年，公务员一年，媒体记者八年。就在这看似稳定的职业发展路径上，朱明跃以他身为记者的敏锐洞察力，察觉到市场对创意产品交易的需求。当时的市场交易只停留在实物交易上，并没有一个可以帮助创意设计者交易的网络平台，基于这一设想，朱明跃着手搭建猪八戒网。

2006 年他辞去报社首席记者这份工作，决定将这个大胆的想法付诸实际，正式创办了猪八戒网。朱明跃曾获得"重庆十大经济年度创新人物""中国文化产业年度人物""重庆市优秀民营企业家"等荣誉，是科技创业界的领军人物。但是，朱明跃获得这些认可的过程并非一帆风顺，背后是经历过无数创业逆境依旧保持冷静，最终迎来转机的过程。

三、创业就是将烂牌打成好牌

公司创立至今，猪八戒网实行差异化营销模式，用非标准化的服务作为营销产品进行买卖，从而取代传统的标准化实物商品售卖。猪八戒网是中国最早的专业设计分享平台，该平台聚集了超千万个具有专业技能的人才和机构。有 600 多万家企业通过猪八戒网找到专业的人去为公司做专业的事，购买到公司经营需要的专业服务，很大程度上为初创公司解决了创业初期因资金不足、支付不起专人专用工资的问题。2015 年，猪八戒网正式免除服务佣金，开始了颠覆式的商业模式创新探索。如今，猪八戒网已经实现了从单一的标志设计到为企业整个生命周期服务的产品线转变、服务地域从点到面的转变，团队规模也从初创期的六七人扩大到了 5 000 人。

朱明跃带着公司在折腾中坚守。他视创业过程为取经之路，从 2006 年成立公司，开始商业化运营，直到 2014 年推出八戒知识产权之前，这段时间是猪八戒网发展最艰难的日子，但也是最坚实的发展阶段。互联网迅猛发展，互联网市场的游戏规则也同这个时代变化的迅猛程度一样剧烈变化着。朱明跃和他的公司每前进一小步就要经历一次全盘颠覆，一共经历了九次"腾云行动"推倒重来，光是原始的 6 人创业团队就在这一次次的"腾云"中全部打乱重组了。

2017 年，朱明跃着眼于服务交易平台生态的深度布局，顺势推出了天蓬网。与以往的猪八戒网不同，天蓬网是专门走中高端服务产品线的，主要服务大中型企业，更是推出了侧重大学生创业扶持的"天鹰计划"，将更广泛的服务行业专业资源整合起来。这些计划都是源于他对"连接天下人才去服务天下企业"这一社会价值的重视。2020 ～ 2022 年疫情期间，为帮助缓解就业问题，猪八戒网大力推行免费帮扶计划，平台用户数量相比平时翻了 3 倍，同时猪八戒网也深受社会认同，为其长远商业价值保值。

四、结论与展望

创业者通过公司发展不同阶段的特征，确立当前阶段的发展目标及路线。能够有效地把控公司发展方向，将猪八戒网从个人网站发展成了如今中国最大的在线服务交易市场。创业者的有利智慧是猪八戒网的成功要素之一，创业者紧跟时代发展的步伐，注重企业社会价值的发挥，走在市场发展的前沿，引导创业团队走向成功。

参考资料：

[1] 李立望，毛基业，刘川郁，等. 服务众包平台信任如何修复？——基于猪八戒网的案例研究 [J]. 科学学与科学技术管理，2022，43（2）：129 – 149.

[2] 王震，欧阳啸，郭伟. 众包设计平台工作者关系网络构建与分析 [J]. 计算机集成制造系统，2022，28（8）：2522 – 2533.

第二节　创业团队

"一根筷子容易折，一把筷子折不断。"创业是一件极具风险且困难重重的事情，一个人单打独斗的力量远不及一个好团队共同努力的强大能量。大量研究表明，成功的企业绝大部分是由团队创立的，而夭折的企业大多数是由少数几个创业者组成的。一个优秀的创业团队对公司的长足发展而言十分重要，如何建设、管理并成为一支优秀的团队是创业公司的首要任务。只有搞清楚这个工作重点才能使创业领导在建设公司时做到审时度势，事半功倍。

一、创业团队的概念

1. 团队的概念

说到创业团队，先要介绍团队，团队这一概念来源于西方人力资源管理尤其是企业人力资源管理（张彩云，2010），经过长时间以来对团队的研究，不同学者对团队的定义有所不同。现代管理学之父彼得·F. 德鲁克（Peter F. Drucker）认为，团队就是一些才能互补的、奉行同一标准的、为同一目标奉献的少数人员的集合。组织行为学权威斯蒂芬·P. 罗宾斯（Stephen P. Robbins）认为，团队就是指两个或两个以上的个体为了共同的目标，按照一定的规则而组建到一起的一个组织。普华永道思略特团队创始人乔恩·R. 卡岑巴赫（Jon R. Katzenbach，1999）认为，团队是由少数技能互补，愿意为了共同目的、业绩目标和方法而相互承担责任的人们组成的群体。

从上述几位学者对团队概念的定义中可见，他们的观点中都离不开"人"和"共同目标"。所谓团队就是愿意去为实现某一个或多个共同的目标努力，且拥有互补知识技能的成员，按照一定的规则联合起来而形成的有机整体。团队的定义包括三层含义：团队中有一群人，至少两个；团队的成员有共同的目标；团队的组建是遵循一定规则的。这个团队的成员之间相互协作，以期达到比单个成员工作加成更大的团队绩效，最终高效地完成共同目标。

2. 创业团队的概念

创业团队是指在创业初期（包括企业成立前和成立早期），由一群才能互补、责任共担、愿为共同的创业目标而奋斗的人所组成的特殊群体。如果说创业领导是群龙之首，那么创业团队就是整个企业的"房梁"。创业团队是识别商业机会，并将其成功商业化的重要力量，越来越多的初创企业因此以创业团队作为创业企业的行为主体（刘爽和任兵，2022）。创业团队是初创企业发展的主要催化剂，与单个企业家相比，创业团队可以通过集体的努力产生协同效应，从而增强企业的发展潜力，给企业带来更高的绩效和生存率。可见，创业团队是创业企业的核心动力。

学术界对创业团队概念的界定依旧存在多种观点。学者卡姆（Kamm，1990）认为创业团队是一个由两个或两个以上的人共同建立一个有经济利益的公司而组成的集体。学者加特纳（Gartner，1994）则在这一定义的基础上，把对企业战略选择有直接影响的个人都包含进了创业团队。我国的学者将创业团队定义为两个或两个以上的个体由于共同创办企业、拥有一定股权、具有共同愿景、参与行政管理、参与战略决策而组建成的特别团队，他们共享资源、分工合作、共担风险并共享创业收益（朱仁宏等，2012）。对于上述创业团队定义的理解可以分为四点特征：创业团队包括两个或两个以上成员，是初创企业的所有者和经营者；创业团队的成员负责初创企业战略的决策；他们肩负初创企业的行政管理责任，投身企业的日常管理之中；团队成员共担风险也共享利益（杨俊，2018）。简单来说，创业团队就是指由两个或两个以上的个体，以同一个创业目标为基础，按照团队组建基本程序组建而成的正式团体，他们一起为了追求创业价值共同承担风险、共同分享创业成果。创业团队的成员之间是互补的，且需要更大的价值相似性才能够将他们紧密地联系在一起。可以说没有绝对优秀的个体，但是可以通过科学的组建与管理打造绝对优秀的团队。

3. 创业团队的基本要素

一个创业团队不是一个单纯的人员的简单组合，而是一个完整有序的组织。一个正规的创业团队应该具备四个基本要素：团队目标、团队人员、职权分配和工作计划，如图 3 - 4 所示，这些基本要素之间环环相扣。

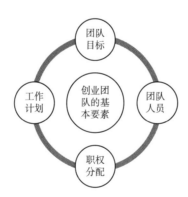

图 3 - 4　创业团队的基本要素

（1）团队目标。团队目标的本质就是创造价值。清晰明确的目标是创业团队组建的基础，团队目标明确了团队成员努力的方向。创业团队的组建是围绕团队目标进行的，是将成员凝聚起来的重要因素。对于创业团队领导而言，明确的团队目标能够让他们清楚地知道自己为了实现目标需要什么样的人才，在寻找团队成员时少走弯路。

（2）团队人员。"人"是创业团队的核心要素，任何组织战略和目标的实现最终都要落实到"人"身上，依靠"人"来实现。人作为知识、技能、劳动力的载体，他们身上的价值以及他们愿意用于对创业团队价值创造的贡献程度，很大程度上决定着企业在市场中的命运。

（3）职权分配。要充分发挥团队成员各自的作用就必须进行合理的职责和职权分配，让他们为创业团队目标的实现尽职尽责，同时保证他们有自由发挥的空间，激发他们的创造性。这里所说的合理分配是要根据成员专业技能和个人优势来明确规定他们的职责以及与之对应的职权。

（4）工作计划。创业团队还需要有周详的计划，这是创业团队成功的前提。目标是团队想要达到的理想结果，计划则是达到目标的具体工作过程。计划的制订不仅要根据团队的特征，以团队目标为指南，还应该充分考虑可能出现的内外部环境变化等因素的影响。

专栏 3 - 3

各自成就的携程创业团队

一、企业简介

携程国际有限公司（以下简称携程）于1999年在上海成立，当时，中国的互联网事业还处于初步发展期，携程仅用4年时间就于2003年12月在美国纳斯达克上市，是中国在线旅游和票务服务公司中的佼佼者。人们常说，不要跟亲戚朋友一起创业，因为在利益面前就算是再紧密的关系也变得十分脆弱。但"携程四君子"这一核心创业团队却是一股清流，他们用4年的时间就完成了将初创公司做到上市的创业神话，共同成就了一番事业。后来由于公司发展的变化，团队成员虽然各奔东西，但他们依旧保持着原有的革命友谊，各自成就自己的一片天地又各自祝福。

二、"携程四君子"

1. 团队人员

"携程四君子"可谓是学霸天团，他们优势互补，是中国式合伙人的典范。梁建章毕业于复旦大学，沈南鹏、范敏、季琦三人则是上海交通大学的校友。在专业性上，梁建章懂网络技术，在互联网技术上有足够的知识储备；沈南鹏当时在投资界混得风生水起；而季琦是在大学期间就有丰富的创业经验，在20世纪80年代还没毕业就成了万元户，懂得企业管理和产品销售；范敏则是精通旅游行业的资深人士。在性格上，季琦为人直率、讲义气；梁建章则是典型的南方男人，相对更内敛含蓄；范敏和沈南鹏有互补的性格和相似的经历，且他们对彼此的能力相互欣赏。可见这个创业团队成员满足了多方面互补的条件。

2. 团队目标

最初，在梁建章和季琦的探讨下，基于他们所擅长的互联网行业，以及他们对旅游业浓厚的兴趣，再加上对当时互联网市场形势的分析，中国第一个在线旅游网站平台的雏形出现了。但是创业需要钱，于是他们找到了正在带着钱四处找项目投资的沈南鹏。最后，梁建章、沈南鹏各出资20万元，各自占股30%，季琦一人出资40万元占股40%，共出资100万元，正式成立携程。万事俱备，只欠一个熟悉旅游业务的专业人士，于是他们找到范敏加入他们的原始创业团队。组成这一创业团队之后，他们共同谈论决定了团队目标，就是要将携程做成国内第一个大而全的综合旅游网络平台，涵盖旅游涉及的各个方面。在之后团队出现分歧时，四人都摒弃个人利益，以团队目标为指引，以公司利益为重。

3. 职权分配

基于团队四人所擅长的事情不同，他们对公司高层管理的职能进行了明确的划分。季琦任公司总裁，把握公司大局，确定公司战略和负责公司管理；梁建章任CEO，把控互联网平台的搭建，分管技术模块；沈南鹏任首席财务官（CFO），负责公司财务，给公司拉来合适的投资；范敏担任副总裁，负责旅游网站的具体业务管理和市场开发与维护。四位创始人各司其职，分工明确，从技术开发到线上营销全面发展，将携程打造成当今旅游网站第一巨头。

三、结论与展望

通过"携程四君子"创业团队的故事，我们可以总结出以下几点结论。

第一，成功的创业团队，团队成员之间在知识和能力上是互补的，这是合伙创业团队成功的基础保障。"携程四君子"中的四个成员就是集技术大牛、创业管理大牛、融资大佬、业务大咖于一体的，资源能力高度互补的创业团队。

第二，责、权、利的公平合理分配是团队稳定，乃至公司稳定的核心。携程创业团队根据各自的特长合理划分职责分配职权，充分利用好每位成员的价值，在利益分配上实行透明的利益分配机制。

第三，信任与情感共鸣是创业团队保持友谊的关键。"携程四君子"之所以能够在共同创业，而后各奔东西后保持原有的友谊，就是源自他们对彼此的信任，互相欣赏，共同为了企业目标前进。

参考资料：

［1］携程 CEO 孙洁：20 岁携程的"第三次创业"［J］.上海商业，2022（1）：26－29.

［2］王刚.一文了解什么是 OTA 商业模式［J］.中国会展（中国会议），2022（10）：38－41.

二、 创业团队的建设

1. 团队建设的步骤

创业团队的建立因实际情况的差异存在差别，但是具体的建设步骤是一样的。完整的创业团队建设的过程包括明确创业目标、评估战略环境、招募创始人团队、构建团队制度、招募团队成员、划分职能职权、团队运行、调整与融合，具体如图 3－5 所示。

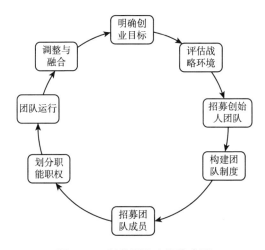

图 3－5　创业团队建设的步骤

（1）明确创业目标。在建设创业团队前，先要明确创业目标，团队的总目标来源于创业目标，该目标指明了企业要提供的产品或服务类型、计划要达到的规模等。总目标确定之后，作为创业团队建设的指南，一切人员的选择都是为总目标服务的。同时创业目标也是创业初期资金不足情况下一种吸引人才的重要手段。

（2）评估战略环境。对战略环境进行评估是创业团队建设的重要环节，创业不是拍脑袋决定的，而是以战略环境分析作为前提。创业领导在真正招募团队成员来共同创业前，要对团队建立的环境进行全面严肃的调研评估，做到心中有数。可采用 SWOT 分析模型，主要对团队自身的优势和劣势、外部环境中的机遇和挑战进行综合的评估。

（3）招募创始人团队。可以通过邀请、介绍、网络刊登、招商等方式来招募到适合的共同创始人。创始人团队人数不宜过多，需要根据创业企业的体量来确定，一般情况下初创团队的核心创始人以 2～3 人为宜。当招募到共同创始人时，还需要就股权分配、创业计划以及分红方式等细节进行进一步沟通，形成创业协议，防止在之后创业过程中出现利益纠葛。

（4）构建团队制度。制度是团队整个组建到运行过程的标尺，需要创始人团队协商制定出一个符合公司特点的合理制度。团队的制度体系包括组织架构、权责利的分配方案以及公司章程等。团队制度约束团队成员按照正确的价值轨道行动，保证团队有序运行，同时，科学的制度体系还具有一定的激励作用，保证团队成员积极完成工作任务。

（5）招募团队成员。当前期工作准备得较为充分时，就需要搭建创业团队的组织架构，而创业团队的组织架构又要靠招募团队成员来实现。团队成员的招募方式有网络招聘、熟人推荐、相互介绍等。但是在招募选拔的过程中应该注意：人员规模要合理，人员过多浪费成本、沟通困难，人员过少影响组织的运行效率；招募到的团队成员应该是具有互补性的，至少在管理、营销和技术上是互补的。一定程度上的差异性能够给公司的发展带来更多的可能性。

（6）划分职能职权。当招募到团队成员后，还要根据成员的知识能力和性格的特点，对他们进行职能的划分，将合适的人放在合适的岗位上，人尽其用，避免出现职能交叉和无人担责的情况。但是光有职能是不够的，懂得团队管理的领导还应知道授权的魅力，授之以合理的职权能够激发成员的创造性。

（7）团队运行。要知道创业团队的搭建是否合理，是否达到了预期目的，就必须在团队运行中去检验。创业团队的运行就是使团队在创业的过程中去发挥作用，完成组织目标。由于创业团队刚刚建立，很多程序都还没有成熟，因此在团队运行的过程中还需要创业领导去加以引导，协调团队成员之间的关系，提高创业团队的工作效率。

（8）调整与融合。一个强大的创业团队并不是在创立之初就高度协调的，而是在团队运行的过程中不断磨合，及时地发现问题并不断地改进。对创业团队的调整主要可以概括为两个方面：一是团队中成员之间的协调性，新组建创业团队的成员在沟通和工作配合上是不够顺畅的，成员之间的协调性是在磨合的过程中产生的；二是对团队中责权分配的调整，在团队运行的过程中，会发现一些权责分配不合理的问题，应该根据组织环境的变化随时进行团队成员权责分配的调整。通过一系列的团队协调之后，成员逐渐由个体融合成为一个共同体，他们相互理解、相互支持，形成具有强大凝聚力的团队精神。

总之，要想建设一个好的创业团队，简单来说就是"三个好"：好领导、好成员和好制度。

2. 团队建设要注意的问题

已经有了建设团队的步骤，但在建设团队的过程中还有两个需要创业领导着重注意的问题需要说明。

（1）团队成员是否全心全意致力于公司目标？招募到的合伙创始人的理念必须是与创业领导的创业理念一致的，并且愿意全心全意地和创业领导做公司。如果他只是以投资的心态成为合伙人的话，这对创业领导而言，无疑是引进了一个定时炸弹，随时都可能在创始人团队中爆发问题。除合伙创始人外的其他团队成员，从后勤到商务都应该是完全认同领导的经营管理理念的，并且他们愿意拥护创业领导，愿意全身心投入工作。创业初期，创业领导的时间和精力是非常宝贵的，只有所有人都与公司同呼吸共命运，才能使员工甘心付出。团队共同认可的创业理念和共同的价值追求就是团队成员之间的心理契约和粘合剂，能够保证团队的高效协作。

（2）创业团队成员之间是否具有互补性？前面多次提到，创业团队成员之间是具有互补性的。如果只是完全一样的人或者具有同质性的人加入团队，那么这个团队无疑是单一的。在招募成员时，应该考虑的主要是技能上的互补，包括技术技能、人际技能和概念技能。成员在技能方面具有互补性能够保证团队的完整性，即能保证成员协调且有效地完成工作。除技能互补外，对于成员的异质性还应该考虑性格、经验、特质等方面。团队成员在性格、经验和特质上相互协调，才能保证团队氛围和谐，但又不是要求他们一致，而是发挥出其互补作用，将成员的不同性格优势发挥出来。团队成员的异质性可以使他们产生思想的碰撞，思考和分析问题的角度多元化能够给公司带来意想不到的火花。

三、 创业团队的管理

古有"江山易打不易守"的名言，组建团队只是搭建了一个框架，还要通过一系列的团队管理过程去培养一个优秀的团队。不断成长的团队是企业可持续发展的原动力和保障。研究表明，创业团队的管理无外乎就是团队凝聚力、团队决策力以及团队执行力的养成。创业初期，团队成员是极不稳定的，创业团队管理的目的通常是要打造一支团结的、趋于成熟的、不断成长的团队。管理创业团队的关键在于：从上到下畅通的团队沟通渠道、经常性的团队激励与驱动和团队员工的关怀与成长。下面将从这三个方面进行具体的分析。

1. 畅通的团队沟通渠道

团队沟通是团队成员之间互动过程，透过沟通，使人与人之间的信息、思想、情感等得以交流，并产生影响。沟通是保证创业团队凝聚力的重要途径，在创业团队管理的任何时候沟通都是必不可少的。从沟通的方式上来看，团队沟通可以分为水平沟通与垂直沟通两大类，其中水平沟通是指团队成员之间的沟通，垂直沟通是指团队领导者与团队成员之间的沟通。开始工作前要沟通，工作过程的协调要沟通，团队出现意见分歧和

矛盾要沟通，解决实际问题更要沟通。实际创业团队的沟通渠道组成要素包括以下几个
方面，如图 3 – 6 所示。

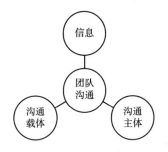

图 3 – 6　团队沟通要素

创业团队的沟通围绕创业过程中遇到的问题，以工作信息、成员意见、过程评价、
思想等作为沟通过程的信息要素，团队成员是沟通过程的主体，而团队的沟通方式则是
沟通载体。在团队沟通的过程中还应该始终将团队的远景目标作为沟通目的，团队成员
坦诚相待，多为公司的发展着想。另外，还要在团队中营造自由表达观点的氛围，使得
员工与员工之间、员工与领导之间通畅地交流，有效的双向沟通能够碰撞出新鲜的火花，
为团队注入新的血液；促进创业团队成员达成共识，建立良好的团队氛围；发现实际问
题，有利于创业领导了解实际情况作出正确决策。尽管团队沟通的重要性已经获得了大
家的认同，但要在团队中实现有效的沟通却并不是一件容易的事情。学者巴托尔和斯里
瓦斯塔瓦（Bartol & Srivastava, 2002）指出，团队沟通和知识分享并不会自动在团队中
发生，领导在促进或阻碍团队内部沟通方面发挥着重要的作用，如专制型的领导会抑制
团队内部的沟通和知识的分享，而授权型的领导则会对团队内部的沟通和知识的分享产
生促进的作用。团队沟通有利于降低团队内部的交易成本，在成员间达成信息和知识的
有效分享，最终促进团队内部的有效协作和资源协调。

2. 团队激励与驱动

团队激励内涵就是团队领导者充分调动团队成员的积极主动性，协同合作，进而保
证组织的高效率运转，使得个体利益和整体利益有效统一。在创业团队中，想要快速成
长和裂变，调动团队成员积极性至关重要，而调动团队成员积极性实质性的措施，就是
要采取各种形式的激励手段去激发行为，使外部的刺激转化为自觉主动的行为过程。创
业初期团队成员的流失率普遍较高，想要解决团队稳定性问题应该制定有效的驱动和激
励机制。追逐利益是人的本性，也是工作的原始动力。在创业团队中，利益的分配是成
员比较敏感的问题，只有建立在合理的利益分配基础上的团队关系才是稳定的。要强调
的是团队的激励制度要用规范的文书确定下来，才能被成员认同，避免实际操作中的混
乱。合理的利益分配关系主要是通过报酬体系来实现的，包括物质报酬和非物质报酬。
但是不同的人对报酬的理解和需求不同，所以在具体实施报酬体系和团队激励时应该充
分考虑成员的差异性，精准激励。另外，企业要吸引和留住高质量的团队成员很大程度
上来源于其能够提供的物质激励和精神激励手段，但是初创企业存在资源上的紧缺，在
激励的过程中应该量力而行，最小成本下保证激励效果最大化才是创业企业激励的目标。

3. 团队成员的关怀与成长

优秀的创业团队是具有长远眼光的，不只是关注眼前一时的利害，而是放眼未来。团队的管理也不是昙花一现，而是持续的动态发展过程。创业团队需要发展，离不开人才的成长，团队成员的成长机会也是许多人最初愿意加入初创企业的重要原因。成员的成长包括个体在职业和能力上的提升空间，还有团队建设的梯度设置问题。在发展的过程中应该注重对成员的培训，给他们提供具有吸引力的学习机会，这就同时实现了组织学习与个体工作能力的提升。另外，还要在团队中设置具有合理梯度的晋升机制，平等竞争的同时也激发员工的冲劲。

创业领导还应该在多方面体现对成员的关怀。生活不是只有工作，创业团队成员大多全心全意为企业工作，一定程度上，创业团队的成员不只是工作关系，更像是一种"家人关系"。对成员的关怀包括对员工身体健康的关心、对成员家庭的关心、对成员生活和工作的平衡性的灵活调整等。这种对团队成员的关怀有利于形成愉悦的创业团队文化，良好的团队文化在无形中增加了团队成员的凝聚力；团队文化的同化力量使得健康的团队理念在团队中深化，并保证企业的平稳运行；一个好的团队文化还能够影响企业在市场上的形象树立，吸引更多客户的同时也吸引优秀团队成员的加入。

专栏 3 – 4

超图软件：保持团队高效沟通

一、企业简介

北京超图软件股份有限公司（以下简称超图软件）于 1997 年创立，主要从事于地理信息系统（super map GIS）软件技术的研发与推广工作。公司始终保持着持续的创新动力，形成了独有的精益敏捷的研发管理体系，在二三维一体化、全国产化支持、云端一体化和大数据服务等方面已形成领先优势。在创业团队的管理方面，超图软件的团队沟通机制是做得非常好的。

二、团队沟通

有效沟通是推动创业团队绩效提升的重要方式，从创业团队目标实现的过程来看，每个环节都离不开沟通，沟通是创业团队管理的核心，离开沟通，创业团队的绩效就不可能实现。超图软件在 20 多年的创业过程中，始终保持了良好的团队沟通，核心创业团队没有出现较大的分歧。

以创始人钟耳顺为中心形成沟通主体圈。在公司成立之初，超图软件团队也面临技术发展方向选择的困难。创业初期，国内的 GIS 软件如雨后春笋般争先恐后地创立，国产的 GIS 软件已经比较成熟，形成了一定的品牌优势。而超图软件当时才处于起步期，从哪里入手减少残酷的竞争，获得发展机会，是超图软件需要攻克的重要课题。此时，就需要创业团队成员之间进行沟通，各抒己见，沟通主体就是以创始人为主导，其他技术、市场、管理等成员为辅助的主体圈层。团队经过市场调研发现，当时用于数字地图编辑和处理的桌面软件都已经比较成熟。他们想，数字地图不应该仅停留在简单浏览和打印纸图上，而应该向业务管理延伸，开发在企业用户中隐藏的更大应用空间。

沟通的信息包括但不局限于死板的业务信息。尤其是在企业发展困境中，学者的情怀促进心灵信息的沟通。既然选择了风险大的 GIS 平台软件开发，就要做好抱团取暖的准备。在超图软件创立的最初几年，平台软件正处在研发阶段，根本无法通过产品销售获得收入，但对核心技术研发的投入依旧是持续不断的。因此，那段时间超图软件一直亏损，处境艰难。创始人钟耳顺就拿出自己的家庭积蓄来支撑企业的发展，而过去的同事和学生、现在的企业合作者、他的家人与朋友也是无条件地支持。在这样的帮助下，企业顺利渡过难关。沟通的信息中包含了领导的不易，钟耳顺跟团队成员说，做科研要坐得住"冷板凳"，或许正是因为科研人员出身，超图软件团队做学问的执着劲儿用到企业上便顺理成章，团队成员发自内心地帮助企业渡过难关，在逆境中几乎没有员工离职。

超图软件以完善的制度作为沟通的载体。严格执行制度，降低沟通成本。超图软件对管理制度的制定非常重视，并且对于制度的执行更为严格，用制度搭载共同要传递的信息，将沟通的主体紧密连接起来。董事长钟耳顺以身作则，对于公司各项制度带头遵守，曾因为迟到而自己罚站。通过制度来约束团队成员，减少无意义的沟通，将更多的精力投入到创造性的工作中。另外，创业团队的士气和激励也是沟通的重点。超图软件同样通过制度设计，最大化地激励整个创业团队，减少团队关于利益的纷争。遵循《中华人民共和国公司法》，有限责任制公司只允许有不超过 50 个股东，而超图软件就有 48 个，基本把整个创业团队都分配了股份，做了很好的利益分配。

三、结论与展望

从超图软件的案例中我们可以看出，创业团队能否进行有效沟通，决定了在创业过程中能否顺利渡过一个又一个的关口。团队创业已经成为创业的首选，如何进行有效的沟通，成了创业成功的关键环节。有效沟通是提升创业团队凝聚力的重要途径，团队成员之间的沟通是保持团队凝聚力必不可少的条件，对团队潜能的发挥起主要作用。要建设一支具有凝聚力的高效团队，必然需要团队成员之间良好的沟通，运用好沟通技巧，提高沟通效率，营造一种团队成员之间相互关注、支持交流、降低防卫的气氛。

参考资料：

[1] 欧绍华，王丹. 创业团队异质性对创业拼凑的影响研究——基于团队互动的中介作用 [J]. 广西财经学院学报，2021，34（5）：92 - 105.

[2] 叶志锋，任佳敏. 会计信息价值与战略性资源评估方法——以超图软件为例 [J]. 商业会计，2021（15）：68 - 71.

第三节　团队激励

激励是管理中永恒的话题，不论是对个人还是对团队的激励问题都值得关注。有了创业团队这个人员储备系统还不够，还要发挥每个人的创造力才能够实现创业团队的真正作用。在创业团队的管理中，想要将团队成员的创造力更好地发挥出来，就离不开有效的团队激励。团队激励是团队管理的重要措施，正确采用激励措施能够激发员工的工作动力，降低团队管理的成本，用更少监督达到提高团队成员工作热情和团队士气的目的，提高团队工作效率。

一、 团队激励的概念

1. 什么是团队激励

在过往的理论发展过程中，对于"激励"这一概念不同的学者有不同的看法，并有数百种不同的定义。管理学家认为激励是管理工作中的一项重要职能。心理学家则认为，一切行为都是由动机引起的，动机对人的行为起到激发、推动和加强等作用，因此他们将激励定义成是一种能够持续激发人的行为动机的心理过程。现代组织行为理论认为，激励的本质是调动团队成员去做某件事的意愿。换言之，激励是进行行为引导。

因此，团队激励就是指在团队中通过一系列的激励措施去激发团队成员的工作潜力，激发他们的积极性和创造性，从而在整个团队中形成积极主动的氛围，使得团队持续稳定地为实现组织目标而努力。

2. 为什么要激励

建立团队的目的在于团队可以完成个人不能完成的工作任务，为了让团队整体效率大于团队中所有个人工作效率的总和，需要重视激励方式和手段的选择。如图 3 - 7 所示，团队应该进行激励的原因主要有以下三点。

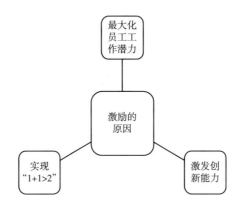

图 3 - 7　团队应进行激励的原因

（1）激励能够最大化员工的工作潜力。当团队成员的工作理念从"帮老板做"变成"我要做"时，他们的潜能才能够充分地发挥，激励就发挥了使得员工工作潜能最大化的作用。

（2）通过激励手段激发创新能力。在创业团队中，创新是团队运营的核心要素。公司经营和团队运行的方方面面都涉及创新，如管理模式创新、战略创新、技术创新、产品创新。团队激励能够激发成员的创新想法和工作行为，进而产出创新成果。当一个人被充分激励时，能够迸发出无限的创造力，企业的运行和发展、团队的管理与磨合、时代的进步都离不开具有创造性的人。

（3）实现"1+1>2"。激励从某种意义上来看是对员工工作结果的肯定，当员工感受到自己的工作得到外在认可时，能够进一步对员工产生正向激励作用。团队运营最大的意义就在于能够达到"1+1>2"的效果，团队管理者掌握激励技巧，对那些在工作中作出突出成果以及对团队整体工作作出巨大贡献的成员进行鼓励，有利于在组织中形成工作典范，激励工作突出成员的同时也激励团队的其他成员，有效实现团队"1+1>2"效果。因此，有必要进行团队激励。

3. 团队激励的基本范畴

创业领导在整个创业过程中都要始终问自己：怎样才能更合理地激励团队？要找到问题的答案，要先明确团队激励中相关的基本观点和范畴。

（1）激励的核心。激励对于任何组织而言都极为重要，激励的核心是要设法找到成员真正想要的，以此来作为激励的核心要素，将此核心要素搭载在终极目标上，激发成员的潜在动能，让他们自主地为实现终极目标而努力。

（2）激励方式多元化。一方面，不同对象对激励的需求是不同的，同一个人的需求也不可能是单一不变的。成员的需求主要可以分为三个不同层面：物质层面、精神层面和成长层面。选择激励的手段应该考虑各个层面，根据团队的特点因人制宜地设置激励措施。另一方面，激励的措施也应该是多样性的，而不是一成不变的，应该根据激励对象不同阶段需求的变化作出调整。但是实施差异化激励措施时，不能一味地追求差异，还应该充分地考虑公平性，如果成员感到不公平，激励的效果会大打折扣。

（3）报酬激励。最直接且重要的激励方式是报酬激励。组织是否能够留住员工并且让他们发挥作用，很大程度上是取决于企业设置的物质和精神收入。换句话说，团队成员的知识技能、工作经验、创造性以及对企业的归属感等都是通过合理的报酬直接体现出来的。报酬是指员工通过自己在工作中的付出，可以从组织中换来的回报，包括经济报酬和非经济报酬。而经济报酬又分为薪资、补贴、股票分红等；非经济报酬则包括晋升、表彰、高级培训、得到认可等。由于团队中成员的价值观、人生目标等的差异，不同人对报酬的理解有所不同。创业团队的激励制度应该充分围绕成员对报酬的需要和期待的差异进行设置，且贯穿于团队搭建、团队加强的整个过程，这样才能够起到有效的激励效果，达到激励的目的。

二、 团队激励的机制

激励机制的设置是团队激励实施的范本。这里倾向于从激励机制的性质和内容两个维度对其进行划分，如图 3-8 所示。

从性质上来看，团队激励机制分为正向激励和负向激励。正向激励是指当团队及团队成员完成了既定的工作任务，而被给予的肯定和奖赏；负向激励则是与正向激励相反，是指因为团队或成员个人没有按照规定完成工作任务而受到批评和惩罚。在团队的激励过程中常常将正向激励与负向激励结合使用，形成"胡萝卜加大棒"的激励机制。

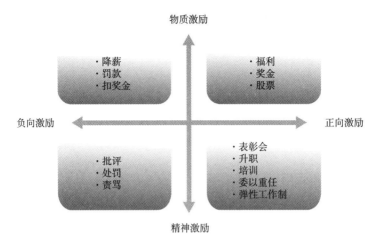

图 3 - 8   团队激励机制象限图

从内容上来看，一切激励都要落实到实际的载体上才能得以体现，主要分为物质激励和精神激励这两个方面。物质激励就是被激励者实实在在能够拿到手的东西，包括奖金和奖品等；精神激励则是需要用精神去感知的东西，包括晋升和被认可等。许多初创企业往往会忽视精神激励的重要性，实际上，结合双因素理论来看，物质激励因素属于保健因素范畴，其激励效果是呈边际递减趋势的，而精神激励则是真正能够有无限能量的激励因素。

对团队激励机制进行了简单的划分之后，实际上在团队激励中用到的一般方法有四种：薪酬激励、奖励激励、竞争激励和个人发展激励（如图 3 - 9 所示）。

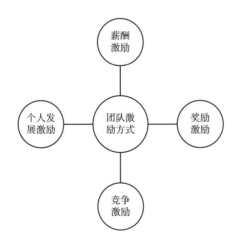

图 3 - 9   团队激励的方式

1. 薪酬激励

薪酬不仅是团队成员生活和自我提升的来源，同时还是向组织外部传递组织理念和战略信息的有力载体。另外，合理的薪酬激励也是对团队成员价值贡献的肯定，能够让成员感觉到自己是被认可的，从而忠诚地服务于创业团队的工作。必须要强调的是，要通过设置合理的薪酬激励梯度来保证薪酬激励机制良好的激励效果，同时还要考虑对整个团队达到整体预期工作目标的薪酬激励，使得整个团队之间积极合作发挥协同作用。

2. 奖励激励

奖励激励是正向激励的一种，在团队管理的过程中，设置一个较为科学的奖励机制是比较困难的事情。奖励激励的最佳效果就是要让员工看到公司未来的发展前景以及在公司能够获得的职业成长。奖励激励方式有许多，通常包括以下几种。

（1）加薪。这是最普通且最容易被想到的一种奖励机制。就是在原有薪资结构的基础之上，加上津贴和奖金，计算在企业经济能力范围内为员工提供具有竞争性、有理有据、能被员工接受的团队总体奖励制度。

（2）股票期权授予。股票期权的授予常常是对团队中对组织有较大贡献的员工实施的。就是将创业企业的若干股票作为奖励，使得员工持股，更紧密地与企业联系起来，树立主人翁意识。

（3）休假。在当下快节奏的工作环境下，假期对于员工来说也是很重要的，与员工的休息、生活和工作质量息息相关。提供不同时长的休假时间或特殊假期都是不错的奖励机制。

（4）其他形式。能够满足员工某些特殊需求的奖品或者旅游奖励也是激励团队成员的好方法。还有不定期员工狂欢、茶话会、团队庆功宴、表彰大会等，奖励的同时还能体现出领导对成员的关心，取得一举两得的效果。

3. 竞争激励

团队成员之间的良性竞争是激活团队的重要措施。竞争激励激发团队成员发挥潜能，力争上游。竞争激励是鼓励先进，应该避免向团队传达"优胜劣汰"这种会造成恐慌的竞争理念。树立典范的同时还要注重对处于竞争劣势成员的帮助。竞争激励的方式主要有：成员通过团队竞赛的方式公平竞争，切磋武艺；在公司设立红榜专栏，对在团队竞争中表现突出的成员进行张榜公布，在优秀成员受到很大精神鼓励的同时，树立团队榜样激励其他成员；同时也鼓励团队中不同部门和小组之间进行良性竞争，增强整个团队的交流与协调性，促进团队快速发展。

4. 个人发展激励

个人发展激励是团队激励方式中最好的一种。它是将团队成员的个人发展与企业的发展有机结合，该激励方式是长久的、持续的、高效的。初创企业最需要的就是成长和发展，团队成员也是一样，创业团队应该帮助成员进行自我提升与发展，并以此作为有效激励机制。个人发展激励的形式包括：提供学习机会，帮助员工提高自我，有计划地组织团队成员培训，向优秀且有学习意愿的成员提供参加同行交流会或学术会议的机会；委以更高层次的工作任务，在完成高标准工作的过程中成长；为激励成员成长，通过领导亲自表彰的方式进行激励，团队成员为了获得表彰就会自觉地提升自我。

三、 团队激励的管理

1. 激励的原则

前面的篇幅中提到了很多种激励方式，应根据团队的实际情况设置激励机制，选择激励方式的同时应该遵循基本的团队激励原则，团队的激励原则如图 3 – 10 所示。

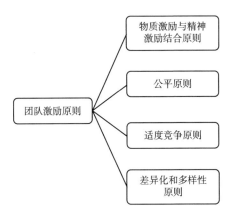

图 3 – 10　团队激励的四大原则

（1）物质激励与精神激励结合原则。成员进入团队工作，与团队最直接的联系就是物质利益。物质利益除了保证成员的基本生活外，还是人的自尊、安全等的保障。在最初的团队激励中物质利益是必不可少的。随着成员的自我成长，他们的需求也会发生变化，由低层次转向高层次。要满足他们更高层次的需要，激励的注意力应该放在精神激励上。创业团队成员对于自我价值的实现尤其关注，他们非常在乎成就和精神满足。所以在物质利益的基础上，创业团队还应该更多地从情感、心理、团队关系等层面进行激励，培养团队的忠诚度。

（2）公平原则。人们常常会根据自己是否受到公平的对待来决定自己的行为。不能将公平和平均混为一谈，在进行团队激励的过程中，要根据成员实际的贡献值来进行薪酬、奖励的分配，只有当员工感受到自己的所得与付出之比和他人的所得与付出之比差不多时，才会产生被公平对待的感受。

（3）适度竞争原则。压力能够激发员工的动力，团队成员不能只是一味地获得奖励，还应该考虑在团队中引入适度的竞争机制，这是非常有必要的。将适度的团队竞争因素加入团队激励中能够激发团队成员的积极性与创造性，为团队注入活力。

（4）差异化和多样性原则。差异化就是根据团队成员各自不同的需求设置激励指标，既然成员的需求有所不同，那么在激励方式的选择上当然是多样性的。这实际上是从激励的本质出发，即满足人的需求。由于人的需求是不断变化的，也是多种多样的，同时不同人的需求也是存在差异的，领导者必须深入了解，适时调整激励机制。目前许多企业通过设置弹性激励机制，让成员根据自己的需求进行自主选择，提高成员的自主性和激励方式的效果。

2. 团队激励的实施步骤

如图 3 – 11 所示，团队激励可以按照以下五个步骤进行。

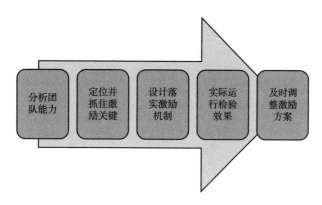

图 3 – 11 团队激励的实施步骤

（1）以分析团队的激励能力为前提，在能力范围内进行激励。团队激励管理的第一步是要对团队能够给到的激励水平作一个全面的评估，这是团队激励实施的基础。要求管理者敏锐地分析企业的现状，厘清激励水平设置与公司基本情况之间的逻辑关系。公司的基本情况包括公司财力物力水平，团队成员的工作士气、工作情况以及成员的提高意愿等方面。分析过程可以综合使用观察法、访谈法等方法来进行调研。通过调研分析，明确团队目前需要通过激励解决或改善的重点问题，为采取激励措施提供现实依据。

（2）精准定位并抓住激励的关键点。每个团队成员身上都存在激励的切入点，只要找对方法，每个人都可以得到有效激励，虽说方法是多样的，但是在团队激励实施的初期，要充分考虑激励要点切入的难易程度。这要求领导有细致的观察和分析能力，找到激励的支点。例如团队成员大多数是尊重事实的人，在设置激励机制时就应该注意就事论事，强调团队绩效。创业领导只有明确了从哪些方面能有效激励团队成员，才能够在团队激励中做到有的放矢。

（3）设计和落实激励机制。对不同时期不同特征的群体应该选择的激励方式是不同的。在制定激励机制时要根据前面各个步骤所获得到的信息，做到具体问题具体分析，综合运用各种方法，设计有针对性的激励体系。同时激励要素还要和组织的战略远景结合起来，从而达到实现组织目标的最终目的，发挥激励最佳效果。

（4）实际运行检验效果。要知道激励的实施效果如何，要在一段时间的运行后加以科学的评价。可以通过对团队士气如何、团队各项任务完成效率是否提升、团队成员是否更积极主动地工作等方面进行评估。若激励效果不佳，应该找出激励机制存在的问题，并反馈到团队中。

（5）及时调整激励方案。创业领导应该针对存在的问题与团队进行讨论，深入思考存在问题的原因，在实施的过程中不断做调整，持续地进行改进。团队激励的实施是一个动态循环的过程，不是单一固定的模式，只有在动态的运转过程中才能够不断地改正不利因素，改进激励效果。

四、 团队激励的误区

在进行团队激励时，往往还存在许多误区需要注意（如图3－12所示）。下面就团队激励中可能存在的误区做简单的提醒。

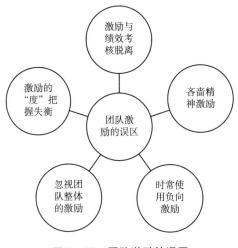

图 3－12　团队激励的误区

1. 激励与绩效考核脱离

许多创业领导在团队激励中，往往会把激励与绩效考核这项工作相分离。事实上，激励与绩效考核是相辅相成的，每一项绩效考核都应该落实到激励上，每一个激励措施的实施都应该以绩效考核结果为依据。对于绩效考核如果只是想给出一个结果，那么这项工作就没有其存在的意义，团队成员也并不会因为绩效考核结果而改进他们的行为。激励如果不建立在绩效考核结果的基础之上，就会造成激励的混乱，没有依据的奖励或者惩罚会招致成员的不满，使得团队激励适得其反。

2. 吝啬精神激励

受到表扬和认同实际上是许多员工渴望在工作中获得的，一些创业领导在团队激励中往往陷入只关注物质激励的误区，将激励方式的全部看作物质激励。在众多激励方式中，精神激励是更有长久激励效果的。所以在激励中，领导应该高度重视精神激励，不要吝啬对团队成员的赞美。随时准备对成员取得的工作进展和成绩表达真诚的认可，并鼓励他们积极地为公司作出更大的贡献。并且要用心洞察成员在精神激励上的需求差异，投其所好给予精神激励，例如一个拥抱、一次对其家人的探望、一次与领导进餐的机会等，都是很好的精神激励方式。

3. 时常使用负向激励

虽然激励有正向激励和负向激励之分，但是人们对负向激励是非常反感而且会铭记于心。心理学家 B. F. 斯金纳（B. F. Skinner）在研究强化物对人行为的影响时提出强化理论，该理论得出正强化的激励效果是间断性的、不确定的，而负向激励造成的负面影响是持续性的。也就是说，许多次正向激励积累的积极效果往往可能会被一次负向激励破坏，所以在用负向激励时应该十分谨慎。适当使用负向激励还是必要的，正向激励与负向激励应该遵循"大声夸，小声骂"的原则。员工工作态度和工作质量出现偏差的时候，应该适时提出批评，批评惩罚时还应该一对一地在小范围内进行批评和惩罚。避免消极、低沉的不良情绪在团队中弥漫。

4. 忽视团队整体的激励

在一般的激励理念中，领导往往是从员工个人的角度出发进行激励，前面也有提到针对性的激励原则，但是在团队中不是靠孤军奋战来完成工作的。例如一个项目是由整个项目团队相互配合完成的，那么在奖励项目团队负责人的同时，也要奖励整个项目团队，否则会使团队成员感到不公平。对团队的激励是对整个团队的认可，能够激励团队成员更好地为团队凝聚力而努力，发挥团队优势，形成团结的团队精神。

5. 激励的"度"把握失衡

任何事物都讲究适度原则。首先激励的"度"在于及时，可能一些团队的激励会集中在年终进行，但是实际上无论是正向激励还是负向激励都应该及时兑现，如果时间长了可能员工自己都遗忘了，就达不到最佳效果。只有公司及时兑现对成员的承诺，才能够换来他们对组织承诺的及时兑现。其次激励的"度"还在于对转折点的把握，过度的激励会让成员误以为达到目标轻而易举，从而高估自己；不分轻重地批评惩罚在工作中出现失误的成员，会给受批评者甚至整个团队的其他成员重重一击，严重打击他们的自信心，产生消极的工作情绪和行为。正所谓"赏罚不中则众不威"，只有正确把握住激励的度，才能使团队成员乐此不疲地为组织创造价值。

【章末案例】

裂变式创业＋"头狼"成长机制成就芬尼科技

一、企业简介

广东芬尼科技股份有限公司（以下简称芬尼科技）成立于 2002 年，是一家空气能热泵"研产销"一体化的国家级高新技术企业。经过 20 多年的发展，已经实现了由制造业向互联网业的转型升级。自创立以来，公司主要走"裂变式创业"的发展战略路线。先专注于提升公司在专业领域的专业性并扩大规模，而后在原有实力的基础上进行业务细分与多方面拓展，前后总共裂变出了十多家子公司。在其裂变式发展的过程中，不断地增强自身的创新能力，拓宽业务版图范围，已经发展成为新能源、空气能热泵以及科技环保三大领域的龙头企业之一。芬尼科技裂变战略的成功在多个方面存在着实际的借鉴意义，结合本章内容主要从以下几个方面来进行分析。

二、创业领导的魄力

芬尼科技的创始人兼董事长宗毅，从工学学士到管理学硕士，从国企到私企再到自己创业，这一系列的转变都源于他对自我的精准定位。在自己作为创业领导创业前，宗毅曾先后以研发部长和小股东的身份参与过东天元电器和东天元电子的创业过程。虽然两家企业最终都在短暂的经营过后就停业了，但是在这两段参与创业的经历中，他积累了之后创业的关键经验。

2004年，仅成立两年的芬尼科技就遭遇了创始团队核心成员流失的重大危机，营销总监离职并自立门户。要知道，当时的芬尼科技有将近80%的国内业务是由这位营销总监开发出来的。毫无疑问，在他离职并创立同类型公司的同时，带走了原公司大量的客户资源，连同公司的许多核心成员包括生产部长、多名营销骨干和生产技术骨干等都被挖走，这明显是有意的市场挤占行为。这样一来，不论是对公司原有业务价值链的构建，还是对公司原有相对稳定的团队结构来说都造成了近乎毁灭性的伤害。但是宗毅并没有因为这一次创业团队核心成员的离开就怒火中烧，而是沉下心来找出团队中存在的问题，不卑不亢地寻求解决方案。

彼时，芬尼科技显然处于被动的弱势地位。宗毅开始思考"怎样把公司高管和骨干成员联结起来，稳定人心"这一问题。他认为想要留住那些有才干且有自我实现需要的创业型员工，仅仅依靠高薪是困难的。需要抓住他们追求创新、自主的人格特点，通过为员工提供良好的创业平台，为他们提供成长的有利机会，以此来充分激发并发挥他们的积极性和创造性。因此宗毅就顺势大胆地提出了"内部裂变式创业"的发展机制，这种留人方式才能够使这些人才长久地留在公司，实现创业型员工和公司发展的互利共赢。

三、创业团队管理

1. 为人才搭建创业平台

芬尼科技裂变式创业机制的推行，最初是为团队内部的人才搭建创业平台，与其让他们有能力之后不告而别，自立门户，给公司造成损失，倒不如主动支持有能力的人自主创业，为公司注入新的利润增长点，实现双赢。

2005年，随着公司业务的发展，当时需要进口一批新的关键元器件，又苦于没有合适的供应商。宗毅和公司的技术人员对该元器件进行"解剖"后认为这是一项可以自主攻破的技术。宗毅就抓住这次契机，通过这个项目搭建起一个内部创业平台。于是，公司6名主要高管共同出资成立了一个独立核算、自负盈亏的项目事业部，出资最多的那个高管则担任项目总经理。这样一来，原公司的6名高管就都成为新项目的股东，他们紧密团结起来，共同承担项目有关经营的责任和风险，凝聚力大大提升。原计划用一年半投产的项目，新团队仅用7个月就研制完成并投入生产。

该项目给芬尼科技创业团队的骨干成员搭建了一个具有吸引力的人才平台。这对于创业型人才来说是比冒着离职带来的不确定性风险更好的选择，能够在大平台的帮助下实现创业梦想；对于芬尼科技而言，有理想才干的人才在该平台创业依旧处于企业的生态圈中，避免成为公司对手，又留住了人才，可谓是双赢之举，这将当前人才的生态圈所有制模式展现得淋漓尽致。

2. 团队组建与运行

首先，在裂变公司创业团队的组建上，创业团队成员大多是芬尼科技的高级人才，他们曾经共同在芬尼科技的企业文化熏陶下工作，有着相似的理念和行事方式，且知根知底，团队成员的沟通协作相对于其他创业团队而言是更容易的。

在选择创业团队时，芬尼科技采用的是独特的"人民币投票"的方法，每个成员写上愿意为这个创业团队出资的金额，作为对团队的承诺，他们也将在成功推选后获得与出资金额对应的原始股份。如果没有一次被选中，那么他们可以中途改选其他的团队，但是这个时候就不能以原始股东的身份占股，而是成为二级股东。这样靠成员自己用"人民币"选出来的创业团队更容易被追随。

在股权分配上，裂变公司由该公司创业团队出资占有25%的股权，其中创业领导占股10%以上。芬尼科技创始人出资占有50%的股权，另外25%的股份由芬尼科技出资，芬尼科技对新公司绝对控股。这样保证了母公司对子公司的控制权，但是又不剥夺新公司创业团队的分红权。可见创业团队的股权占比是不具备优势的。能够让创业团队心甘情愿被母公司绝对控制的原因在于，芬尼科技对创业团队实施股权和分红权分离这一机制。为保证新公司的创业团队在运行的过程中能够施展拳脚，他们在新公司运营管理上几乎拥有绝对的决策权，决策不受母公司的干扰，但是创业团队享受团队运行带来的收益的同时也要承受对应的经营风险。在有盈利能力后，新公司会被强制执行利润分红，将净利润按5∶3∶2的比例划分。其中，50%用于股权分红；30%投入再创造；20%是管理团队的独有分红，创业领导可以分到独有分红的一半。也就是说创业领导用10%的创业投资撬动了15%的分红权，这也是创业领导愿意在裂变机制下创办公司的原因之一。

其次，让所有创业团队的骨干成员和母公司共同拿出真金白银来创业，其实是在母公司和创业团队之间建立一种稳定的契约关系，也是对创业者创业能力的肯定。利用项目投资在创业团队、母公司和新创公司之间形成无形的纽带，进行利益捆绑，使得创业团队这个整体树立主人翁意识，为新公司的发展自觉卖力。

最后，在对新公司的运行管理上，没有设定统一的运行模式，只是要求遵循"责权利统一"的基本逻辑。即创业团队在运行前进行了科学周密、合理的配比，对团队成员权责利的界定明确了创业团队能干什么、要干什么和能得到什么，以达到团队运行最佳的效果。

四、创业团队激励

1. 大平台激励

芬尼科技为了激励更多的创业团队积极投入到创业中，推出了"大平台＋小团队"的组织结构作为激励手段。以母公司充足的资金、渠道、客户资源等为裂变公司团队提供功能齐全的大平台支持，在内部创业大赛中胜出的创业团队则作为小团队搭载在大平台上。小团队可以通过自主进行、独立核算成为一个经营主体，自主创造价值。平台和团队之间是相互作用的关系，平台会为创业团队提供技术、管理、人才、市场等全面的支持，这使得创业团队感受到被支持和认可，能够激发他们放手去干的热情。

2. 全面赋能，充分授权

芬尼科技对于内部裂变出来的企业实行充分授权，激发团队的创造性。芬尼科技的赋能是全面的，从品牌、资金到企业文化、管理服务一样都没少。在品牌上新公司的产品加持"芬尼"这个商标，使其产品在问世之初就收获比其他企业产品更多的关注。新公司在资金上是相对短缺的，芬尼科技则作为其资金后备力量，为其提供融资担保和资金支持。在企业文化上，芬尼科技的企业文化是以人为本合作共赢。企业文化对创业团队的激励，能够使创业团队形成强劲的自我驱动力。另外，芬尼科技经过长时间的积累，形成了很完善的管理服务体系，会通过职能托管和延伸服务等方式向新创企业提供管理支持，帮助其降低管理成本，专心开拓业务。

3. 建立容错机制

创业团队在初期的探索过程中很容易犯错，芬尼科技就抓住了这个特点，建立合理的容错机制，一定范围内允许犯错，与创业团队共同承担风险。创业企业在市场探索实践中出现的失误，有芬尼科技兜底，例如允许创业企业在一定时期内能够有允许数额内的亏损。这种为创业型人才"交学费"的激励方式极大地鼓励了他们探索新发展、新技术、新模式的积极性，为创业兜底的同时也是为母公司创新兜底。

4. 人才成长激励

芬尼科技建立了畅通的意见沟通渠道，在公司遇到难解的问题时，常常会通过网络发布和内部发布的方式收集意见，极大地鼓励了成员展现自我。例如公司曾经举办过公开的信息征集，当时就采纳了收集到的有关举办网络营销竞赛的建议。不仅解决了公司网络营销的难题，还发掘出了团队内部许多善于搭建队伍、勇于攻坚克难的人才。另外，为给团队注入的新鲜血液，每个校园招聘季，宗毅都会亲自前往各高校演讲，分享自己的创业经历，同时也向青年人传递公司裂变式创业机制的新理念，以此激励优秀的毕业生加入庞大的人才队伍。随后，公司会为这些人才提供更优质的发展机会，将他们放到实际创业项目中去历练，让他们今后成为裂变式创业团队中的主力军。

五、成功经验

芬尼科技创业模式可谓是人才齐聚，名利双收。裂变式创业模式下的芬尼科技创立了20多个新公司，新公司的业务范围向母公司初始产业上下游拓展，同时也在应用场景上做了延伸，不断为母公司拓宽版图、做大产业结构。

首先，母公司在裂变模式下将权力下放，让更多成员获得了锻炼和成长，为老板分摊了运营管理的负担，老板则能够从烦琐的企业管理日常事务中解放出来，将更多精力投入对企业发展战略的谋划中。宗毅曾表示，裂变式创业机制的实施，让他成了芬尼科技的"首席影响力官"。宗毅也有了更多的时间参与公益活动，在实现企业社会责任的同时，也向大众传播了企业文化，为芬尼科技收获了大批粉丝。

其次，芬尼科技的裂变式创业机制是考察人才的检测仪，也是盘活人才资源的发动机。对于公司而言，通过公平的创业竞赛，不断地涌现出大批有担当、敢创新、擅经营的人才。这类人才是公司重点考察和培养的对象，在今后的裂变中也会是创业团队带头人的首选后备军。另外还有一些在创业大赛中被各个创业团队争着要的人才，虽然他们可能不具备创业团队领头羊的特质，但也是可以被重点培养的对象，通过进一步培养开发潜能，将其放在适合的位置上，发挥出人才的最大作用。而对员工本身而言，在参与到创业大赛中时，经历考验和磨合的过程也是对自我新的认识过程，同时也提升了自我，激发出潜能，盘活了人才。

最后，裂变式创业也为芬尼科技塑造了开拓创新、积极进取、开放包容的企业形象。芬尼科技每次通过创业大赛为新公司选贤的时候，都会邀请许多外部的专家评委和媒体，向他们展示芬尼科技实际裂变式创业文化的同时，也通过他们向社会公众传递信息。裂变公司的不断创立，不断扩展了裂变子公司的规模，通过裂变公司连接起更多的利益相关者，他们或多或少地会去了解母公司芬尼科技，从而扩大母公司的知名度，吸引更多的人才加入芬尼科技的创业队伍，为企业的持续健康发展注入源源不断的活力和动力，不断壮大公司的人力资本。

六、结论与展望

总之，宗毅的团队管理理念底层逻辑是建立人才成长机制。通过对母公司的管理，实现在主营业务线上的客户、技术、口碑、品牌、资金、人才、技术、管理、研发的有效积累。基于母公司各方面的资源积累，采用裂变的发展模式建立子公司，为母公司拓宽业务范围，实现母公司主营业务上下游的资源拓展，让母公司在行业中获得独立的话语权。母公司掌握对子公司几乎绝对的控股权，在此基础上合理分配分红权，实现对子公司团队的有限管理。在这种复杂的团队结构下，采用 PK 制度以及"人民币选票法""大平台＋小团队"等团队管理办法，大力培养和激励具有创业潜力的员工，实现员工与团队利益的融合。同时，这样的良性团队管理，给企业建立起了独特且优秀的企业形象，为企业的发展提供良好的内外部人文环境。优秀的团队管理将在未来给芬尼科技的发展带来更大的稳定性和发展前景，不断创新的团队将大有作为。

参考资料：

[1] 秦春情. 芬尼科技裂变式创业 [J]. 企业管理, 2021 (10)：83－87.

[2] 宗毅. 制度创新——裂变式创业 [J]. 中国建筑金属结构, 2020 (4)：60－63.

【本章小结】

本章主要介绍了创业企业的几个核心：创业领导、创业团队以及对团队的激励。首先对创业领导的概念、其应该具备的基本能力以及表现出来的特征进行了多方面的介绍，帮助读者对创业领导进行区分。其次从创业团队的概念、构建以及对创业团队的管理对创业团队进行了较为清晰的界定。最后为了发挥出创业团队的活力，还从团队激励的角度进行了有关概述。相信通过对本章内容的学习，读者已经对创业过程中整个人员架构如何搭建和如何有效管理的问题都有了答案。创业领导和创业团队是创业企业人力资本的集中体现，只有有效地发挥出这些人力资本的潜在价值，才能更有利于创业企业行稳致远。

【思考题】

1. 以下（　　）不属于职业经理人的三要素。

A. 职业道德　　　　　　　　　B. 知识储备

C. 风险承担　　　　　　　　　D. 职业技能

2. 以下（　　　）是不恰当的激励措施。

A. 物质激励与精神激励相结合　　　　　　B. 采用差异化的激励方案

C. 时常采用负向激励　　　　　　　　　　D. 激励与绩效考核相结合

3. 创业领导人和职业经理人的区别是什么？

4. 创业者应该按照怎样的步骤进行团队建设？

5. 请简述激励的原则。

第四章　商业计划

计划是一切工作的前提，是管理工作的首要职能。众所周知，创业是一项非常复杂且困难重重的工作，创业失败率高的原因依旧是当前创业管理研究的难题。创业者在开始创业前往往要花大力气为企业未来的发展壮大做足准备工作。为了增强创业过程的可控性，减少在出现问题时的手足无措，创业领导必须将商业计划好好地利用起来。商业计划可以帮助创业者理清思路，它贯穿于企业从创业到辉煌甚至衰败整个发展过程的始终。为了将企业的商业计划进行展示，商业计划书通常是商业计划的主要呈现形式，完备的商业计划加上一份详略得当、重点突出的商业计划书，这是帮助公司获得投资和合作的法宝。

思路决定出路，布局决定结局。

——内蒙古蒙牛乳业集团创始人　牛根生

【学习重点】

☆了解商业计划的类型及选择依据
☆具备商业计划书的撰写思路
☆抓住商业计划书的撰写要点
☆掌握商业计划书撰写技巧

【开篇案例】

字节跳动：商业计划书展示完美商业计划

一、企业简介

北京字节跳动科技有限公司（以下简称字节跳动）成立于 2012 年 3 月，企业成立 10 多年来，字节跳动的业务覆盖范围不断扩大，其搭建的产品网络为每一位用户提供了平等广阔的创作空间和施展才华的平台，已初步实现了"建设全球性创作与交流平台"的发展愿景，成为全球最具影响力的独角兽企业。字节跳动早在创业之初就撰写了一份经典的商业计划书，直到现在都是创业者学习的典范。正是这份出色的商业计划书，帮助字节跳动获得了第一笔资金。

二、商业计划：九大板块描绘宏伟蓝图

字节跳动的商业计划是通过商业计划书呈现的，这份商业计划书堪称经典，也是初

创企业可以模仿的标准模板，该商业计划书的正文主体一共包括九个方面的内容：投资亮点、行业情况、产品概览、竞争对手对比、业务数据、技术亮点、团队介绍、业务计划、融资计划。

1. 封面——抓人眼球

封面上赫然几个大字："最懂你的'头条'——基于社交挖掘和个性化推荐的新媒体"。仅一句话就说明了头条这个项目是做什么的，独特的卖点是什么。也就是回答了商业计划书的最根本问题，即：我为什么存在？我是谁？我从哪里来？我要到哪里去？直接就抓住了投资人眼球，而商业计划书接下来的内容也时刻围绕着封面上的这一核心。

2. 投资亮点——开门见山

这份路演商业计划书的受众是投资人，它的目的很简单，就是获取投资。因此在正文部分，直接开门见山地向投资人展示了该项目的投资亮点，直截了当地将投资人选择投资这个项目的理由摆在他们面前。

商业计划书上呈现了6个投资亮点：即将爆发的个性化数字媒体市场、独创的个性化资讯发现引擎、领先于世界同类产品的功能和技术、行业领先的用户黏度和自然增长、完善的多产品布局覆盖移动终端和PC端、具有丰富创业经验和技术功底的团队。这6个投资亮点包括了市场情况、产品特点、竞争优势、用户特点、产品发展策略、团队特点这几个方面的内容，都是投资人在浏览一份商业计划书时最关注的信息。字节跳动的这份商业计划书在一开始就将这几个方面的基本情况用简短的表述给出了结论性的陈述。同时，在后面的内容描述中也具体地对每个结论进行了解释和论证，而非空口无凭。从总体上来看，这部分可以看作是这份商业计划书的概述部分，统领着全文。

3. 行业情况——直观全面

接下来是行业情况分析，是商业计划书中要着重突出的部分，所以用了4页来呈现。其将行业情况分为了三部分，分别是从市场空间角度看行业机会，从发展趋势角度看市场机会，结合行业情况说明与当前市场上存在的同类产品相比，今日头条可以解决什么问题。

在对市场空间的分析上，主要以数据分析的方法，通过图表的方式直观地展现数据分析结果。分析了与今日头条相关的上下游行业近几年来的发展情况，得出结论：当前中国手机网民规模已经壮大，未来依旧还有很大的发展空间；移动互联网广告市场的增速在2011年达到了95.5%，该行业将作为头条未来的盈利模式，前景非常好；泛阅读类App也已经成为移动广告投放的重要媒介；并且还对移动互联网的主要用户行为进行了调查分析，进一步佐证了今日头条所在的市场状况是一片光明的。

在发展趋势上，将过去与未来的生产和消费方式、流动方式与服务终端进行对比，巧妙地运用了关系图的方式呈现。当时用户在使用移动互联网时的核心问题是：来源多样化的丰富内容与移动时代的碎片化小屏幕阅读之间的矛盾。为解决这一核心矛盾，对比过去的情况，得出未来的发展趋势，即消费方式从边界框定到个性化，从长文到碎片化阅读，完全颠覆了以往的方式；消息的分发方式从以前的浏览、搜索到未来的关注、转发，满足个性化阅读习惯；消费的载体也随着手机的普及从PC端向移动终端过渡。

紧接着，针对上面总结出来的现有矛盾和未来发展趋势，在计划书中提出今日头条的解决方式。一方面，今日头条打造的是个性化资讯发现引擎，满足用户更个性、更便捷、更具互动性的阅读体验。另一方面，还与豆瓣、新浪微博和人人网这些流行产品进行了横向对比，说明今日头条基于用户兴趣的差异推荐阅读的独特性。

4. 产品概览——突出优势

产品是商业计划的价值载体，在产品的描述上字节跳动下了很大的功夫。因为当时，今日头条App已初步投入市场，因此，主要在PPT上用了头条主页的真实截图作为产品展示，辅以文字讲解。分别介绍了该产品的四个优势：内容丰富，操作简单；懂用户，根据用户的阅读习惯精准推荐；评论聚合，与网民交流见解；兴趣社区，分享自己的兴趣。其用事实说话，远比仅有一个创业设想更能打动投资人。

5. 竞争对手对比——详略得当

由于在整个商业计划书中有两处对竞争对手的对比分析，第一处在前面进行市场趋势分析时展示了，所以在这个部分就只用了1页介绍与竞争对手的产品呈现形式的对比，分别对比了新浪微博、网易新闻、Zaker这三个竞争对手的产品。新浪微博的主要服务功能是社交兼媒体，但偏重社交，且信息比较杂乱。网易新闻则是靠编辑给用户推荐新闻，没有满足用户个性化需求。而Zaker则没有推荐功能，需要用户手动选择喜好。这里再一次证明了今日头条的产品优势。

6. 业务数据——用事实说话

业务数据部分是整个商业计划书中的又一亮点，用实际数据将当前今日头条已经做到的成绩呈现出来，用成绩说话。在数量上，新用户的增长正在迈上新的台阶，用户留存率也非常高。在用户质量上，分析用户每日的互动次数及每次的使用时长，这两个数据说明用户的黏性较好。总体"活跃户数（DAU）"在2013年就达到了180万人。

7. 技术亮点——通俗易懂

这份商业计划书中最大的篇幅在于讲述技术亮点，可见该创业团队非常重视技术。一般每个行业所要用到的技术都是有差异的，而且是比较专业的东西，在向投资人展示时，往往要花费一定的心思去找到一个通俗易懂的表现方式。在这里，采用了技术演示过程图的方式来呈现技术亮点，使得整个内容直观且更容易被理解。字节跳动在技术上打造了独创的数据、语言、多媒体处理器，对这项业务的独特性功能起到很好的辅助作用。

8. 团队介绍——巧妙布局

在团队介绍中，运用了巧妙的布局方式，将团队成员划分为创业团队、产品部门、技术部门和行政这四个部分，并且按照同样的对仗格式去介绍成员的情况，突出呈现员工的技能优势以及组织结构的互补性。这样的巧妙布局，使投资人一眼就能看到整个组织架构的情况。

9. 业务计划——真诚大胆

字节跳动的业务计划是立足当下又大胆探索的，字节跳动计划扩充信息类型和来源；构建兴趣社区，加强互动；深挖用户特征，升级推荐系统；尝试向国际化、商业化看齐。业务计划中不仅有目标，还有为了实现目标的行动过程。为了让投资人看到他们商业化的决心，还讲述了他们如何进行商业化，如何赚钱。

10. 融资计划——清晰明了

融资计划部分直接用了简短的表格，用数据说明未来两年的发展目标，指明融资需求数额以及这些资金的分配计划，还明确提出了融资的目的。数据是最直观最清楚的表达手法，使得内容清楚明了。

三、结论与展望

字节跳动的这份商业计划书可以用字字珠玑来形容，没有一处多余，堪称创业商业计划书的典范。它的优秀之处有以下三个。

1. 形式恰当，内容简短精炼

用于路演的商业计划书选择的是 PPT 的形式，在演示的时候比较方便，符合商业路演的形式要求。整个商业计划书一共 26 页，篇幅简短，却能面面俱到，每一个要素的内容都呈现得很完整。它能做到这一点的原因主要在于，内容上详略得当，且善于总结，利用结论性的短句加上对结论的论证，使得商业计划书的亮点和观念深入人心。

2. 逻辑清晰，环环相扣

整个行文的逻辑由浅入深，不论是每个要素内部的内容，还是各要素之间都环环相扣。以封面中对该商业计划书核心的高度概括作为全文逻辑的统领，而投资亮点中的 6 点内容则是正文的逻辑脉络。清晰的行文逻辑能够清楚地展示创业者的思路，抓住投资人胃口。

3. 图文结合，用事实说话

每个部分的内容都有真实的调查数据进行佐证，不是空口无凭，每一句话都有理有据。并且会根据数据的特点去选择合适的图表，然后再对数据进行可视化处理。巧妙地穿插使用逻辑对比图和数据表格，不仅缓解了读者在观看时的乏味感，还节省了投资人的理解和观看时间。

参考资料：

[1] 朱泽钢，程佳佳. 数字经济时代独角兽企业的商业模式研究——以字节跳动为例 [J]. 商展经济，2021（24）：102 - 104.

[2] 沈思涵，石丹. 揭秘字节跳动，那些"跳动"背后的局 [J]. 商学院，2022（6）：86 - 90.

从这个案例中我们看到了一份优秀商业计划的形式与细节。要得到一份如此优秀的商业计划的过程其实是非常复杂的，需要创业者花费不少心思。他们要想方设法地将项目中的优势和亮点呈现在读者面前，获得他们的认可。下面我们将对商业计划的相关理论进行学习，并深入学习如何撰写一份能够达到自己目的的商业计划。

第一节　商业计划的概述

在创业过程中，建立企业和搭建领导班子只是漫长创业路上的一小步。面对创业之路，创业领导班子还应该重视商业计划，好的商业计划就是创业之路的地图。商业计划不仅是对创业思路的系统梳理，还是创业者敲开投资人大门，成功获取投资的重要法宝。为实现创业设想，创业者会提出若干预想的方案，经过反复地斟酌，最终形成商业计划书，作为创业公司在未来发展的蓝本。想要制定出一个有利于初创企业发展的商业计划不是一件容易的事，我们需要对商业计划的相关概念和理论进行系统学习。

一、 商业计划的定义

法国著名经济学家理查德·坎狄龙（Richard Cantillon）在1755年提出了"创业者"这一概念。随着创业理论的不断发展，创业和商业运营工具不断完善，商业计划这一工具也应运而生。商业计划发源于近代商业制度出现后的美国，于1983年首次出现在美国德克萨斯大学奥斯汀分校举办的世界大学生创业计划竞赛上。商业计划书就此随着创业热潮兴起，最早它是作为吸引投资者前来投资的"包装"，现在商业计划书已经成为公司经营必不可少的文件，并被广泛应用（莫静玲，2017）。那么商业计划到底是什么呢？

商业计划是创业过程中的重要文件（姜敏，2016）。商业计划是指在公司运营的过程中，创业者以组织整体的战略为导向，对项目的创业条件、创业思路、商业前景等要素，进行系统的调研、收集、分析与梳理，并以此作为依据确定商业模式，随后按一定的格式规定，起草并制定的一种以实现战略目标为目的的一份总体计划和行动方案的书面材料（赵静和袁霞光，2018）。

二、 商业计划的类型

商业计划制定的目的是各不相同的，针对不同的目的，其内容、深度、结构也不相同。有时，由于创业者没有认识到商业计划类型的多样性，使得在制定商业计划时常常忽略某些重要的方面，商业计划的有效性就会跟着大打折扣。因此，有必要知道商业计划有哪些类型，以及怎样选择合适的商业计划类型。

1. 商业计划的类型

正常情况下，根据商业计划在篇幅长度、表现形式、内容的细节这几个方面的侧重点不同，如图4-1所示，大致可以将商业计划分为四种类型，分别是微型计划、工作计划、演示计划和假设计划。

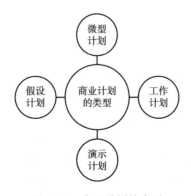

图4-1 商业计划的类型

（1）微型计划又称迷你商业计划，这种类型的商业计划篇幅非常短，只有 1～10 页。即便微型计划篇幅简短，也必须至少粗略地陈述出关键问题，例如业务概念、融资需求、经营计划、财务状况等，保证商业计划信息的全面性和结构的完整性。这是一种可以最快速地让合作伙伴或潜在投资人了解到公司商业概况的商业计划书类型。但是要注意的是微型计划不能取代一个完整的商业计划，可以说微型计划只是一个获得认可的敲门砖，是完整商业计划的缩小版。

（2）工作计划是用来指导企业内部运营工作有序开展的工具。它在细节上细致入微，但是可以不用非常正式的表达方式，主要要求内容通俗易懂。由于这是一份供公司内部使用的商业计划，内部人员都已经对公司的状况很了解了，因此在制定工作计划时不用面面俱到，如高管的简历、产品照片等。但是，陈述事实和真实数据是不可或缺的，一切工作计划都应该建立在实际情况的基础之上。在呈现形式上，最应该重视的是它的实用性，因此没有对外的商业计划书要求得那么正式。

（3）演示计划是一种主要用于向外界展示公司商业信息的商业计划类型。演示计划面向的对象往往包括合作伙伴、投资人、公司外部的其他合作伙伴等。演示计划与工作计划相比，在用词上要更加严谨正式，格式上更加规范。严禁在商业计划中出现错误，一点小的错误被发现就有可能被无限放大。由于演示计划是用于介绍公司的有关情况，因此在编制计划的时候就必须考虑到要将需要介绍的元素都编入到计划中。

（4）假设计划就是基于目前公司的情况，针对未来可能面临的不寻常的情况，制定出的机动商业计划，也可以形象地将它表述为应急计划。它是假设公司未来可能面临的最坏情况，如市场份额大减、竞争激烈、关键管理团队成员跳槽等情况，将这些不确定性因素考虑到商业计划的制定中。这种商业计划类型在呈现给投资人的时候会让他们感受到创业者居安思危的特质，减少他们的一些顾虑和担忧。

2. 选择正确的商业计划类型

不同类型的商业计划适用于不同的应用场景，在编写商业计划书时先要选对合适的类型。虽然不同类型的商业计划包含的模块是大同小异的，但是在制定它们的时候需要耗费的劳动力成本是存在很大差别的。而且能够得到的效果还不一定和耗费的劳动量成正比，所以要在科学评估使用目的之后作出正确选择，这样才能事半功倍。

商业计划的形式多样，且各形式之间各有差异，主要根据企业所处的创业阶段、预想的投资类型，结合公司的实际情况和商业计划的使用目的，来选择商业计划的类型（左伟英和许黎辉，2004）。在商业计划中，需要展示公司所拥有的任何积极因素，即突出亮点，并确保它们被慎重考虑。无论是带着何种目的制定商业计划，都希望商业计划能以最好、最准确的姿态将企业和项目完整呈现出来。

如果你只是要去试探投资人或者合作伙伴对公司的意向，让他们快速地了解公司的概况，选择微型计划。如果只是要向公司内部的成员展示，并作为指导工作的工具，则选择工作计划。在比较正式且严肃的情景下，需要通过讲述的方式向读者传递出具体的有关公司的关键商业信息时，选择演示计划。当公司面临的未来环境多变，需要考虑到商业计划的随机应变性时，则选择假设计划。

专栏 4 - 1

罗飞科技：短小精悍效率高

一、企业简介

罗飞科技有限公司（以下简称罗飞科技）成立于 2010 年 8 月，主营业务是高科技智能科技膜，产品被广泛运用于汽车车窗、智能家电触摸屏、广告投影幕墙等领域。公司以市场为导向，技术为依托，正在向成为中国科技膜产品的领先者这一发展目标大步迈进。在罗飞科技的发展过程中，为了扩大规模，公司需要向资本市场筹集 5 000 万元的投资，于是撰写了一份关于科技膜项目的商业计划书。罗飞科技的这一商业计划书可谓是短小精悍，是微型计划的典型案例。

二、商业计划书分析

首先，从篇幅上来看。罗飞科技的这份商业计划书在商业计划的类型中属于典型的微型计划一类，篇幅短小，全文上下只用了四页 A4 纸。别看它篇幅短小，但是重点内容却一个都没少。在内容上包含了摘要、公司简介、产品介绍、市场分析、主要竞争对手分析、市场营销策略、团队介绍、近 3 年财务预测、融资计划及资金使用以及联系方式10 个部分的内容。将投资人关心的所有问题都涵盖其中，他们可以用最短的时间抓住关键信息，快速了解罗飞科技这个项目的基本情况，可见该商业计划书的内容叙述上非常简洁精炼。

其次，从内容上来看。在篇幅这么短的情况下，还是用摘要部分简明扼要地介绍了该商业计划书要阐述的基本内容，以此作为整个商业计划书的逻辑统领。只需要看这半页内容就能对这个项目有大致的定位了。摘要一共分为 8 个小段落，每个段落概述了一个关键问题，在摘要部分就让投资人看到了精华中的精华。抛出项目的亮点，先快速达到使投资人"知其然"的效果，让他们能够带着好奇和问题再去看接下来正文中的具体内容，寻找"所以然"的答案。

对于公司简介、融资计划和联系方式这样的内容，与项目本身的实际情况没有很大的直接关联，对项目价值的论证没有实质性的帮助，因此这三个部分在商业计划书中是最为简短的。公司简介中介绍了公司的基本信息以及对公司的定位。在融资计划中也只是用了两句话，直接地提出了以 20% 的股份来获得 5 000 万元资金的融资需求，以及资金的用途。投资人主要想要知道的还是这个项目值不值得投这么多钱的问题，因此在这里也没有过多地赘述。

市场分析和竞争对手分析是该商业计划的亮点之处，因此较为详细地利用真实的数据进行了事实论证，体现出了市场规模的庞大。巧妙地绘制了竞争对手对比表格，直观精练地展示出了自己的优势。市场营销策略同样作为一个重要内容，在该商业计划中分了 4 个要点，分别从不同的角度进行描述，也非常清晰明了。

而对于团队介绍和财务预测这两个部分，则展现了如何将图表在商业计划中进行巧妙应用。团队介绍作为投资人可能对项目进行投资的重要影响因素之一，在这里用了关系图这一表现工具，清晰地展现出公司的管理架构，并对团队成员的优势进行了具体的介绍。而在财务预测部分，则只用了一个表格就将未来 3 年公司的财务状况直观地展现出来。商业计划书中各部分内容详略得当之处可圈可点。

三、结论与展望

罗飞科技的这一份微型商业计划书只用了 4 页内容就将商业计划的整体内容都呈现了出来，同时还巧妙地运用了关系图和表格。但是在具体的内容上，它并没有做到面面俱到，在很多细节上还是有所缺失的，例如，对于资金的使用计划，没有进行具体的说明；投资人的资金加入之后，可以以什么样的方式退出；营销策略的一些细节内容没有体现等。不过，对于一篇微型计划而言，细节上的缺失是无可厚非的，这是对商业计划书内容进行了斟酌处理后得到的结果。这也证实了微型计划在实际运用中无法代替正式的商业计划，更深入的、更细节的信息可能会在之后进一步的交流中得到答案。该微型计划只是起到一个"敲门砖"的作用，事实证明罗飞科技的这份商业计划达到了这样的效果。

就像罗飞科技一样，在实际的操作中，根据投资人的特点和自己想要通过商业计划达到的目的去选择一种类型合适的商业计划，选对方向再加上对商业计划撰写技巧的巧妙运用，同样能够达到较好的效果。

参考资料：

[1] 郑兴东，丁增稳. 基于社会资本视角的科技型企业融资机制研究 [J]. 通化师范学院学报，2022，43（7）：74 - 78.

[2] 徐玉德，李昌振. 资本市场支持科技创新的逻辑机理与现实路径 [J]. 财会月刊，2022（16）：141 - 146.

三、 商业计划的作用

不论是大公司还是小公司，不论是初创公司还是发展已经较为成熟的公司，商业计划都十分重要。这种重要性来源于商业计划对公司的多方面作用。

对于公司内部而言，商业计划可以起到帮助创业团队全面考察创业项目的作用，他们通过编制商业计划书的过程，系统地梳理、调整和确认创业思路（王歆和聂艳萍，2020）；在这个全面梳理的过程中，能够帮助创业者对自己进行再认识（史琳等，2013）；同时商业计划书还能够作为指导公司上下为实现创业目标而行动的工作纲领性文件（赵静和袁霞光，2018），创业的成功率也能随之提高（史琳等，2013）。

对于公司外部而言，商业计划是帮助创业者向合作伙伴、投资人、客户等介绍商业项目相关情况的一个载体，商业计划中包含了创业企业要向外部传递的信息，是重要的沟通工具（龚波，2001）；发挥着帮助公司路演宣讲、获得资金、建立新的合作关系的作用（谌永平，2009）。对于创业企业而言，商业计划是找到投资人的敲门砖（赵静和袁霞光，2018），一份设计合理的商业计划不仅代表着创业者对成功的强烈愿望与充分准备，还能够让利益相关者看到创业者对他们负责的态度，提高建立合作关系的可能性（薛红志，2011）。

如图 4 - 2 所示，按照作用的性质来划分，商业计划的作用主要可以概括为四个方面：沟通工具、融资工具、承诺工具以及管理工具。

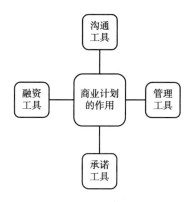

图4-2 商业计划的作用

1. 沟通工具

随着商业计划技术的不断完善,如今商业计划已经逐渐演变成了企业用来展示其商业思路的最好载体之一,它是对内和对外的重要沟通工具。在管理学中,沟通的作用很大程度上体现在有效地传递信息这一点上。由于商业计划不论是对内还是对外,都担负着传递信息的载体这一角色,并发挥着传递信息的作用,所以说商业计划具有沟通工具的作用。从商业计划的定义上来看,商业计划是对自身商业信息进行全面评估而形成的文件,经过科学的信息采集、处理以及整合信息的过程,理清项目的商业模式和关键点,最终形成的纲领性文件,它包含了企业的发展史、当前发展状况以及未来发展潜力等各个方面的信息。作为公司重要信息的载体,商业计划的沟通工具作用在其各个有关对象中都有所体现。

对投资人而言,创业领导和投资人往往没有足够的时间通过面对面的交谈来传递信息,那么就可以事先将商业计划书发给有意向的潜在投资人。投资人通过对商业计划书的阅读,就能对项目的相关信息进行预了解,根据初步了解到的信息与创业者进行预沟通,在初步了解到有关信息后如果投资人还有合作意向就可以进行更深入的沟通。这样通过将商业计划书作为辅助的信息传导工具的方式,节省了企业和投资人双方的大量时间,提高了沟通效率。

对创业者而言,商业计划书除了是创业者与投资人之间的沟通工具,也是公司内部信息传递的有效载体。在创业之初,创业者可能有很好的想法,但却是模糊的,想要将想法变成实际时,又发现手足无措,不知从何下手。因此他们就会花大量的时间和精力去制定一份商业计划书,将他们的想法记录下来并形成文件,使想法能够清晰地被呈现出来。在这个过程中,创业者会进行大量的信息搜集和处理工作,如调查行业状况、项目趋势、产品受众、未来收益等,再将这些信息仔细推敲并不断修改完善。通过商业计划书,创业者更好地获得了信息,理清创意和思路,获得更多新的、更好的想法,开阔视野,发现项目落地的潜在风险并提前做好应对风险的行动计划。最终,自己也会对这一项目有新的更为清晰的认识。商业计划书对创业者的信息传递作用可以理解为:将计划中的项目推销给创业者自己。

2. 融资工具

一份好的商业计划能够帮助项目快速获得潜在投资人的认可，从而将他们变成实际投资人，为公司获取发展所需的资金。初创企业面对的潜在投资人主要是风险投资人，是商业计划面向的重要对象之一。许多投资人在进行初步的企业项目评估时，都会要求企业提交商业计划书，将它作为评审的首要依据。想要投资单位有进一步了解的意愿，一定要避免在形式审查的环节就被淘汰。这时，就要利用好商业计划书这一工具，它是最好的展示商业信息的载体。双方在寻找投资人和寻找投资项目的时候都有他们各自的打算，仅靠口头的交谈得到的信息是相对片面的，同时承诺也是苍白无力的，这样难以获得对方的"芳心"。商业计划作为融资工具，在商业计划书中明确提出了商业模式以及未来的预期成果，这对于创业企业而言，就是对投资方的一种书面承诺，因此商业计划书的质量是影响投资的重要因素之一。

对于投资商而言，很多时候他们也不是上来就直接与目标企业进行面谈，投资是具有很大风险的，因此他们会谨慎行事。他们是在仔细审阅企业的商业计划书之后，如果评估结果表明项目有发展的潜力，才会确定表达投资意向，之后才约见企业相关人员进行面谈，进一步了解更详细的情况。在商业计划书中，投资人能够初步了解到企业或者项目要做的产品、管理队伍、经营模式、市场评估、商业模式等基本情况，只有在了解到这些信息之后，投资商才知道他们未来可能要投资的对象是否符合他们的投资要求。在通过商业计划书了解到基本信息后，投资方也能够更有针对性地提出问题，在面谈的时候提高面谈效率。可见，商业计划书是吸引融资的好工具，发挥着敲门砖的作用，商业计划制定得好，能够充分发挥出企业的吸引力，提高获得融资的可能性。

3. 管理工具

商业计划是一种关于企业商业模式如何实施的计划，在企业发展的各个阶段都起到重要的引导作用，是重要的企业管理工具。最早的商业计划被看成是初创企业从投资人手中获得创业资金的重要手段，如今商业计划已经是企业寻求业务合作伙伴过程中必不可少的程序之一。不仅是初创企业，许多大企业也需要通过制定商业计划来评估项目，帮助企业作出投资决策。还有一些创业者可能认为他们已经很熟悉企业业务了，但是真正要将业务编制成商业计划时，才发现自己的商业思维模式都是模糊的；甚至对于企业的业务性质和发展愿景，创业团队中各个成员的理解都大相径庭。因此要通过商业计划书来统一公司内部成员的思想，增加凝聚力。

在制定商业计划书时，要反复对现有信息进行推敲和商讨，统一上下级思想，最终确定未来的行动计划。事先制定商业计划书能够帮助创业者发现可能存在的发展障碍，并且事先想好解决它们的办法，从而降低创业失败的概率。要在制定商业计划的过程中与团队成员分享观念，让他们更深刻地理解公司的业务走向和目标，统一他们对业务的认知。这个过程即统一内部思想，理清发展脉络的内部管理过程。

另外，商业计划书的管理作用还体现在帮助公司跟踪、监督和反馈整个业务运转流程上。当商业计划在某一时间点建立，则将作为业务发展的一个里程碑，运行一段时间后可以回过头来将实际情况与计划情况进行比较，找出有差异的地方，总结经验，弥补不足，以调整组织整体的努力方向。同时还可以根据比较的结果对团队成员进行合理的奖优罚劣，激励团队成长。出色的商业计划书就是企业的一份生命文档，随着企业的发展不断得到完善，也不断变得厚重，帮助企业更好地管理发展脉络。

4. 承诺工具

在商业计划的众多作用中，承诺作用是最容易被忽略的。上面已经提到了商业计划书是一个重要的融资工具，在企业和投资商确定要进行合作时，他们往往会再签订书面的合同，将约定落实到合约上。这时，最容易想到的书面承诺就是融资合同了，而实际上商业计划书则会作为合同的附件之一，被编入融资合同中去。不是说投资人评估完商业计划书后，该文件就没有多大作用了。在实际操作中，事先制定好的商业计划书，在签订完融资合同之后，是不可以随意更改的，因为这份商业计划书代表着投资人与创业者之间的承诺，承诺的东西是不能随意改变的。与商业计划书这份附件相对应的是合同中的对赌条款，这些对赌条款和商业计划书一起构成了投资人与创业者之间的相互承诺。这个承诺是指：在投资方给企业投资一定数额资金的情况下，企业要完成商业计划书中规定的业绩目标，如果双方没有履行并实现这一承诺，两者之间的利益分配比例就将进行调整。即商业计划书是创业者与投资人之间建立信任的纽带，是企业和投资方之间的一种承诺工具。

上面提到商业计划书是辅助企业内部管理的重要工具，商业计划书同时也是企业内部上下级之间的承诺工具。商业计划书是上下级达成的共识，例如他们在业务目标上达成共识，这可以理解为他们对企业业务目标的共同承诺。这个承诺也成了企业内部激励考核的依据，员工承诺完成商业计划中的业务目标，企业则承诺在员工达到目标时给予其对应的奖励。企业内部的承诺也可以保证组织内部的信任度和稳定性，没有人喜欢在朝令夕改的环境下工作。商业计划书在领导与员工之间建立了这种稳定的承诺关系，使得双方心甘情愿地为了共同的承诺而努力工作，一起促进企业的发展。

总而言之，将上述商业计划的众多作用都有效地发挥起来，能够对企业发展起到巨大的助推作用，它对一个企业而言是至关重要的。企业在制定商业计划书时决不能掉以轻心，做表面功夫，应该不断修订，持续迭代，做好战略规划，充分发挥出其行动纲领的作用。

专栏 4 - 2

奇虎 360 的商业计划书如何发挥作用

一、企业简介

北京奇虎科技有限公司（以下简称奇虎 360）创立于 2005 年，创始人周鸿祎。主营免费安全网络 360 系列产品，主要依靠在线游戏、广告投放和增值服务来获取营收。创立之初，先后获得红杉资本、红点投资等风险投资商的数千万元投资，于 2011 年 3 月在纽约证券交易所挂牌上市，现已是中国互联网安全行业巨头。

二、从作用角度分析商业计划书

奇虎 360 的成功源于一个优秀的创业领导，源于周鸿祎对商业计划的高度重视与独到见解。什么样的商业计划书才是优秀的，我们可以从周鸿祎的商业计划书中得到启示。

首先，要发挥出商业计划书的沟通作用，让投资人精准地抓取到有用的信息。所以内容和形式上，一定是精练且直截了当的。投资一个企业一定是因为这个项目能够解决市场上目前还存在的问题。周鸿祎在商业计划中并不是下大功夫去告诉投资人，现在的市场有多大，而是用简单的几句话说明在目前市场上发现的空白点，并指出存在的问题，迅速抓住了投资人的胃口。很多创业者洋洋洒洒在商业计划中写了上百页，再抄上一些报告，这并不是投资人想要的，他们要知道的是市场还有什么机会。

其次，要想发挥商业计划书的融资作用，一定要知道什么是决定投资人投资意愿的关键。这就要求创业者实事求是，告诉投资人有什么。这是在开始提出的问题的基础上，说明公司准备如何去解决问题。站在用户群体的角度分析产品，具体地说明如何用产品为用户解决问题。奇虎360的商业计划书中，还对用户群体进行了划分，将用户精准定位，不好高骛远。根据用户群体的特征，和产品的精准服务进行匹配性论述。当投资者代入用户身份去思考时，他们如果也愿意选择这一产品，这将成为投资的一个理由。告诉投资人为什么这件事情只能奇虎360来做，奇虎360比别人强在哪里。商业计划书能够抓住投资人的原因往往不在于项目的大小，而在于"你比别人干得好"。于是，商业计划中还突出了亮点，从营销手段、推广模式、技术优势等方面来论证了项目的独特之处，证明为什么自己干得比别人好。

再次，就是利用商业计划书对投资人作出承诺，获得他们的信任。回归实际，分析发展空间，承诺项目能赚到钱。对市场的未来状况做预测，让投资者知道企业要进入的是一个什么样的市场。用具体的数据对市场状况进行分析，告诉投资人他们要进入的市场现在有没有人在做同样的事情，做到了什么程度，还有很大的发展空间。奇虎360虽然做的是免费的安全软件，但计划通过广告位的投放、在线游戏和其他增值服务的方式来赚钱，向投资人承诺这是可以赚到钱的项目。可见他并非纸上谈兵，告诉投资人自己的想法是前所未有的，这显然不是一个合格的企业家该有的盲目自信。另外，对财务状况进行分析，说明准备从投资人手里获得多少资金，在投资人手中获得的这笔资金未来计划如何分配，并在之后的实际操作中践行，这也是对投资人的一种承诺。

最后，是商业计划在团队中发挥的管理作用。优秀的团队是完成项目的重要支撑，因此在商业计划中，不要忘记介绍团队。尽管做了很多的铺垫工作，也并非什么团队都能够把一个项目做好。因此，要体现出商业计划与团队之间的适配度，说明团队在商业计划的有序规划和管理下能够实现发展目标。故在奇虎360的商业计划中介绍了自己的团队，主要突出介绍团队成员的互补性，以及团队的优秀之处。让投资人相信，公司是有人力实力去把这个项目做好的。

三、结论与展望

周鸿祎通过他的这个商业计划成功获得了投资，在之后的历练中，也形成了一套自己独特的商业计划框架，被广泛学习。无论是对像奇虎360这样的互联网企业还是其他传统公司而言，一份简单有效的商业计划书是非常有必要而且十分具有渗透力的。能够发挥出的作用也是多方面的而非单一的，只是在具有不同目的的商业计划书中，对其想要发挥出的作用会有所侧重。商业计划不仅体现出一个项目的价值，也是创业者思维逻辑以及领导能力的体现。制定出一份优秀的商业计划书，是每个创业者的必修课。

参考资料：

[1] 刘哲铭，邓攀.周鸿祎 上山下海 [J]. 中国企业家，2021 (12)：53 – 56.

[2] 王明霄.互联网企业奇虎360竞争策略案例分析 [J]. 产业与科技论坛，2022，21 (3)：55 – 56.

第二节 商业计划的撰写

第一节介绍了商业计划的基本概念，对商业计划有了基本的了解。但光有想法还远远不够，最重要的是要将商业计划撰写成文书，也就是商业计划的呈现，这样才能够实现商业计划的价值。商业计划的撰写不是一件容易的事，随便选择一个商业计划书的模板就开始撰写商业计划书，这种商业计划书发挥出来的效果也会大打折扣。实际上，随着对商业计划理解的深入，其撰写工作已经有规律可循了。商业计划的撰写分为前期准备、中期执行和后期检查校对三个阶段，只有把每个阶段都做好才能撰写出一份优秀的商业计划书，为公司的发展服务。

一、 商业计划的目标和价值

在企业的运营中，每一个程序的设置和每一个文件的编写都不是没有目的的，商业计划的主要目的有两个，分别是获取目标数额的投资和获得管理顾问的附加价值服务。为了实现这两个主要目的，商业计划有五个基本目标，如图4 – 3所示。

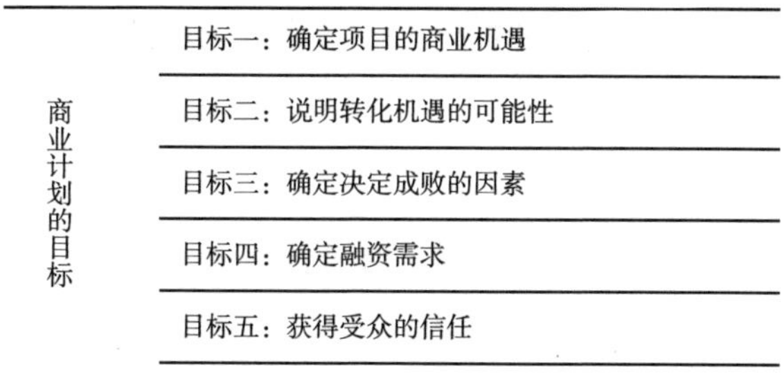

商业计划的目标	目标一：确定项目的商业机遇
	目标二：说明转化机遇的可能性
	目标三：确定决定成败的因素
	目标四：确定融资需求
	目标五：获得受众的信任

图4 – 3 商业计划的基本目标

无论是出于什么目的去制定商业计划，商业计划的基本目标都有五个。第一，通过商业计划书的编写确定企业的商业机遇是什么，并说明这一机遇实现的可能性；第二，在确定项目具有发展机遇之后，就要找到将商业机遇转化为企业盈利点的方式和途径，说明公司具备获利的能力，说服自己去做这个项目，同时也说服投资人和其他合作方加入这个项目中；第三，在编写商业计划的过程中，还要找到决定项目成败的关键因素，在执行时尽力规避风险因素、利用助力因素；第四，由于商业计划的主要目标是为项目融得资金，因此在商业计划中还要明确项目的实际资金用途；第五，上述所有目标的实现都是为了能够让商业计划的受众满意，获得他们的信任，这样才能够达到企业项目的运行目的。

实际上，可以将商业计划的终极目标理解为"成功地推销自己"。商业计划是创建新企业或发展新项目的蓝图，其本质是商业机遇与价值实现之间的一座桥梁。只有事先在脑子里看到了未来预期收益的项目构思才有可能变成看得见的实体产业。说到底，商业计划的每一个目标归结起来都是"推销"，层层推销直至投资商和合作伙伴。先是将商业计划中的项目或者企业推销给自己，在编制一份商业计划的同时自己深入了解，做到心中有数。必须是被自己认可的东西才会有信心做下去，才能有再推销给其他人的底气。然后是推销给利益相关者，如外部管理顾问、投资方、合作商等，商业计划的目标就是在最短的时间内说服这些利益相关者，让他们加入事业的发展过程中，为项目的发展出资出力。

从某种意义上来说，商业计划书就是一份企业产品、服务或者创意的推销说明书，它不仅能说明技术（服务）优势和市场潜力、发展规划，而且也是创业者思维方式的反映。创业不是为创新而创新，产品或服务能帮助顾客解决问题才是关键。商业计划书包含了三个重要价值：为客户创造价值，为投资者提供回报，为企业提供指导企业运行的管理工具。

（1）为客户创造价值。在消费者导向的商业环境中，企业只有通过增加消费者价值才能使自身富有，客户信任和满意度是企业业务重心。为此，企业在确立经营理念时必须把消费者需求放在首位，尊重消费者偏好，了解客户，倾听客户的呼声，同客户建立一种长期稳定、彼此信任、能经受住考验的战略性关系。因此，在编写商业计划书时，为体现为客户创造价值的观点，必须要进行市场及行业分析、产品或服务定位以及掌握市场营销策略。

（2）为投资者提供回报。投资是天生逐利的，风险资本投资回报率的要求更高。可以想象，不为投资者提供回报的商业计划书很少有希望获得投资者的认可。为投资者提供回报的理念就是在做商业计划书时要为投资者着想，希望通过商业计划书的实施，努力增加投资者的投资收益。具体来说，商业计划书与投资者的回报关系最为密切，它们也是最能体现创业者这一理念的地方。

（3）为企业提供指导企业运行的管理工具。商业计划书是创业企业的纲领性文件，它不仅从战略的高度指明了企业发展的方向、途径和目标，还细化到企业管理的每一个主要领域，规定了企业具体操作的方式和步骤。一份典型的商业计划书包括创业计划的业务内容、行业分析、管理团队、生产、市场营销、研发、财务分析、风险控制以及风险投资的退出等内容。可见，商业计划书涉及企业经营管理的各个方面，本身就是指导企业运行的管理工具。

创业者在撰写商业计划书时，要树立这样的理念：商业计划书不只是为了满足客户的需要、为客户创造价值，也不仅仅是给风险投资家提供丰厚回报，它更重要的是指导企业未来管理运行的重要工具。在撰写时一定要以企业的实际情况为基础，将企业的发展战略决策与企业的各项管理规程和任务结合起来，增强商业计划书的可操作性，使之能够真正指导企业运行。撰写商业计划书的过程是创业者理清思路的过程，它使创业者越来越明确应该做什么、怎样做、怎样才能把它做好。

二、 商业计划的思路

一般而言商业计划的编制没有固定的步骤，但是编制的思路是可以共享的。如图4－4所示，编制的基本思路主要分为五个阶段：确定商业计划的受众、组建商业计划书撰写小组、构建商业计划整体大纲、调查并收集数据、撰写成文并修改完善计划。

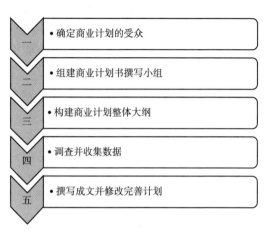

一 • 确定商业计划的受众

二 • 组建商业计划书撰写小组

三 • 构建商业计划整体大纲

四 • 调查并收集数据

五 • 撰写成文并修改完善计划

图4－4 商业计划撰写思路

1. 确定商业计划的受众

由于对商业计划类型、表现形式以及内容要素的选择都是与受众息息相关的，因此在第一阶段就要先确定商业计划的受众是谁，是内部员工、商业合作伙伴、外部管理服务人员还是投资商。这是确定商业计划书撰写基调的基础。一步错可能会步步错，因此这是商业计划书能够最终取得成功的关键。

2. 组建商业计划书撰写小组

发起人根据第一阶段确定的商业计划受众的实际情况，为完成这一商业计划书的撰写，组建一个专门的工作小组。该工作小组除了要包含老板或项目发起人及其他领导之外，还至少应该包括企业中每个部门的负责人，以及其他与该项目相关的成员。商业计划对新事业的发展有着重大的影响，让这些相关人员参与到商业计划的编制过程中，可以发挥出每个成员的优势，通过他们思想的碰撞来完善创意。还能够在制定商业计划的过程中，让团队成员统一思想，了解计划，使得团队成员在商业计划的实施阶段能朝着共同的目标发力，在决策时迅速达成共识。但要注意，在这个小组中，必须事先确定一个统筹全局的负责人，否则无法统筹管理整体工作，这个人一般是开展这项新事业的核心人物。

3. 构建商业计划要素大纲

第三阶段就正式进入实际的商业计划编制环节了。可以用思维导图的方式，直观地将商业计划中所要呈现的要素用整体大纲的方式串联并呈现出来，帮助小组成员理清行文逻辑和编制的思路。在构建大纲时，首先绘制一个总体的大框架，确定商业计划中要展示的每个板块是什么；其次根据每个板块的特点再进行内容上的细分；最后将每个板块的关系图合并起来，就绘制出了撰写大纲的思维导图。例如，以商业计划中最常见的一个小板块——公司简介为例来做一个示范，用思维导图里的树状图来构建（如图4-5所示）。这只是商业计划中的一个板块需要包含的要素，其他的板块也可以用同样的形式进行绘制，将所有板块的要素思维导图串联起来就成了一个完整的商业计划书要素大纲图谱。后面工作小组只需要根据这个大纲有条不紊地进行资料收集和整合工作即可。

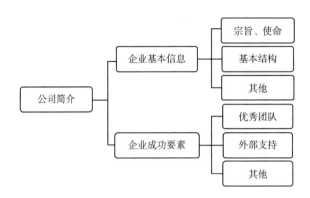

图4-5 思维导图构建范例

4. 调查并收集数据

有了基本的撰写思路之后，要有实际数据作支撑。根据需要展开市场调查，需要对行业现状、企业财务状况、市场潜力、企业价值估值等一系列的信息进行调查，收集相关数据。这些收集到的数据和信息都将作为商业计划书撰写阶段的材料，来保证撰写商业计划的准确性和可信度。

5. 撰写成文并修改完善计划

当一切准备工作都基本完成，就要将所有的信息整合，撰写成能够抓住读者，并且充分展现企业自我的商业计划书。撰写商业计划书的过程不是一蹴而就的，是经过不断打磨，一遍遍修改完善才能呈现出更好的效果。在完善商业计划时，还有一个不可缺少的步骤，就是要请撰写小组以外的第三方针对商业计划书的情况提出意见。这里的第三方包括管理顾问、投资专家、会计审计、法律顾问、公司其他成员等。因为只靠小组成员来检查，有许多的局限性，他们可能没有经验。如果请第三方来提建议的话，他们就能凭借他们的经验、需求或者直观感受提出之前没有被发现的问题，例如内容是否通俗易懂、表现形式是否直观、是否能够留下深刻印象等问题。值得一提的是，商业计划中可能还会涉及一些法律问题，这是容易被忽视且存在很大隐患的问题。所以应该请法律顾问检查商业计划书，征求他们的意见，规避法律风险。根据他们的建议进行修改，能更好地完善这份商业计划。

三、 编制商业计划要注意的问题

投资人对商业创意的审查是非常严格的，因此在编制商业计划时要特别严谨，要特别注意下面几个问题。

1. 商业计划是否突出亮点

创业者撰写商业计划的目的大多是为了打动投资人，从而获得资金支持。而投资人与创业者往往是素未谋面的陌生人，只有让投资人眼前一亮的商业计划书才有可能被多看几眼，一份没有亮点的商业计划书显然是黯淡无光的。因此，在商业计划书中必须要突出亮点，以此激起投资人的兴趣，从而获得与投资人进一步对话的机会。一份商业计划的亮点可以从许多个方面来挖掘，如独特的产品特性、能力较强的管理团队、具有红利的行业政策、前瞻性的战略布局、具有衍生性的产业链、创新的营销模式、快速增长的盈利空间、内外部资源优势等。可以挖掘的亮点有很多，但在实际的操作中亮点不是越多越好，一般 5 个左右为宜，如果亮点太多就会没有焦点了。然后，还要用具有感染力的语句把这些亮点突出表现出来才行。

专栏 4 – 3

获得投资人万千宠爱的元气森林

一、企业简介

元气森林食品科技集团有限公司（以下简称元气森林）成立于 2016 年，元气森林是大消费品市场的一匹"黑马"，主打产品是各种饮料，与传统饮料公司不同，它是一家"互联网＋饮料"科技食品公司。公司已经有 8 条全自动无菌碳酸生产线投产使用，且旗下已经拥有元气森林气泡水、纤茶、燃茶等七个系列的热销产品。公司仅用了六年的时间就在行业内占据了重要地位，先后荣获"国家高新技术企业"等称号，市场估值已高达数千亿元。元气森林的商业计划中对于亮点的把握是非常游刃有余的，下面我们通过对该商业计划中的亮点进行分析，看看哪些要素可以成为吸引读者和帮助项目获得成功的亮点。

二、商业计划的亮点分析

1. 创始人的理性商业逻辑

在元气森林的商业计划亮点中值得一提的是它的创始人唐彬森。唐彬森最开始经营了智明星这家互联网游戏公司，在游戏产业上的发展也小有成绩，但他没有一直沿着这个单行道继续走下去。反而在后来把游戏公司卖掉，套现了 10 亿元人民币，创立了"挑战者创投"这家创投机构，开启了他的投资人历程。可见，元气森林的创始人是集创业经验、投资经验和互联网科技产业运营经验于一身的全能型创业领导。他对元气森林的商业逻辑有一个十分理性的定位，他将用户视角作为思考的底层逻辑，形成了中华有为、挑战巨头、产品驱动和相信年轻人的商业逻辑，并且在之后的发展中也是这样践行的。

创始人唐彬森背景的加持也成为元气森林在融资过程中有恃无恐的底气。

2. 新颖的产品优势

产品上的亮点主要突出体现在一个"新"字上，新风格、新品类概念和新口味。新的包装风格简洁醒目，个性化的风格让用户产生好奇，从而刺激消费。元气森林推出的是气泡水这一品类，该品类的概念在国内市场上是一个比较新颖的概念，因此也作为了产品的一个亮点。如果说在包装和品类概念上的创新是吸引顾客首次消费的因素，那么好的口味则是保证客户持续消费的关键。在口味上，元气森林气泡水相对于其他的碳酸饮料而言，口感上略有差别，保留了碳酸的感觉，但又没有那么刺激，口味的选择也比以往的碳酸饮料要丰富许多。

3. 先聚焦后扩展的渠道策略

在渠道上，元气森林采用的是"先聚焦，后扩展"的策略，不是在一开始就大面积地铺开，而是采用一种务实的生意人思维，平衡资金、实力、运作这三者之后，再进行有序地扩张。由于在创业初期项目资金并不是很宽裕，因此采用委托生产、便利店投放的产销方式进行运营。在资金实力得到提高之后，才开始自建厂房，将产品投入到大型商场和超市，并向区域市场拓展。这种稳健务实的市场渠道亮点，也是元气森林能够低开高走的原因。

4. 市场沉淀打基础

元气森林在 2016 年就成立了，2019 年开始在行业内受到关注，到 2020 年才彻底走红，它用了将近 4 年的时间在市场上积淀。最开始创业的时候，这个项目并没有直接向资本市场寻求资金支持，大部分的运作资金都来源于创始人唐彬森，是他在之前创业中积累下来的个人资金。由于创业团队中的许多人都没有在快速消费品行业工作的经验，因此他们选择用时间来学习沉淀。在具备一定的市场份额、品牌效应和实力之后，元气森林开始供应链建设、自建全自动化无菌生产厂房，利用媒体进行产品推广。元气森林的沉淀被更多的投资人看到，并自发前来寻求与元气森林建立合作关系。2019 年 10 月，元气森林很顺利地获得了来自高榕资本、黑蚁资本等创投机构领投的 1.5 亿元融资，开始了更大范围的扩张。

三、结论与展望

实际上元气森林不是在一开始就受到投资市场的青睐，而是在数年的沉淀中坚定地沿着自己的商业思路运营，在发展中沉淀自己形成亮点，凝聚吸引力，之后一跃而出。凭借在产品、渠道和运营经验上的积累，厚积薄发，从而得到顾客和投资人的"万千宠爱"。元气森林低开高走快速抓住投资人的兴趣，让许多投资人自己找上门来谈合作。可见，在商业计划中，创业者理性的商业逻辑和亮点是必不可少的。制定出适合项目发展的、有亮点的商业计划书，用事实说话，自然能够吸引到更多的合作伙伴。

参考资料：

[1] 任绍媛，信翔宇. 基于 5T 理论分析网红产品的口碑营销策略——以"元气森林"为例 [J]. 现代营销（下旬刊），2022（6）：67-69.

[2] 唐彬森. 元气森林 唐彬森 新消费大幕刚刚掀开了一个小角 [J]. 中国企业家，2021（7）：36-39.

2. 选择的表现形式是否合理

商业计划的撰写先要注意的就是展现形式的选择问题，已经多次强调要根据对象和撰写目的进行形式的选择。还要力求内容的表述清楚明晰，让读者准确地抓取到有用的信息。总而言之，商业计划只是开展业务时的一个计划指南，因此不能一味追求体裁和格式上的复杂性，白白耗费掉不必要的成本，最应该考虑的是其实用性的问题。

3. 传达的信息是否准确

商业计划的撰写中最为重要的问题之一就是信息的准确性，信誉是商业来往中非常关键的要素，也是与合作方之间保持长久合作的前提。商业计划的撰写要以实际的市场调查和内部资源分析为前提，用事实说话。必须准确把握精准数据和真实情况，以此吸引和打动潜在合作者。同时，商业计划中不要表现出一个完美无瑕的样子，对存在的弱点不能完全避而不谈，这是一个初创项目不可能做到的。

4. 有没有虚心听取反馈

还要注意的是，商业计划最主要是写给别人看的，而不是写给自己看的。最终还是要落实到读者上，因此商业计划书的撰写过程中要特别重视给读者阅读，从他们那里获得反馈，有则改之无则加勉。这是最容易被忽视却又必不可少的一个环节，从读者的反馈中可以事先规避很多风险，达到更好的效果。

5. 是否做到随时更新修改

由于市场、经营状况、产品等要素都是在时刻发生变化的，因此商业计划不应该是固定不变的，它应该是一个动态变化的文件。要随时根据实际情况的变化，重新审视商业计划，作出相应的修改，向合伙人提供最新的信息。要注意不要一开始就框定住，而要形成易于更改的形式。这是对利益相关者的重视，也是对自己的负责。

四、 商业计划书

商业计划书是最常见的商业计划呈现形式，大多数企业均通过商业计划书将企业的产品、商业模式和发展规划内容呈现出来。因此有必要了解商业计划书的本质，撰写出重点突出、高效表达的文书。

1. 商业计划书的概念

商业计划书，英文名称为 business plan，是公司、企业或项目单位为了达到招商融资和其他发展目标之目的，在经过前期对项目科学地调研、分析、收集与整理有关资料的基础上，根据一定的格式和内容的具体要求而编辑整理的一个向读者全面展示公司和项目目前状况、未来发展潜力的书面材料。好的商业计划书是融资成功的一半。从某种意义上来说，商业计划书就是一份创意的推销说明书，它不仅能说明技术优势和市场潜力、企业的发展规划，同时也是一个人思维方式的反映，是风险投资家特别看重的一份文件。

商业计划书是一份提供给对该项目感兴趣的投资者，并向他们展现出该项目的潜力和价值的书面文件（陆毛忠，2021）。对于商业计划定义的理解，需要强调三点：首先，商业计划的制定是建立在大量充分且深入的市场调研基础之上的，这是一个知己知彼的过程（赵静和袁霞光，2018）；其次，商业计划是创业的蓝图，是指导创业过程的工具（莫静玲，2017），更是创业者与组织内部和组织外部进行沟通的重要工具（陆毛忠，2021）；最后，制定商业计划的过程就是发现商业价值并找到实现价值的途径的过程（莫静玲，2017）。对我国的企业而言，商业计划的出现和完善是我国市场经济不断深入发展，投资需求趋于多元化的需要（刘谨，2002），是项目可行性研究报告的延续和发展（王涌，2008）。

2. 对商业计划书的一些误解

随着管理理论的不断演进，人们对商业计划的认知加深。许多创业者开始了解到商业计划书能够给公司带来巨大的潜在收益，开始重视商业计划书的制定。但是，大多数的创业者和初学者还是对商业计划书存在很多误解（张庆丰，2018），如图 4 - 6 所示。

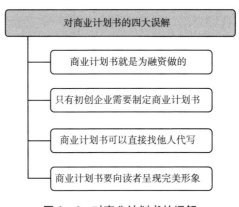

图 4 - 6　对商业计划书的误解

（1）商业计划书就是为融资做的。一份好的商业计划书确实可以吸引投资人的注意，从而使创业者获得进一步洽谈的机会。但人们往往存在着"商业计划书就是用来融资的"这样一个误区，实际上，商业计划书的价值不仅在于面向投资人去寻找投资，它还面向企业内部的员工和企业外部的其他合作伙伴。它不仅可以为项目的发展指明方向，监督和衡量项目进度，还可以给项目各方参与者的一个承诺，在必要的时候可以保障各方的基本利益。一份优秀的商业计划书可以在获得投资者青睐的同时，为合作伙伴带来信心，为内外部工作人员提供工作动力，促进企业有效运转。因此，在撰写商业计划书时一定要充分考虑制定的目的，才能明确写作方向。

（2）只有初创企业需要制定商业计划书。可能有些人还会认为，那些运行良好的公司已经进入正轨了，只有创业者需要通过商业计划书去获得资金，因此只有初创企业需要制定商业计划书，实际上这种想法是错误的。与十几年前那些长篇大论的商业计划书不同，现在的商业计划书的格式和内涵已经被重新定义。一个成熟的企业会在商业计中灵活地记录关键战略要点、里程碑和重要数据等；一个成熟的企业管理者会不断地更新自己的商业计划，并经常总结，企业发展得越好越能从中受益匪浅。商业计划贯穿于企业发展过程的始终，因此无论企业发展到哪个阶段，都有必要制定商业计划书。

（3）商业计划书可以找他人代写。有些创业者由于没有足够的经验，他们往往会认为商业计划书的制定是一件比较难的事情，为了应付投资人的要求就去请他人代劳撰写自己的商业计划书。殊不知，如果找人代写，他们可能在形式上或者技巧上能符合投资人的口味，由于代写者对项目的实际运行和其他情况的了解会与事实存在差异，很容易让商业计划书失真，给之后的运作带来麻烦。还有，如果投资人因为代写的商业计划书产生投资兴趣，想要进一步与创业者进行沟通，而由于商业计划书中的内容不是创业者自己撰写的，这样难免会出现对商业计划书理解不透彻的问题，回答时模棱两可会失去投资人的信任。但也不是说创业者在撰写商业计划书时从头到尾都要亲力亲为，可以根据项目的实际情况撰写商业计划书的初稿，然后再向专业人士一并提供调查数据，让专业人士提出科学专业的完善建议，相信这样的商业计划更能获得青睐。

（4）商业计划书要向读者呈现完美形象。商业计划书大部分时候是为了获得融资或者吸引合作伙伴，因此许多人往往存在着"要将商业计划书写得'尽善尽美'，将所有优势和完美的形象呈现给读者"的误解。以投资人为例，其实这种在商业计划中过于追求完美的做法一般是不会让投资人满意的，过度美化和避重就轻的行为其实是一种对投资人合理知情权的剥夺。投资人比创业者更知道没有哪个项目是完美无瑕的，比起"我什么都好"投资人更愿意看到的是"我哪里还有欠缺，我会如何改进"。因此，在撰写商业计划书时，要避免过度追求完美，该让读者知道的风险是必须要提前告知的。

五、 商业计划书的撰写要点

一份好的商业计划是成功获得合作的前提。无论是投资人还是其他合作方，他们对一个项目进行初步判断时，最关心的内容就是商业模式、项目领导者、组织结构、产品市场和技术优势。商业计划书中的这些内容是项目价值的集中体现，因此相较于其他要素而言受到的关注度更高，在商业计划中应该突出上述内容。

如表 4 - 1 所示，一份完整的商业计划一般包含 9 个模块。在进行商业计划书撰写时，可以将每一个模块包含的对应指标作为该模块的调查研究对象，并根据调查的信息撰写这一模块的内容。下面将对商业计划书中每个模块内容的撰写要点进行分析，帮助读者更快上手。

表 4 - 1 商业计划的 9 大模块

模块	对应要点
摘要	对商业计划内容的整体概述
公司简介	使命、愿景、价值观、经营理念、发展成就
产品介绍	概况、应用场景、技术创新、门槛壁垒、比较优势、效果验证
市场环境分析	目标市场定位、竞争状况、消费群体特征、市场规模和潜力

模块	对应要点
团队组织	核心团队、组织架构、专家顾问、管理制度
商业模式	运营模式、盈利模式、营销模式、发展战略
行动计划	营销计划、生产计划、应变计划
财务分析	当前财务状况、融资计划、资金分配、股权分配
附录	主要人员简历、有利报道、权威推荐信

1. 摘要

摘要是对整个项目内容的梗概，可以说商业计划书中的摘要部分是一份超级浓缩的商业计划，主要是在文档类商业计划书中出现，在 PPT 版商业计划书中几乎没有。撰写摘要的核心就是要做到简明、确切地将项目的重要内容呈现出来，用最简短的文字给读者留下最深刻的印象。

在撰写摘要部分时，由于要让摘要部分的篇幅简短，因此要尽量挑重点和亮点的内容突出呈现，但要注意不能遗漏除此之外的其他部分。亮点可以从投资人重点关注的这些点入手，例如，商业运作模式，也就是概述项目是通过什么方式和途径去赚钱的；企业的竞争优势，可以从企业拥有的先进技术、良好的团队运作能力、成熟的平台资源等方面来概述竞争优势；优秀的团队，从领导者的优势、团队成员的互补性、已经作出过的优秀成绩等来叙述团队如何优秀等。除上述重点和亮点内容外，也可以根据项目的实际情况或者读者的要求来定位自己的亮点，然后呈现出来。对于其他各模块的内容，可以抓住关键，主要是提炼出每个部分的结论性信息放在摘要内容中即可。

要特别提出的是，虽然摘要是在开头的第一部分，但在撰写时却不是上手就开始写摘要的。通常情况下，摘要部分的撰写是在所有其他模块都写完之后，根据每个部分的内容，进行总结提炼的。

2. 公司简介

公司简介在商业计划中相当于项目的背景，在这部分要对公司的基本情况进行阐述。一般从公司的基本信息、企业的定位、当前的发展成就这三个方面着笔。基本信息一般包括公司名称、成立时间、工商注册和变更情况、企业类型、法人代表、经营范围等，只需要根据真实情况整理即可；企业的定位则是要对企业的使命、愿景、价值观、业务类型、经营理念、客户群等进行描述，可以按照"做什么？做给谁？做成什么样子？"的思路进行思考，并加以总结；当前的发展成就主要包括公司成立至今的发展历程、已经实现了哪些成就、为什么能获得这些成就等信息，可以按照成就由大到小的顺序呈现，将更具说服力的成就放在前面，快速抓人眼球，也可以按照时间轴的顺序进行呈现，让读者感受到企业是在不断进步的。

由于公司简介中的信息在商业计划中不是重点内容，因此在撰写的时候，不用在细节性的问题上花费太多的时间和篇幅。为了让投资者更加直观地阅读到企业的基本情况，可以使用表格这一工具将公司的基本信息整理出来。

3. 产品介绍

产品和技术的介绍是商业计划中最核心的部分，这是整个事业和计划围绕的核心。产品是创业者为解决特定的社会问题，为社会成员提供的具有使用价值的"标的"。从产品定义上来看，产品介绍就是要回答有什么问题、用什么来解决、为什么是我来解决的问题。故可以从产品概况、技术创新、门槛壁垒、比较优势、应用场景和效果验证这六个方面来全面地介绍产品（如图4-7所示）。

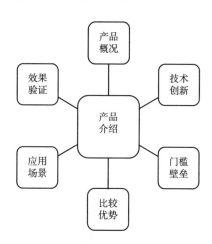

图4-7　产品介绍的六个角度

（1）产品概况部分可以针对"目标用户的需求痛点，我们产品的解决方案是什么？它的核心功能是什么？产品能将痛点解决到什么效果？产品存在的价值和意义？"这几个问题进行思考，并作出概括性的描述。

（2）技术创新往往是创业项目的核心机密，因此要在考虑保守商业机密的情况下介绍。从产品研发的创新性技术突破、技术路线以及产品在实际中的应用价值几点进行描述，突出体现产品的先进性、创新点、差异化、核心竞争力等。

（3）门槛壁垒就是从技术和研发的层面说明自己现在所要做的事是难以被超越的，可以体现在知识产权、权威认可、行业经验、独特的资源优势和影响力等方面，因此可以从这几个方面来写。从而论证"产品的护身符在哪里？为什么我能做别人不能做？"等问题。

（4）比较优势部分可以采用比较矩阵的方式，将自己的产品与市面上具有代表性的竞争品进行比较分析，核心比较评估指标有核心功能、属性、效果、用户等。要注意的是，因为是要在比较中体现自己产品的优势，所以必须有实际的效果和数据支撑，不能假大空，没有说服力。

（5）应用场景部分就是要对产品的应用领域、目标客户作出说明。一般而言，在项目创业的早期，应用场景和用户群体定位越聚焦越好。在内容的描述上，应该聚焦到创业者最有优势且最有想象空间的应用场景和客户群体上。

（6）效果验证一般是将产品初步投入市场，测试其使用效果，并回收客户应用反馈。通常是通过客户口碑、满意度、用户数量与活跃度、实际订单数、市场推广速度、社会效益等方面的实际数据来直观地证明产品的市场投放效果。

4. 市场环境分析

市场环境分析中主要对项目所处的市场与行业的有关情况进行叙述，用来回答"为什么"的问题。如图4-8所示，市场环境分析的要点有四个。

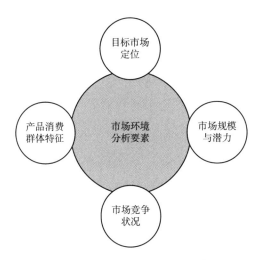

图4-8　市场环境分析的要点

首先是目标市场定位，这是项目发展的背景，通常从宏观的角度来呈现。即从所处产业类型、人口特征、社会文化变迁、国家政策与法律法规、行业走向等进行分析。要注意体现创业者对时代发展脉络的把握以及创业方向与创业者当下所处商业环境和条件的匹配度，并不是越表象的市场发展机会越能说服投资人，而更要注意呈现别人还没有那么容易发现的、还未形成明显趋势的风口。

其次是产品消费群体特征，对消费群体特征进行描述，定位目标用户群。通过消费群体的基本特征，即年龄、性别、消费习惯、收入情况、对产品的需求程度等来描绘用户画像。除此之外还要与用户的需求痛点联系起来，展现对于目标用户而言，产品的可替代程度、能否解决消费者的需求痛点、能够给消费者带来哪些价值等。

再次是市场竞争状况，对竞争对手和自己进行比较分析，去回答竞争对手有哪些、竞争者占据了多少市场份额、哪些竞争对手最具威胁、竞争对手的产品是什么产品有什么优势、自己在市场竞争中的胜算如何、潜在竞争对手的状况等问题。

最后是市场规模和潜力，一般从用户基数、市场的购买力、近些年的消费规模和变化趋势、市场过去及未来的演变趋势这四个方面内容，来证明自己所在的赛道上有多大的市场空间，市场发展的趋势如何，能否实现快速扩张的问题。

为使市场环境分析结果更具说服力，需要大量的数据作支撑。调研过程中还要对数据进行仔细鉴别、反复验证、采取不同的调研方式多次试验，来保证数据的可靠性。

5. 团队组织

团队组织的内容呈现要围绕"向投资人证明团队有将项目落地变现的实力"这一核心来展开。重点要体现的内容有核心团队、组织架构、专家顾问和管理制度。

核心团队由创始人和团队高管组成，从成员过去的学习实践经历、核心能力及取得过的成就，团队的匹配度、互补性及完整性这些实打实的信息上来证明团队的价值。组织架构则可以通过架构图配上适当的文字说明来展示，说明公司的部门设置、职权划分以及管理关系的情况，不用太复杂。专家顾问则代表创业者能够调动的外部专家资源，可以从专家的专长、优势与成就、与项目的需求匹配度、和创业项目之间是哪种合作关系、在项目发展中能发挥什么作用这几个方面来呈现。在管理制度中则从股权分配结构、劳动合同、员工管理制度、薪酬福利这些点来呈现内容。

6. 商业模式

商业模式是公司价值创造、价值交易以及价值分配的关系网络和操作流程，商业模式是企业战略的具体化，是企业资源配置的基础，清晰的商业模式使得企业在经营过程中不至于迷失方向（赵静和李斌，2018）。好的商业模式更能获得投资人的青睐，其在商业计划中的重要程度就不言而喻了，创业者和企业家要足够重视。在商业计划书中对商业模式的撰写，要从使用的角度对相关内容进行通俗的呈现。重点体现出运营模式、盈利模式、营销模式和发展战略四个方面内容。

运营模式侧重回答"项目怎么做"，从公司内部外部节点的运行结构和商业逻辑入手，最典型的表现方式就是运用运营模式结构图。通过结构图清晰地展示各利益者在项目价值链中的角色定位和交互作用，以价值的产生、传导、交易、循环的完整闭环机制为逻辑来进行撰写。

盈利模式侧重回答"项目如何赚钱"，这是投资人关注的核心问题之一。项目的主要盈利点有哪些？成本和收益结构如何？谁为什么愿意为此付费？如何定价？利润空间是多少？如何证明这些收益是可以实现的？可以依据以上要点进行内容的撰写。

营销模式本质上就是要回答"如何获得客户"。客户是谁？他们在哪里？如何接触到目标用户？如何做产品宣传？客户获取的途径和策略是什么？如何用低成本高效地获取客户？可以依据这些要点进行内容的撰写。

最后还要统筹描述事业发展战略，在撰写时，要结合前面的有关分析结果，对企业在该事业发展中要获得胜利应该采取的战略要点进行说明。要说明的内容是：采取的是哪种竞争战略？差异化战略、集中化战略还是成本领先战略？为什么会采取这个战略，这个战略在事业的发展中起到什么作用？如何发挥自身的强项，占领优势地位？能够实现怎样的战略目标？

7. 行动计划

行动计划部分关乎商业计划如何得到执行，可以通过对外的营销计划、对内的生产计划以及整体的应变计划这三种来呈现。

对营销计划的描写要点包含市场分析、营销思路、销售目标、营销策略、销售团队情况等内容。市场分析在前面的内容中已有描述，可以一带而过。营销思路则回答在营销计划实施过程中贯彻的操作理念。销售目标要作为撰写营销计划的出发点和落脚点，在描述时做到科学、合理，通过具体数值的形式表现。然后描述营销策略，如图 4 - 9 所示，营销策略包含以下五个要素。

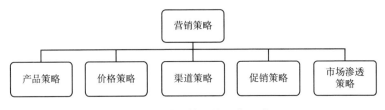

图 4 - 9　营销策略的要素组成

第一，说明项目中的产品将计划以什么方式进入市场，想要抓住哪些客户，计划形成什么样的产品组合去攻占市场。第二，打算通过什么样的市场定价赢得关注并获得利润。第三，打算通过什么样的渠道进行产品推广，降低营销成本并提高企业竞争力。第四，在什么时候以怎样的促销机制激活客户群。第五，还要说明计划通过什么策略实现市场的扩张，并向新市场渗透。除上面的主要内容外，还要说明这个营销计划将安排哪些人去实施，也要对这个销售团队的计划组建方式、培训方式、团队规模以及成员情况进行说明。

生产计划则是根据对市场需求的预测来编写的，从公司的现有生产能力、生产要素（原材料、生产人员、机器设备等）、产品成本和品质控制、生产周期等内容要点来写。突出回答如何调整市场需求变动情况下的生产力契合度、如何将生产物料维持在适当水平的问题，让生产计划的内容显得更有目的性。

在商业计划的执行过程中，不可能一切都按照计划的轨迹进行，因此在行动计划中还要设计应变计划，以应对突发状况。在应变计划内容中，体现对未来经营状况和市场变动的预测情况，如市场的不确定风险、研发和生产的不确定性、竞争、政策、财务、管理风险变动等信息。然后针对这些不确定性，提出应对措施和计划方案。由于许多信息都是预测的，并不是真实发生的，因此应变计划不一定要非常地准确具体，但一定要有一个计划雏形，做到心中有数。

8. 财务分析

财务分析部分的撰写主要从公司过去三到五年的收入、利润和利润率这三个核心财务指标入手。通过编制详细的财务报表——资产负债表、现金流量表和利润表将当前财务状况进行细致地呈现。然后，基于上述的现实财务状况，对未来的财务状况进行有依据的预测，最好是与前面的市场增长预测联系起来，对未来该项事业能够带来的财务收益进行说明。

融资计划的编制则建立在财务状况和预测的基础上，并在商业计划中表现。融资计划的内容要点包括：项目启动或者扩张一共需要多少资金、公司能够承担的部分是多少、融资需求的具体数额是多少、计划在什么时间要收到资金等。

资金分配计划要描述这些资金在什么时候、以什么方式花在什么地方，投资人能够以什么方式、在什么时间收回资金这些问题的打算。不要忘记在计划中明确资金的加入形式。如果是投资的形式，要写明股价、持股比例、股东构成、股权分配方式是什么；如果是融资的形式，要写明能否为其提供担保。

既然有资金加入，自然不能忽视资金的退出机制。对退出机制的描述即要回答投资人在何种情况下，可以以何种方式退出投资的问题，常见退出机制有企业并购、公开上市、股权回购、退出清算等。

9. 附录

商业计划的最后是附录，是对前面内容描述中的一些材料补充。可以将产品的样式图片、产品宣传手册、一些有利于证明企业实力的报道、主要人物的详尽简历以及具有公信力的人的推荐信放在附录里，让读者能够更具体地了解企业情况。

该部分可以根据实际情况，考虑是否要放入主体部分中，可以通过一份单独的附件文档做备用处理。因为商业计划作为与潜在合作方第一次交流的工具时，可能不止一个人会看你的商业计划书。有些内容不想让所有人都看见，而有些人又要求有这些内容作为是否合作的依据。

通过上面内容，对撰写商业计划每个部分内容的要点进行了简要说明。要特别提出的是，除上述 9 大模块内容外，商业计划还应该有封面和目录，方便读者快速检索信息。且上述内容中提到的商业计划内容非常多，而在实际撰写时，只需要根据具体的需求挑选重要部分进行编写即可。为了突出某些分支的内容，可以将它们单独拿出来作为一个章节进行更为具体的内容呈现。归根结底要站在读者的角度考虑问题，用最实用的方式表现。

第三节　商业计划的技巧

商业计划书的结构和撰写切入点形式多样，同一商业项目在不同形式的商业计划书中能够呈现的效果也有所差异。即使已经掌握了一些有关商业计划的基本理论、内容以及撰写要点，也不一定能够撰写出一份优秀的商业计划书。其实，在商业计划书这一工具被广泛使用的过程中，已经得出了一些能够对得到一份符合目的的商业计划有帮助的经验和技巧，诸如快速激发兴趣、思路清晰、内容通俗、巧妙应用可视化工具等，这些处理手段都能够很好地提高商业计划的效果。

一、　开头速吸引

单以人们的阅读习惯而言，在没有规定阅读任务的前提下，只有能快速吸引目光的文字才会让他们有一直继续阅读下去的动力。同理，对于那些每天都要看数不清的商业计划书的投资人而言，最大的痛苦就是不能在最短的时间内看到他们想要的最直接有效的信息，再硬着头皮读下去对于他们而言无异于是浪费时间。只有少数项目才能吸引他们完整地读完。因此，要撰写出一份成功的商业计划书，其首要技巧就是要利用好开头的部分，最好能在 30 秒时间内激发出读者深入阅读下去的兴趣。

一般而言，专业的投资人从接触到项目直到对项目进行投资的过程一般要经历四个阶段，分别是判断商业计划的创业方向和定位是否与自己感兴趣的投资方向相符、初步判断项目的投资价值、进行深入地交流考察和尽职调查、作出投资决策。可见要想获得投资人的资金投入，要经历层层的考验，这不是一件容易的事。想要迈出整个投资决策的第一步，要学会在开始的短时间内就能突出项目的核心并抓住投资人的眼球。

那么如何用最短的时间抓住投资人眼球并初步获得他们的好感呢？30 秒的时间相当于投资人翻开商业计划书看两页的时间，因此要利用好商业计划书开头的两页。这两页的内容一页是封面，一页是具有投资吸引力的亮点。

封面页，至少要包含项目名称、标志性 logo、一句概括项目定位的话以及公司名称这四个要素，其他的如口号、愿景与使命这样的要素可以视情况决定是否放在封面上。项目名称、logo、公司名称这些信息直接写上就可以。而那一句话则是要对项目定位进行高度概括，概括出该项目的属性和亮点，并道出业务的类型。比如，开篇案例中字节跳动的商业计划书封面上的那句话——"最懂你的'头条'——基于社交挖掘和个性化推荐的新媒体"短短的 22 个字就精准地呈现了对项目的定位：个性化的社交新媒体。创业者可以以此作为参考。除了上述内容要素上的处理，封面还要进行视觉设计，尽量简洁一目了然，切记不要花里胡哨。

封面页的后一页也就是目录的前一页，可以单独将对项目最核心的业务性质、理念、优势亮点、投资价值点等这些可以作为投资亮点的信息进行归纳总结，然后用并列的短句列举出来即可。

二、 思路够清晰

前面提到，商业计划的撰写是一项复杂且多变的工作，没有固定的规则，但却有清晰顺畅的撰写思路可以参照。商业计划书中每一个板块、每一个要素、每一个要点的呈现都不是随机无序的排列组合，其背后都贯穿了通畅的逻辑脉络。一份优秀的商业计划书必然是在表述上行云流水，起承转合层层递进的，使人读来毫无违和感。

商业计划的逻辑性能够直接体现创业者的逻辑思维能力、总结精练能力，甚至从创业者的这些能力上就能直接看到企业未来的发展状况。读者绝对会因为一个乱七八糟的商业计划直接淘汰掉一个项目。因此，要做到将一份逻辑结构合理的出色的商业计划呈现在读者面前，在撰写之前就要理清写作思路，懂得要在什么地方突出重点，体现各板块内容的衔接。具体的做法如图 4 – 10 所示。

图 4 – 10　商业计划思路清晰的要点

1. 亲力亲为

编制商业计划时创业者必须亲力亲为，有些创业者由于经验不足和对商业计划的认识不到位，往往会请外部机构来帮忙撰写商业计划，这是一个为保证商业计划逻辑性要规避的基本错误。因为商业计划撰写机构只是通过公司给他们的一些信息进行了总结陈述，然后简单地凭着经验套用模板，对公司和项目本身的实际情况和内在逻辑一知半解，他们无法理顺商业计划的整个思路。

2. 事先将项目发展脉络理清

创业者在正式动笔之前，必须先将项目的整个发展脉络理解透彻，考虑清楚在每个发展阶段应该关注的重点是什么，然后将这些关键点串联起来，形成脉络清晰的关联关系图谱，指导整个商业计划书的撰写过程。要明确撰写这个商业计划书的目的是什么，识别出这个商业计划书的受众是谁，这是影响撰写思路走向的重点。

3. 通过研究使思路清晰化

要经过一系列的研究将思路清晰化，并将思路转化成文字呈现出来。毫不夸张地说，商业计划制定的整个过程中，研究是要比撰写花费更长时间的。研究过程要形成文件，方便在之后支撑自己的结论，或者方便反复检查，从研究过程中检查思路是否存在逻辑漏洞的问题。

4. 让读者跟着你的思路走

可以用开门见山直入主题的方式，在开始的部分就埋下逻辑伏笔，迅速地抓住读者的眼球，让读者沿着自己清晰的思路读下去。在本节的第一部分"开头速吸引"这一撰写技巧的内容中提到的，在第二页呈现出投资亮点的相关信息就是一种逻辑伏笔，在后面正文的部分顺着这些亮点从多方面进行一一论证，就是一种很好的思路。在撰写时，还要避免将一些与主题无关的内容搬上去，这会打乱商业计划要呈现的清晰的思路。而撰写商业计划的目的也不是与读者交流思想，而是要达到自己的目的。读者也没有闲工夫去阅读一些没有意义的东西，在撰写时要格外注意。

三、 内容好通俗

商业计划主要是要给别人看的，而不是给创业者或撰写人自己看的。所以一定要让读者看得懂，才有激起他们兴趣的可能。如果一份商业计划内容上杂乱无章，语言上晦涩难懂，即使这个项目再好，也没有人愿意继续了解下去。相反，如果初创企业能够作出一个内容条理清晰、语言通俗易懂又具有一定吸引力的商业计划书，读者自然而然就会被吸引进去，自发地深入了解。下面有几条帮助商业计划内容通俗易懂的技巧。

1. 多表达明晰的结论

商业计划的内容表达上，要注意明确地给出结论。商业计划属于应用文类型、比较实用的文章，读者能够在短时间内看到结论，知道每部分的内容在写什么。整个商业计划书编写的过程就是在不断地提出观点，然后又不断地进行证明的过程。首先其中呈现出来的结论或者观点是要鲜明有力量的，让投资人和其他读者一目了然；其次通过充分有力、扎实可靠的证据证明结论的正确性，而不是天马行空地为了结论而给结论，毫无依据。论据是商业计划书中的"硬核"干货，一定要真切、扎实，避免结论的华而不实。

在撰写时，创业者心中要有一把尺子，通过思考，作出准确的判断，得出结论并准确地表达出来。而且，商业计划书中陈述的结论性话语应该是非常简短清晰的，可以作为小标题，不能拖泥带水、含糊其辞。

2. 减少使用专业术语

对于每个不同的领域而言，都有不同的专业术语，尤其是对一些专门技术的描述，往往是非常专业且晦涩的。商业计划书的读者他们可能是金融专家、管理专家、营销专家等，但并不是每个读者都能够对相应领域的专业术语非常了解。在没有解释的情况下，他们会对一些晦涩难懂的专业术语和新名词一知半解，这样会使得商业计划书的呈现效果大打折扣。因此，在语言的运用上，要站在读者的角度考虑，与读者达成共识，用他们能够理解和接受的语言来表达；还可以通过适当地给语言增添故事性的方式，来转化将一些晦涩难懂的专业术语和专业流程通俗地陈述出来，将抽象的内容具体化，增强其可读性。

3. 避免在内容上滥用分析工具

有时为了刻意体现商业计划书的可信度，会在商业计划书中使用各种各样的分析工具，例如：SWOT 分析、五力模型等。其实很多时候在正文中使用这些分析工具是减分的，投资人希望看到的是简单、直接、有效的分析，而非生搬硬套、华而不实、理论性过强的分析。这些理论性过强的分析方式和思维模型往往会让商业计划书中的内容显得晦涩生硬，它们当然可作为分析工具，但是不需要在正文中呈现，可以放到附录中。

4. 不要过于啰嗦

表达时要言语清晰，用简洁的语言，避免啰嗦。长而乏味的商业计划是很难让人读下去的，要学会减少废话，不要重复赘余，留下重要的、有用的信息。切忌对所有要点都事无巨细、面面俱到，平均分配写作力度会在很大程度上淡化这个创业项目的特色之处和价值所在。

5. 篇幅尽量简短

一份完整的商业计划长度一般在 20～30 页，如果太短可能无法介绍清楚项目信息，如果超过 30 页还没有介绍清楚的话，那可能就是这个项目本身就有问题。

要做到篇幅简短，就要避免大段的文字陈述，善于提炼关键词，巧妙构造商业计划书的结构。用简要的文字描述商业计划书的内容，语句流畅，描述准确严谨，层次齐全即可，不需要使用修辞手法，去除任何没有意义的表达。

不能因为刻意追求篇幅简短而放弃商业计划内容的完整性。一份商业计划所包含的构成要素在呈现时缺一不可。用于吸纳投资的商业计划还要全面地披露与投资相关的所有信息，法律规定，申请风险投资的企业必须要将所有与业务相关的重要信息用书面形式体现出来。

四、 图表巧布局

图表的使用和巧妙布局是商业计划书外在直观呈现出来的表现方式，是商业计划书的"形"，讲究简洁直观、美观、直接。而商业计划要用事实说话，用数据说话，数据信息是比较多的。而且在商业计划中还会涉及许多的关系图，光靠语言描述的话往往比较混乱，这个时候用图表就会明朗很多，读者也能够更直观地理解。图表的运用就是将数据和一些逻辑关系，通过图表设计的方式可视化。而图表的设计和布局同样是有技巧的。

1. 使用合适的图表样式

根据数据的特点和想要呈现的关系类型来选择合适的图表类型，在图表中使用简洁醒目的标题和要素，并且图表也可以通过不同图形和配色的设计引起读者的关注。在描述一些基本信息时，可以使用信息表格，绘制成两列的形式，第一列填信息名称，第二列填对应信息。以小米公司的公司简介为例，可以绘制如表4-2样式的表格。其他图表也可根据实际情况，根据需要展示的要素及要素之间的关系选择合适的图表形式进行绘制即可。

表4-2　　　　　　　　　　　　　公司简介信息表编制范例

小米公司简介信息表	
公司名称	小米科技有限公司
成立时间	2010 年 3 月
注册资本	185 000 万元
企业类型	有限责任公司（自然人投资和控股）
经营范围	智能电器和电子数码产品
业务定位	让每个人能够享受科技的乐趣
主要成就	2019 年福布斯全球数字经济 100 强、2022 年世界 500 强企业第 266 名

与主要竞争对手的对比，可以选择三列的变量对比表格来呈现，以字节跳动的今日头条项目与其竞争对手微博的对比为例，可绘制如表4-3样式的表格。

表4-3　　　　　　　　　　　　　今日头条与竞争对手的对比分析

对比项	今日头条	微博
类型	社交数字媒体	以个人为中心的自媒体
使用方式	根据浏览习惯个性化推荐，使用方便	基于用户订阅点开浏览，使用较为方便
关注的重点	用户与内容的高度结合	以人为中心，内容为辅助
页面特点	内容分区，页面简洁	内容杂乱，重复信息多
用户群体	关心时事的各个阶段人员	娱乐需求较强的年轻人

当市场分析中需要呈现前后数据变化趋势时，可以选择柱状图或折线图作为表现工具。对于组织架构则可以选择通过绘制层次结构图来直观地体现组织架构的内在关联关系，以图 4 – 11 某公司的组织架构图为例。

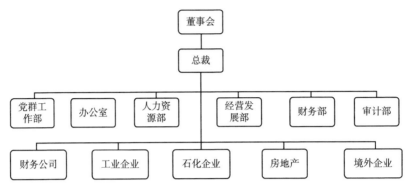

图 4 – 11　企业的组织架构图范例

2. 使用科学人性化的布局

根据阅读习惯，在阅读了许多文字性的东西之后人往往就会很疲惫，这个时候就可以巧妙地布局图表，调剂阅读中的乏味。而职场人的通病却是恨不得将所有内容都呈现出来，充斥整个版面才觉得是体现效率，实际却不然。有效使用了图表，可以适当地在商业计划书中进行留白，调解阅读疲劳。

科学的布局是应该考虑人的习惯的，根据阅读习惯图表的左上角是黄金位置，尽量将重点的部分放在这，越往右下角越次之。在信息密度上，图表不应该像文字一样密集，需突出主次。每一张在商业计划中呈现的图表都是有用的，而且要经得起推敲，不能为了放图表而放图表。

【章末案例】

好利来：紧跟潮流，变革创新

一、公司简介

北京市好利来食品有限公司（以下简称好利来）于 1992 年 9 月成立，公司的主营业务是生日蛋糕、西点、面包、月饼等烘焙类产品。随着公司规模越来越大，创始人罗红将公司总部迁到了北京。至今，好利来已在全国 80 多个大中型城市拥有了千家直营连锁店，同时好利来已经在天津、北京和沈阳三座城市建立了大型现代食品工业园。好利来仅凭一块蛋糕就实现了年销售额 20 亿元的佳绩，实现了从"老牌国货"到"刷屏网红"转变，这离不开好利来的创新商业模式。

二、独特的商业模式——紧随时代潮流，多重革新

1. 产品概念上遵循创新的"食趣"三大法则

公司以"食品乐趣"这一创新基点作为产品的底层逻辑，吸引了无数的年轻消费群体。

随着消费群体的年轻化，食物的营销点不应该只停留在饱腹这件事情上，年轻的消费群体更愿意通过购买一些产品来满足他们的拍摄、娱乐、社交和身份认同等需求，好利来的产品设计就抓住了年轻消费群体的这些消费心理，给一块小小的蛋糕加上了附加值，并且消费者还心甘情愿地为这些附加值买单，甚至自发地为产品进行一些社交性宣传。

其产品概念上遵循"食趣"的三大法则：日常的轻量化、有趣的概念化、连贯的体系化。好利来的产品在口味上做到日常轻量化，做中国口味、符合中国胃，产品简而美，在定价上定在单品日常支出的平均线上，实现顾客的日常化消费。在产品的外观设计上，好利来有其独特的简单而高级的审美，打造有趣的概念化外观设计。让烘焙产品通过大众化的表达，将面包和西点与年轻的生活方式结合，让它们变得"好看、有趣又好玩"，让烘焙从小众走向大众。另外，从口味、外观到包装设计，实现连贯的体系化设计。

2. 打造IP联名的创新品牌营销

基于市场的个性化及对年轻化消费需求的洞察，好利来制定了跨界打造IP的品牌营销模式。2020年以来，好利来几乎成为烘焙界的"联名狂魔"，先后与阿华田、奥利奥、哈根达斯、喜茶、小马宝莉、橘朵、奥特曼、哈利·波特等品牌或IP开展合作，联名品牌从餐饮、潮玩到动漫、影视应有尽有，一路追随年轻人的喜好动向。通过联名这一品牌营销手段，在同质化的烘焙行业中找到了与年轻消费群体链接的密码。同时，好利来看似疯狂的联名举动其实并非盲目，而是有一套创新可行的方法论。在选择联名对象上，好利来选择与其自身目标用户高度重合的品牌，结合双方的品牌调性寻找契合点，实现"1+1>2"的品牌交互效应。为了更好地通过品牌联名实现客户的转化，好利来基于其锁定的年轻消费用户定位，进行不同偏好的差异化用户画像，筛选不同圈层的IP进行联名并精准进行产品设计，有效地与消费者产生连接。还结合当下的热门玩法，与潮玩盲盒泡泡玛特联名推出蛋糕盲盒，符合年轻人对新鲜感的追求，又突破了行业同质化的"枷锁"，通过联名赋予了产品更多的可能性。

3. 开创性的营销模式

好利来商业模式的创新之处还在于其经营模式。好利来将"前店后厂、现场制作"的营销模式直接移到了店里，让顾客可以直观地看到自己手里的产品的整个生产过程，给顾客带来极大的新鲜感和认同感。随着经营规模和市场潮流的变化，好利来又在客户群体多的大门店进一步推出了"中央工厂+前店后厂+门店销售+订购"的经营模式，可以根据客户的需求设计差异化的产品，为客户提供定制化的服务。

在经营方式上，好利来虽然坚持采用连锁店来经营，但是从来不拘泥于连锁店这一种单一的方式。现在还推出了概念店，为了保证产品的质量不出现问题，好利来在连锁经营的基础上实行"内部加盟"的模式，既保证了品牌的价值，又保证了对产品质量的控制。

三、结论与展望

通过分析好利来从创立至今的发展成就，可以看出它在国内烘焙行业创造了一个奇迹，毫无疑问是国内烘焙龙头。起源于20世纪末期的老牌烘焙品牌，没有因循守旧，而是在长时间的历史积淀中，不断地随着时代的潮流进行革新，迸发出更强劲的活力和创造力。在烘焙这一同质化严重的行业中，好利来能从看似简单的即买即卖中作出大文章，它的成功离不开其多方位创新的商业模式。

每个企业或每个事业都具有其独特性，一定要考虑突出商业模式的独特性。同时，任何商业模式都不能保证永久有效，要保证商业计划的灵活性，让商业计划保持长久活力，这是商业计划的制定者需要考虑的。

参考资料：

［1］黄珍，李阳阳，付铁岩. 好利来产品市场营销策略研究［J］. 国际公关，2022（13）：115 – 117.

［2］蔡馨，李心悦. 移动互联网视阈下好利来联名营销的策略探析［J］. 今传媒，2022，30（6）：134 – 138.

［3］王缘. 新消费时代下烘焙品牌好利来转型路径研究［J］. 产业创新研究，2022（3）：117 – 119.

【本章小结】

本章主要介绍了创业过程中的一个重要工具——商业计划，对商业计划的相关理论以及撰写商业计划书的要点和技巧进行了简要介绍。通过对本章内容的介绍，相信读者在心中已经有了关于商业计划是什么、商业计划的作用是什么、商业计划的类型有哪些、如何撰写出一份优秀的商业计划书这些问题的答案。商业计划对于整个创业过程而言就是一个地图，是对整个创业思路的具象，同时也是创业想法如何实现的指南。商业计划如创业一样，是一种修行，要在不断地解决问题的过程中完善精进。创业者一定要用好商业计划书这一有效工具，吸引各路合作伙伴，创造出更大的价值。

【思考题】

1. 以下选项中对商业计划书正确理解的是（　　）。

A. 商业计划书要向读者呈现完美的形象

B. 商业计划书可以找专业人士代写

C. 成熟的企业也需要制定商业计划书

D. 商业计划书是为了融资做的

2. 企业产品的消费群体特征应该放在商业计划的（　　）部分。

A. 产品介绍　　　　B. 商业模式　　　　C. 公司简介　　　　D. 市场环境分析

3. 以下选项中不符合商业计划"内容通俗"要求的是（　　）。

A. 表达明晰的结论　　　　　　B. 少使用专业术语

C. 多应用分析工具　　　　　　D. 篇幅简短

4. 商业计划书的撰写思路是什么？

5. 简述商业计划的技巧。

第五章 定位产品

　　互联网技术及大数据的不断优化发展，使得流量成为当前企业经营发展的关键，但是在多种变量交织的复杂环境下，使得流量大多流向头部品牌，创业企业由于其规模较小，在大环境下艰难发展。这时，双创时代为创业者及其创业团队带来了机遇与希望，国家政策的支持为创业者及其团队带来了强大的助力和信心。所以，当创业者希望开展其事业时，应当做好充分的准备，定位其产品就是其中十分重要的一项准备工作，明晰企业的产品定位，能够帮助企业少走弯路，平稳度过创业企业的前期生存阶段。

　　我们与淘宝是错位竞争，争夺的是同一批用户的不同场景，错位才会长得更快。

——拼多多董事长　黄峥

【学习要点】

　　☆产品定位与 STP 分析
　　☆需求调研与整理
　　☆产业发展形势

【开篇案例】

李开玖：极致不起眼的创业产品

一、企业简介

　　赫兹科技（HIZERO）创立于 2013 年，隶属于深圳赫兹家电有限公司，其主打地面清洁领域的工具应用，旗下产品主要为 HIZERO 仿生洗地机，是一家技术创新型公司。HIZERO 仿生洗地机灵感来源仿生，以其仿生黏附清洁专利技术为基底，改变传统拖把繁重的清洁方式，致力于化繁为简，一步完成扫地、拖地、洗地、擦干等深度清洁步骤的同时，又能够对地板起到保护作用，让做家务的人能够以更加高效、快速、轻松的方式进行家居清洁，提高人们的生活幸福感和满足感，营造有质感、有追求的生活氛围。HIZERO 多年来经过不断的产品研发和市场拓展，逐步进入美国、欧洲、东南亚市场，2021 年荣获美国爱迪生发明奖，同年在中国家电消费电子展中亮相，赢得较好的反响。

二、与众不同的创业路

　　提到 HIZERO 仿生洗地机进入中国市场后的发展，就不得不谈及将 HIZERO 洗地机引入中国市场并助其扩大声誉及销量的关键人物——李开玖。

李开玖 1972 年出生于四川，研究生毕业的他并非在创业之初就锁定了洗地机领域及 HIZERO 品牌，而是走出了一条不同寻常的创业道路。

2002 年，厌倦了国企传统的、甚至是"不平等的"交流方式，李开玖辞去这份工作，开始了他的创业之路。最开始，李开玖与瑞典品牌布鲁雅尔（Blueair）合作，共同将其产品——空气净化器在中国生产，并销往亚太地区；2013 年，作为瑞士知名品牌、被誉为"百年瑞士八大发明之一"的劳拉之星（Laurastar）的中国合作伙伴，李开玖将高达上万元的熨烫产品引入中国市场。自此，李开玖长期坚持其创业之路，经过几十年的磨炼，李开玖已有一些资金和经验的积累。在机缘巧合下，李开玖开始了与 HIZERO 的合作。最初 HIZERO 由于其在经营管理方面的偏差走了一些弯路，2019～2020 年，李开玖作为投资人，先后投入不少的资金进入 HIZERO，对战略方向、产品迭代升级、股东结构等方面进行了重组，这也是 HIZERO 丢掉其包袱，重新起步的决心。

三、经营理念及方式

在 HIZERO 重新起步的过程中，李开玖采取诸多措施挽救危局，不断更新其经营理念与方式，存在着一定的借鉴意义。

1. 选择有潜力的市场

洗地机相对于传统拖把来说是一种革新，它提供了全新的地面清洁解决方案，在创业过程中，不仅要致力于产品本身性能的提升，还需要思考产品怎样可以卖得更好，选择有潜力的市场。李开玖坚持相信底层逻辑和事物发展的必然规律，顺势而为。在具体应用上，一方面表现为顺趋势而行，市场规模的庞大才能发展出庞大的销量，因此李开玖瞄准了中国家庭清洁护理行业，该行业规模超大，是一个千亿级规模市场，国内中产阶级比例不断上升，消费升级是主旋律；另一方面是借其优势而行，在洗地机这个新品类市场，HIZERO 与其他公司对比来说已有了其独特的产品，已经实现了从 0 到 1 的阶段，但这只是一个开端。

2. 精准的市场分析

只依靠产品本身卖得好仍然不够，因为 HIZERO 在洗地机领域内实现了突破后，就会有不少公司看到其利润空间，争先恐后挤入市场，甚至出现大量的"仿制品"，对 HIZERO 带来较大的不利影响，在无形之中失去消费者的信任。面对如此情景，李开玖在积极思考并分析当前局势后认为，一方面要坚持"理念先行"原则，另一方面始终走中高端路线。

（1）"理念先行"原则。李开玖从作为空气净化器品牌 Blueair 总经理时就开始致力于对消费者的"指导"，面临 HIZERO 行业竞争激烈时仍然坚持"指导"，面对大部分了解洗地机产品的消费者，HIZERO 在线下渠道安排专人向消费者演示洗地机的功能、维护方法等。

（2）始终走中高端路线。产品同质化的后果就是市场上的全部公司开始打价格战，很显然这不是一种明智的做法，并且 HIZERO 始终走中高端路线，以低廉的价格进行行业竞争，会对品牌形象及长期持续发展产生不利影响。所以，李开玖认为，HIZERO 必须抓住差异化这把"武器"，不断迭代升级，其 2020 年新品实现了一步即到位、无须担心维护难度、"雁过无痕"等特性，在产品品质方面有显著优势。

3. 营造工程师文化

工程师文化源于李开玖对国际化公司——戴森成功经验的总结与复盘，除去营销技巧外，戴森成功的底层逻辑就在于人与文化。戴森在研发方面始终坚持其技术开发领先于其已推出产品，要想在技术层面上取得突破，核心是要靠技术人才。所以李开玖在面临HIZERO技术人员不稳定、流失率高的问题时，思考企业存在的问题。经过研究发现，企业内部过度"包装"以及技术难题攻克困难等原因使得技术人员缺乏成就感，因此他提出在企业内部建立平等、有成就感的文化氛围，尊重每位技术人员的知识产权及产出，并且给予相应的激励，每一位技术人员都能够在公司内感受到被尊重，这让HIZERO在同等薪酬条件的基础上，吸引了更多优秀人才，形成良性循环。

四、成功经验

1. 深挖行业市场

（1）市场环境层面。近年来，人们越来越重视居家清洁，这就使得清洁工具需求猛增，其中洗地机以其便捷、一体化的特点在其中脱颖而出，时至今日仍然热度不减。这也使得众多企业纷纷加入，再加上市场上原有企业数量不多，行业准入门槛不高，有些互联网企业甚至没有什么核心技术也在进入该行业，不仅使人难以信服，而且产品质量低下，破坏该类产品在消费者心目中的形象，再加上消费者对洗地机不熟悉，容易对产品产生负面印象，对整体行业造成影响。所以，此时企业应当充分挖掘行业市场中存在的乱象及不利之处，有针对性地采取措施，加强对消费者引导，科普专业产品相关知识，提供上门演示服务。

（2）行业趋势层面。随着互联网时代的到来，生活水平不断提高，同时消费者对清洁工具的需求也将越来越高，家电产品的智能化已成为趋势。所以，企业应当在不确定、不稳定的发展时代下，根据其行业发展变化而变化，在深入了解管理者有了思维上的转变后，相应地进行企业战略、发展方向的转型升级。

2. 以客户为导向

企业在行业市场上有立足之地后，要想实现企业的长远发展，企业还需要时刻以客户为导向。

（1）以客户需求为导向。洗地机产品应当拒绝打价格战，促销是企业经营销售的一种手段，但是不能一味地追求低价，HIZERO走的是中高端路线，产品应当坚持性能过硬的准则，在如今良莠不齐的行业市场上，可靠的产品质量是消费者最大的需求，企业应当耐心沉下来磨炼产品性能，为消费者提交一份更满意的答卷。

（2）以用户体验为先。企业应当以用户体验为先，做好产品售后等相关服务，建立企业口碑。洗地机等清洁工具产品不是一次性买卖，是一种服务性很强的产品，早期HIZERO就是因为售后工作不到位才走了许多弯路。

3. 创业团队管理升级

对于HIZERO来说，它已经是一个经过十几年发展的老牌企业，其组织管理架构相对成熟，自成体系，所以对其创业团队内部的管理升级最重要的就是留住人才。这是因为其主营业务——仿生洗地机属于智能化的产物，更新迭代速度快，所以人才的重要性不言而喻。企业想要留住人才可以从激励入手，可采取长期激励手段，比如，树立清晰、振奋的企业愿景及目标，让团队整体有方向，个体不掉队；企业也可以采取短期激励手段，如设定奖励、奖金等物质手段。

4. 与时俱进的营销方式

早期 HIZERO 的宣传活动很少，连广告都极少做。在如今互联网和数字经济如此发达的时代，宣传及推广都是企业经营发展过程中必不可少的一步，例如，企业可以通过与网红博主等关键意见领袖（KOL）合作，在抖音、小红书、知乎等社交平台上，通过图文、短视频等形式进行内容营销，以拉动消费者的购买欲，提高销量。

五、结论与展望

总之，在错综复杂的市场背景下，李开玖带领团队在砥砺中前行，坚持"理念先行"原则，实施产品差异化战略，同时致力于营造工程师文化，塑造平等的氛围。虽然目前 HIZERO 市场份额仍然较低，但李开玖及其团队在未来的发展仍有较多空间，还需深挖行业市场，坚持以客户为导向，升级其创业团队的管理，采用与时俱进的营销方式，未来，HIZERO 的前景一片光明。

参考资料：

［1］桑雪骐. 家电市场升级趋势延续　集成化、智能化产品受青睐［N］. 中国消费者报，2022－05－19（003）.

［2］张媛珍. 爆火之后，洗地机行业的"千亿生意"牌该怎么打？［J］. 电器，2021（11）：39－41.

第一节　产品定位与市场定位

放眼国内乃至全球，各种类型的企业，纷纷抢占市场，期望在行业市场上占得一席之地。创业企业及团队不论是在创业之初还是在创业项目运行之中，都需要先发性地关注产品定位与市场定位，明晰其概念及逻辑，充分了解并掌握产品与市场定位的方法理论，如 STP 分析、波特五力分析等，为企业今后的发展方向及战略选择打下基础，为困顿中的企业寻找光亮。

一、产品定位概述

1. 产品定位是什么

（1）市场定位。谈及产品定位，就不得不说到与之十分相近的一个概念——市场定位，通常人们往往会将市场定位与产品定位混为一谈，但细究其定义及背后逻辑，二者存在着一定的差别，要了解产品定位，首先要清楚市场定位是什么。艾·里斯（Al Ries）和杰克·特劳特（Jack Trout）是美国著名的营销学家，市场定位这一概念由他们率先提出，他们认为市场定位是指树立公司商品及品牌形象、独特性的市场营销技巧，即公司商品在其目标市场中所占的特殊地位，企业及其管理人员根据企业产品所处的市场现状以及消费者对该产品特点的重视程度排名，有针对性地塑造产品的形象定位，传达给目标消费者群体，从而确立该产品在市场上的位置。

随着现代市场营销学的发展，人们对于市场定位相关理论有了更多维度的认识理解。现代营销学之父菲利普·科特勒（Philip Kotler）主张市场定位就是要给目标消费者留下深刻的印象，且明显区别于其他产品，在目标市场上使得企业与其他企业明确分割开来。蓝进（2007）同样注重市场导向，认为市场定位是企业在满足市场需求方面具有何种独特优势，也就是从把东西卖给谁、满足哪些细分市场的角度进行定位，与产品定位存在着显著区别。这也能够表示，市场定位描述了企业的价值主张，让产品和服务能够满足特定消费者群体的需求（郭韬等，2017）。

企业进行市场定位是一个极其综合复杂的过程，不仅需要合理利用工具，如价格定位、风格定位等（周亚琴等，2021），而且还需要在定位过程中遵循战略一致性、经济性、适应性、可行性等原则（董玥玥等，2018）。

（2）产品定位。产品定位是营销管理领域的重要研究问题，由于创业企业具有初始资源缺乏、易受外部环境影响、运营不稳定等特点，产品定位的准确性、方向正确性对于创业企业的创业者来说，具有不可忽视的重要作用。创业者需要正确理解产品定位的内涵。产品定位与市场定位存在显著差异，产品定位是对产品特征及组合进行选择并满足市场需求，是对市场定位的具体化和落实。产品定位可以从以下不同角度进行具体理解。

①企业角度。产品定位表现为企业产品在消费者心目中的印象，根据这种印象来确定企业所应当采取的下一步策略，如产品性能的改进升级、营销策略的选择等。由于创业企业在初期规模较小，对企业策略及产品的改造更加具有灵活性，能够根据产品定位及时更新升级其产品。

②消费者角度。产品定位表现为该产品为消费者带来了哪些价值，该产品如何解决消费者现存的问题，以及为何选择该企业产品而不是其竞争对手的产品。

③市场角度。产品定位表现为企业通过各种技术手段锁定目标市场，根据目标市场及消费者群体的缺口和需求来定制产品。创业企业对外部市场环境较为敏感，产品定位也应面向市场。

④总结来说，市场定位是指企业对目标消费者或市场的选择，而产品定位是指企业以什么样的产品来满足目标消费者市场的需求。只有当企业做好了市场定位，企业才能根据其目标市场及目标群体，开展产品的生产与营销工作。

（3）产品定位的类型。根据产品的特点可以将产品定位分为工具型产品、内容型产品和业务驱动型产品。工具型产品指的是为用户提供具体问题解决方案的产品，解决用户当下需求，充当用户随手使用工具的角色，如搜索引擎、单词软件、地图导航软件等。内容型产品不同于工具型产品可以明确找出消费者的需求及痛点，它提供各种类型的产品内容，重在输出，面向的群体范围广泛但用户画像不明确，例如知乎、简书提供知识内容，爱奇艺等视频软件提供的视频内容。业务驱动型产品顾名思义就是以企业的各项业务为导向，根据不同时期、不同市场形势，及时对产品更新迭代，根据客户需求，围绕产品功能的提升改造产品。

2. 为什么要进行产品定位

（1）"贴标签"。产品定位的必要性在于区分自己的产品与市场上其他同类型产品，因为产品定位可以为产品"贴标签"。"贴标签"能够明确树立产品在市场和用户心目中的形象和地位，使得创业企业产品存在显著特征，为初创时期创业企业的起步增添动力，帮助成长期的创业企业扩大其产品影响力。当消费者有需求，对市场上的产品进行选择和比较时，就能够立即想起产品的"标签"，引导消费者快速作出决策。

（2）为产品营销打基础。一个成功的产品定位往往会为企业后续营销打好基础，给企业的市场营销模式及效果带来正向的促进作用。创业企业在成立初期存在着市场营销策略不完善的问题，产品定位为产品营销提供了一个清晰的纲领和方向，也划定了营销对象的范围，购买企业产品的是男性还是女性？是学生还是上班族？范围明确才能将资源合理投放，一定程度上有效地为创业企业规避风险，帮助创业企业找到自身定位以及发展方向，进行精准营销，而不是跟风潮流、盲目营销。

二、 STP 分析

STP 理论源自美国营销学家温德尔·史密斯（Wendell Smith）在 1956 年提出的市场细分概念，后经过菲利普·科特勒的不断研究和完善，逐步形成了成熟的 STP 理论，也称为市场定位理论。

STP 理论是战略营销的核心理论，其前提是存在着多元化市场，市场上有着大量不同需求的不同消费者群体，并对消费群体进行划分，在若干子市场中锁定某个或某些能够契合企业产品或服务的市场，将其作为企业的目标市场，根据目标市场情况改进升级企业自身产品，找到在市场中的定位，将这种定位作为一种印象赢得消费者的认同并在消费者心目中固定下来。这为市场定位和企业核心竞争力的塑造提供了完善的理论和方法论指导，其中，S、T、P 的含义分别为市场细分、目标市场、市场定位，这三个部分存在着前后顺序关系，如图 5-1 所示。

图 5-1　STP 理论分析流程

1. 市场细分

（1）市场细分的内涵。市场细分也就是企业经过专业化的市场营销分析，根据消费者自身特征及消费偏好等因素，将企业产品所属的整体市场细分为若干子市场的过程，每一个子市场都是将整体市场上大量具备不同特征的零散消费者按照某一标准聚集起来，经过聚集后的每一消费者群体都存在着相似的需求或是相似的消费偏好。企业就可以根据各个群体的相似性，制订出具有针对性的营销方案，改进产品。

（2）市场细分的标准。从消费者角度考虑，企业进行市场细分的标准有很多（如图5-2所示），主要包括消费者自然特征变量和消费者行为特征变量。消费者自然特征方面的变量，包括地理变量和人口变量，地理变量是根据消费者所处的地理位置进行细分，如地区、城市等，人口变量按照人口统计变量对消费者进行细分，如年龄、性别、职业等因素。消费者行为特征方面的变量，主要有心理和行为两个变量，心理变量包括购买动机、个性、对服务方式的感受等，行为变量包括购买频率，忠诚度、对产品的了解程度等。

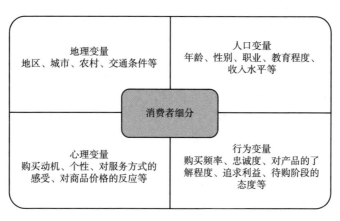

图5-2　消费者细分变量示意图

2. 目标市场

（1）目标市场的由来及内涵。目标市场的概念由营销学大师杰罗姆·麦卡锡（Jerome McCarthy）提出，他认为应当把消费者看作一个特定的群体，也就是目标市场。在STP理论中，市场目标也就是选择合适的目标市场。市场细分是为目标市场的选择做准备，对子市场进行吸引力评估，根据企业自身实力和产品特性，选择子市场作为企业要进入的目标市场。通过选择合适的目标市场，能够为企业整体战略的实施和企业目标的达成指引方向，增添动力，获取更多利润。

（2）目标市场的策略。目标市场的选择有标准化的策略可以参考，通常采用以下三种策略（如图5-3所示）。

图5-3　目标市场选择策略示意图

　　无差异性营销策略就是对企业产品或营销方式不作区分，将无差别的产品用无差别的营销策略投放市场。这一策略适用于企业所处市场及消费者群体差异性较小的情况，可以帮助企业降低成本，简化流程，精简组织结构，有利于打造规模效益，但同时其缺点也十分明显，产品过于大众化，缺乏个性，不能满足消费者多元化的需求，竞争力弱于同类型企业。

　　差异性营销策略是企业针对不同细分市场，推出不同的产品，制定有差别的营销计划，其产品及营销方案更加具有针对性。差异性营销策略可以满足不同消费者的不同需求，有利于打造企业竞争力，不仅能够提高销量，还能够在各中小型的细分市场上占据一席之地，稳固企业根基。但是这一策略需要较多的长期持续投入，对企业自身硬实力的考验较大。

　　集中性营销策略是指企业专注于某一个或某几个细分市场，将全部资源及精力都投入进去，全力发展。这一策略适用于企业自身资源及实力有限的情况，这样能够有效整合资源，在一个细分市场内做到极致，达到"高精尖"的水准，在消费者心目中树立起专业化的企业形象，但是，资源及发展精力过于集中会造成企业产品单一的局面，难以全面发展，在抵御风险、应对危机方面的能力较弱。

　　（3）创业中的目标市场。选择目标市场是创业初期企业进行产品选择的关键一环。创业企业对市场进行细分后，还需对每一细分市场进行合理的评估，了解该细分市场中消费者的特性、消费偏好、竞争者的情况等，使得创业企业能够统筹全局，将其有限的资源进行合理的配置，选择出最合理的目标市场。

3. 市场定位

　　全球定位之父阿尔·里斯（Al Rie）首先提出市场定位理论，此后，不断有学者对该理论进行发展完善，为市场定位策略提出参考。市场定位是 STP 理论中的第三步骤，经历了整体市场细分为若干子市场、分析选定子市场后，企业还需要根据目标消费者群体及目标市场的需求，有针对性地对其产品或服务加以改造，形成个性化的、有差异性的产品或产品组合，使消费者将本企业产品与同行业其他企业的产品区别开来，打造企业在对应细分市场上独特的位置，形成企业核心竞争力。创业企业要了解所进入市场的具体情况，行业内是否存在大型龙头企业，是否存在发展迅速的后起之秀，进而判断该市场甚至细分市场是否契合企业战略及实力，根据实际情况作出市场定位的决策。

　　企业通过合理选择目标细分市场，结合实际切实分析目标市场的消费特征及偏好，根据分析结果，不断改进完善自身产品，使得其产品具备个性化、独特性，成为创业企业在激烈竞争的市场环境中立足的关键性因素。

专栏 5-1

三顿半咖啡：热门赛道中突出重围

一、企业简介

　　三顿半咖啡成立于 2015 年，主营精品咖啡，主要产品有超即溶、挂耳、手冲、滤泡四大类。三顿半是一个原创精品咖啡品牌，成立至今持续探索咖啡市场的需求，不断创新其产品及经营理念，构建咖啡新消费场景，使咖啡呈现出更为日常的新生活方式。成立时间不久的三顿半咖啡至今已取得亮眼的成绩。

二、STP 分析的应用

要想明晰创新的方向与限度，还需进行合理的市场定位，以下将采用 STP 分析方法，解析近年来三顿半咖啡的市场定位分析过程及决策。

1. 市场细分

面临庞大的咖啡市场，可以将咖啡市场按照咖啡冲煮方式、销售形式、性别年龄细分为不同市场。

（1）冲煮方式。按照咖啡的冲煮方式可以分为现磨咖啡、即饮咖啡和速溶咖啡。现磨咖啡主打精品、品质的理念，国内市场竞争者较少得到高速发展。速溶咖啡主打方便、快捷、高效、性价比的理念，满足大部分消费人群对咖啡的需求。即饮咖啡相比于现磨咖啡和速溶咖啡来说需求较少，由于其口味不佳、价格不低的不足之处，所占市场份额较低。

（2）销售形式。按照销售形式可以分为线上、线下两种模式。咖啡品牌在创立之初往往选择从单一的销售模式起家，选择线下门店销售或线上销售。但随着互联网时代的到来，咖啡的销售形式不断变化，大多数咖啡品牌不再单一地选择某种销售形式，而是采取线上线下相结合的方式。

（3）性别年龄。按照消费者的性别年龄划分，由统计数据得知，咖啡用户中年轻人是消费主力军，在 20~35 岁年龄段的消费者贡献了近 80% 的咖啡消费量，女性用户的数量高于男性用户。

2. 目标市场

三顿半咖啡经过对整体市场的细分，将其目标市场策略定为集中性营销策略与差异性营销策略相结合的方式。

（1）集中性营销策略。三顿半咖啡采取了集中化营销发展的策略。线下咖啡店发展趋于成熟，互联网技术不断发展，这时三顿半咖啡将其目标对准了线上零售，以线上销售为其主要渠道。同时，由于咖啡的不断普及，消费群体扩展到更广阔的群体，现磨咖啡价格高昂、购买效率低下等原因导致了消费者对速溶咖啡的需求呈快速增长态势，由于速溶咖啡巨头雀巢已 6 年未推出新品类，三顿半咖啡则瞄准了该部分的市场空白，主打速溶咖啡品类。

（2）差异性营销策略。三顿半咖啡还不断深入发展其差异化营销策略。三顿半咖啡推出不同的咖啡品种，对于其速溶咖啡来说，公司将"精品"与"速溶"相结合，将其目标消费者群体定位为热爱生活、追求品质的城市青年，致力于满足基本生理需求的同时，也满足消费者的社交需求和审美需求。

3. 市场定位

（1）线上线下结合。近年来，三顿半咖啡采用线上与线下相结合的销售方式，逐步将其业务从线上发展到线下。三顿半于 2019 年在长沙开设 demo 店，2020 年在上海开设"原力飞行"旗舰店，其线下渠道开设的目的主要是为线上销售服务，承载着品牌与内容传播的功能。

（2）打造质感。三顿半咖啡致力于打造质感，一改传统速溶咖啡不健康、难喝的固有印象，一方面采取无损风味萃炼（LABS）技术，保留咖啡原有风味，实现超即溶，主打产品为"超即溶小罐精品咖啡"，分为基础版咖啡和数字咖啡两种品类，凸显其专业化；另一方面在采用高颜值外观设计的同时，三顿半咖啡还在众多新媒体平台上进行内容营销，营造高质感的生活氛围。

三、结论与展望

综上所述，三顿半咖啡对于其目标市场及定位的精准把握，造就了三顿半咖啡今日的成就。三顿半咖啡根据不同的标准对市场及消费群体进行细分，根据当前发展环境及竞争对手状况，在各细分市场中锁定其目标市场，有针对性地进行市场定位，这样使得三顿半咖啡与线下的现磨咖啡区别开来，以其更低廉的价格和更便捷的获取方式赢得顾客；与传统速溶咖啡区别开来，以更好的口感和更优的质感赢得顾客。随着改革开放和经济社会的不断高速发展，国内消费者群体对咖啡的需求规模增速明显，同时，咖啡豆种植的规模及品质也在与日俱增，中国咖啡市场拥有着广阔的发展前景，需求规模庞大。在未来，中国咖啡市场有着极大的发展空间。

参考资料：

［1］曹流芳. 三顿半咖啡，如何逐鹿热门赛道？［J］. 国际品牌观察，2021（19）：53－54.

［2］王雪靖. 新消费品牌的发展现状、问题与前景展望［J］. 中国广告，2022（2）：51－56.

［3］张洁，侯娜，刘雯雯. 高管团队认知适应性如何推动商业模式创新？——三顿半和玛丽黛佳的双案例研究［J］. 管理案例研究与评论，2020，13（5）：566－588.

三、 波特五力分析

竞争战略之父迈克尔·波特（Michael Porter）在20世纪80年代初提出行业结构及竞争分析的工具——五力分析，即波特五力分析模型，这一模型的内容是在行业中存在着决定企业竞争规模及竞争激烈程度的五种力量（如图5－4所示），即供应商的议价能力、购买者的议价能力、新进入者的威胁、替代品的威胁和同业竞争者的竞争程度，企业通常在制定竞争战略时，可以使用波特五力分析模型对行业环境及竞争情况进行分析。

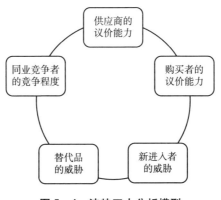

图5－4　波特五力分析模型

迈克尔·波特认为，企业竞争战略的制定设计核心在于选择正确的行业，确定其在行业中合适的位置，波特五力分析模型在一定程度上属于对企业所处外部微观环境的分析理解，企业的盈利能力由这五种力量决定，将这五种力量用于竞争战略方面，可以有效"窥探"出该行业的盈利能力，以及企业未来竞争战略的核心内容，为企业未来战略方向的制定提供参考。同时，波特五力分析模型也被广泛用于创业企业的市场细分，通过波特五力分析更加精准划分市场，进行市场定位，为缺乏资源的初创型创业企业提供参考。这五种力量在创业企业竞争环境分析中发挥的作用如下所述。

1. 供应商的议价能力

供应商是指为企业提供原材料、服务等产品或其他资源的企业或个人。在行业竞争环境中，供应商的议价能力取决于其市场地位、市场份额以及所提供的产品对企业的重要程度，供应商主要采取提高商品要素售价和降低单位产品价值质量两种手段来维持自己在行业环境中的议价能力及地位，在生产销售关系中掌握主动权，最终对创业企业的运营效能及战略方向产生影响。供应商的强大议价能力对创业企业在自身的发展具有重要影响，尤其是对于初创型和小规模创业企业，更是加剧了经营的不确定性和不稳定性。

2. 购买者的议价能力

购买者指的是购买产品或服务的目标客户群。购买者的议价能力往往根据不同消费者群体特点展现出不同的效果。根据购买者的议价能力情况，创业企业能够分析其生产经营状况及利润水平，分析企业自身在市场上的位置以及竞争优劣势，以此为依据来制定竞争战略。

3. 新进入者的威胁

当行业发展态势良好，有可观的预期利润时，往往会吸引一些新进入者。新进入者在为整个行业带来新资源和创意点的同时，也占据了一定的市场份额，抢占了部分现有企业原有的市场份额，引发新旧企业之间激烈的竞争，降低盈利水平，甚至可能打破正处于均衡状态的行业市场，给企业及行业带来负面影响。

创业企业本身具有内部运营不健全、稳定的劣势，创业企业必定是发现某行业有利可图，才会选择创业加入该行业，这种行为本身也会继续吸引其他创业者的注意，思考是否可以追随之前的创业者在这一市场分一杯羹，因此新进入者的威胁是不可避免的。

4. 替代品的威胁

企业的产品除了与同类型产品存在着竞争，还与其替代品存在着竞争关系。替代品所造成的威胁对创业企业来说是一项重大威胁，替代品与原有产品之间存在差异，却有可以相互替代的效果，会对创业企业产品造成严重的威胁，创业企业可能被迫改变价格、销量、利润水平等因素，与替代品展开更为激烈的竞争。

替代品所具有的威胁程度主要取决于消费者对该替代品的接受程度，接受度越高，替代程度就越高，就会对企业盈利水平和生产经营状况带来更加不利的影响。创业企业面临着竞争者的威胁，且竞争能力相对较弱，因此应当透彻了解替代产品各方面的信息，提前准备好各种方案及方式来提升产品的竞争力。

5. 同业竞争者的竞争程度

在整个行业市场上，所有企业不是各自独立的，而是具有千丝万缕的利益关联，正是因为这些关联使得企业之间为了争夺资源、抢占市场份额，不可避免地出现冲突与对抗，形成激烈的竞争格局。

创业企业在进行产品定位、市场定位时，还需根据评估分析结果，选择合适的目标市场，如果创业企业选择了市场趋于饱和的产品及发展方向，或是难以区分的产品类别，购买者转换成本低，产品选择多样，便非常不利于创业企业的生存。

专栏 5 - 2

罗欣药业：在激烈竞争中走自己的路

一、企业简介

山东罗欣药业集团股份有限公司成立于 2001 年，是一家多元化的大型医药企业集团，是国家认定的重点高新技术企业。公司业务主要涉及医药工业和医药商业两大板块，主要包括化学药品制剂及原辅料药、医疗器械、智慧医疗等产品，重点聚焦消化类、呼吸类药品领域，在抗肿瘤、心血管等多个领域布局。罗欣药业注重研究开发，以沈阳药科大学为科研后盾，设立多个培养基地，保障企业研发能力。本案例通过波特五力分析模型对罗欣药业的行业环境及竞争情况进行分析。

二、波特五力分析

1. 供应商的议价能力

罗欣药业在医药工业、医药商业板块需要在供应商处采购相关治疗领域原材料、器械等方面的服务，在对外采购原材料方面主要与供应商建立战略合作关系，获取成本优势。同时，罗欣药业为避免供应商及原材料对企业发展的更大限制，逐渐布局全供应链的建设，加强上游原料药的生产建设，不仅积极扩建新的生产线，提高产能，并且着手建设大规模的原料药产业园区，有效减弱依赖性，削弱供应商的议价能力。

2. 购买者的议价能力

罗欣药业拥有其特色核心业务，采取的是"以产定销"的销售模式，较为精准地匹配购买者的需求，并且在产品推广方面采取一系列有效措施，使其产品在购买者群体中较为抢手。2021 年的国家药品集中采购中，罗欣药业四个品种的药品入选采购清单，这就意味着罗欣药业的产品可以通过国家渠道，以价换量，覆盖全国市场，提高知名度。

3. 新进入者的威胁

罗新科技在医药行业市场上面临着新进入者的强烈威胁及竞争。当前人口老龄化现象严重，再加上近年来人们"养生"意识逐渐强烈，医药行业发展迅速，市场规模不断扩大，其展现出来的良好前景和利润水平会吸引更多的企业进入，与原有企业抢占市场份额，造成巨大的威胁。

但是，医药行业也存在着较高的行业壁垒，一方面存在着经营成本过高的问题，比如国家管控使得药品价格下降，利润增速逐步放缓的风险，技术研发失败会导致投入全部打水漂，以及原材料供应及价格不稳定；另一方面，还存在着药品不良反应、国家政策调整等风险，具有较强的不稳定性。这表明了罗欣药业所处的竞争环境中新进入者面临较高的行业壁垒，进入市场较为困难，但是其带来的威胁也较大。

4. 替代品的威胁

罗欣药业在行业内耕耘几十年，有其自身的业务模式及经营模式，在某些药品开发上，罗欣药业有独有的优势。罗欣药业自主研发的盐酸氨溴索喷雾剂，是一款儿童专用的祛痰药喷雾剂，2022 年 5 月，罗欣药业子公司与安翰科技合作，成为其研发的消化道振动胶囊系统的中国总代理商。罗欣药业历来重视研究开发与多元化协作交流，多年间运营了多家培养基地、实习基地等，为公司的技术升级提供基础保障。罗欣药业也注重产品质量，不断提升其质量管理体系及团队，完善产品功能，提供高效、优质的产品及服务，在客户心目中树立良好的形象。不论是产品的独特性，还是研发、质量方面的保障，罗欣药业在可替代方面的威胁较小。

5. 同业竞争者的竞争程度

罗欣药业所处的医药行业市场规模不断扩大，但是与其同行竞争者存在着激烈的市场竞争。这是因为医药行业市场发展日趋成熟，尤其是消化系统疾病领域更是一个成熟市场，存在较多的企业及现有产品，就以抑酸药物为例，现有已存在正大天晴、华东医药、卫材药业、丽珠集团等多家药企研制相关仿制药，市场竞争激烈。

三、结论与展望

综上所述，根据波特五力分析模型，可以看出罗欣药业面临激烈的市场环境，罗欣药业凭借自身独特的竞争优势，针对所面临的威胁采取了相应的措施，如布局上游供应线、注重研发等，在未来，罗欣药业的发展将会更加积极从容。

参考资料：

[1] 刘霞，张宪萌，刘畅. 罗欣药业回归 A 股财务风险控制策略 [J]. 合作经济与科技，2021 (22)：108 - 111.

[2] 张延陶，刘振腾. 罗欣药业创新差异化 [J]. 英才，2020 (Z1)：68.

第二节　顾客需求研究

VACU（易变性、不确定性、复杂性、模糊性）已成为时代的主旋律，创业团队处于这样的环境中，需要准确地定位产品，对顾客需求进行深入研究。企业只有比竞争者更加全面了解顾客需求，才能在竞争激烈、形势复杂的环境中站稳脚跟。面对消费者多样性、差异性等特征，企业可以遵循明确研究对象和目的、明确研究方法和内容、制定与实施调研计划、整理和应用需求信息四个步骤对顾客需求进行分析。

一、　明确研究对象和目的

明确研究对象和目的是企业进行顾客需求研究分析的第一步，研究对象与研究目的是进行一项分析所必须实行的首要前提。明确研究对象也就是找出创业企业所面对的顾客是哪些群体、有哪些特征、怎样明确企业的目标群体，这样能够使企业在分析过程中精准把握目标群体及目标市场；明确研究目的也就是要知道为什么要进行顾客需求分析？分析顾客需求是为了什么？要达到什么样的目的？这样能够使创业企业在今后的发展过程中始终坚持其目标，不忘初心。

1. 顾客群体的分析研究

创业企业拥有的产品是确定的，消费者及其消费行为却是多元化的、不确定的，因此创业企业必然要对消费者群体进行分析以适应消费者的特点。

一方面，消费者及其消费行为具有多样性、动态性的特点，消费者所处环境、性格、收入的不同会产生不同的需求，并且这些不同需求之间的差异化程度较大，再加上不同消费者对同一产品或是不同产品常常兼有多方面的要求，如价格低廉、产品美观、质量保障等。所以，随着竞争态势的加剧，消费者需求的多样化使得产品导向型市场逐渐转变为顾客导向型市场。

另一方面，消费者的消费行为具有诱导性，也就是消费者需求可以被诱导，消费者会被广告、推广等形式诱导，改变消费方向和购买决定，所以创业企业应当利用好这一定特征，明确其目标顾客群体，引导消费者作出购买行为的转变。

2. 需求研究目的

（1）了解顾客需要什么。进行顾客需求研究，最直接的目的就是了解顾客需要什么，为企业产品寻找到比较容易发挥价值的顾客群，并且采取差异化策略，发掘顾客尚未被满足的需求，完成产品的迭代升级。对于创业企业来说，如果无法明确顾客需求，那么会遇到失去利润、企业无法维持等诸多潜在风险。

（2）解决顾客的问题。了解顾客需求并不是终点。直接将顾客所需产品呈现给顾客，顾客并不一定会买账，不同顾客有着同样的需求，却有着不同的用途，那么在选购时的侧重点也会不一样，这就表明创业企业应当坚持以顾客为导向的原则，在进行顾客需求分析时，也要注重解决顾客的各种问题、解决问题的方式，满足顾客具体需求。

二、 明确研究方法和内容

在确认研究对象以及研究目的后，创业企业在进行顾客需求分析过程中还需明确其研究方法及内容，确定其在分析调研过程中所运用的方法论，事前确定在整个需求研究中，需要对哪些内容进行调研、分析、应用，为企业的分析过程框定范围，减少不必要的成本消耗，用科学的方法论指导需求研究。

1. 明确顾客需求分析的研究方法

顾客需求分析的过程中，研究方法贯穿始终，至关重要，企业需要通过差异化的研究方法来进行需求研究，如图5-5所示，主要有以下五种方法。

（1）实地访谈。实地访谈也就是通过当面交谈的方式，对受访者进行相关内容的访

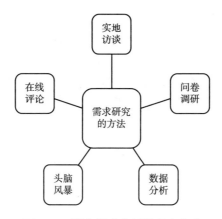

图5－5　顾客需求分析的研究方法

谈。创业企业在进行顾客需求分析的过程中，由于顾客群体庞大，可以随机选取部分群体、部分顾客进行面对面访问谈话，也可以有目的性地选择某些有代表性的特定顾客群体进行访谈。

实地访谈需要提前准备好访谈问题、提纲等，能够对问题进行深入交谈，获取大量相关信息，这种方式既使得创业企业能够获得实际的信息数据，也能够为创业企业节约成本，为创业者决策提供参考。但是访谈的方式不仅会耗费大量的资金成本，其访谈结果还可能会带有一定的主观性，存在着需求表达偏差的问题。

（2）问卷调研。问卷调研就是通过设计编写调查问卷，向目标群体发放，填写完毕后收回的一种调查方式。问卷调研较为普遍地应用于顾客需求收集及分析中，可以采取线上、线下两种方式发放。线下问卷适用于目标顾客群体集中、顾客范围较为固定的情况，也能够拉近与顾客的距离，增加与顾客之间的交流互动。线上问卷适用于顾客分散的情况，在互联网上发布问卷能够有效提高效率，快速获取并整合大量信息，超越时空的限制，顾客的空间跨度越大，越能够展现这种方法的优越性。当前，创业企业进行问卷调查主要采取线上线下问卷相结合的方式，这种方式提高了创业企业的效率，便于后续进行数据分析，并且能够扩大调研范围，增加样本量，提供更好的数据支撑。

（3）数据分析。数据分析法指的是将通过问卷等方式收集到的大量数据，采用适当的数据分析方法加以汇总、理解并消化，最大限度地利用数据分析工具挖掘出隐藏在数据背后的深层次现象，所获取的数据可分为描述性统计分析、探索性数据分析、定性数据分析等，可以采用列表法或者作图法进行形象描述。创业企业利用数据分析法得出的结论更加可靠，并且成本较低，十分适合创业企业资源不足的情况，也为创业企业提供了战略方向制定的数据支撑。

（4）头脑风暴。头脑风暴是一种不同岗位、多人参与的讨论方式，在头脑风暴的过程中，各个岗位人员都可以参与，每位成员围绕一个核心，自由发表其观点，不过要达到最优的讨论效果，参与人数最好不超过5人，同时也要做好会议讨论控制，在讨论思路"跑偏"时及时拉回正轨。创业企业可以通过头脑风暴的方式，深入了解不同岗位员工，对顾客需求从不同角度进行剖析，得到全面的讨论结果。

（5）在线评论。在线评论是近年来新兴的一种调研方法，主要是通过互联网上发表的在线评论，利用文本挖掘技术对这些评论进行处理，用于挖掘客户需求。运用在线评论的方法汇总数据并分析，由于在线评论可以从互联网上免费获取，在顾客需求研究中大大降低了成本，能够通过网络快速获取真实可靠的信息，是创业企业的优选。

以上是企业进行顾客需求分析的五种主流方法，创业企业可以采取一种方法或者多种方法混合使用，例如问卷调研与数据分析结合，问卷调研与实地访谈结合，实地访谈与头脑风暴结合，问卷调研、头脑风暴、在线评论结合等。此外，技术的发展为创业企业进行需求研究提供了更为现代化的科学技术工具，能够更加高效地识别出目标顾客群体的有效需求，提高匹配的精确度。

2. 顾客需求研究内容

创业企业研究顾客需求的内容，可以从马斯洛需求层次理论划分和递进逻辑两个维度来阐述。

（1）根据马斯洛需求层次理论划分。马斯洛的需求层级理论是关于生理、安全、社交、尊重和自我实现五个层面的需求模式，如图5-6所示。创业企业对于顾客需求的划分可以从马斯洛需求层次理论中参考并延伸，可以分为产品需求、服务需求、体验需求、关系需求和成功需求，如图5-7所示。

图5-6　马斯洛需求层次划分

图5-7　顾客需求层次划分

产品需求还原为马斯洛需求层次理论的生理需求，是人们对于产品的最基本的需求，包括产品质量、功能、性价比等。服务需求指的是人们在满足其基本产品需求后，随着收入提高，购买力增强，顾客的需求也会更上一个层次，也就是对该产品所提供服务的需求，包括销售服务、售后服务、送货上门等。体验需求是随着时代的发展而出现并被大量顾客所需要的，顾客不再满足于被动接受广告和商品推销，而是希望更加主动地对产品做一些体验，产品的使用体验更好才会吸引消费者购买。关系需求类似于马斯洛需求层次理论中的社交需求，是顾客在满足上述三项需求的基础上，通过购买商品结交朋友，扩大社交网，建立相互帮助、彼此尊重的长期关系，提高顾客的购买预期。成功需求是顾客需求中最高层次的需求，是实现自我能力或潜能的提升，实现自我突破。

（2）根据递进逻辑划分。对于创业企业来说，具体可以将顾客需求分为三个部分——确定谁有需求，有什么需求，需求程度如何。"确定谁有需求"也就是根据创业企业的产品特点及企业发展方向，对目标顾客群体进行定位，清晰了解到哪些人群对产品有需求。"确定有什么需求"也就是确定目标客户群体的需求状况，明确某特定群体更关注价格还是质量，更注重功能还是外观，抑或是两者兼顾，为创业企业的产品定位提供清晰的改进方向。"需求程度如何"也就是调查顾客对创业企业产品的购买意愿的高低，在何种情况下顾客会对购买行为有所犹豫、放弃购买，在何种情况下顾客会毅然决然完成其购买行为。

三、 制定与实施调研计划

调研计划不仅仅是一份对顾客需求进行调查研究的计划书，也是创业企业在进行顾客需求分析的整个活动过程中所遵循的行动指南。调研计划为创业企业提供了调研方向，降低了创业者个人决策的主观性，拥有着重要的指导意义。与此同时，调研计划的制定与实施并不是凭空想象，而是建立在创业企业实际的内外部条件、资源配置状况以及现实背景的基础上。一个切实可行的调研过程指导，可保证创业企业在进行需求调研的过程中有章可循，整合企业资源，聚集人才。

1. 需求调查

调研计划需要率先做好顾客需求调查的相关工作，如图 5 - 8 所示，按照自身评估、需求收集与应用、反馈评估以及及时解决问题的步骤进行需求调查。

图 5 - 8 需求调查的步骤

（1）自身评估。创业企业在制定顾客需求调研计划时，需要先对自身实力进行一个评估，创业者要掌握现有内部资源，这是由于企业的内在能力状况决定并限制了创业企业的资源配置状况，进而影响创业企业整体的发展方向及目标。正视自身实力状况，掌握系统的评估方法，能够在一定程度上保证计划方向和目标的设定与企业资源和能力不脱节，降低创业失败的风险，自身实力具体包括企业的资金实力、人才能力、外部资源、管理能力等多项能力指标。

（2）需求收集与应用。创业企业在不超出自身已有资源与实力的基础上，确定进行需求收集的方法，如问卷调研、实地访谈等，针对其目标顾客群体以及细分市场，进行需求收集，将顾客对此类产品或本企业产品的看法和态度整合归纳。

（3）反馈评估。创业企业针对整合的顾客需求数据进行整理分析，深入挖掘顾客需求与期望，从众多数据中给予企业下一步计划目标的反馈，建设高效率的创业团队。同时，创业企业需要对顾客需求进行评估，不仅仅是评估市场上顾客的潜在需求，而且也可以测评目标顾客对现有企业产品的需求及满意程度。大多数企业在进行顾客满意度评估时往往选取总体满意程度、与预期相比的满意程度以及与理想相比的满意程度这三项指标。

（4）及时解决问题。创业企业以顾客为导向，所以针对创业企业对顾客需求的收集以及反馈评估得出的结论，将顾客需求特点与产品和服务的特性、营销手段深入融合，将顾客需求转化为产品需求，满足顾客的需求，优化创业企业的经营成果，同时也要对需求评估中所出现的漏洞或空白及时解决，不断满足客户需求，提高客户的满意度和忠诚度，有利于创业企业的长期持续发展。

2. 顾客需求的调研分析

根据企业对顾客需求的调查、评估，企业可以根据得出的结论采取 4C 理论作进一步的分析。知名营销学专家罗伯特·劳特朋（Robert F. Lauterborn）提出 4C 理论，4C 理论的核心在于顾客，将顾客需求放在首位，顾客需求的基本元素包括顾客、成本、便利、沟通四方面（如图 5 - 9 所示），创业者可以参考这四个方面对顾客需求进行调研分析。

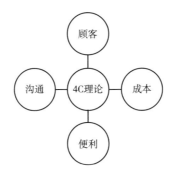

图 5 - 9　4C 理论四个维度

（1）顾客。创业企业在研发新产品或进行新产品的市场定位时，不是从自身本来已拥有的资源或已有产品出发，而是从顾客这一消费主体出发，生产符合消费者需求、让消费者满意的产品，消费者也愿意为该产品作出购买行为，实现双方获利，提高创业企业产品及品牌在消费者心目中的形象，实现"贴标签"的目的，增强消费者满意度。

（2）成本。成本包括产品成本和购买成本。创业企业在对产品进行定位时，一方面需要在最大化满足顾客需求的同时将产品成本降到最低，帮助企业产品在价格方面获得优势；另一方面也需要考虑顾客所花费的购买成本，包括产品本身所需的金钱、选购时间、精力、风险，采取恰当的措施，降低顾客的选购成本，以最低的成本精准地选到想要的产品，形成产品的优势。

（3）便利。便利指的是顾客在购买产品时的便利程度。通过顾客需求分析，创业企业的目的是针对目标人群的消费需要和消费习惯，制定出一套科学的市场营销战略，使顾客在购买过程中享受到最大化的便利，不论是在顾客选购阶段、购买阶段，还是售后阶段，不论是线上购买还是线下购买，都以顾客的需求为导向，给顾客提供最佳的便利服务，提高顾客对创业产品的复购率，形成固定的优质客户群体，这是创业企业核心实力的体现。

（4）沟通。沟通要求企业提高与消费者之间的沟通效率，注重创业企业与顾客之间的双向互动。因此，创业企业需要建立起有效的双向信息沟通机制，注重顾客的反馈，促成顾客购买的转化与实现。

四、整理和应用需求信息

顾客需求研究分析的最后一步是将需求信息进行整理和应用。信息处理的技术手段深深嵌入人们的日常生活以及企业的经营管理之中，深刻影响和塑造着人们的偏好和决策。利用技术手段对数据信息的整理应用，不仅能够得出目标顾客个体层面需求特征的结论，而且能够利用这些特征分析顾客群体的差异性，为创业企业在产品定位方面提供真实、可靠的参考，提高企业产品供给与顾客需求之间匹配的精确度。对需求信息进行整理和应用的方法可以分为两类，即定量分析法和定性分析法。

1. 定量分析法

在顾客需求研究的应用中，最多采用的是 KANO 模型。KANO 模型由东京理工大学教授狩野纪昭（Noriaki Kano）提出。作为一种需求分类的概念模型，它为顾客需求分析奠定了基础。KANO 对顾客需求进行科学分类，并进行优先级排序，准确识别顾客需求，明确影响顾客满意度的因素，这为创业企业直接指出问题，有助于创业企业作出更加准确的决策，降低创业风险。

如图 5 - 10 所示，KANO 模型将顾客需求划分为五类，即基本需求（M）、期望需求（O）、魅力需求（A）、无差异需求（I）和逆向需求（R），图中横坐标表示该企业产品属性的重组程度，纵坐标表示顾客满意程度。

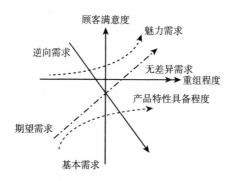

图 5 - 10　KANO 模型示意图

基本需求（M），也被称为必备需求，是消费者不会主动提及的、默认产品必须具备某些功能的最基本的需求，在五类需求中的重要性一般较低，当顾客的这类需求没有得到满足时，往往会极度不满，但对该项需求及功能的升级改进也往往不会引起顾客满意度的显著提升。

期望需求（O），也被称为愿望需求、一维需求，是一种以满足顾客期望为导向的需求，体现为顾客对产品质量的要求，其产品特性与顾客满意度呈线性相关关系，期望需求得到越多的满足，顾客满意度也就越高，若是不提供该类需求满足，用户满意度会随之降低。

魅力需求（A），也被称为兴奋需求，是顾客意料之外、带来惊喜的需求，这种需求不存在时，对顾客的满意度无影响，若是存在这种需求，则会使顾客满意度大大提高。

无差异需求（I），是顾客没有注意到、不会去关注的一种需求，企业是否提供这种需求对消费者无影响，也就是不会影响到消费者满意度。

逆向需求（R），也被称为反向需求，顾客不希望出现的需求，出现该种需求会使得消费者的满意度不升反降。

创业企业可以在前期设计并发放问卷，对市场需求作调研，收回问卷并清理不合理的问卷，对有效问卷数据套用 KANO 模型进行分类，其评价结果分类对照表 5-1。创业企业可以依据评价结果对照表，分析其产品的某项功能，对于消费者而言起到何种需求功能。根据一名消费者对产品某项功能提供与否选择"喜欢""理应如此""无所谓""可以忍受""不喜欢"的态度，由对照表中可得出，消费者对该产品功能的需求态度。

表 5-1　　　　　　　　　　　　　　**KANO 评价结果分类对照**

项目		不提供此功能				
		喜欢	理应如此	无所谓	可以忍受	不喜欢
提供此功能	喜欢	Q	A	A	A	O
	理应如此	R	I	I	I	M
	无所谓	R	I	I	I	M
	可以忍受	R	I	I	I	M
	不喜欢	R	R	R	R	Q

根据 KANO 模型及 KANO 评价结果对照表，能够帮助创业企业对其产品作出更加符合市场的定位，改进更新其产品功能。

2. 定性分析法

定性分析法不同于定量分析法，是一种根据企业分析人员的主观经验，采用归纳、演绎、推断等思维方法，对需求进行优先级分类的方法，在企业进行顾客需求分析中，主要采取的方法是波士顿矩阵。

波士顿矩阵由管理学家、波士顿咨询公司创始人鲁斯·亨德瑟（Ruth Henderson）最先提出。波士顿矩阵认为，销售增长率和市场占有率两项因素影响着一家企业的产品结构，销售增长率反映着市场吸引力，是外部决定因素，市场占有率反映着企业的实力，是内部决定因素。这两方面因素相互交织、密不可分，将企业产品划分为以下四个类型，如图5-11所示。通过对四种不同类型产品的深入分析，结合企业自身状况，对优质、高效的需求加以重视予以升级改造，对需求质量及反响不太理想的产品有选择性地放弃。

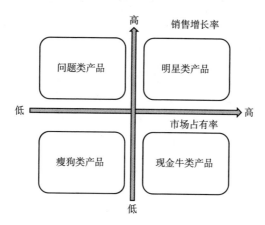

图5-11　波士顿矩阵示意图

（1）明星类产品。明星类产品的特点是市场占有率高、销售增长率高的双高现象，这类产品通常是具有广阔发展前景的新兴业务，占据了较多的市场份额，在市场上仍有较大可开拓的空间，并且该产品的销售状况良好，呈上升态势。这类产品对于顾客和企业是一种双赢，顾客需求优先得到满足，企业也因此盈利。

（2）瘦狗类产品。瘦狗类产品的特点是出现市场占有率低、销售增长率低的双低现象，这类产品在这两方面与明星类产品形成极端反差，其市场份额极低，市场发展空间不大，几乎看不到增长机会，既不能为消费者需求满足带来帮助，也会使企业亏损。

（3）问题类产品。问题类产品会出现市场占有率低、销售增长率高的现象，若是产品属于此类则说明其市场发展前景好，但企业对市场的开拓不足，市场占有率低，增长率却较高，所以这往往是一个企业的新产品，或是企业的市场营销策略存在着问题。这类产品对于顾客来说有价值，但对企业战略来说没价值，但其实它也在无形之中提升顾客的体验感和忠诚度。

（4）现金牛类产品。现金牛类产品的特点是出现市场占有率高、销售增长率低的现象，是明星类产品发展到一定阶段的产物，企业在市场上属于地位高，占据较多的市场份额，就显得其销售增长率相对来说较低，同时其市场发展前景存在局限，市场已开发得较为充分。这类产品对于顾客已无价值，但对企业战略有价值，企业还应尽量避免这些产品对顾客的营销，满足顾客真正的需求。

创业企业内部，往往不只有单一种类的产品，通常存在着多种产品，创业企业还需采取恰当的措施，改善不同类型产品的经营现状，实现不同类型产品之间的动态转化。创业企业由于其规模有限，难以支持产品的发展，很难快速占据市场份额，所以其中大部分是问题产品。对于问题产品，企业可以通过加大投资，提高市场占有率，使问题产品转化为明星产品；或是创业企业将现金牛产品所产生的大量收益，投入问题产品中，也能够实现向现金牛产品的转化。对于瘦狗产品，应当适当放弃，逐步减少市场份额，淘汰该类产品。

专栏 5-3

大疆：无人机市场的中国制造

一、企业简介

深圳市大疆创新科技有限公司（以下简称大疆）成立于 2006 年，是在全球范围内领先的无人机飞行控股系统及解决方案的供应商，其主要产品是无人机及其他影像设备，专注于民用无人机领域，具体划分为消费级、专业级、行业级和系统模块四类。大疆成立之初，就十分注重产品的研发及技术的进步，在行业内发展数十年，申请多项专利技术，始终坚持以最尖端的科技手段和最具高性能的产品，引领行业的发展，成为全球领先品牌，是一家具有强劲实力和强大市场规模的国际化企业。

二、需求分析

大疆的产品主要是民用消费级无人机，顾客的消费体验及顾客的消费倾向至关重要，必须严密把握。只有深入了解消费者需求和行业市场需要，才能够在其市场上获得竞争力，更加有优势地与同行企业竞争，实现长远发展及最终的胜利。

1. 创业初期的需求研究

大疆在创业初期，需要准确定位其产品，明确产品所指向的目标消费者群体，这就需要充分调研市场。无人机产品的每一层级之间的差异都较为显著，大疆选择了民用消费级无人机领域，这是由于无人机诞生之时主要是为了用于战争。在军事领域，不论是世界范围内还是我国，无人机的应用及发展都已经非常成熟，比如国内的翼龙。虽然翼龙在民用无人机领域也有涉及，但远不如其军用领域无人机的发展程度，正是如此，大疆选择在民用无人机领域内发展，最终获得了优异的成果。

大疆的消费级无人机主要搭载的是相机、航拍、摄影、表演、娱乐等场景，配备云台和图传电台，以满足顾客的消费娱乐需求为主，其上手难度较低。产品具有大众化的特点，针对的是普通消费者或者航拍爱好者，但是由于无人机技术尚且不够普及，人们对售价较为敏感，所以大疆无人机还是主要面向高端消费者群体。

2. 发展过程中的需求动态变化

大疆的生存问题解决后，就开始关注企业的长期发展问题。这就要求企业适应时代给消费者需求带来的改变，根据需求的不断变化，依托不断升级的科学技术和营销理念，打造更高品质的产品。自 2006 年至今，大疆在时代的发展中不断变革，其产品不仅仅是面向顾客的消费娱乐需求，而是广泛应用于多个领域。大疆在产品更新迭代的过程中，依次进入各大领域，直面消费者需求，解决消费者难题。

同时，当前社会的人口老龄化也在很大程度上改变了消费者的需求。当前我国人口老龄化现象严重，劳动力成本高，再加上互联网和科学技术的发展，各企业对于机器设备的需求增加，机器替代人工已经成为大趋势，这在一定程度上扩大了对无人机的需求，促进大疆无人机产品的发展。

三、结论与展望

综上所述，作为行业领先企业，大疆在市场方向、技术水平方面有着其核心竞争力，为了实现今后的长远发展，重点是进行顾客需求分析和产品定位，分析在发展过程中需求的不断变化，了解企业所面临的消费者群体的整体需求，为企业的经营发展提供参考。

参考资料：

[1] 红瓷，张通. 冲上云霄的中国无人机 [J]. 中国工业和信息化，2021（10）：76 – 81.

[2] 夏木. 深圳大疆：精准农业促增产增收 [J]. 农机市场，2022（4）：47 – 48.

[3] 张文剑，陈科，蔡凌曦. 中国无人机产业生态链的协同发展研究 [J]. 技术与市场，2022，29（5）：133 – 135.

第三节　产业选择

企业在创立之初或是成长阶段，应当掌握当前所处产业的发展现状，以及该行业未来发展态势，审慎选择其深耕的产业。首先进行宏观环境分析，对企业所处的外部环境因素保持一个清晰的认知；其次判断其行业趋势，通过研究行业的发展现状及未来前景，锁定企业在市场上的竞争力，并适时地进行升级改造；最后对产业选择进行整体把握。

一、　宏观环境分析

宏观环境是对企业产生影响的外部环境因素。宏观环境对企业的生存及发展起到重要的影响作用，所有的企业都处于特定的宏观环境之中，尤其是创业企业更容易受到宏观环境的影响，但不同的企业所面临的宏观环境不尽相同。所以，企业进行宏观环境分析，认识到自身所处的境况，根据其自身特点及经营需要，作出相应的发展决策，为企业的产业选择提供有力的参考。

企业宏观环境分析一般采用 PEST 模型。PEST 模型又称 PEST 分析法，是一种针对企业或者行业宏观环境分析的模型，主要包括政治法律环境、经济环境、社会环境、技术环境四项因素，如图 5 – 12 所示。也就是说，通过这四个环境因素的变化，分析探究外部环境对创业企业发展战略的影响，促进创业企业作出更好的产业选择。

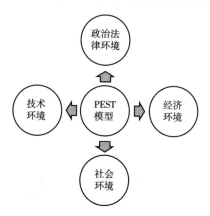

图 5 – 12　PEST 分析模型

1. 政治法律环境

政治法律环境也就是政治因素和法律因素，主要包括政治制度、政治稳定性、税收制度、环保制度、产业政策、投资政策、国际贸易章程以及各项政府方针政策。可以说，政治法律环境对企业发展的影响极大，对企业的发展起到重大影响作用。政治法律环境对创业企业存在着很大的影响。当前，相关政策以及规章制度侧重于鼓励创业者进行创业，致力于降低创业门槛，改善企业所处的创业环境，为创业清除障碍。

2. 经济环境

经济环境是指企业所面临的社会经济状况及国家经济政策，主要包括以下方面：社会经济结构，如产业结构、消费结构等；经济发展水平，主要衡量变量为 GDP 及其增长率；经济体制，如国家经济组织的形式；当前经济状况，如通货膨胀率、利率、失业率、税收等；此外还有其他一般的经济条件。

相比来说，经济环境会对企业产生更加直接的影响，影响着创业企业的发展质量与方向，是创业者在创业过程中的基础保障。同时，不同区域内的经济发展存在着差异，也导致不同区域内创业水平的差异。

3. 社会环境

社会环境主要是指社会中"人"的特性，总体上可分为人口与文化两大类要素，人口要素包括人口总数、地理分布、年龄比例、教育水平、社会流动性等；文化因素包括文化传统、价值观等，以及消费心理、人民生活水平等。创业企业通过对社会环境及其发展变化的分析，研究社会中的人，考察人们的需求，与自身拥有资源进行匹配，或是对自身进行改进升级，优化创业产品。

人口因素在很大程度上影响着消费者群体，人口总数以及聚集程度直接影响着消费者总规模以及社会生产总规模；人口的不同年龄或教育水平层级等因素影响着社会需求结构，促使创业企业提供不同的产品；人口的社会流动性在一定程度上影响着企业的地理位置以及产品和广告宣传的投放范围。

与此同时，文化因素也从意识形态层面形成影响，如果一个国家或者地区的文化传统使大多数消费者的思想都是固定的，不能很好地接纳新的东西，这对新事物的发展是不利的，对创业企业的创新开发造成不利影响。

4. 技术环境

技术环境是指企业当前所处环境中的技术要素发展状况以及各种现象的合集，包括国家科技体制、政策、技术水平、技术发展趋势等，此外，还应关注专利及其保护情况、行业内技术发展动态、研发费用总额等方面。

技术环境的变化对某一产业或是企业的影响是变革性的，技术进步能够创造新的市场，改变整体产业发展态势以及企业在行业发展中的位置和前景。通过对技术环境进行分析，明确自身对技术水平的需要程度，通过大数据分析等技术手段，对产品和市场进行清晰的定位，运用新媒体等技术手段，增强创业企业的品牌影响力和影响力，是创业者在创业过程中树立自身品牌优势的关键一步。

专栏 5 - 4

宁德时代怎样成为动力电池行业霸主?

一、企业简介

宁德时代新能源科技股份有限公司（以下简称宁德时代）成立于 2011 年，总部位于福建省宁德市，是全球领先的新能源创新科技公司，主要产品业务包括以动力电池和储能电池为主的电池系统以及电池材料，专注于动力电池及储能电池的研发、生产以及销售。宁德时代致力于为全球新能源应用提供一流解决方案和服务，不仅在国内布局了宁德、溧阳、西宁、宜宾和肇庆等多个生产制造基地，而且积极开拓海外市场，建立海外工厂以及多家子公司。经过十几年的发展，宁德时代已在动力电池及储能电池领域拥有多项核心技术，具备全产业链研发制造能力，并与多家主流车企建立长期合作关系，不论是在国内还是国外市场上，宁德时代都具有领先优势和核心竞争力。

二、宁德时代所处宏观环境

近年来，宁德时代在保持其领先地位、不断发展的过程中，也受到其外部环境所带来的有利与不利的影响，根据 PEST 模型对宁德时代所面临的宏观环境进行分析。

1. 政治法律环境

由于技术水平的进步以及绿色低碳要求的不断突出，锂电池制造行业近年来发展迅速，需求爆发，国家也大力支持锂电池行业不断扩张发展。2021 年以来，国家印发《2030 年前碳达峰行动方案》《新能源汽车动力蓄电池梯次利用管理办法》等多项纲领性文件，落实碳达峰碳中和两项目标，强化了新能源产业在众多新兴产业中的发展地位，为新能源企业指明了方向，有利于企业的发展。同时，在国际上，"碳贸易壁垒"逐渐形成，欧美各国纷纷将锂电池纳入战略规划，对宁德时代向海外扩张发展造成阻碍。

2. 经济环境

在动力电池行业，全球新能源车市场持续增长，动力电池需求规模大幅提升，使用量也呈快速增长态势，行业发展前景一片向好。同时，当前宏观经济环境经济还存在市场波动的风险，并且具有较强的不确定性，会对新能源产业链带来负面冲击，影响整个动力电池行业的发展，不利于企业的稳定经营。

3. 社会环境

宁德时代等动力电池制造企业肩负着减排降碳的社会责任。近年来，生态环境问题日益突出，由于全球碳排放主要来源于交通运输领域，我国碳达峰碳中和目标使得新能源车的普及成为大势所趋，并且一经推出就备受欢迎，宁德时代正是赶上了这个"风口"，新能源车的广泛采用，使得其上游行业供应商，也就是动力电池制造商得到快速发展。

4. 技术环境

国家发展改革委等部委陆续出台政策，鼓励储能领域技术的发展创新，加快新型储能规模化应用，同时，在海外市场，各国绿色转型促进了储能产业的快速发展，不断更新技术，降低成本。但是，注重研发伴随着高额的研发投入以及研究开发风险，由于企业大多追求以技术的提升实现产品的更高效能，提升企业竞争力，降低成本，但是在动力电池领域，如果不能持续保持高额的投入以及高水平的技术能力，则会对企业的经营产生负面影响。

三、结论与展望

综上所述，宁德时代是锂电池制造行业的龙头，通过政治法律环境、经济环境、社会环境以及技术环境四方面的分析，对其所处宏观环境作出评述，即总体上环境有利于企业的发展，在一些方面存在一定的风险，如新冠肺炎疫情的不确定性、"贸易壁垒"、研发风险，针对外部环境的分析；提出三点对策，也就是企业提前布局，建立合作交流机制，并且持续提高技术水平。新能源行业及动力电池行业未来发展仍旧前途光明。

参考资料：

[1] 濮振宇. 宁德时代曾毓群：加快电池碳足迹研究 [N]. 经济观察报, 2022 - 03 - 14 (019).

[2] 周艾琳. 达沃斯聚焦中国能源转型 国家电网、宁德时代代表这么说 [N]. 第一财经日报, 2022 - 05 - 26 (A03).

二、 行业趋势判断

某一行业的发展现状及前景，通过行业趋势，企业可以得知未来一段时间企业在该领域内的发展方向、能获取多少收入和顾客，是企业立足当下，规划未来的落脚点。对行业趋势进行判断，也就是创业者根据当前行业状况，有依据地、合理地对创业企业所处行业未来发展趋势以及企业自身未来发展前景，作出合理的预测，从而更加准确地作出经营决策和战略方向抉择。行业趋势分析是每一个企业必经的步骤，这并非一次性的工作，而是持续性的工作，按照固定的周期定期对行业趋势进行判断，有利于实现对行业环境的严密监控，帮助创业者在形势变化下及时调整方向，降低经营风险，在激烈的竞争中脱颖而出。

对行业趋势进行判断主要从行业规模、顾客行为和竞争格局三个角度对行业及市场现状进行分析，以此作出对行业趋势合理判断。

1. 行业规模

行业规模是进行行业趋势判断的基础，主要从用户规模和市场规模两个方面对当前行业现状进行评价，判断未来行业形势。

（1）用户规模。用户规模指的是企业在其所处行业中所面对的目标顾客及潜在顾客群体的规模，用户群体越集中，用户规模越大，行业规模就越广阔。创业者要明确各细分领域，考察企业目标用户及潜在用户集中于哪一领域，在用户较为集中的领域重点考核、集中营销，达成的效果远远高于在用户集中度低的领域内投放。同时，各用户群体的规模增减变化也是值得关注的，不仅仅要关注企业目标用户数量的增加或减少，还要关注企业目标用户群体减少的部分流向哪里，增加的那部分从何而来，能够使创业企业及时掌握消费者动向。

（2）市场规模。市场规模也就是市场容量，是企业目标市场所具有的整体规模。市场规模在一定程度上反映着行业规模及趋势，通过判断市场规模的大小、市场的发展空间、存在的机遇与挑战，创业企业可以较为完整地把握行业市场规模现状，判断未来该行业市场还有多大的发展空间，为企业产品定位及转型升级提供参考。同时，创业企业在进行行业规模考察时，要细究主流，找出哪一方面市场占有率更大，发展空间更多，再根据企业自身发展状况作出决策，就会更为准确。市场规模的考察为创业企业提供了其产品发展的上限，对产品的投放量形成参考。

2. 顾客行为

市场发展形势不断变化，其根本原因就在于顾客的购买行为及偏好发生了变化，所以分析行业趋势就要着重分析顾客行为，从顾客行为中为创业产品指引方向，主要从以下两个角度来思考。

（1）顾客需求的转变。顾客的需求不是一成不变的，每一个时间段内都会有着不同的需求以及完全不同的顾客群体，而创业企业也会在时间流逝中不断优化升级，改造自己的产品与服务，更好地满足顾客的需求。所以，创业企业应当在进行需求调研及分析后持续跟进，以获得长期需求数据来源，只有在真正了解顾客需求后，才能为顾客提供更合适的产品和服务。通过对顾客需求转变的持续研究，创业企业掌握该行业内长期的顾客需求动态过程，对未来顾客需求的变化分析提供有力参考。

（2）价值观念的转变。随着时间的变化，社会经济格局随之变化，顾客所处的环境在不同的时期对产品有着不同的价值观念。随着社会格局及潮流的变化，顾客对产品或服务选择的侧重点不同，如质量、外观、功能、品牌等。创业企业还需要时刻紧跟消费者消费水平及潮流，使得产品能够契合消费者的消费偏好和审美标准。

3. 竞争格局

（1）企业竞争水平。创业企业自身竞争水平在整体竞争格局中起到基础性的作用，通过对自身竞争水平的分析，将当前行业背景融入，在整体中看待企业自身的优势与劣势。分析企业竞争水平，可以从成本入手，创业企业当前的成本与售价之间的关系，很大程度上影响着企业的盈利情况及经营发展，需要作出合理的判断，同时行业成本对企业也存在较大的影响，行业成本低于企业成本，则不利于企业的销售及经营，长此以往就会导致亏损。此外，还可以从企业的核心竞争力入手，也就是寻找企业在行业之中的独特优势。创业企业的竞争水平在很大程度上取决于其内部条件，进而决定其规模及资源的配置，形成创业企业的竞争力。

（2）企业之间的竞争。企业之间的竞争反映了一个行业的竞争格局。行业内同行企业数量越多、细分市场中的集中程度越高，创业企业间的竞争就越是激烈。同时，创业企业还应当调研相关竞争对手的发展状况，对比总结本企业与竞争对手的优劣势，对当前竞争格局有一个深入的了解，对行业趋势有一个整体把握，有利于企业整体战略和产品定位方向的确立。

三、 产业把握选择

改革开放以来，随着市场经济的发展和经济的迅速发展，企业的数量也越来越多，并瓜分各行业市场，几乎不存在空缺的市场。在当前各种创业势力交叉的复杂情况下，创业企业需要自负盈亏、自担风险，其抵御风险的能力较弱，所以在这种情形下企业作出合理、合适的产业把握决策至关重要。可以从产业发展形势和产品发展可持续两个方面来把握行业整体态势（如图 5 - 13 所示），作出产业选择的决策。

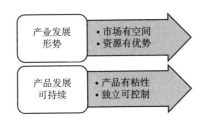

图 5 - 13　行业整体态势分析

1. 产业发展形势

（1）市场有空间。某一产业的发展优势或潜力体现在其市场空间上，市场空间充裕，该产业的发展空间就越大。经济社会发展至今，各行业市场几乎被各企业瓜分一空，创业企业根据自身实力及优势进行产业选择判断时，不能单单考虑该产业的利润是否可观等整体有利因素，还需要考虑当前市场上是否有间隙，通过对市场进行细分，找出某些领域内仍然空白的细分市场。

（2）资源有优势。创业企业在选择产业分析行业市场时，需要对企业自身的类型加以确认，劳动密集型、资本密集型或是技术、知识密集型，同时还需要分析该行业内资源状况如何，是否具有资源优势。资源优势主要从人口、资金、技术三方面判断。

创业企业需要了解其所在地人力资源状况，考察当地人口是否密集，人口年龄集中于哪一年龄段，劳动人口数量及质量如何，人力资源丰富的地区有利于劳动密集型企业的发展，具有一定的人口优势。

创业企业衡量自身资金实力是否与意向产业所需资金匹配，这是由于在成立之初企业需要投入大量资金，否则达不到进入行业市场的标准或者在市场上不具备竞争力。

创业者不仅要明确技术开发在本企业经营发展中的作用，还要考察该产业内技术进步和更新迭代速度的情况，确认企业是否有足够的研发实力推动技术发展，保持高速增长的势头。创业企业也要考虑自身实力是否能够有效利用新技术，使技术转化为产品和利润。

2. 产品发展可持续

一方面，产品黏性对该产品的持续发展存在着较大的影响，尤其是对于规模小、成立时间短的创业企业，但不应以产品黏性的大小来判断其是否有利于投资，而是分析产品粘性与具体某一企业的战略适配度，适配度越高就越能实现产品的可持续发展，选择该产业对创业企业的发展也就越有利。通常头部品牌的黏性较强，其他中小品牌的黏性较弱，这也是创业企业应塑造其产品独特性的原因。另一方面，创业企业选择生产的产品应当具有较强的独立性，能够为企业所控制。创业企业若是拥有可自主控制的产品，则可以为企业带来利好，在行业市场上获得其竞争优势，增强核心竞争力，规避产品同质化引发的风险及问题。同时，独立可控制的产品也就是要求企业提供有独特特点的产品，顾客不能从其他渠道或很难能从其他渠道购买到，这也为创业企业提出了更高的要求，需要更高额的成本投入。

【章末案例】

好看、好用、好玩、好嗨的剃须刀

一、企业简介

天津须眉科技有限公司（以下简称须眉科技）成立于 2017 年，是一家高科技产品公司，其总部位于北京，研发制造中心位于广东。须眉科技立足于个人护理家电行业，产品涉及毛发和皮肤清理、护理的使用工具方面，主要产品有剃须刀、电吹风、儿童理发器、洁面仪、按摩梳五类，其中剃须刀的规模占比最大。同时，须眉科技还是一家由技术人员组成核心团队的企业，CEO 陈兴荣、CTO 李镇宇、研发总监李剑勇都曾经从业于世界 500 强企业，拥有近 20 年的行业从业经验，具有较高的专业化水平，创业队伍年轻有活力，并且富有创造力。须眉科技极其重视产品的升级迭代，这五类产品涉及男性、女性、母婴市场，产品种类丰富，而且更新迭代速度快，几乎每个月都有新品上市，并且不断改进已有产品。

二、行业发展趋势

1. 市场前景可观

根据数据显示，个人护理类电器的市场空间非常大，各品类市场规模都超过 70 亿元，并且由于其家庭渗透率较低，该行业市场的增长稳定，存在着较大的空间。从顾客群体划分来看，个护电器的消费者更多地集中于年轻一代人的身上，并且，个护行业是一个与"美"有关的行业，消费者大多对美都有着自己的追求，年轻者群体尤甚，这是一个不缺消费者、不缺市场的行业，不论是市场规模还是行业前景都十分可观。

2. 准入门槛高

个护行业发展前景广阔，但是个护电器相比于厨房等电器设施虽然显得不起眼，但是个护电器行业有着较高的行业准入门槛。

（1）技术壁垒。在技术壁垒方面，一方面剃须刀对机械技术的要求高，模具成本大，并且存在着更新迭代周期长的不利因素，创业企业若是在技术研发方面存在着不足之处，则难以进入该行业；另一方面市场上已有几家头部企业，掌握着多项核心专利技术，头部企业以自身所拥有的专利技术为保证，不断改造升级其产品，为期望进入者树立了高门槛。

（2）供应链壁垒。在供应链壁垒方面，国内剃须刀生产供应链较少，核心零部件的生产几乎都在国外，国内生产零件的供应商少之又少，为企业带来了更大的不确定性和风险性。

（3）人才壁垒。在人才壁垒方面，国内剃须刀相关专业技术领域的人才稀缺，大多都在海外，知名品牌的研发部门也大多位于海外。

在面临着市场规模大，发展前景好，但存在着较高的行业门槛的环境时，须眉科技并没有退缩，而是专注于个人护理电器行业，认真钻研行业发展现状，着手积累专利技术布局，为其创业做准备。和小米的合作对须眉科技来说是非常关键的。须眉科技进入小米生态圈，与小米联手，推出了第一款米家便携式电动剃须刀，自上市以来，已经卖出了 100 万台，而小米也成功进入了这个领域，为企业的发展奠定了良好的基础。同时，须眉科技作为一个初创企业，在提高知名度、销售量等方面的难度较大，而通过小米平台进行销售，有效扩大了其产品在顾客中的知名度，在线上、线下同时销售，提高其销量。

三、须眉科技的产品定位

在须眉科技不断发展的过程中，做好产品是首要任务。须眉科技的创业追求是打造中国新生代的个护品牌，不断满足年轻人的需求，为年轻群体提供全新的解决方案。从产品层面来看，年轻人群体购买产品，不仅仅看他们所需要的产品功能等方面特性，还会考虑更多的因素，众多因素都会成为消费者买单的原因。须眉科技在做产品的过程中，始终坚持锁定痛点和消费者需求的主旋律，并在产品开发过程中重视以下四个维度。

1. 好看

须眉科技的目标顾客群体是年轻人，消费者群体较为固定，年轻人往往注重性价比，追求生活品质，对于产品外观的要求非常高。同时，产品外观是消费者能够最直观感受到的部分，不论是通过线上还是线下的销售方式，好的产品外观往往会吸引更多的消费者进一步了解产品，进而提高产品的销售量。

对此，须眉科技为了突破传统剃须刀的外观设计，打造出符合当代年轻一代人审美的产品，就在产品技术设计方面更加有所偏重，在外形设计方面，以极简风格为主，产品外观处处体现着精练，更加符合当代年轻人的审美观，也对应着当前更快的生活节奏，提高消费者生活质感；在舒适度设计方面，主要是对剃须刀使用的外部触感、手感等方面作出技术的提升，让消费者在握感和贴面上的使用感更加舒适。

2. 好用

须眉科技所做的剃须刀等产品是一种私人化的生活用品，如今大多数的城市消费者都拥有一些个人护理类产品，将来则会更加流行，所以产品是否好用是大多数消费群体选择产品的基础性选项，不好用则会被一票否决。剃须刀所需要具备的"好用"功能，无非也就是剃得干净、剃得舒服、持久耐用以及不会受伤。

除了产品本身的"好用"之外，须眉科技也关注剃须刀在外部的"好用"。须眉科技注意到剃须刀在日常生活中充电方面存在的麻烦，于是摒弃"专线专用"的思路，使用 type－C 接口，不会出现充电线丢失产品就不能使用的现象；同时，type－C 接口正反一致的设计也为消费者带来极大的便利。

3. 好玩

好玩在产品层面上的体现有多个维度，从整体上来看主要是让消费者购买到有意思的产品，满足当前年轻一代群体的猎奇心理，在为产品增添附加价值、增加产品乐趣的同时，俘获不同性格、不同独特需求的消费者，扩展消费者群体，增强其忠诚度。须眉科技的剃须刀，外形小巧，像是一个打火机，可以让顾客在手里把玩；2018 年推出的一款剃须刀，满足了部分男士喜欢听自己剃须声音的需求。此外，须眉科技为增强其产品趣味性和新颖度，紧跟当前时代潮流，开展跨界联合，与其他 IP 进行合作。

4. 好嗨

达到"好嗨"的路径主要是通过针对消费者不同需求设计不同的产品，同时不断提高产品功能及品质，形成独特的竞争优势，提高用户的体验感和舒适度，让用户满意，形成自发的产品及口碑宣传，其宣传效果通常远远高于企业自我输出式的广告推广宣传。须眉科技正是把握了这一点，不断对产品进行创新，推出更多便携式爆款产品，产品性能更加完善丰富，以差异化、性价比激发市场活力，吸引消费者购买并进行二次宣传。

四、成功经验

根据须眉科技对行业市场的深刻把握和对其产品的定位及开发，对于创业企业做大做强的愿景，在产品及市场定位方面有以下的成功经验。

1. 站在用户角度思考

创业企业在初期追逐运行可维持或是发展要长远的目标过程中，不仅要做好企业自己的产品，塑造核心竞争力，更要深度服务好企业的每一位消费者，这就要求企业进行产品的定位时首先要站在用户角度去思考问题，改进其产品属性设计，增强用户体验感。

（1）从用户角度设计产品属性。从用户的角度思考产品属性设计路径，会为企业销售情况带来实质的改善。例如，须眉科技发现，在网购电商平台的后台显示，购买剃须刀的人群中，有60%以上为女性，主要原因是女性为伴侣购买、男性使用网购方式消费的比例较少，所以企业在产品设计上就应当审慎考虑，考察男性与女性之间对所购买的剃须刀有哪些不同的考虑因素，如外观、价格、性能等，以此为依据改进其产品。同时，须眉科技对于一款儿童理发器的外观设计，不会选择小孩子喜欢的卡通图案，而是类似于数码的图案，这是因为儿童理发器是卖给父母的，要根据成人的审美需求设计产品，即使该产品的使用者为儿童。

（2）从用户体验角度进行产品开发。产品开发应当关注用户体验，用户的体验感越强，产品就越成功，企业越能够实现好的发展。即使购买者大半以上是女性，但剃须刀的最终使用者是男性，男性的剃须刀使用感对于一个产品生存发展具有决定性因素。因此，须眉科技在产品功能和技术升级方面从未松懈，实现剃须刀充电式、全身水洗的标准化配置，同时不断丰富电动剃须刀的配件，如洁面刷、鼻毛修剪配件等，提高男性用户在出差、旅游、上班前等各个场景的使用感，增加舒适性。

并且，须眉科技从不增加无用的附加功能。在互联网时代，万物互联，更加智能，开发一款 App 与剃须刀连接起来的实用性不强，就不会去强行附加伪需求给用户，在很大程度上提高用户体验、减少冗余。

须眉科技注重用户体验还表现为：在新产品上市之前都会有内部试用流程，获取反馈，再进行二次改进，直至改进满意才可上市。

2. 顾客需求研究

顾客需求是产品定位及开发的核心内容，是每一家创业企业的必走之路。

（1）顾客整体需求状况。企业要关注其所处行业市场上顾客的整体需求状况如何，只有行业市场规模广，需求充足或留有空白时，才是企业的最好选择，可从行业规模和用户规模两方面来把握。须眉科技所处的个人护理电器行业整体规模庞大，其产品仍有较大的发展升级空间，行业内继续发展的前景广阔；同时，科学技术的发展提升了人们对智能电器的使用需求，时代及价值观念的变迁使得人们对个人护理的需求猛增，用户规模也随之扩大。

（2）市场需求调研。做好顾客需求研究就是做好市场调研，对市场上的各细分领域及各类型顾客群体有一个充分的了解，与消费者对话，将消费者视为朋友，用心设计高性价比和高性能产品。须眉科技在市场调研方面采取的手段之一是实行百名体验官招募计划，选出"铁粉"第一时间使用和了解须眉科技的新产品，根据体验者的反馈改进产品，将用户视为新品上市的最终审核官。

（3）"国潮"定位。"国潮"是须眉科技认真审视消费者需求后作出的产品定位及设计决策。近年来复古的风潮在各行各业风靡，国货的概念越来越多地被提及，不仅是复古以前产品的外观，更多的是对产品进行本土化改造，打造属于国人自己的量身定制的产品。剃须刀作为一种"舶来品"，更需要这种本土化改造。同时，在复古的同时消费者也期望产品满足当前时代的潮流趋势，这也就形成了国货与潮流之间的结合。

3. 竞争中突破

每一个创业企业都处于复杂的竞争环境之中，对于竞争环境的分析影响着产品未来的发展方向及企业的决策方向，对产品的定位起到外部影响作用，企业会在竞争环境中选择相对缓和或是存在空白的领域进入。

须眉科技所面临的个人护理电器行业存在着较高的行业壁垒，后来者进入较为困难。在竞争环境方面，以剃须刀领域为例，国外品牌几乎占据了垄断地位，如飞利浦、松下、博朗等，品牌集中度极高，而国内电动剃须刀领域较为空白，仅有飞科、超人等品牌占据小部分位置。须眉科技创始人兼 CEO 陈兴荣提到，我国的个护电器市场仍未发展起来，处于市场培育期，与国外品牌相比，我国的商品品种、人均占有率都存在着很大的差距。面对恶劣的竞争环境，须眉科技走出自己的路，在探索中不断突破。

（1）细分市场。须眉科技善于细分市场，分析竞争形势。须眉科技进入这个高竞争度的剃须刀市场，则是绕开主战场，不与强大的竞争对手硬碰硬，不去抢飞利浦、博朗这些品牌的忠实用户，而是找到另外一种需求，即便携式剃须刀，户外旅行、办公室等场景都能够随拿随剃，方便快捷。

（2）以产品和技术为依托。须眉科技力图通过技术的创新在激烈竞争中突围，以产品和技术为依托，为顾客提供一种全新的解决方案，区别于知名国外产品。须眉科技创始人兼 CTO 带领团队经过 14 个月的研发，塑造出高品质的便携式剃须刀，将超薄、便携、续航、剃须、触感等多方面要求都覆盖到。

五、结论与展望

综上所述，须眉科技致力于打造中国年轻人更喜欢的个护品牌，在广阔的市场规模、良好的市场发展前景、过高的行业准入门槛交杂的复杂环境中，对其产品进行合理定位，并选择与小米合作，进入小米生态链，为须眉科技的发展提供极为重要的助力，在产品发展过程中，须眉科技总结出好产品的四个维度，即好看、好用、好玩、好嗨。在须眉科技创业的成功历程中得到三方面成功经验，也就是站在用户角度思考、顾客需求研究、在竞争中突破。须眉科技以其专业的产品研发和准确的产品、市场定位，在市场上赢得一席之地，在未来，须眉科技仍旧有继续前行的强大潜力。

参考资料：

[1] 白洋．聚焦个护行业的变与不变 [J]．现代家电，2020（12）：37 – 39.

[2] 陈兴荣．抱团取暖 以积极的心态面对疫情后市场 [J]．现代家电，2020（3）：25 – 27.

[3] 陈兴荣．国货回潮 情怀回归与实力崛起 [J]．现代家电，2020（8）：64 – 66.

[4] 陈兴荣．新消费 新流量 新品牌 [J]．现代家电，2020（1）：44 – 46.

[5] 秦先普．设计，是未来和消费者沟通的重要语言——访小米生态链企业须眉科技 CEO 陈兴荣 [J]．中国广告，2019（7）：79 – 81.

【本章小结】

本章节重点介绍了创业企业在实战过程中方法理论的一部分，也就是如何定位产品。首先对市场定位以及产品定位等相关概念理论进行阐述，详细分析了企业进行定位的两大工具，也就是 STP 分析和波特五力分析。其次从产品定位的两大重要层面入手——顾客需求研究以及产业的选择。顾客需求研究需要经过明确研究对象和目的、研究方法和内容、制定实施调研计划、整理应用需求信息这四个步骤，分析需求状况对产品定位起到的作用。产业选择的分析目的是对产品进行更加准确的定位，具体从宏观环境、行业趋势，产业把握选择三个方面分析，最终帮助创业企业在初始期间选择正确合适的产品，为企业指明方向，做好充分准备。

【思考题】

1. 以下不是 STP 分析的内容的是（　　　）。

A. 市场细分 　　　　　　　　　　 B. 目标市场

C. 顾客需求 　　　　　　　　　　 D. 市场定位

2. 不存在时对顾客满意度无影响，若是存在，会大幅提升顾客满意度，则需求的类型是（　　　）。

A. 期望需求 　　　　　　　　　　 B. 魅力需求

C. 基本需求 　　　　　　　　　　 D. 逆向需求

3. 市场占有率低、销售增长率高的产品在波士顿矩阵中属于（　　　　）。

A. 问题产品 　　　　　　　　　　 B. 明星产品

C. 金牛产品 　　　　　　　　　　 D. 瘦狗产品

4. 结合实际谈谈怎样运用波特五力分析模型进行创业企业竞争环境分析。

5. 简述 PEST 分析模型的要点。

第六章　创业营销

在当今的数字经济时代，数字化技术不断深入发展，市场竞争环境日益激烈，企业为顺应时代的潮流，其产品越来越多样化，同样，消费者的需求也呈现多元化趋势，对产品各方面的要求越来越高。同时，数字经济时代也为企业的信息获取和沟通带来便利，降低了创业的门槛，创业营销就是在这种情况下诞生的。创业企业想要在市场上有立足之地，不被时代洪流所淹没，就需从企业自身角度做好创业准备工作。除了商业计划以及产品定位方面的准备外，还要在创业营销方面深入规划并决策，帮助企业走出创业困境，或是助推企业的营销管理，在创业之路上越走越远。

最好的销售就是销售自己。小米硬件综合净利率永远不超过 5%，如有超出的部分，将超出部分全部返还给用户。

——小米科技创始人　雷军

【学习要点】

☆学会选择合适的定价模型

☆掌握营销渠道的层级结构

☆比较不同的创业促销方法

【开篇案例】

来酷科技：来酷星球的逆势崛起

一、企业简介

来酷科技有限公司（以下简称来酷科技）成立于 2017 年 12 月 18 日，由联想集团投资，是一家 3C 数码零售领域内的领军型企业。来酷科技为消费者提供 3C 电子及相关场景产品和服务，旗下产品种类丰富，包含了个人办公、游戏电竞、时尚家居、智能健康、益智教育、酷玩影音、运动旅行七大场景类的产品，具体包括智能摄像机、路由器、指纹锁、体脂秤、滤水壶等。

二、创业背景

随着互联网及数字化时代的发展，零售行业发生了变化。在 1990 年前，零售企业采取的是集贸式零售模式；1990～2002 年连锁店式零售模式发展迅速，商店、连锁店等店铺并存；2003～2015 年，电子商务式零售出现并迅速发展起来，其显著标志是淘宝的成立，这时 C2C、B2C、B2B 等模式并存；2016 年至今，正式步入了新零售时代，也就是智慧零售。智慧零售利用互联网技术，预测消费者的习惯以及趋势，为消费者提供更好的产品及服务。智慧零售对时代技术的发展水平依赖性强，逐步由先前的线上渠道零售，发展到以数字化对线上线下渠道的融合赋能，切实打破了单边发展的局面，成为当代企业竞相追逐的全新模式，激活当前零售新业态。来酷科技正是乘着这样的"东风"逐渐发展起来。

三、创业期行业困境

自 2018 年 12 月起，来酷科技开始逐渐在全国各地设立线下门店，不断开拓创新，来酷科技是联想中国区业务的重要战略跑道。来酷科技虽然发展时间不长，但发展较为顺利。根据来酷科技披露的财报显示，其 2021 年全年营业额 65 亿元，同比增长 46%，其线下智慧门店共 381 家。来酷科技真正引领了智慧零售时代，开拓零售行业未来发展的版图。但是，来酷科技所处的 3C 数码零售市场正面临着诸多困境。

1. 线上线下促销模式危机

线上线下的零售业皆处于危机之中，这是一个不可避免的情况。线上零售行业的红利见顶，产品及营销模式同质化现象严重，线下的零售业陷入传统零售方式的瓶颈，发展动力不足。

2. 竞争环境越发恶劣

中小企业为了追逐 3C 数码零售的高额红利，纷纷加入该行业，但成本过高、初始客户少、行业巨头的"压制"、流量越发分散化等问题也为中小企业的生存带来危机。

3. 消费者需求变化大

当前消费者需求发生了较大变化。时代以及经济水平的变化极大地影响着消费者需求，尤其是互联网技术的出现和发展，产生了 Z 世代（受到互联网技术影响较大的一代人）和 M 世代（和互联网同步成长的一类人），众多新兴领域兴起，如电竞、智能家居等，消费者的需求逐步转向个性化、多元化。

四、来酷科技的新型营销模式

来酷科技在当前日趋严峻的 3C 数码智慧零售市场这一片"红海"中杀出了重重包围。面对严峻的市场环境以及全新的挑战，来酷科技积极探索新的发展模式，开拓全新的营销手段。

1. 全渠道营销模式

来酷科技依靠着 OMO（online-merge-offline）和 C2M（customer-to-manufacturer）两种商业模式，探索出一条独特的营销发展路径。来酷科技主打 OMO 模式，首创了 OMO 全时全域的智慧零售业务模型，OMO 也就是行业平台型商业模式，利用云技术打破时间和空间的限制，打造线上、移动、线下三位一体的全时空体验店营销系统，更加强调用户体验，解决企业"有流量没销量"的问题。C2M 模式也被称为短路经济，是砍掉可以去除掉的中间环节，也就是免除掉不必要的成本，直接衔接消费者与企业，以消费者需求为中心进行生产，追求个性化。来酷科技以 OMO 和 C2M 为中心，以最新的技术手段和大数据技术为指导，不断提升其专业能力，塑造其独特的线上线下全渠道营销模式。

（1）线上线下一把抓。来酷科技的OMO全时全域智慧零售体系中的重要一点就是对线上线下进行一把抓。传统的零售模式往往是线上线下单向运行，线上购买数码产品虽然更加方便快捷，但是存在的最大问题就是无法亲身体验。对于数码产品来说，亲身体验感尤为重要，不同的人群对于数码产品的需求和体验感不同，数码专业爱好者更加注重产品的配置、性能，以自拍为目的的女生则更加注重摄像头的拍摄效果。

来酷科技的智生活门店有效解决了顾客的这一痛点。在线下，来酷科技针对不同地域周边的需求，重新设计店面，对门店内的产品功能陈列、产品及服务种类进行更加细致的划分，为消费者提供更加细致、便利的线下体验；在线上，运用先进技术，实现线上与线下的互联互通、及时更新，使消费者也能够在线上便捷下单，快速送达。这样，来酷科技就能够实现消费者在其附近线下门店进行产品体验，最终线上下单的模式，并且其物流速度远超普通电商，给予消费者更好的购物体验。

（2）构建高效私域业务。通过第三方平台进行产品的展示及售卖，最终其顾客及流量是该第三方平台的流量，属于公域流量，其顾客不完全属于企业，存在一定的不稳定性及风险。自2021年起，来酷科技就更加注重私域体系的建设，在数字化技术不断优化升级的过程中，相继推出"来酷智生活""来酷校园""来酷星球"三大微信小程序商城，旨在打造高效私域业务。

2. 互联网技术下的促销模式

（1）元宇宙计划的IP建设。元宇宙是通过先进的技术手段，将虚拟世界与现实世界连接起来，以为顾客带来更好的体验为目标，开展企业的产品促销模式。

来酷科技是数码类第一个进军元宇宙的国内企业，以来酷星球为中心创造一种全新的生活及体验空间，其实质性内容主要是进行IP打造。来酷科技通过赋予传统的数码产品以新的体验，跨界合作，构建旗帜鲜明的特色IP。来酷科技的元宇宙战略一经发布，就吸引了众多品牌的关注，经过几个月的发展改进，其元宇宙IP体系已初步建立。例如，武汉ESTAR PRO电子竞技俱乐部授权其产品与来酷星球进行合作，在店面内提供VR、游戏主机、游戏电脑、元宇宙主体IP潮品等与元宇宙相关的产品，来酷科技与电子竞技行业实现跨界合作；2022年6月，来酷科技举办"元宇宙电音狂欢party"直播，与京东方合作，共同推出全球首款Meta MFT元宇宙耳机。

（2）场景本地化和多元化。智慧零售时代企业必将以消费者为中心，展开促销攻略。来酷科技的线下智慧门店在场景方面作出许多努力，不仅实现多场景一体化运营，而且注重场景的本地化和多元化。来酷科技在北京、深圳、西安、上海、成都、沈阳、郑州等多地设立联想来酷智生活门店，各门店根据当地的特色及风土人情，合理推测需求朝向，建立具有当地特色的门店场景。同时，除根据不同地域进行场景的本土化外，来酷科技还继续进行细分，对不同种类的场景具体问题具体分析，例如，在潮流商业区布局50~80平方米的精品店，在大学内或周边布局"产学研"一体化的门店，或是在机场布局具有商务特色的门店。

3. 价格决策

来酷科技在价格决策层面致力于解决成本的问题。来酷科技采用C2M模式，对不必要的环节流程进行删减，同时面向B端和C端，达到削减成本的效果，为生产者和消费者双方带来益处。对于生产者，来酷科技提出"前置仓"的模式，也就是每一个门店都相当于一个中小型仓库，将仓储前移，改变传统多级分销的模式，减少"非标"乱象，有效地降低了企业成本；同时，采用一店多功能的形式，在每一个门店内都设置尽可能多的产品种类或是体验模式，给消费者提供一站式服务，不仅为消费者节约时间成本，而且为企业减少服务流程，降低运营成本。

五、结论与展望

综上所述，来酷科技正位于智慧零售的"风口"上，但同时也面临着极其恶劣复杂的市场环境，但其仍能脱颖而出，主要凭借的就是通过元宇宙计划打造 IP、线上线下一把抓、场景本地化和多元化、构建高效的私域业务以及解决成本问题这五大营销策略。在未来，来酷科技仍会坚持智慧零售的总体策略，在创新方面继续积极探索，致力于提供更加优质的产品及服务。

参考资料：

［1］卢岳. 打造本地生活场景　智慧零售让数码门店满足"便捷"刚需［N］. 消费日报，2022 - 02 - 16（B03）.

［2］王成成，余先玲. 智慧零售背景下实体零售企业的转型路径探索［J］. 商展经济，2022（1）：21 - 23.

第一节　创业营销方式

营销活动是创业的一个必备环节，"创业营销"一词也被越来越多的人提及。对于创业营销，不同学者有着不同的看法，对于使用的主体也有不同的态度。并且，创业营销与传统营销之间有着相通之处，但具体来说，创业营销与传统营销在营销主体及环境、市场调研方式、战略导向三方面有着不同之处。创业营销逐渐形成了独立的理论体系，影响着创业活动的走向。

一、 创业营销概述

1. 创业营销的概念

营销活动是企业在进行组织、经营、管理全过程中的重要环节（石蔚等，2021），能够创造出经济和社会两方面的价值，对传统商业和企业的生存发展有着重大意义。

企业从锁定并分析目标顾客群体的需求出发，采取一定的措施和手段，引导顾客消费。尤其是在当前市场竞争越发激烈的环境中，传统的营销方式已经不能再满足企业日益增长的发展需要，于是创业营销的概念应运而生。杰拉德·希尔斯（Gerald Hills）在1982 年首次将"创业"与"营销"两个概念联系起来，提出了"创业营销"一词。迈克尔·莫里斯（Michael H. Morris，2002）较早地明确提出创业营销的概念，认为创业营销是企业通过创新的途径进行风险、资源、价值等方面的控制利用以及再创造，识别并把握能够留住顾客的机会，并指出创业营销分析的七个方面。

创业营销将创业导向与市场导向相结合，以创业学、管理学和营销学科为基础，是一种新的营销思想和精神。谌飞龙（2018）将创业营销拆解，从"创业"和"营销"两个概念理解，继承了两者共同的价值追求，也就是价值创造。同时，吴朝彦（2020）从个体和企业两个层面提出，新冠肺炎疫情过后的中小企业在推进创业营销方面的实践路径。

2. 关于创业营销的不同观点

（1）创业营销的主体。早期创业营销的研究重点在于营销主体，有学者认为，创业营销的主体是初创企业以及中小企业等创业型企业，由于其规模、资源等方面的限制无法采取传统的营销模式而采取的创业营销模式，更加突出强调了企业类型。现代营销学之父菲利普·科特勒（Philip Kotler）提出，当一家企业还很弱小但十分愿意接受新事物时，往往会采取一种非正式的营销方式，这种营销方式类似于"创业营销"，也就是小企业利用自身特点，进行具有独特性的营销活动。同时，杰拉德·希尔斯和克拉斯·霍特曼（Claes M. Hultman）等国外学者也对创业营销下定义，认为创业营销是在创业成长过程中的小企业的一系列营销活动。此外，还有学者认为，创业营销不仅适用于初创企业，对种子期企业也同样适用，也就是创业型企业在初创时期以及成熟时期的全过程中，所采取的创新型营销方式都属于创业营销（谌飞龙，2018）。

（2）创业营销的方式创新。随着经济社会的不断发展，具有一定规模的创业企业，或是处于成熟市场的企业，发现了长期所采用营销方式存在的局限，开始引入创业营销。此时，大部分学者的观点则更加注重营销方式的创新，强调突破。创业营销被认为是在发展过程中的创新性营销，也是企业发展到一定阶段时所必然经历的过程。迈克尔·莫里斯将新兴创业与营销融合起来，强调创业营销的创新性。黎赔肆等（2008）认为，创业营销就是以高利润顾客为目标，以创新性的营销方式实现对机会先见性的识别和利用，也就是说创业营销的核心在于创新，要更多地关注营销模式的创新。创业营销是创业者利用创新手段来开发潜在消费者并加以维系的过程（杨利静，2016），是以积极主动的方式，通过动态创新激发消费者的需求（唐德淼，2022）。

（3）以供给为导向的创业营销。市场上存在着需求与供给两方面的基本力量，市场在两股力量的交织对抗中达到平衡。早期，创业营销通常是依据企业管理的目标、偏好或个人特征来决定，随着经济社会的不断发展，创业营销模式被认为更能够帮助企业面对不断变化的市场环境（石蔚等，2021），需要创业者对机会进行识别和创造，并转化为企业自身的竞争力，事实上创业是以供给为导向的（裴以明，2018）。这是由于创业营销根据顾客需求及未来市场趋势，对顾客进行引导，这也就说明是以生产者为中心，以供给推动生产经营。此外，供给方面的创新实质上是创业者及企业在发展过程中不断试错的活动，创业营销表明企业采用创新型的营销办法，去发现价值，主动创造市场，而不是被动适应市场，创业营销是以供给为导向的活动。

二、 创业营销与传统营销

创业营销既是创业型企业所采取的不同寻常的营销方式，又是以供给为导向的全新营销策略，不仅为初创企业及中小企业所广泛采用，而且越来越多的大型企业也认识到创业营销的重要性及成果的显著性，创业营销风靡一时。与此相对应的传统营销，主要靠需求拉动，企业采取各种措施以适应市场的变化，已经无法适应当前越来越复杂的市场及竞争环境，不能为企业带来更好的发展。但是，传统营销也存在着一定的优势，提倡创业营销并不是要摒弃传统营销，事实上，创业营销是对传统营销的继承与补充，在传统营销的基础上进行发展，因此，要辩证地看待创业营销与传统营销。如图 6 - 1 所示，传统营销与创业营销在营销主体及环境、市场调研方式、战略导向这三方面有着诸多不同。

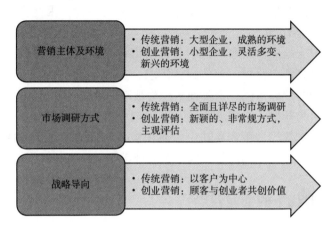

图 6 - 1　传统营销与创业营销的区别

1. 营销主体及环境

（1）营销主体。传统营销更多地适用于大型企业，依靠大企业多年发展所积累的经验，并且在企业中有专门负责市场营销的部门；创业营销则被更多的小型企业所应用，依靠的是创业型企业的研究分析，整个创业团体负责进行创新性的创业营销。

（2）营销环境。传统营销和创业营销产生于不同的环境。传统营销具有不易更改、投入巨大等特点，所以传统营销更加适用于已经建立、相对成熟的市场，以及成熟稳定的产品，在这样的环境下，传统营销策略具有普遍适用性；创业营销更具创新性、开拓性，所以当企业面临灵活多变的、新兴市场环境时，采取创业营销策略就更具优势，能够帮助企业在高度动荡的环境中不断开拓新市场，提供新思路。

2. 市场调研方式

传统营销与市场营销在市场调研思路及方式上有着非常大的差别。

传统营销通常会在某一产品研发或推出前，利用其已有的物质、技术资源，对整个市场的需求及顾客购买意向进行全面且详尽的调研，生成调研报告，以供企业决策参考，这也造成了巨大的成本投入。大型企业拥有较好的产业基础和物质基础，对于高度不确定的市场环境有着较强的风险抵御能力，可以支付高额的市场调研费用，所以传统营销方式十分依赖调查研究。

创业营销由于其适用主体规模小、资源少、经验差等因素，大多无法采用"撒网式"市场调研方式，而是将其有限的资源最大化利用，采取新颖的、非常规的方式，对市场及需求进行主观评估，通过信息的拼凑来获取市场需求信息，更加具有积极性、灵活性。小型创业企业也更容易受到动荡环境的影响，只有采用更加多变的营销方式，才能灵活、有效地应对危机和挑战。

3. 战略导向

企业采用传统营销方式，主要是希望保持并改善当前企业产品的经销状况，而采用创业营销则是企业希望在激烈的竞争环境中生存下来的手段，因此，不同的营销方式在战略导向上具有显著的不同。

传统营销以需求为导向，以客户为中心，由市场驱动，也就是顾客需要什么企业就生产什么，企业通过收集、分析、评估顾客需求，交由研发中心进行产品研发，客户在其中相当于提供反馈的外部角色，企业处于较为被动的地位。

创业营销以供给为导向，由理念驱动，采用创业营销策略的企业往往主动识别市场与创业机会，引导顾客参与，顾客在其中扮演积极参与者的角色，体现为顾客与创业者共同打造企业产品与服务，实现价值共创，企业处于主动位置。

三、 VUCA 时代下的创业营销

1. VUCA 时代的到来

VUCA 已成为如今的时代特征，用来表示企业正处于特定的外部环境中，其中 VUCA 也就是不稳定性或易变性（volatility）、不确定性（uncertainty）、复杂性（complexity）、模糊性（ambiguity）的四种时代特征，如图 6－2 所示。不稳定性或易变性表示环境中的诸多要素是不断变化的，并且其变化大多令人们意想不到；不确定性表示企业所处的环境变化趋势是难以确定的，人们难以预测环境的变化；复杂性表示环境中存在着大量要素且错综复杂，各种不同要素相互牵制；模糊性表示环境中的要素或事件越来越难以准确界定和划分，各种条件和因果关系混杂。

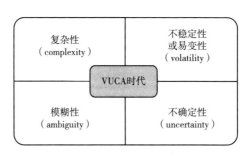

图 6 - 2　VUCA 时代特征

VUCA 时代下，不稳定、不确定的外部环境特征，使得企业面临着更为严峻的风险和挑战，在经营管理中出现更为激烈的竞争因素；复杂性和模糊性给企业的经营决策带来更大的困难，迫使企业进行更多人力、物力的投入，削弱企业自身实力。

但是，VUCA时代也为企业带来机遇和变化。VUCA时代，就是一个不断试错的时代，企业为了保持自身的活力和时代适配性，必须进行开放和变革，在一定程度上提高了企业自身的经营管理能力，优化了企业的学习能力、应变能力、合作能力、管理能力，致力于打造企业核心竞争力，这也为市场环境带来新的碰撞、新的火花。

2. VUCA时代下的创业营销

时代的洪流不可避免，企业处于VUCA时代背景中，外部环境动荡性和不确定性不断增强，为企业带来了新的挑战，在营销方面，传统的营销理论及策略已经不再适合当前时代的发展状况，面对这种变化，企业也应当随之变化。对此，企业应当改变原有的传统营销理念，构建新的思维模式，增强创业团队的前瞻性，做好创业营销。如图6-3所示，在VUCA时代下的创业营销主要特点体现在互联网技术和精准营销层面。

图6-3　VUCA时代下创业营销的表现

互联网技术的不断更新发展，一方面冲击了原有企业的生产经营模式，使得市场竞争更加激烈，另一方面也为企业所用，成为在错综复杂的外部环境中创新企业营销方式的关键性技术。互联网技术的发展在企业进行创业营销的过程中发挥着重要作用，促进企业的精准营销。

（1）增强信息流通性。互联网的互通性、流动性，在很大程度上提高了信息的对称性，以及创业企业在初创时期获取信息、进行创新变革的能力。创业企业应当在海量信息中筛选出优质、独特的信息群，挖掘创新点，制定并实施其创新型营销策略。

（2）营销渠道多样化。当前，营销渠道也变得更加多样化，运用微信、抖音、小红书等平台，以及直播、图文等形式进行的营销推广已经十分普遍，创业企业需要将灵活的新媒体推广方式创造性地运用在自身的创业营销上，提高企业营销效果，适应当前时代的发展，实现企业创业营销的破局。

专栏6-1

Bosie：国潮服饰的创意之路

一、企业简介

杭州伯喜服饰有限公司（Bosie）成立于2018年5月9日，隶属于杭州伯喜服饰有限公司，旗下产品有从简复古（Original）、童话攀魇（Rainbow）、街头潮酷（Gray）三个系列，主打无性别主义，强调消费者体验，其版型裁剪男女同款，价格更加平易近人，定位为设计师品牌、大学生社交品牌。经过近年来的不断发展改进，Bosie已成为"无性别服饰"的先行者，受到众多年轻一代消费者的喜爱。其销售收入从0到1.4亿元仅用了一年时间，Bosie的发展时间较短，但却取得了如此突出的成绩，与其创始人刘光耀独到的眼光及其符合时代潮流的营销方式密不可分。

二、主要营销模式

毕业于北京大学光华管理学院的刘光耀是一位"95后"，在清华大学读研期间选择休学创业，创立了 Bosie。刘光耀不仅通过分析把握近年来的服饰消费者市场以及消费者购买偏好和心理，确立其品牌理念"NO GENDER. NO BORDER"，即"无别无界"，符合当前越发高涨的身份认同趋势，在年轻一代消费者群体中赢得好评。而且，刘光耀十分注重服饰设计，Bosie 400多人的团队内，共有50多位时装设计师，设计师团队权重较大；而且设计师团队呈现年轻化趋势，更加了解年轻消费者的消费偏好和审美眼光。

Bosie 在打磨自身实力与产品品质方面的努力大家有目共睹，在营销方面，Bosie 也做了深入的探究，在发展过程中采取诸多创意性的、带有独特性特征的营销方式，带给当今服饰行业及企业诸多启发。

1. 内容输出

内容输出的营销方式，不仅顺应 VUCA 时代的发展趋势，在不稳定、不确定的环境中，持续稳定地输出自身品牌理念，而且能够抓住年轻消费者的需求点，体现出对症下药的优势。Bosie 在内容输出方面下了很大的功夫。

（1）去标签化。Bosie 致力于去标签化，也就是让人们根据自己的喜好去选择，这是由于随着时代趋势及经济社会的持续发展，人们的包容性越来越高，大众审美更加多元化，从而倒逼企业进行去标签化，而 Bosie 正为人们传达着这样一种观念。

（2）跨界合作。Bosie 逐年与小王子、哆啦A梦、玩具总动员进行跨界合作，展开 IP 联名活动，将小王子的天真勇敢、哆啦A梦的善良童真、玩具总动员的勇气与信心融入其服饰设计当中，向当下追求自由、童心未泯的年轻群体传达美好的愿景及生活态度。Bosie 还在微信、微博、小红书、抖音等多个平台开放公共账号，定期推送图文、视频等形式的内容，更为广泛地传播其理念，并为消费者提供便利。

2. 多元化渠道实现精准营销

（1）线上电商与线下门店。随着互联网时代的到来以及新零售的提出，越来越多的企业品牌开始对线上与线下销售方式给予同等重视。许多传统服饰品牌是从线下实体门店发展起来的，随着经济社会的发展才不断扩展线上业务作为辅助，而 Bosie 作为新锐服饰快时尚品牌，与传统品牌的不同之处就在于，其对线上线下业务采取并行发展的策略，并且从成立之初就确立了多样化的营销渠道策略，也就是线上线下实行同款同价同折扣，线上与线下在极大程度上实现无界融合，给消费者带来全新的体验，也为年轻群体提供其所满意的产品及服务。

（2）打造私域流量。Bosie 背靠淘系超8亿用户的流量，同时不忘挖掘其私域流量，完善其多元化营销渠道。Bosie 不断开拓全新的私域流量赛道，2021年 Bosie 与有赞商城携手，入驻其小程序商城，实现消费者方便快捷的购物体验。同时，能够高效触及潮牌用户圈层，直达目标群体，提高 Bosie 的营销效率。

三、结论与展望

综上所述，Bosie 的发展经历及营销理念代表了未来发展的一种趋势，揭示着系统整体上的升级换代。Bosie 不仅通过贯彻符合当代消费者心理及需求的品牌理念、强大的设计师团队，丰富了自身企业的服饰设计思路，塑造企业核心竞争力，而且在营销方式上进行创新性发展，如理念定位、IP 联名、多平台输出的内容营销，以及线上电商与线下门店全新的营销路径，使企业在当前复杂的市场环境中立足并壮大。

参考资料：

[1] 智雅. 淘品牌 BOSIE 获 B 站投资 [N]. 中国服饰报，2021 - 10 - 08 (009).

[2] 赵锦帆. "宽衣文化" 在当代服装设计中的应用——以 bosie 品牌为例 [J]. 艺术大观，2021 (7)：58 - 59.

第二节　创业价格决策

价格是企业产品必不可少的组成部分，反映着消费者愿意为产品付出的代价。价格的高低在很大程度上影响着企业的生产经营与消费者的购买选择，因此，定价决策对企业发展有着重大的影响，在企业营销中是不可或缺的一环。同时，创业团队在成立之初就要制定恰当的价格策略，了解创业定价因素，掌握创业定价方法，使创业企业在市场上获得价格优势。

一、创业定价概述

定价也就是企业根据市场形势及自身状况，确定企业产品的价格，并在后续不断发展的过程中更新其价格机制，也就是企业决定采用何种收费方式为消费者提供产品或服务。企业的定价方式往往会产生较强的外部效应，尤其是在缺乏竞争的行业中（张永冀等，2014）。

1. 创业定价

创业定价是处于初创阶段的创业团队所采取的价格确定或定位方法。创业企业拥有巨大的发展空间和机遇，其定价决策以及价格策略是维持创业企业市场占有率、持续发展生命力的关键所在（夏欣，2021）。

很多创业企业在创立之初，没有过多地考虑价格的制定，或是没有针对价格制定采取一个系统的解决方案，这往往会在企业后续进行营销的过程中带来诸多困扰。有的创业者受情绪支配，往往会根据自己的感受设定产品的价格，忽略科学的数据分析及专家的丰富经验；有的创业者会把价格定得过高或者过低，与产品的性能、成本不相匹配；有的创业者由于创业初期经验不足，或是忙于企业内其他各项事务，没有过多地重视价格的制定。这些都是创业团队在初期经常会出现的失误，事实上，创业定价是一项关乎企业生存的事项，如果没有合理的定价模式，那么企业在市场上推出产品后将会面临盈利困境，难以吸引消费者，甚至出现生存危机。

2. 创业定价的影响

（1）创业企业。对于创业企业来说，合理的定价不仅会为企业带来利润，还会为企业的长远发展增添动力，留住企业顾客。

过高的定价往往会导致企业产品在消费者心目中留下质量价格不匹配的印象，过低的定价则会使消费者在对比价格较高的同类商品后，产生企业产品质量不佳的印象，这两种方式都会降低消费者的购买欲，以实现削减企业利润的目的。只有企业系统化、专业化地分析，采取合理定价，才能为企业带来销量，获取利润。

价格制定的专业化完善了企业在创业过程中的方法论体系和企业运行模式，价格的高低往往影响着购买该产品的消费者类型，影响着消费者如何使用产品。可以说，定价与企业有着千丝万缕的利益关联，企业应当深入了解影响定价的因素，运用科学的定价方法，对企业产品进行评估，制定符合企业战略方向和市场形势的价格机制。

（2）消费者。对于消费者来说，产品定价对消费者的消费选择具有重要影响。价格因素是引导消费者作出购买决定的一个关键因素，有的消费者以质量为导向，有的消费者以价格为导向，最多的则是更加注重产品的性价比，在质量、性能等其他相关因素相同的情况下，消费者往往会视价格而决定其购买行为。

二、 创业定价因素

创业企业进行营销活动，对其产品进行宣传推广，其中无法忽视的一个因素就是价格。价格这一因素，不论是在消费者还是生产者的心目中都占据着重要地位，创业企业会审慎决定其产品价格。创业企业在进行价格制定的过程中，必须先充分了解会对定价产生影响的各种因素，这是因为，一个合理的定价决策，一定是一个经过多维分析、多项均衡而得出的结果，而不是一个人或一个团队想当然得出来的。不论是初创企业、粗具规模的创业企业还是成熟企业，都需要注重创业定价的因素，初创企业根据这些影响因素，不断摸索升级其产品定价模式，粗具规模的创业企业则是根据不断变化着的影响因素，创新调整其定价模式。如图 6-4 所示，影响创业企业定价的因素主要有企业目标及品牌、产品成本、市场需求、竞争环境四大类，通过对这四类影响因素的分析，帮助创业企业选择定价方法。

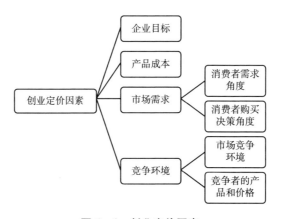

图 6-4　创业定价因素

1. 企业目标

企业的目标对于产品价格的制定具有战略导向性作用，表现在维持企业的生存和致力于市场占有率最优化两个方面。

（1）维持企业的生存。创业企业如何利用定价的巧妙安排，使其在竞争激烈的市场环境中站稳脚跟，不至于创业失败，这一目标不仅仅是在初创时期会遇到，在发展中期也会出现，这是因为企业内外部各种因素的影响导致生存危机，在这时，企业就可以通过价格的降低或提高来弥补自身。

（2）致力于市场占有率最优化。创业企业在度过维持企业生存的目标之后，企业仅在市场上站稳脚跟还难以实现长期发展，这时企业就会希望不断扩大其在市场的占有率，或是以薄利多销的方式抢占市场份额，或是以差异化的价格赢得市场等。

2. 产品成本

成本是商品价格的地基，构成产品价格的基础，也可以说是在大多数情况下企业进行价格制定的底线。

产品成本因素的构成可以大致分为三部分：一是生产成本，即产品生产的原材料、辅料、人工成本费用、管理费用等；二是销售成本，包括广告费用、市场调研费用等市场营销费用；三是运输费用，即产品在必要的运输途中所花费的成本。

在制定价格时，要考虑到整个采购、生产、销售全过程的成本，如固定资产折旧费用、售后服务费用、办公成本、税费等，如果没有充分考虑全部产品成本因素，则会使产品成本评估比实际发生的成本更低，产品定价更低，缩减企业的盈利空间。若是产品成本高，甚至高于市场上同类产品的价格，其产品定价就会更高；产品成本较低，其定价就会更低。

此外，企业还需考察其产品或服务上游价格的变化情况，也就是企业原材料价格或是进货成本的波动情况，企业需调整其定价，使其随着上游价格的波动而变化。

3. 市场需求

市场需求不仅对企业产品及市场的选择存在导向作用，而且对于产品的定价有很大程度的影响。考虑市场需求对产品定价的影响因素，不仅要关注市场中消费者现实存在的需要，而且要从消费者需求和购买行为之间的环节入手，考虑消费者的购买决策行为，也就是重点考察消费者的需求和消费者的购买决策两个方面。

（1）消费者需求角度。创业企业要在初次定价时系统地了解市场上消费者需求的集中程度，对目标消费者群体进行大规模的市场调研，以企业产品在市场上的定位为基础，明确消费者对该类产品价格意向的区间，以此来制定企业产品的价格。

在产品推向市场后，观察一段时间内消费者的购买情况，比较实际价格情况与企业预期情况之间的差异，相应地调整企业产品的价格，优化企业产品发展。

（2）消费者购买决策角度。消费者对价格敏感程度较高，可适当降低价格，或是采用较为稳定的价格机制；消费者对价格敏感程度低，可适当提高价格，或是经常采用促销机制。消费者从原先产品转换成使用该企业产品需要付出的成本越高，其支付障碍也就越大，消费者愿意支付的产品价格也就越低。消费者所感知的产品价值与消费者的支付意愿存在着关联，消费者感知的价值越高，其支付意愿也就越强。所以创业企业可以根据其提供产品或服务的内容、质量等方面，衡量消费者价值感知状况，制定合理的价格。

4. 竞争环境

（1）市场竞争环境。市场竞争环境是影响企业生存发展的外部因素之一，对企业产品定价存在着一定的影响。

企业要考虑其当前所处的市场环境的整体态势，不同的市场结构及模式的竞争特点对企业的产品定价有着严重影响，完全竞争市场、垄断竞争市场、寡头垄断市场和完全垄断市场这四类不同的市场结构在厂商数量、产品差异等方面存在着较大的不同，企业要采取不同的定价策略。例如，在完全竞争市场中的企业没有自主的定价权，只是被动的价格接受者；在垄断竞争市场中的企业，主要依据其差异化的产品进行定价决策，以期实现长期均衡状态。

企业需要致力于长远，考虑企业未来的市场环境及竞争环境、在未来该行业市场会持续增长还是逐渐萎缩，目标消费者群体的可支配收入是增加还是减少、是否会有强力破坏者进入市场、是否会有新技术新资源进入市场。

（2）竞争者的产品和价格。在市场上往往存在着众多竞争对手，企业需要辨明哪些是同档次企业，哪些是更高端的企业，哪些是更低端的企业，不仅要了解同档次企业的同类产品及价格，也要深入了解其他档次企业，如优势、成本、战略等，对市场变化及时作出反应，调整自身定价。

专栏 6－2

丸美：眼部护理大师的价格策略

一、企业简介

广东丸美生物技术股份有限公司（以下简称丸美）成立于 2002 年，是国内领先的护肤品企业，旗下产品主要有丸美、春纪、恋火、魅力法则，其中丸美所占公司销量份额最高，同时也是较具知名度的品牌。丸美在领域内深耕细作，涉猎广泛，定位为中高端，覆盖了男士护理、母婴护理、口腔护理等多个领域，其产品主要分眼部、护肤和洁肤三大类，但其最杰出的领域是眼部护理。

二、创业过程中对定价的考量

在产品定价方面，与国产眼霜相比，大部分国产眼霜，如大宝眼角皱纹蜜、马应龙瞳话眼霜、相宜本草百合高保湿修护眼霜、OLAY 玉兰油多效修护眼霜等，价格分布在 60～350 元；与国际品牌眼霜相比，如兰蔻小黑瓶眼霜、雅诗兰黛小棕瓶等，价格分布在 450～1 200 元。丸美品牌的眼霜价格在 180～588 元，国产品牌价格大多不及丸美眼霜的一半，丸美直接对标国际品牌，其产品定位为国产品牌中高端。对于丸美的价格策略及制定，有如下几方面的考量。

1. 企业发展目标

丸美始终秉承着"用世界最好，做中国最好"的理念，打造卓越产品，坚持用户至上，丸美将围绕"稳健、强基、提效、突破"的主轴继续向着企业的可持续发展努力。丸美的企业目标是行业顶尖，致力于在现有基础上继续扩大其市场占有率，所以丸美的定价区别于国内平价眼霜品牌，向国际大牌眼霜逼近。

丸美采取"以线上为引擎，线下为基石"的目标策略。在线下，实体店的用户体验感对于中高端产品的定位十分重要，丸美在遭受新冠肺炎疫情暴发以及电商崛起等危机的威胁时，仍旧坚持推进线下实体活动，2021 年线下召开沙龙会近 1 800 场，参与人数近 5 万人；在线上，丸美积极利用互联网时代带来的红利，不仅开通淘宝、京东、唯品会等多家网站的官方旗舰店，全面覆盖传统营销方式，而且开拓 KOL 直播、小红书带货等新兴产品营销渠道，坚持企业销售目标，坚定中高端的市场定价。

2. 产品成本及投入

根据丸美股份 2021 年年报显示，全年营业成本发生额 6.43 亿元，销售费用、管理费用存在较大的变动，原因为职工薪酬、办公费用增加，银行存款利息收入及短期借款汇兑收益同比减少。此外，丸美不仅在产品原材料上耗费成本巨大，而且在数字化转型、团队建设方面投入比例不低，例如打造生产销售全流程的数字化变革，完善人才培养及薪酬管理机制，如此高额的成本决定着丸美不可能走低端路线。

3. 市场需求

在新冠肺炎疫情严峻导致居家时间久、出行戴口罩的情况下，消费者对于美妆护肤的需求量仍然巨大，呈上升趋势，表明消费者对于美妆护肤的追求更高，在此情境下，企业更加倾向于针对不同的皮肤类型、生活习惯，推出不同功效、价位的产品，满足更广泛的消费者群体的需求。

4. 竞争环境

彩妆护肤行业内竞争激烈，市场成熟度较高，老品牌和新兴品牌不断增强其行业实力，并且随着电商、直播带货等新型营销方式兴起，企业不得不持续进化发展。丸美深刻透析当前企业所处行业环境，不断完善其研发技术及实力，推出新产品，也开通线上直播等多样化的销售方式，在这个过程中，丸美仍然保持其长期以来的定价水平。

三、结论与展望

综上所述，丸美凭借其在行业内多年发展的经验，以及对新兴事物的适应能力，不断推陈出新，维持并延续其在早年间行业头部品牌的地位，将产品价格定位于中高端，并推出价格不等的各种功效型产品，从企业发展目标、品牌建设、成本及投入、消费者需求四个方面，分析其产品定价的合理性。

参考资料：

[1] 付骥钰，韩炜，彭靖. 创业网络结构如何动态影响创业学习？——基于资源依赖视角的案例研究 [J]. 现代财经（天津财经大学学报），2021，41（9）：61 – 77.

[2] 温婷. 丸美股份孙怀庆：坚守长期主义　发扬国货之光 [N]. 上海证券报，2021 – 09 – 16（006）.

三、 创业定价方法

根据前面所分析的对定价的各类影响因素，以不同的导向，将定价方法从整体上分为三大类，也就是成本导向法、市场需求导向法和市场竞争导向法，如图 6-5 所示。

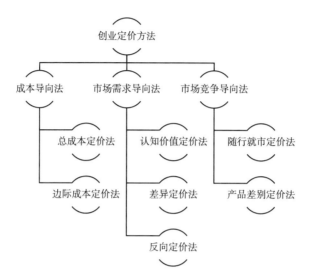

图 6-5 创业定价方法分类

1. 成本导向法

成本导向法以企业产品的成本为依据，帮助企业确定产品价格的底线，包括成本加成定价法、目标利润定价法、边际成本定价法等，在此处简要介绍这三种常见定价方法。

（1）总成本定价法。总成本定价法主要分为两类，即成本加成定价法和目标利润定价法。

成本加成定价法是创业企业先统计出新产品所耗费的全部成本，再分摊其合理的固定成本，最后按照一定的利润率计算出利润，以决定企业产品的价格。成本加成定价法更适用于初创时期的创业企业，在定价时，率先考虑企业自身成本及情况，对创业企业初期的起步具有一定意义。

目标利润定价法也就是企业以追求自身利益的最大化为目的，根据自身的目标利润以及预期的销售量，来推出企业合理的产品定价，产品价格相当于总成本加上目标利润与预计销售量之比。这种方法对创业企业来说较为单一，没有考虑到市场情况，同时也更加适合具有一定市场基础的创业企业，帮助创业企业在发展过程中的加速冲刺。

（2）边际成本定价法。边际成本是指每增加或减少单位产品所引起的总成本的增减变化情况，为了使企业获取最大化的利润，往往使企业的边际收益等于边际成本。但是由于边际成本在实际中不容易衡量，创业企业也较为缺乏资金对边际成本进行测量，所以创业企业往往采用与边际成本极为相近的变动成本作为定价的依据。

2. 市场需求导向法

市场需求对创业企业的各个时期都尤为重要。市场需求导向法是从需求端入手，以市场上的消费者对产品需求的强弱、偏好、价值感受为依据，分析顾客购买行为的心理，以此来确定产品价格，主要包括认知价值定价法、差异定价法、反向定价法等。

（1）认知价值定价法。认知价值定价法相比来说带有一定的主观色彩，但却是切实了解消费者需求及偏好，根据需求进行定价的一种方法。收集消费者对该产品价值的主观评价认可程度来确定产品定价，是从消费者的价值认同角度来考虑问题。这种方法一般用于新产品的市场投入，十分适用于创业企业，在创业企业初次将产品投放上市时，要根据消费者对市场上同类产品的接受程度来估算创业产品的销售量及定价。

（2）差异定价法。差异定价法针对企业产品的不同细分群体，制定差异化的价格。消费者之间往往存在价格接受度、消费心理、购买力、时间、地点、购买方式方面的差异，那么就可以采取不同的定价策略，例如，销售给个人和团体的价格不同，销售给加急和普通物流速度的消费者价格不同。具体来说，创业企业实施差异定价最好的方式是价格歧视，也就是根据不同的产品类别及实际情况采取价格歧视策略，包括一级、二级和三级价格歧视，将创业产品进行级别的划分。

（3）反向定价法。反向定价法以销售价格为基础，根据消费者能够接受的最终价格，扣除正常成本及税费后，反向算出价格。这种方法对以需求为导向的创业企业来说十分有效，在保证企业不亏损的情况下，尽可能多地实现消费者的购买。

3. 市场竞争导向法

市场竞争导向法是企业根据自身所处的竞争环境及自身的竞争地位进行产品定价，主要有随行就市定价法、产品差别定价法等。

（1）随行就市定价法。由于寡头垄断市场和完全垄断市场在实际的市场环境中鲜少存在，所以创业企业在当前的市场竞争环境中不可能获取绝对优势，导致企业根据平均价格来制定产品价格。这种方法对于创业企业初期来说是一个很好的选择，不仅减少成本耗费，便利了价格制定，而且也不会引起价格的波动。

（2）产品差别定价法。以市场竞争为导向的产品差别定价法，不同于以市场需求为导向的差异定价法，它是通过差异化的产品特性，或是通过企业营销方式，在消费者心目中树立不同于其他品牌的产品形象，以其自身独有的特点，评估其产品合理的定价。企业的产品如果具有较强的独特性、差异性，那么就可以采用产品差别定价法，依据自身的优势制定合理的价格。

第三节 创业渠道决策

渠道是连接两方的通路，起到桥梁的作用。在企业的营销活动中，营销渠道的决策是其重要内容之一。作出正确的创业渠道决策，有利于降低创业企业的经营风险，提高企业自身的竞争力，塑造品牌形象。所以企业在营销活动的决策中应当重视对营销渠道的选择，合理考察各种渠道的影响因素及营销效果，作出正确的决策。

一、 创业渠道概述

1. 创业营销渠道

营销渠道在企业的整个营销体系中起着至关重要的作用，是企业进行营销活动的基本组成部分和基础。营销渠道也被称为分销渠道、销售通路等，也就是中间商，通过这些中间商，生产商的产品和服务向消费者转移，实现消费和使用。企业在创业初期，对营销渠道的认识和选择关乎整个企业的生存与运营，还会影响到企业其他的营销决策。

如图 6-6 所示，可以根据中间商数量的不同，将企业的营销渠道分为零级渠道、一级渠道、二级渠道、三级渠道，这也就是营销渠道的层级结构，也叫长度结构。零级渠道，又称直接渠道，是没有中间商参与的一种营销渠道类型，生产商生产出来产品直接销售给消费者，就完成了销售过程；一级渠道，是指在营销渠道中包括一个中间商，也就是生产商生产出来的产品经过一道转手销售给消费者的过程；二级渠道，包括两个渠道中间商；三级渠道，包括三个渠道中间商。

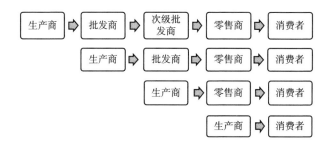

图 6-6 营销渠道的层级结构示意

2. 创业企业营销渠道构建的作用

如图 6-7 所示，创业企业构建营销渠道的作用体现在以下三个方面。

图 6-7 创业企业营销渠道构建的作用

（1）降低企业风险。处于营销渠道链上的各个成员，都存在着相互关联的利益关系，为了自身利益以及更好地生存，他们在经营过程中会彼此依存，捆绑在一起，不会作出有损自身和相关企业的事情。这对于初创企业来说是有利无害的，不仅可以增强初创企业的实力，也可以共同抵御风险，取长补短。

（2）提高企业竞争力。营销渠道消除了生产商与消费者在时间、地域上的差别，能够为消费者提供更加满意的购货方式。同时，营销渠道使得信息的流动更加频繁、高效，创业企业能够通过营销渠道更加及时地获取准确的市场信息，作出更加合理的决策，生产符合消费者需求的产品。

（3）塑造品牌。创业企业进行营销渠道构建的关键原因就在于树立企业的品牌形象，产品的品牌通过营销渠道一步一步渗透市场，提高知名度，中间商、消费者在购买中深化对企业品牌的认知。

专栏 6-3

多点 Dmall：供给端的数字化改造

一、企业简介

多点 Dmall 成立于 2015 年，是一家数字化零售解决方案服务商，以数字化及先进的技术对当前零售行业进行重构，为商家提供一站式全渠道的商业 SaaS 解决方案，是当前数字化创新创业企业转型的典型案例之一。多点 Dmall 的产品主要涉及商品管理、线上线下一体化运营、供应链管理、智能物联、全渠道会员管理几大方面，为大型超市卖场、连锁便利店等商家提供仓储物流、智能物联、电商等数字化解决方案。至 2021 年，多点 Dmall 已获得超过 100 项国内外奖项，与超过 120 家连锁商超达成合作，会员总数已经突破 1.9 亿人次，成功入选 2021 年中国数字经济产业样本 50 强，是国内领先的数字化零售方案提供商，在亚洲也处于领先地位。

二、多点 Dmall 的营销渠道建设

多点 Dmall 创始人张峰此前有过一段实体零售的创业经历，但后来互联网不断发展，线上商城兴起，让他动摇了线下实体经营的信念，而后创立了多点 Dmall 向线上方向进军。2014 年以来，数字化时代使得消费习惯发生了变化，线上需求猛增。2016 年，新零售浪潮的席卷，线下传统商超面临着颠覆式的冲击，纷纷转型。而有些商家面对经验缺乏的线上零售仅是开通了一条线上购买渠道，而这并非数字化时代的长久之策，如今线上电商红利耗尽，传统商超还需寻找新的路径。

张峰正是看到了这样的需求及趋势，创立了多点 Dmall，致力于采用商业 SaaS 构建数字化供应体系，为传统零售企业的门店提供全面数字化和完整的电商解决方案，正是通过全渠道的塑造，更好地收集消费者需求、反馈，更好地提高消费者的满意度，同时给予企业以方法指导，提高行业效率，如他选择了店仓一体化模式，这也是多点 Dmall 所采用的商业模式。张峰认为，数字化是一个基础的能力，但不能解决所有问题，一家零售企业最终是要把销售增长做起来，不能本末倒置。通过数字化的渠道运营，多点 Dmall 为传统线下门店带来帮助，其在渠道建设方面主要有以下内容。

1. 全渠道营销

数字化与新零售的时代变化，带来了外部环境极大的不确定性和需求的多元化，营

销渠道越发复杂，消费场景更加零碎化，这也使得传统商超面对数字化有惶惶之心。这时，只有全渠道营销才能更好地应对。

全渠道营销与电商初期的测评、网红宣传等一次性营销方式不同，它更关注的是面对消费者的不确定性，让消费者通过各种习惯、便捷的渠道购买到商品。也就是说，多点 Dmall 将商品集中起来，再通过其线上线下一体化的模式，精确地匹配消费者。例如，多点所采用的店仓一体化模式，就是线上购物与线下传统商超、连锁便利店结合起来，通过线上不同的渠道下单，在传统门店拣货，通过物流及时送达消费者。

2. 增值服务补充全渠道营销

多点 Dmall 在全渠道营销的推进过程中，发现很多商家在线下面临着一些问题，如会员产品不完善、增长乏力、消费者购买力下降、网购冲击等，多点 Dmall 对此进行了会员管理以及 O2O 一站式线上代运营的处理方法，提供了针对不同消费者差异化的营销方案。而且，多点 Dmall 所提供的精准营销是增值服务的重要板块，也是对全渠道营销的重要补充。以大数据为核心的精准营销模式能够细致地描绘用户画像，区分不同的消费者群体，为全渠道营销增添动力。

3. 提高企业整体竞争力的路径

（1）国际化发展道路。多点 Dmall 经过多年的发展，已经在国内市场上站稳脚跟，拥有一定的规模，"打造万亿级交易平台"是其长期的目标，多点 Dmall 已经开始了向国际市场延伸的布局，与麦德龙合作就是其显著的标志之一。多点 Dmall 与麦德龙的合作打开了欧洲市场，同时也在其中将其产品逐渐打磨成符合国际标准及国际市场需求的产品。截至 2021 年底，多点 Dmall 的解决方案已在全球 4 个国家和地区落地，多点 Dmall 逐渐在国内和国际市场上稳步提升自身竞争力。

（2）以优质的产品和服务打通渠道。作为一家线上业务服务商，多点投入大量且高比例的研发资金，拥有超过 1 300 位研发人员。多点 Dmall 致力于以技术水平的提高，不断升级其产品及服务水平，改善用户体验，以优质的产品服务和高度的顾客满意度来打通营销渠道，例如其所开发的自助收银、自主补货、智能陈列等功能。

三、结论与展望

综上所述，经过敏锐的创业嗅觉和 7 年的深耕发展，多点 Dmall 在全渠道数字化零售和店仓一体化发展模式中，无疑已经成为市场潮流的引领者，从全渠道营销、增值服务、国际化发展道路、优质的产品和服务四个方面，完善其渠道建设，优化商业模式，在数字化的道路上越走越远。

参考资料：

［1］肖超．多点 Dmall 定位全渠道加国际化［J］．中国食品工业，2021（9）：117 – 119.

［2］阎密．多点 DMALL 副总裁田浩　全面彻底数字化是破局之路［N］．国际商报，2022 – 06 – 17（006）.

二、　创业渠道因素

创业企业在筹备新产品、新业务，或是对已有产品落后的营销方式进行创新变革时，其营销渠道的选择能够对企业的生产经营成果起到较为显著的影响。要进行成功的营销渠道的选择和决策，就必须清楚地认识对创业企业营销渠道选择的影响因素，如图 6 – 8 所示，以下从生产者角度、消费者角度和市场环境三方面进行分析。

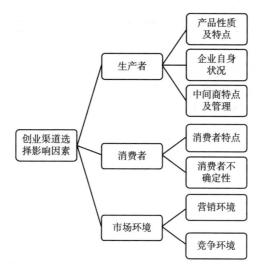

图 6 – 8　创业渠道选择影响因素

1. 生产者角度

（1）产品性质及特点。产品的性质及特点包括多个方面，如产品的价格、技术含量、重量、易腐坏性等，企业可以根据产品的不同特点选择最合适、最大限度实现利润最大化的营销渠道。

此外，产品的生命周期应当使创业企业在选择营销渠道时拥有一定的警觉性，生命周期理论认为，营销渠道如同产品生命周期一样也存在着可变性和创新性，同样拥有着成长、成熟、衰退的发展历程，所以创业企业应当关注其发展周期以及时变换其营销渠道。

（2）企业自身状况。企业自身的状况决定着营销渠道选择的上限，创业企业在选择营销渠道时，不能超出企业自身状况及能力范围之外，主要有企业核心资源与渠道业务控制力两方面的考虑。

创业企业要合理评估自身所拥有的资源，明确企业的经营管理能力。创业企业所拥有的资金及企业规模、业务经验及处理能力和企业声誉度，这三方面因素的实力越强，企业可选择渠道的空间也就越大，自由度越高。

渠道业务控制力表现为品牌忠诚度、专业能力、服务控制力三个方面，企业对于渠道的控制力越强，进行渠道选择的优势越大。

（3）中间商特点及管理。中间商的数量是区分企业不同营销渠道的重要标志，所以，企业与中间商的关系、中间商的实力规模等方面，是创业企业营销渠道的重要影响因素。

不同经销商、批发商、零售商所承担的职责都是运输、推广、销售，所以不同中间商的经营能力、企业规模、资源状况也是创业企业应当慎重考虑的，应选择实力强劲的中间商。同时，创业企业还需重视对中间商的管理，只有选择能够长期稳定的合作伙伴，才能帮助企业形成高效的营销渠道，带来不菲的利润。

2. 消费者角度

近年来，时代特征及经济社会的发展特征决定了企业的产品生产是以消费者为导向，致力于满足消费者的需求。

（1）消费者特点。创业企业营销渠道的选择和设计在很大程度上受消费者的影响，如消费者数量及分布、消费观念、购物方式、购买能力、消费偏好等方面。企业可以根据其关键业务或是市场上同类产品业务的调研，确定消费者对购买方式或渠道、消费偏好的覆盖程度，有针对性地选择最合适的渠道。

（2）消费者的不确定性。由于消费者的购买过程具有极大的不确定性，会对企业创新渠道决策具有一定的消极影响，削弱企业的竞争力。消费者的不确定性主要体现在购买过程中的摇摆和消费观念的变化。

在购买过程中，消费者往往会存在摇摆不定的心态。造成消费者摇摆不定心态的因素有很多，可以是价格、质量、性价比，也可以是便利程度、喜爱程度等。消费者的决策因素对创业企业的渠道布局存在着一定影响，所以创业企业需要做的就是，通过合理、多元化的渠道建设和选择，稳定住消费者的不确定性，强化消费者的购买因素。

在消费观念方面，消费观念变化是受到时代趋势影响的，也会被自身购买能力及生活追求所影响。考虑到消费者的多种倾向，创业企业可以根据不同因素造成的观念转变，适当调整营销渠道或整个营销系统，选择符合其消费观念的渠道，适应消费者的变化。

3. 市场环境

（1）营销环境。营销环境是企业选择营销渠道的重要因素之一，例如，政府相关法律法规会极大地影响企业的选择，具有较大的强制性。同时，互联网时代的到来以及科学技术的发展，使得营销环境发生了较大的变化，线下实体的销售方式已经不再适应当前时代的发展，销量逐渐萎缩，营销渠道也由原先的单一渠道逐渐向多元化方向发展。

（2）竞争环境。创业企业在选择营销渠道时往往会考虑竞争对手所选择的渠道是什么，往往希望与竞争对手的分销商或零售商进行竞争，所以会根据竞争对手不同的营销渠道状况，对具体渠道作出灵活的调整。同时，企业会在竞争激烈时争夺更优的营销渠道，以抢占市场先机，维持企业经营状况及利润。

三、 创业渠道方法

创业营销渠道是企业生产经营的重要桥梁。营销渠道存在着不同的方法路径，企业可以根据其所处外部环境，结合企业自身内部环境，选择不同的方法。根据时代的发展以及消费者的动态变化，如图6-9所示，创业营销渠道的方法可以从基本的营销渠道方法、网络营销渠道及方法以及传统与网络融合的渠道方法三个方面来理解。

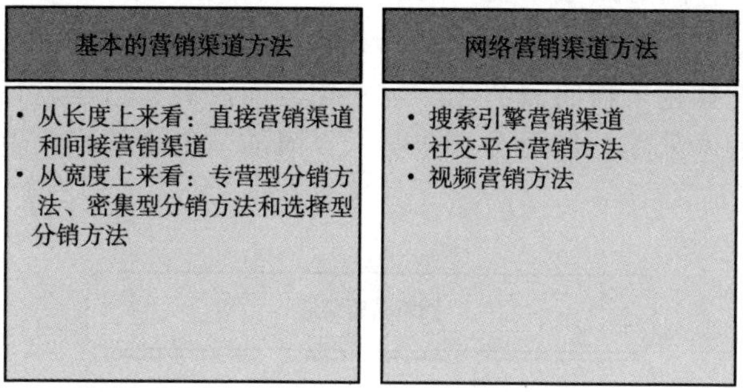

基本的营销渠道方法	网络营销渠道方法
• 从长度上来看：直接营销渠道和间接营销渠道 • 从宽度上来看：专营型分销方法、密集型分销方法和选择型分销方法	• 搜索引擎营销渠道 • 社交平台营销方法 • 视频营销方法

图 6 - 9　创业营销渠道的方法分类

1. 基本的营销渠道方法

基本营销渠道发展历史悠久，是企业进行营销渠道选择的基础，一般根据企业营销渠道结构的长度和宽度两方面的标准来划分。

（1）营销渠道结构的长度。从营销渠道结构的长度上来看，营销渠道包括直接营销渠道和间接营销渠道，是根据有无中间商来区分的，直接营销渠道也就是前面所说的零级渠道，间接营销渠道是一级、二级、三级营销渠道。如果企业的产品具有较为复杂的技术手段，对信息的要求高，质量担保在消费者心目中尤为重要，又或是产品运输不易，那么直接营销渠道就会优于间接渠道。

（2）营销渠道结构的宽度。从营销渠道的宽度上来说，企业可以选择专营型分销方法、密集型分销方法和选择型分销方法，这种划分方法是建立在间接营销渠道的基础上的，也就是存在一个或若干个中间商。

专营型分销方法是企业通过数量有限的中间商去分销或代理其产品或服务的方法，也就是说，企业会严格限制中间商的数量，努力提高中间商的质量，其极端形式是独家分销方法，即采取唯一一家分销商进行渠道营销。这种方法适用于高档产品或物流运输复杂的产品，同时也存在着依赖性强、一损俱损的风险。

密集型分销方法也称普遍性分销方法，是企业采用数量众多的批发商经营销售企业的产品，这种方法多用于生活必需品、日用品等类型的产品，因为这类产品的需求量大且地域分布广泛，应当选取更多的分销商。

选择型分销方法则是介于专营型分销方法和密集型分销方法之中的一种方法，是企业有针对性、有选择性地锁定一些渠道中间商进行产品经销的一种方法，通常选择一些实力较好的中间商。

这些基本的营销渠道方法过于传统，存在着信息传递速度慢、互动性弱等缺点。

2. 网络营销渠道及方法

面向当前的互联网时代，传统的营销渠道方法过于传统，存在着信息传递速度慢、互动性弱等缺点，这也就导致了企业的营销效率低下，对动态市场的应对能力弱，并且对渠道成员的可控性较差，再加上信息技术的发展，越来越多的消费者选择在网络平台上进行消费，企业所采用的传统营销渠道不得不走向网络，采取网络营销的渠道方法。

网络营销方法是伴随着大数据技术的进步和互联网时代的到来而产生的，是指企业通过新兴的互联网等网络技术构成其营销渠道的一部分，实现其营销目标的一种方法。如今，企业的渠道选择越来越向简洁化、扁平化方向发展，这也就使得网络营销渠道方法被越来越多的企业所采用。如图 6 - 10 所示，当前，主流的网络营销渠道的方法有以下三种。

图 6 - 10　主流网络营销渠道

（1）搜索引擎营销渠道。搜索引擎在人们之间的使用率极高，消费者在搜索引擎上查找关键词，根据关键词锁定目标用户群体，在相关关键词搜索结果下进行企业营销信息的传播，不仅达到了精准营销的效果，而且扩大了受众群体。国内常见的搜索引擎有百度、360、搜狗，企业通常通过竞价排名等方式达成前排推送。

（2）社交平台营销方法。社交平台在其本质职能——社交的基础上，不断拓展其新功能，越来越多的企业在社交平台上开展企业自身的营销活动，互联网时代，企业将社交平台作为营销的重要渠道之一。尤其是对于创业企业的新产品来说，在社交平台上进行宣传推广是前期打开知名度的关键渠道，例如，通过微信、微博进行营销，微信公众号及朋友圈的营销能够迅速拉近与消费者之间的距离，微博则具有显著的传播速度快、受众广泛的特点，打破时空的限制。

（3）视频营销方法。视频营销主要有短视频营销和直播带货两种渠道方法，最大的特点就是产品信息直观展现，与消费者的互动性更强，在消费者娱乐休闲的过程中进行产品的营销，完成交易过程。

如今，单一的基本、传统营销渠道方法和单一的网络营销渠道都已经不能适应当前时代和经济社会的发展，而是应当取长补短，将传统的营销渠道与新兴的营销渠道方法相融合，将线下线上发展模式相结合，选择适合创业企业新产品特点的渠道长度及宽度，锁定合适的网络营销场景，使得企业营销渠道更加畅通，实现基本渠道与网络渠道等多渠道整合发展的全渠道营销方法。

专栏 6 - 4

咕咚：智能化趋势下的营销渠道

一、企业简介

咕咚是国内健身运动线上 App，隶属于成都乐动信息技术有限公司（以下简称乐动技术）。乐动技术成立于 2010 年，咕咚随之成立，其发展年限较同类企业产品更早，是智能运动的先行者，也是行业内的头部企业，占据一定的市场份额。自创立以来，咕咚就专注于健康运动，致力于云计算、AI 等智能技术的研发，为跑步运动领域赋能，提供更加便捷、可靠的智能运动渠道，其产品不断拓展，主要包括咕咚手环、专业跑鞋、智能体脂秤、智能跳绳、智能手表、智能健身镜等智能穿戴设备，以及即食魔芋等代餐食品，打造了企业咕咚、咕咚健康、晓蛮等多个品牌，完善了企业的健康运动生态系统。

二、以消费者为导向的营销

在多年的发展历程中，咕咚的营销策略以及营销渠道以消费者为导向，适应市场环境的变化，进行不断变革升级。

在消费者方面，咕咚始终以消费者的需求为导向，大众对于更加精细化、专业化、智能化的运动健身需求更加旺盛，运动生活更加普遍、智能。咕咚通过 AI 技术，实现实时指导消费者运动，并且使用大数据技术分析预测消费者行为，提供更加专业的运动设备，以及各种运动注意事项的指导。同时，咕咚充分考虑消费者的运动偏好以及可支配收入，推出各类线上健身运动课程，以供消费者学习。

三、实践中的营销渠道方式

咕咚处于互联网协同共生的时代背景下，互联网思维下技术为其带来了智能化的发展方向，塑造了传统渠道和网络渠道相融合的新型营销渠道方式，主要有以下三点启示，以供参考。

1. 网络营销的多渠道

咕咚是在同行业中较早采用网络营销渠道的企业之一，主要路径是打造社交平台营销渠道和视频营销方法。一方面，咕咚通过社交平台的塑造来进行营销，不仅建立起垂直网站，开发 App 社群功能，鼓励用户进行社交网络分析其健康运动，而且还和微博进行互动，通过微博这个更广阔的平台打出名号。另一方面，咕咚也十分注重视频营销渠道的作用，通过短视频、直播等形式，既对企业理念及产品进行宣传推广，又开设各类适宜居家运动的课程，迎合消费者需要的同时，也为企业自身做了推广，吸引了更多的消费者。

2. 线下与线上的融合

随着互联网时代的到来，咕咚不能止步于原先的产品及营销方式，而是将线上与线下两种方式进行取长补短，互相融合。例如，赛事转播是咕咚的长项之一，所以咕咚介入马拉松赛事，举办线下线上同时进行的马拉松比赛，并塑造了衍生品售卖的通道，拓宽销售渠道，整合了平台的用户。同时，咕咚致力于智能运动，不仅加大对智能技术的投入，而且专注于线下新零售的布局，打造软件与硬件相结合的模式，实现了"运动社交 + 硬件开源"的战略方向。在硬件上，智能手环、运动手表等智能穿戴设备都是行业内优质的国货产品，在软件上，不仅拥有"咕咚"线上平台，还上线了众多在线运动课程。

3. 全渠道营销

咕咚紧随时代的发展，其营销采用全渠道的方式，不仅在淘宝、京东等购物平台等建立官方旗舰店，充分利用公域流量，而且还在其"咕咚"App 内建立购货商城，精准锁定目标消费者群体，建立自身的私域流量。

三、结论与展望

综上所述，咕咚是线上运动健身 App 领域内的头部企业，其从消费者的需求导向以及消费偏好方面和市场环境几个方面进行分析以选择营销渠道，同时，咕咚也已经形成自己的发展路径及渠道，例如网络营销的多渠道，线上与线下相融合的营销渠道以及全渠道营销。咕咚以"智能运动，尽在咕咚"为口号，以智能化为发展基础，与健康运动相结合，打造全民健康运动生态系统，是智能运动行业的开拓者。

参考资料：

[1] 咕咚 CEO 申波：后疫情时代，咕咚从"吃穿用练"全面推进运动大健康 [J]. 互联网周刊，2021（4）：50 – 51.

[2] 张丽军，孙有平. 走向主动健康：后疫情时代运动健康教育与大数据融合发展研究 [J]. 成都体育学院学报，2022，48（3）：47 – 52.

第四节　创业促销决策

创业团队的促销决策是建立在渠道建设的基础上的，只有选择好企业的营销渠道，才能在确定的渠道上开展各种促销活动及手段。随着高新技术的进步以及时代背景的不断更迭，对企业的促销行为及决策造成了较大的冲击，这也表明，企业的促销活动应当因势而变，在不同的时代背景、竞争环境下，具体问题具体分析，选择效益最大化的促销方式。

一、 创业促销概述

促销是市场营销活动的重要组成部分，是一种十分有力的营销手段，在企业的生产经营中发挥着至关重要的作用。从整体上来看，促销的实施主体是营销者，也就是营销者通过采用各种各样直接或间接的活动或手段，将产品或服务的信息传递给消费者，抑或是消费者主动接受、了解企业产品服务的相关信息，从而实现消费者购买行为的这一类活动，也可以说是为消费者提供购买行为实施的诱因、承诺，促使消费者实施购买行为，实质上是一个信息传递的过程。

1. 创业促销

创业促销就是企业在创业时期，使用促销手段向消费者传递产品及服务的信息，引导消费者产生购买行为，促进产品的销售（童子琪等，2018）。成榕（2016）认为，创业营销是以改变自身行为的方式，在短期内刺激消费者的消费，但是，对于创业企业来说，由于其自身资金、规模等的局限，其管理者还需重视创业下的促销问题（姜振军，2016），在这个时期，创业者或者管理者还应当寻找适合本企业实际情况的促销策略及方法（徐铭浩等，2018）。此外，形式多样的创业促销活动可以在很大程度上激发消费者的购买欲望，增强产品的吸引力（汪彤彤等，2021）。

2. 创业促销的目的

为新产品确定好促销方法，打造好促销路径，是产品销售、发展道路的开拓者。恰当的促销决策不仅能为新产品带来优秀的销量，还能够实现产品口碑的积累，提升品牌影响力。如图 6 - 11 所示，企业重视促销决策的原因主要有以下几点。

图 6 - 11　促销决策的目的

（1）提高销量。企业通过促销，或是以价格吸引，或是以功能宣传吸引等多种手段，争取潜在的消费者群体，刺激消费者初次购买，鼓励消费者再次或多次购买，不仅将潜在消费者转化为现有消费者，而且提高消费者的复购率，加强消费者忠诚度。此外，也有企业通过促销，将其囤积产品或过时老产品清仓，以减少成本损失。

（2）在竞争中生存、发展。当行业发展到一定阶段，不论是新进入者即将推出的新产品，还是已在行业内的老企业产品的革新升级，采取促销策略和方法，都是为了抢占市场份额，争夺市场机会，先生存下来，站稳脚跟后关注企业的持续发展问题。

（3）"刷存在感"。初创企业推出的新产品往往由于企业品牌不知名而销量受阻，所以企业往往通过促销活动，将企业产品的理念及优势展现给消费者，树立企业形象，使企业品牌深入人心，在消费者心目中留下"存在感"。并且还能够吸引消费者眼球，提高顾客的到店率和店面的知名度，增加线上店铺的流量。

但是，采取促销活动不能盲目，促销是一种打开市场的短期激励手段，并不能常态化运行，切忌盲目跟风，采取单一的促销手段及方法。

二、　创业促销因素

在日益激烈的市场竞争环境和越发复杂的政治经济环境中，创业企业腹背受敌，双创时代的到来为困境中的创业企业带来一线生机，同时创业企业也是箭在弦上不得不发。当前，创业期的产品不论是处于哪个阶段，都在力求寻找最合适、能够带来最大销量的促销手段。在此之前，企业必须仔细了解影响其促销效果及促销方法选择的各项因素，主要从消费者和生产者两个方面来分析消费者的感知价值、情绪、性别、需求的不确定性以及促销目标、产品的动态变化、企业生产经营状况、网络平台的促销规则和力度八个方面，如图 6 - 12 所示。

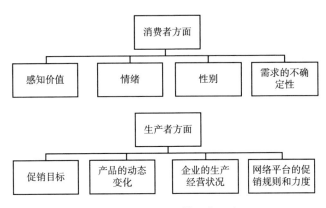

图 6 – 12　创业促销因素示意

1. 消费者方面

（1）感知价值。企业采取促销活动，消费者的价值感知的多少、优劣在一定程度上反映着企业促销活动的成效如何。企业要考虑其促销活动是否为消费者创造了价值，是否让消费者在产品中获取良好的感知价值，或是获取具有性价比的反馈，让消费者感受到购买产品的行为是正确的、不后悔的。

企业合理安排促销活动，为消费者提供其所期待的功利主义价值和享乐主义价值。企业的促销活动，为消费者带来价格低廉、质量较好的产品，相较于非促销时间，性价比有了较大的提升，消费者的货币成本降低，这使消费者获得了良好的功利主义价值；同时，消费者还能够在促销活动中满足其社交需要，围绕促销产品展开兴趣交流，为消费者提供了享乐主义价值。

促销就是要找准消费者购买行为的焦点，以促销活动为消费者提供功利主义价值和享乐主义价值，极大地满足消费者的价值感知程度，只有这样，才能获取消费者的信任，达成促销的最终目的。

（2）情绪。研究表明，消费者的情绪对其购买行为有着极大的影响。正如席勒所说，"市场受情绪驱动，那些最好地利用了情绪的公司往往是最成功的。"人们对于外在时间的判断和思考所产生的情绪称为"前瞻性情绪"，可更加细化分为希望、焦虑、欣喜、后悔等情绪。企业在采取促销活动时应当充分考虑，当前所采取的活动是否会引起消费者较大的情绪波动，是否产生的是正向的、加强购买意愿的情绪。当消费者面临着"双十一""黑色星期五"等较大规模的促销活动时，消费者往往面临着更多的产品选择，更容易找到令其心动产品，促进购买行为，也会因为大规模促销造成的"囤货""限时抢购"氛围，产生更加强烈的预支消费心理；当单个企业的促销力度较大时，消费者也经常会产生强烈的欣喜、冲动情绪，从而增加购买量。

（3）性别。消费者自身的特点存在着不同模式的购买行为及冲动，从而影响企业促销的决策，其中，性别因素尤为明显。由于性别差异，男性和女性对企业促销活动的反应程度不同。从购买时间上来看，男性的购买时间普遍低于女性；从购物过程来说，男性较女性更为直接，女性更加注重购物过程中的体验感和氛围感，男性更加专注于自身需求，有确定的目标；从促销的影响来说，促销对女性的影响大于男性，女性更有耐心处理各种促销信息。所以企业在构造促销活动时，应当具体考虑性别差异带来的消费者需求差异，采取有差异的促销方法。

（4）需求的不确定性。消费者对于产品的需求多种多样，有的消费者看重价格，有的消费者看重售后服务，有的消费者看重服务过程，有的消费者注重产品的功能和质量，等等。面对消费者"参差不一"的消费需求，企业促销还需经过前期调研，具有针对性。

2. 生产者方面

（1）促销目标。促销不是想当然的措施手段，在实施之前，就已经确定其促销目标。作为创业企业，其促销目标可以是开拓市场，在激烈竞争中生存下来，也可以是提高品牌知名度，刷"存在感"，还可以是对已有产品销量的扩大，或者是库存商品的清仓。促销目标指引着方向，不论是何种目标，企业都应当依据其目标来制定配套的促销方法及手段。

此外，还应当规划好对促销成本牺牲的预期，守住底线。促销应当符合这个预期，企业要考察该促销方法及策略是否符合企业的预期利润，是否为企业带来正向的影响。

（2）产品的动态变化。产品的动态变化对企业促销活动的影响表现为产品在不同时间段内的不同形态、地位促使着企业采取不同的促销方法。从产品的自身性质来看，若是由于产品销路不佳，或是产品供给过多、与需求不匹配，导致了大量的囤货，随着时间的推移，会导致自然损耗大，又或是产品保质期将近，都会使得企业急切地想要采取促销活动，将积压的产品尽快销售出去，此时的促销则多以价格战为主。此外，在不同的时间段内，社会流行趋势不同，产品或服务的销量也会随之提高或降低，企业也应随着时代趋势的变化而改变其促销方法。

（3）企业的生产经营状况。企业的生产经营状况为促销方法的决策带来参考，主要考虑企业的盈利状况和波峰波谷两方面因素。

在企业盈利状况方面，企业要明确自身盈利水平，是在盈利充足的情况下进行的促销活动，还是在亏损情况下由于生存而被迫进行的促销活动。盈利充足时则重点考虑树立企业形象，扩大企业销路；亏损情况下则要考虑是否要以亏本的形式清理库存，减少成本损失。

在波峰波谷方面的考虑则是，在波峰时期由于其流量达到顶峰，可以暂时不考虑销售量的问题，那么可以在促销方法上采取较稳健的策略，或是取消促销活动；在波谷时期，也不能一味地靠低价来进行促销，可以有选择性地对某些产品进行大幅度的促销。

（4）网络平台的促销规则和力度。互联网技术的普及使得线上销售越来越普遍，越来越多的企业及商家都开通了线上销售渠道，如淘宝、天猫、京东等 App 的网络店铺。无一例外，这些店铺都依靠着网络平台。线上店铺进行促销的流程是网络销售平台出具促销规则，各企业及商家选择是否参加，再推出企业或商家自身的促销活动。所以，网络销售平台的促销规则和力度对企业的促销决策有着重要影响，合理利用网络销售平台的销售规则，能够通过平台的公域流量为企业增加曝光度，吸引更多的消费者。但是如果平台所制定的促销规则过于苛刻、促销力度过低，那么便达不到预期的销量。

三、 创业促销方法

现代商业中，促销决策的外部及内部影响越来越复杂，促销活动多元化，创业企业选择促销的方法也变得越来越多样化。促销方法指导企业在一定时期内的促销实践活动，企业可以采取一种促销方法，也可以采取多种促销方法混合使用。目前，创业企业所采用的促销方法主要有网络促销、人员促销以及价格促销这三种，如图 6 - 13 所示。

图 6 - 13　创业促销方法

1. 网络促销

互联网时代的到来，对企业的市场营销带来了巨大的影响，对企业促销方式的选择造成了有力的影响。

（1）广告投放。广告投放是永远不会被时代淘汰的，改变的是方式。互联网技术尚未成熟前，创业企业投放广告的方式主要集中于杂志报纸刊登、电视广告等传统媒体；如今，互联网时代带来的改变已经深入人心，广告的投放集中于短视频等新媒体中。

（2）"借东风"。"借东风"就是利用网络销售平台开展促销。创业企业在初创时期品牌知名度、销量等状况仍在起步中，通过网络销售平台这一大规模流量汇聚地进行促销活动，能够为企业带来更大的曝光力度，吸引更多的消费者。这一方式在线上线下的门店促销活动中都有显著作用。线上店铺通过网络销售平台获取更多的流量，并且参与平台所组织的大型促销活动。与此同时，创业企业使用的线上店铺还需仔细考虑平台的促销规则是否对企业有利。在线下，创业企业可以通过与顾客的互动，增强顾客方面的自发宣传。

2. 人员促销

人员促销是一种较为传统但不可被丢弃的一种促销方法，是指企业直接派出员工去拜访目标消费者群体以及潜在消费者，在这个过程中为消费者提供样品展示及试用。这是一种主动出击的促销方式，与铺天盖地的网络促销推广相比，人员促销更加具有针对性，消费者切身的体验感更强，可以加强企业与消费者之间的交流，使消费者对企业及产品的信任感更强，但同时存在效率较低的问题，所以对于这种方法应当有选择性地使用。

3. 价格促销

价格促销是企业进行促销活动时常见的一种方法，主要包括无偿赠送、折扣折让这两种形式。无偿赠送主要采用无偿赠送包装、无偿赠送样品或其他产品、免费抽奖这三种形式，不向消费者收取任何费用。折扣与折让主要指的是由于经销商采购数量大给予的一些价格折让行为，鼓励经销商再次大批量购买；对于消费者而言，主要是以各种形式给予的一些价格上的折扣，如折扣优惠券、优惠卡、库存清仓、节日优惠等。

此外，企业还可以采取一些价格促销的技巧，如对比吸引促销法，也就是将同类产品中高低不同价格的商品摆在一起，更加实际的消费者往往会选择更加低价的商品，也会有存着占便宜心理的潜在消费者转为实际消费者。

创业促销的作用十分显著，促销活动对于处于创业前期的企业以及粗具规模化的企业都有着强大的推动作用，所以创业企业应当发挥好创业促销的作用，从生产者和消费者两个角度深入分析企业自身状况，了解网络促销、人员促销以及价格促销这三种促销方法，做好促销决策。创业促销决策还只是创业营销模块中的一部分，对于其价格和渠道决策仍然需要慎重，统筹决策。

【章末案例】

T COMMA 奶茶店

一、企业简介

扣麻奶茶（T COMMA）成立于 2021 年 9 月，以鲜果茶为主打产品，隶属于南京逗号品牌管理有限公司，其大股东为浙江黛星桥企业管理有限公司。T COMMA 的成立时间尚短，但在这一年内，T COMMA 的扩张速度迅猛，开设的线下门店数量增长迅速，日均销量显著提高，并且在 2021 年 11 月获得了 1 亿元人民币的天使轮投资，2022 年 2 月获得路易达什（RUWISHDA）的 5 000 万欧元战略融资。同时，数字化建设能够为品牌带来流量红利以及更高的效率，T COMMA 积极探索数字化管理道路，2022 年 6 月，其与哗啦啦品牌的数字化项目在南京正式启动，在 POS 系统、会员管理、财务系统以及供应链管理方面展开深度合作，实现数据的互联互通，提高企业经营管理的效率。T COMMA 在新式茶饮领域内不断探索突破，将"超越时代十年，无论是品牌形象、品质、服务、选址，希望全面超越"作为其企业使命。

二、透过营销打造品牌

1. 密集开店策略

T COMMA 起步于南京新街口步行街。南京新街口商圈是南京繁华的商圈之一。新街口是典型的面积小、密度大的密集型商圈，拥有德基广场、金鹰国际、中商商城、新百等各种购物广场，其地下还存在着地铁新街口站，有着庞大的交通商业网，不论是高峰期还是平时，新街口总是会呈现一副人山人海的景象。就是这样的一个大型繁华商圈，迅速地被 T COMMA 占领，1 个月内，T COMMA 已在此开设了 13 家门店，其中有的店与店的距离不超过 5 米，门店数量极为密集。但更让人惊讶的是，每一家 T COMMA 门店都有着较多数量的顾客在排队购买。

新街口商圈寸土寸金，T COMMA 何以敢在这样的条件下有这个胆量开设如此多的门店？

（1）密集开店策略。针对这种现象，首先可以用《零售的哲学》中提出的一个概念——密集开店策略进行解释。密集开店策略是企业进行品牌塑造的一种方式，通过在某一区域范围内开设比正常数量多出很多的门店，带来更加集中的品牌输出方式。T COMMA 的创始人正是在长沙的茶颜悦色品牌的门店开设策略中得到启示，进而复制这个策略并做到极致。

（2）行业市场环境。从行业市场来看，茶饮行业经历了四个阶段的发展历程。

第一阶段是 1998 ~ 2007 年，随着经济的发展，人们无法忍受热水冲粉式的茶饮，开始有了现制茶饮，连锁品牌诞生，如蜜雪冰城、避风塘。

第二阶段是 2007 ~ 2012 年，现制茶饮市场不断扩张，相比来说茶饮制作原料都采用天然原料，价格定位更高，如 CoCo、一点点。

第三阶段是 2012 ~ 2018 年，这一阶段是现制茶饮行业极为重要、爆发力极强的一个阶段，它们不仅讲究原材料的新鲜程度，而且追求的是茶饮外观的漂亮程度，价格定位更高，产品定位为高端，并且新品牌频出，新式茶饮时代到来，如喜茶、奈雪的茶。

第四阶段是 2019 年至今，这一阶段呈现出市场趋于饱和、成熟的状态，行业内各品牌也逐步稳定下来，市场格局基本定型。

由此可见，目前新茶饮行业已形成较为成熟的体系。从市场规模来看，我国现制茶饮市场规模已达千亿元，门店数量突破 50 万家，市场规模庞大，行业内卷现象严重，产品同质化较为明显。从消费者角度来看，消费者群体庞大且有增长态势。2021 年，消费者购买新式茶饮的频率较高，一周 1 ~ 2 次和一周 3 ~ 5 次的人数分别占到了 30.67% 和 26.87%，消费场景越来越多元化、休闲化。但随着新冠肺炎疫情的影响，消费者普遍购买力下降，新式茶饮陷入危局。

2. 打破地域限制

虽然当前新茶饮行业遇冷，市场趋于饱和，但 T COMMA 的创始人认为，如今的新式茶饮品牌大多呈现区域性发展的特点，仍然还有较大的发展空间和潜力。

对此，T COMMA 致力于打破区域限制。说到地域限制，就不得不说 T COMMA 品牌选址在南京的考量。受到茶颜悦色的影响，T COMMA 创始人发觉南京并没有像茶颜悦色这样，具有广大知名度的连锁新式茶饮品牌 IP，所以他就希望在南京打造一个茶饮品牌总部。而且，南京是一个底蕴丰富的六朝古都，位于长江三角洲地区，人均消费能力好，目标消费者数量众多，因此，T COMMA 在南京起步。南京这一选址对 T COMMA 的发展存在众多有益之处，但是，T COMMA 考虑其长期发展问题及企业目标，不能依靠南京文化古城的名号，而是要与南京"解绑"。这是由于季节性和新冠肺炎疫情带来的不确定性，与城市、本土挂钩的品牌往往受到旅游的影响较大，存在着旅游淡季旺季销量差距大的问题，同时，疫情导致的城市限制进入问题，也给品牌发展带来较大的风险，并且在很大程度上，品牌只能局限于本土，很难走向全国、全球，做成国际化品牌。

此外，长沙的茶颜悦色就是典型的区域性茶饮品牌，T COMMA 复制茶颜悦色密集型开店的模式，有很多人认为 T COMMA 是"南京版的茶颜悦色"，而事实并非如此，

T COMMA 与茶颜悦色除去与地域之间的捆绑关系外，还存在着显著区别。例如，二者处于不同的竞争环境中，茶颜悦色于 2013 年开设第一家门店，那时正处于现制茶饮发展的第三阶段，整个行业处于较好的发展态势，而 T COMMA 于 2021 年成立，面临着行业巨头以及具有一定规模的众多品牌辖制，艰难生存；产品门店装修风格也存在极大差异，茶颜悦色融合了长沙本地的传统文化，走国潮路线，而 T COMMA 的产品及门店装修走的是轻奢之路。

总而言之，T COMMA 致力于打破地域限制，塑造其品牌形象，形成自己独特的品牌 IP。

三、多元化营销方式

T COMMA 所做的不论是密集型开店策略，还是打破地域限制，都是为了塑造自己的品牌，而其打造品牌的终极目标就是长期主义，走国际化发展道路。T COMMA 在追逐目标和不断发展的过程中，已初具成效，在这个历程中，T COMMA 所采取的营销方式及策略也十分值得参考。

1. 茶饮定价的思考

茶饮的定价就决定着该茶饮品牌在市场上的定位，以喜茶、奈雪的茶为代表的高端茶饮品牌，定价在 19～35 元，以 CoCo 为代表的中端茶饮品牌，定价在 10～25 元，而 T COMMA 的茶饮的价格多在 18～25 元，定位于中高端茶饮。T COMMA 如此定位是出于三方面的考量。

（1）产品成本。在产品成本方面，T COMMA 所用的不是大多数品牌所用的冷冻水果，而是鲜切现制水果，成本高昂。

（2）市场需求。在市场需求方面，企业考虑到当前消费者群体大多为年轻一代，他们看重品质更甚于价格，所以 T COMMA 将品质保障放在第一位，多数产品成本达 11 元，但其售价仅 19 元。而且，根据数据显示，购买新式茶饮最多的"90 后""95 后"消费者，其最经常购买的价位为 16～25 元，T COMMA 的定价很好地符合了消费者的心理预期。

（3）企业目标。在企业目标方面，T COMMA 的目标是要做消费者满意的茶饮，做高性价比的产品，最终走向长期主义的发展路径，所以其定价水平应当适中。

2. 营销渠道的构建

根据数据显示，有六成左右的消费者购买茶饮是通过线下渠道，四成左右通过线上渠道，虽然线下渠道显著高于线上渠道，但在当前时代发展趋势下，线上线下两种趋势都不可忽视。

（1）私域流量。T COMMA 与哗啦啦合作，以小程序为载体，搭建私域运营系统。小程序的推出，帮助 T COMMA 的顾客快捷、便利地点单，同时也为 T COMMA 积累私域流量及会员，与顾客进行交互体验。

（2）网络宣传。T COMMA 凭借其密集开店、优质鲜果等特性在小红书等社交平台上掀起了一股风潮，小红书博主、素人自发在平台上晒单、分享菜单，拥有广泛的顾客好评，在无形之中为 T COMMA 做了有力的宣传推广，树立了良好的口碑，再以口碑促增长。

（3）线下门店。在线下，门店的装修采用极简风格，打造简约轻奢的品牌调性，给消费者以耳目一新的感觉，吸引更多的消费者进店了解。

3. 产品促销

T COMMA 为产品层面的促销所做的努力，对其产品的可持续发展有着重要的意义，主要在顾客感知价值和产品细分两个方面较为突出。

（1）顾客价值感知。T COMMA 极其重视消费者的价值感知，致力于打造极致的用户体验，为顾客提供优质的产品。T COMMA 采用鲜果现切，其用料十分舍得，并且 T COMMA 十分注重"鲜"，水果在切好 30 分钟内没有使用，则会被丢弃，每杯茶饮中的水果品质好、分量足，保证新鲜程度。正是如此，消费者购买 20 元的茶饮，也同样能够体会到 20 元的成本及价值，相较于溢价茶饮，消费者也就会更加愿意购买 T COMMA。

（2）产品细分。T COMMA 预见了未来茶饮行业将会逐渐细分多个趋势，已经着手细分茶饮品类，开设专营店，将鲜果茶的各细分领域做到极致。南京市消费者协会发布的《2022 现制柠檬茶调研报告》显示，T COMMA 的柠檬在其中脱颖而出，不论是在香水柠檬的品质和用量上，还是其菌落、品尝口感上，都胜过其他 9 家知名品牌的柠檬类饮品，显示了 T COMMA 在细分领域的极致追求。

经过两方面的产品促销方式的实践，这样的模式有助于 T COMMA 实现持续的发展，提高门店的销量。

4. 门店人员促销及服务促销

在门店人员及服务促销的层面，T COMMA 显然也是非常用心的。T COMMA 独创的"上帝的试饮权"，也就是免费 6 杯试饮的方式，切实站在消费者的角度考虑问题，有效避免了消费者踩雷，并从中寻找到喜欢的口味。试饮的方式不仅吸引了消费者的眼球，增加门店的客流量，提高销量，而且为消费者带来惊喜，超越同时代同类茶饮品牌。当一家门店排队人数过多时，T COMMA 还会引导消费者到附近门店进行消费，这也就是门店密集的益处，又或是主动劝退消费者，保持自身品牌价值。

此外，T COMMA 的创始人深谙土壤与果实的哲学，门店的服务是消费者能最直接、直观感受到的，所以他开出了平均服务岗位 3 倍的工资招揽门店服务员，以工资激励员工提供最优质的服务。

5. 衍生品的发展路径

T COMMA 的高原材料成本、高装修成本、高促销活动等方面，显示其在店面上投入巨大，那么其成本与收益应当如何平衡？T COMMA 所打造的 T COMMA 鲜果茶店面的目的不在于盈利的多少，其主要目的是打造出品牌，也就是将品牌 IP 作为引流工具，塑造高品牌 IP 势能，积累到一定程度后，推出 IP 衍生品，达到衍生品的收入占整体营收的80% 左右。未来，T COMMA 将建立起五大品牌矩阵店，包括标准店、黑金店、柠檬茶店、牛油果店、文创店，以衍生品为主要营收方式。

四、结论与展望

综上所述，T COMMA 在极短的时间内，在日趋激烈、饱和的市场环境中，在南京新街口快速扩张，知名度有效提高，追求打造品牌与实现长期主义两大战略目标。在这个过程中，T COMMA 从茶饮的定价、营销渠道的构建、产品促销、门店人员促销及服务促销、衍生品的发展路径五个方面进行营销宣传，有效地吸引了消费者眼球，提高了销量，塑造了企业品牌。T COMMA 还未走到终点，期待着 T COMMA 今后的长远发展。

参考资料：

[1] 陈蓓蕾. 新式消费连锁品牌数字化转型战略、实践与趋势 [J]. 商业经济研究，2022（10）：79－81.

[2] 刘威，温暖. 从"快乐水"到"社交货币"——Z 世代新式茶饮消费的社会学分析 [J]. 中国青年研究，2022（6）：92－100.

[3] 李永华. 茶颜悦色关店，奈雪的茶预亏　新茶饮业的资本游戏　开店比盈利重要？[J]. 中国经济周刊，2022（1）：64－65.

[4] 周繁. 基于 4P 理论分析茶颜悦色对 Z 世代的营销策略 [J]. 新闻传播，2022（9）：12－14.

【本章小结】

本章节重点介绍了创业企业在开展创业活动前所需做的众多准备工作之一——如何进行创业营销，详细阐述了创业营销的方法理论以及企业实例。首先，对创业营销进行基本概述，介绍创业营销是什么、与传统营销之间的关系，结合当前 VUCA 的时代特征，分析如今创业营销的变化。其次，介绍创业价格决策，分析创业定价的重要性，以及对企业的价格决策有哪些影响因素，不同特点的定价方法如何选择；介绍创业营销渠道决策，以营销渠道的作用为基础，从生产者、消费者、市场环境三个方面分析其因素，详述不同营销渠道的特点，完善企业营销整体策略。最后，介绍创业促销决策，从促销的作用、影响因素、类型方法三个方面分析，帮助创业企业作出正确的促销决策，为企业的创业之路打好基石。

【思考题】

1. 以下不属于 VUCA 时代特征的是（　　）。

A. 不稳定性　　　　　　　　　B. 不确定性

C. 复杂性　　　　　　　　　　D. 脆弱性

2. 针对企业产品的不同细分群体，制定差异化的价格，这是（　　）。

A. 反向定价法　　　　　　　　B. 差异定价法

C. 产品差别定价法　　　　　　D. 随行就市定价法

3. 以下是网络营销渠道特点的是（　　）。

A. 信息传播速度慢　　　　　　B. 简洁化、扁平化

C. 对渠道成员可控性较差　　　D. 互动性差

4. 比较创业营销与传统营销的异同。

5. 常见的创业促销方法有什么？

第七章 财务融资

国家大力提倡"大众创业，万众创新"，众创空间已经形成并快速发展，使得越来越多的初创企业可以公平且有序地参与市场竞争。但是初创企业与那些已颇具规模的老牌业内企业相比，其资金支持上的劣势就显得尤为突出。由于实力不足，资金自然也成了制约初创企业成长的主要因素。只有获取充足的资金，企业才能安全地度过创业期，稳步提升自身竞争力。而如何快速有效地进行高质量融资，提高公司融资的效率，是每一位创业者都要学习的知识。

创业者融资的直接目的就是增强团队的信心。当你出现一个恶性竞争对手的时候，你不会因为缺钱而害怕竞争对手；当你有很好的成绩的时候，你不会因为缺钱而不敢乘胜追击。

——唱吧 CEO、天使投资人　陈华

【学习要点】

☆比较不同的初创企业投资回报分析方法
☆了解初创企业融资方式
☆学习风险投资引入机制
☆掌握初创企业风险管理的要点

【开篇案例】

上海肆望：一年获三轮融资的国货品牌好望水

一、企业简介

上海肆望饮料有限公司（以下简称上海肆望）创立于2018年6月，创始人王若水，注册资本仅为300万元。公司的主要经营业务是食品的研发生产与销售等。与公司共同诞生的品牌好望水，是一个新式的以"果汁＋气泡"为卖点的草本气泡果汁品牌。"望系列"是好望水目前主打的产品系列，包括玻璃瓶装、铝罐装两种包装形式，产品的款式多样，受众广。目前该品牌的"望系列"产品已经深入大众生活，成为人们撸串、上网、野餐、旅行的首选，其市场扩张成效显著。

公司背靠投资人——元气森林公司创始人唐彬森，仅用了四年的时间就将品牌的价值翻了几十番，甚至在一年时间内连续获得三轮融资和风险投资。好望水之所以能够在创业初期就取得如此显著的成绩，离不开公司在财务计划上的先进性，从而接二连三顺利地获得融资和风险投资。截至 2019 年底，公司仅成立一年半，而好望水这个品牌也仅仅成立一年的时间，在这短短的一年多时间内，上海肆望就凭借好望水这一个品牌完成了三轮投融资，且当年累计融得资金数额过亿元。

二、公司的融资和经营策略

1. 吸引投资的经营策略

从传统工艺中挖掘商业价值，提高产品的投资吸引力。好望水品牌能够获得资本市场青睐的主要原因是其采用传统的原果熬制工艺，传统工艺的传承和精进是许多投资人希望看到的创业局面。其主要工序是：新鲜水果的选择和清洗、加工、干燥、分段熬煮、高温消毒、过滤、添加泡沫、二次消毒（高温瞬间＋中低温长时），全过程耗时 7 天，不添加任何防腐剂、香料、色素等添加剂。

精准的项目价值场景定位，使得其有清晰的发展计划和财务计划，为融资增添说服力。从一开始，好望水就将餐饮终端定位为首要的核心场景。如今在餐饮终端中，各种饮品应有尽有，解渴、解油、解辣、开胃、降火，几乎满足了消费者的一切消费需求。首款名为"望山楂"的新品，与"网红饮料"的网络销售模式不同，是一款适合于解决油腻、专注于餐饮渠道的"饮品"。凭借精准的市场定位和场景匹配，望山楂迅速在餐饮行业打响了自己的知名度，并在众多头部火锅品牌中占据一席之地。目前，好望水与著名的餐饮品牌，如海底捞、谭鸭血、小龙坎、无限撸串、乐乐茶等，都有很好的营销渠道。好望水切入餐饮场景的细分市场，避免了其他品牌对传统渠道的猛烈攻击，同时也让用户可以一次性完成品牌接触、购买、饮用的全过程，让产品进一步走进大众，让消费者形成"解腻就喝好望水"的品牌认知。

好望水聚焦新人群，迎合养生的年轻人市场。现在，越来越多的年轻人加入健康保健的队伍，逐步在线上购买传统保健产品的消费市场中占据主导地位。在这个时代，一种名为"无色素、无香味、无防腐剂"的健康饮料，却与以前的保健品截然不同，加入了气泡等年轻人喜欢的口味，受到了年轻人的欢迎。

好望水在国风的帮助下，成功地走出了这个圈子。从品牌塑造到价值观传递，一脉相承，体现了品牌对"国风""东方艺术"的思考和传承。例如，在取名上，好望水是"望幸福"和"旺桃花"的谐音，表达了年轻人对美好生活的向往；在产品开发方面，好望水以中国各地特有的植物为研究对象，引进了中医"食补"理念；在产品的包装上，好望水采用了水墨画的字体，以高颜值、时尚的包装来激发年轻人的摄影与分享欲。

2. 财务计划

好望水的累计融资金额已达到亿元，据公司的融资信息披露，这些资金基本都计划投入在人才招募、产品研发和工厂及品牌的建设上。

在人才招募上，好望水舍得花费招募成本，推出独特的招募计划，为公司招募到合适的人才，组建高质量的人才队伍。2022 年 5 月，面向全国"职场摆烂人"发起"好望水吧"摆摊招募计划，提供 0 成本摆摊原料和特调指导，让打工人能够在办公室自主搭建简易吧台并分享饮品给同事，通过这种方式将更多人从焦虑的情绪中解救出来，抵御职场焦虑情绪，同时还能在不经意间调制出新的产品，可谓一举两得。

在产品研发上，主要采用差异化的战略，计划从多方面研发出具有市场差异化的产品。根据计划，好望水将继续加大产品的开发力度，扩大品类，同时也会将目光投向饮料行业。好望水是一种另类的气泡水，不同于元气森林或者市面上大多数的气泡水产品，好望水立志要做中国的"健康草本快乐水"，将山楂、杨梅、杏子、桃子、乌梅、洛神花、陈皮等植物原料放入饮品中，在满足愉悦的同时，又加强了它的保健功能。这种差异化的产品定位，是以它的目标群体为基础的。在人群中，好望水主要针对 25～38 岁的消费者，他们注重的是品位，而更注重的是身体的健康。在当今快节奏的生活背景下，年轻人的新鲜感消失得快，产品研发也要跟上年轻人的快节奏，花费大量的资金进行产品的研发和更新，研发方向多是向年轻化的养生饮品上靠。

在工厂搭建上，由于好望水的生产工艺较为传统且独特，对生产车间的要求较高，生产过程大多在自己的工厂完成。随着好望水被越来越多的人知道，市场规模扩大的同时，其生产规模也随之扩大，故在财务计划中注重对工厂规模扩大的投入。好望水计划在千岛湖建厂，扩大产能，并且将一部分的资金投入到寻找饮料生产大厂，改进其的生产线以达到好望水的生产要求，最终达成合作。

在渠道上，好望水之所以能够在短时间内成为爆火产品，其选择的推销渠道功不可没。因此，渠道的拓展依然是好望水资金分配的主要赛道。好望水目前在线上、餐饮、商超（即新零售）渠道上的比例是 1∶2∶1，其中餐饮业务涵盖面馆、烤肉、火锅等多种类型。在线下餐饮方面，好望水目前已涵盖了各大品类十大品牌的半数以上，与餐企的合作续约比例更高；在网络电商和抖音的饮料品类中，除了"元气森林"之外，"好望水"是新的饮料品类；而在线下，超市的发展并不是很好。好望水正在从线上渠道向线下渠道扩张，同时也在积极投资，打通还没有被激活的商业渠道。同时，在线上渠道方面，除原有的餐饮渠道之外，还将拓展到 KTV 等新的渠道，如特通、社区电商等。

三、结论与展望

好望水通过上述营销亮点，以及在财务上全面且有针对性的计划，一轮又一轮地抓住了投资人和相关投资机构的喜好，获得资本市场的青睐，在短短的一年内连续获得了三次投资。天使轮 2020 年 5 月由挑战者资本投资；Pre－A 轮 2020 年 9 月由华创领投、德讯跟投；2021 年 6 月已完成 A 轮融资，本轮由黑蚁资本领投，不二资本以及老股东华创、德讯跟投，累计融资过亿元。从 300 万元的注册资本，到现在单年交易额可达数亿元人民币，已实现质的飞跃。

对于初创企业而言，要想在竞争激烈的市场上站稳脚跟并且走得更远，一定离不开融资，而要想成功获得投资，必然是要对自己当前的财务状况以及未来的财务计划有一个清晰的认识和规划；同时还要抓准方向，向投资人展示投资亮点，得到他们的认可。这就要求初创公司在进行一项产品研发或者经营一个项目时，要认清用户的需求和痛点，找准自己的优势，夯实产品的价值链；同时也要留意市场动向，了解各方面的风向，找准消费者的偏好，这样才能打造出优势品牌。一个好的项目和有持续价值的品牌是能够源源不断地吸引来新的投资的。

参考资料：

[1] 张雷，盛天翔. 小微企业数字化转型与融资约束：理论机制与经验事实 [J/OL]. 兰州学刊：1－21.

[2] 齐友发. 中小企业融资问题研究 [J]. 现代商业，2022 (21)：105－107.

[3] 苗妙. 企业融资风险控制研究 [J]. 投资与创业，2022，33 (14)：23－25.

第一节　财务计划

企业要想长远而稳健地发展，领导者就必须掌握企业的成本、利润状况，同时要根据市场现状不断地调整企业方向。为此，企业必须深入开展战略管理工作，制订财务计划，全方位地了解企业生产（开发）和经营状况，盘活企业资金，提高资金的使用效率，发现市场机会，及时调整企业的经营策略。同时，要利用自身的财务管理知识，制定合理预算，进行差异分析，实施绩效管理。制订财务计划是进行企业管理的重要部分。

一、财务计划概述

财务计划是指企业为了提升自身的综合竞争力，实现企业的战略目标，分析企业内部经营管理因素和外部市场环境因素，对投资、筹资以及财务成果进行筹划。财务计划是创业企业经营的重要环节，是企业经营战略的一部分。财务计划影响企业的资源分配，也影响企业的运营效率。因此，企业应审慎地制订财务规划，并逐渐标准化财务，从而提高企业的财务管理效能。石颖和崔新健（2022）认为，财务计划包含宏观和微观两个方面。

财务计划包括企业的战略规划与营运计划两方面的内容。对企业组织的战略层次进行划分，如表 7－1 所示，可以大致分为三个层次：公司整体战略（多种业务战略）、竞争性战略（一个业务部门战略）和职能性战略（一个业务内部的战略）。

表 7－1　　　　　　　　　　　企业组织的战略层次

公司整体战略	对公司整体发展情况的预测和展望，涉及多种业务	公司整体战略主要针对公司高层，确定资源在公司业务之间的分配，进入不同领域，在价值链环节进行收购和兼并，确定公司主营业务
竞争性战略	如何把产品/服务做得更好，创造更大的价值，超越竞争者	公司竞争性战略主要针对产品层，保证产品如何获得消费者青睐，考虑如何运用各种资源，提高企业运营，强化自身竞争力
职能性战略	把公司内部的职能进行良好的协调，强化自身的竞争优势	公司的职能性战略主要针对运营层，保证内部运营的协调，提高运营的效率

营运计划，更趋向于一个短期的、微观的、制定时间较晚的计划。这种计划是自下而上的、为即将来临的一年提出具体建议的计划。它已经具体到了各项业务的细节，比如季度收益、存货水平、重大资本支出、营销计划和生产计划等。

而所谓的微观财务规划，就是用金钱来协调投资、融资和财务结果，包含了短期和长远的规划。长远计划是一年或更多的项目，主要是服务于公司的策略计划。而短期的财政预算就是每年的财政预算。

此外，我们还应根据公司的可持续发展战略，制定和执行该公司的财务规划。如图7-1所示，在企业的不同发展过程中，财务规划的制定重点也各不相同。

图 7-1 企业发展不同阶段财务计划制定

1. 初创期财务计划的制定

在企业的初创期，财务实力是不稳定的。企业发展的重点应该放在筹集资金上面，因而制定合理的筹资战略计划就显得非常重要。在创业初期，公司的债务融资风险很大。高风险就意味着高收益，因而债权人对高回报的需求也就越大，公司贷款的资金成本也就越高。因此，初创企业最佳的筹资方式并不是债务融资，处于初创期的企业承担较多的应税所得是没有必要的，即使通过大量的债务融资负债经营，也并不能起到节税的作用。初创期企业的经营收益较低，投资需求较大，因而可以采用零股利政策，权益资本融资的方式更适合初创期企业。

2. 成长期财务计划的制定

当创业企业来到正常期，这一阶段的主要特点是企业销售额提高，产生较为稳定的现金流，开始获得经营收益，企业对抗风险的能力也有所提高。成长期的企业所需要解决的问题就是弥补资金不足，因而财务计划的制定也要围绕这个问题进行。要尽量减少现金的缺口，更大程度上发挥债务的节税作用，有效地控制不科学不合理的投资，利用相对稳健的投资战略和分权筹资战略，完善信用管理制度和审批制度，严格落实责任制。加强企业资本运营的监督与控制。

3. 成熟期财务计划的制定

创业企业进入成熟期，企业产品的市场占有率越来越大，企业现金流以及资金周转情况也随之变得更加复杂，这是成熟财务策略的一个重要特征。运用债务融资的方法，可以减少企业的运营风险，减少企业的内部风险。成熟阶段具有较强的市场成长能力、较低的产品价格、较高的可借债融资机会、较高的投资回报率，表现出明显的负债杠杆作用。想要从根本上解决上述问题，必须采取行之有效的融资策略、持续扩大市场空间的试探性投资策略，并强化成本控制、现金分配、危机预警和风险监控。另外，企业在长期负债时，也要把未来的现金流量和长期债务的偿付结合起来。想要提升企业的短期偿债能力，就必须采取稳健的筹资战略，使负债和资产相互结合，从而减少负债资本的支出，保证企业资金的流动性。

二、 企业盈亏预测

预测分析主要是依据企业过往的经营数据对企业现象的变化趋势、发生概率进行预测，是一种广泛应用于企业经营情况分析的分析方法。企业盈亏预测就是其中一项非常重要的内容，它对人们十分关心的利润指标作出预测，也就是对企业的盈亏进行分析，使企业领导者和员工可以根据数据对企业运营管理体系进行优化，调整发展战略，趋利避害。

想要对企业的经营作出较为准确的预测，就要找出一个能够区分盈利和亏损的界限。我们需要将企业经营的实际状况来与这一临界值进行比较，从而判断企业的经营究竟是盈利还是亏损。这一临界值就叫盈亏平衡点，也被称为保本点。

盈亏平衡点的计算公式为：

$$盈亏平衡点销售额 = \frac{(间接费用 + 营业外支出 - 营业外收入)}{(毛利率 - 直接费用率 - 税金率)}$$

例如，一家商业企业的年间接费用为 500 000 元，毛利率为 10%，直接费用率为 2%，税金率为 3%，那么盈亏平衡点销售额 = 500 000/（10% - 2% - 3%）= 10 000 000（元），即这家企业只有当销售额等于或大于 10 000 000 元时，才能保证不是亏损的状态。

对盈亏平衡点进行预测，可以帮助企业领导者、员工事先对企业的经营盈利预期心中有数，一方面，可以调动整个企业员工工作的积极性，促进企业尽快达到盈亏平衡点；另一方面，还可以分析与盈亏平衡点相关的指标，了解每一个指标对盈亏平衡点的影响。这样就可以对企业运营管理体系进行优化，调整发展战略，提高企业的收益。

三、 投资回报分析

当创业者创办一家企业辛苦经营一年之后，要怎样进行投资回报的分析？通俗一点来说，怎么判断这一年的经营是赚了还是赔了？有多少钱可以支付给各个股东？又要预留出多少资金为企业下一年的发展做准备？企业财务报表上的每一笔钱背后的价值又是多少？掌握投资回报分析的各种指标就可以明确企业赚取利润的底层逻辑。在评判一家企业的好与坏时，最重要的一点就是去分析这家企业的获利能力。如图 7 - 2 所示，获利能力可以通过以下指标体现。

收入 〉 毛利率 〉 营业利润率 〉 净利润率 〉 投资收益率 〉 总资产收益 〉 权益净利率

图 7 - 2 获利能力体现

1. 收入

首先要关注企业的收入。收入是衡量一家企业通过经营活动从其他客户那里赚取的经济来源，如图 7 - 3 所示，一家企业进行收入确认一般有五个步骤：第一，与客户签订合同；第二，明确合同中应履行的义务；第三，定价；第四，根据协议约定的责任来分配交易的价格；第五，在履行相应的责任时，确认收益。

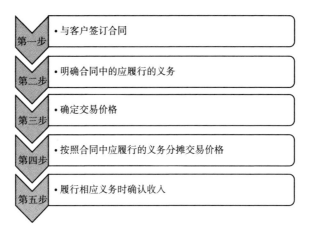

图7-3　企业确认收入的步骤

在确认收入的同时，也要对收入的结构和趋势进行分析。从收入的结构来看，要判断收入质量的高低，是经常性收入还是非经常性收入；从创造收入的产品来看，要清楚公司的主要产品是什么，产品正处于什么阶段；从区域来看，要看市场地域的分散程度，从而分析出收入的区域性特征；从收入的客户和渠道来看，要判断对不同客户和不同渠道的依赖程度。另外，我们也要通过市场的规模、市场竞争的激烈程度来判断收入的趋势。

2. 毛利率

毛利率代表了企业产品的差异性和竞争力，而且企业的经营费用需要通过毛利去弥补，因此，企业的最终盈利很大程度上取决于毛利率。

$$毛利 = 净销售额 - 销货成本$$
$$毛利率 = 毛利/净销售额$$

对一家初创企业来说，毛利率自然是越高越好。如图7-4所示，如果企业的毛利下降了，那么可能是以下几点原因导致的：销售价格并没有随着存货成本的上升而同步上升；销售价格由于竞争加剧而下滑；产品线组合中不同毛利率的占比发生了变化，低毛利率的产品占比提升。

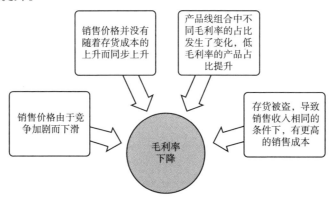

图7-4　导致初创企业毛利率下降的原因

3. 营业（经营）利润率

经营利润，也就是所谓的 EBIT，即公司在没有扣除利息和所得税的情况下获得的利润。EBIT 是衡量企业业绩的一个指标，它方便把项目放在不同资本结构下进行考察，更准确地比较每个项目的盈利情况。

$$EBIT = 毛利 - 销售和管理费用$$
$$营业利润率 = EBIT/净销售额$$

由于企业的折旧和摊销都没有任何的现金支出，我们创造出了一个更为严谨的业绩衡量指标，即息税折旧及摊销前利润，又称 EBITDA。当企业的折旧和摊销不尽相同时，能够有效地评估企业业绩。

$$EBITDA = EBIT + 折旧 + 摊销$$

4. 净利润率

净利润是指企业当期利润总额减去所得税后的金额，即企业的税后利润。

$$净利润 = 营业利润 - 利息费用 - 所得税费用$$
$$净利润率 = 净销售额/净利润额$$

净利润是一个公司的经营业绩，通常来说，净利润越多，公司的运营效率越高，净利润越低，公司的运营效率也就越低。企业的竞争实力、经济状况、债务使用、业务特点等因素都会影响销售净利率的变化。

5. 投资收益率（ROI）

投资收益率描述的是通过投资而返回的价值，即一家企业从一项投资活动中得到的经济回报。

$$投资收益率 = 项目的利润/项目的资产$$

ROI 是一个衡量项目投入与产出的指标，它可以反映一个企业的整体盈利水平。由于排除了因投资金额的不同而产生的非可比性，因而可以进行横向比较，从而对各个投资中心的运营绩效进行评价。然而，这一指标缺少整体概念，即在一个投资项目的回报率比一个投资中心的回报率要低，而比整体的回报率要高得多的时候，即使公司愿意接受，也有可能被拒绝；如果一个投资项目的回报率比投资中心的回报率要高，但比整个公司的回报率要低，那么这个投资中心就会为了自己的利益而不顾公司的总体利益。

6. 总资产收益率（ROA）

资产回报率，又称资产收益，是用来衡量单位资产所产生的净收益，是一个有效的衡量公司与其资本产出相关的利润。计算方法是每年利润除以总资本产出，通常用百分数来表示。有时也叫投资回报率。

$$总资产收益率 = 净利润/平均总资产$$
$$平均总资产 = (期初总资产 + 期末总资产)/2$$

资产回报率是目前业内普遍采用的一种度量方法，它反映了公司的资本利用效率，反映了公司在提高收入、节省资金等方面的作用。为了进行战略管理，银行管理人员经常会非常仔细地观察这个指标。在进行盈利分析时，银行管理者也要注意这个指标。当一个公司的资产回报率连续下滑，到了第四季度，其盈利能力就会受到特别的重视。很有可能，各大银行已经对其年末报告作出了特殊的调整。资产回报率的限制是无法体现银行资本成本，而资产回报率则可以补偿资产回报率。

7. 权益净利率（ROE）

在介绍 ROE 之前，先为大家介绍一种分析模型——杜邦分析模型。杜邦分析方法是运用多种金融指标的相互关系，对公司的财务情况进行全面的分析。具体而言，是一种用于衡量公司收益、股东权益回报的指标，并从财务角度对公司业绩进行评估。其基本思路是把公司的净资产收益率按不同的层次进行分解，从而可以对公司的经营绩效进行更深层次的分析和比较。因为该分析方法是美国杜邦公司首次采用的，所以被称为杜邦分析仪。它的用途如图 7 - 5 所示。

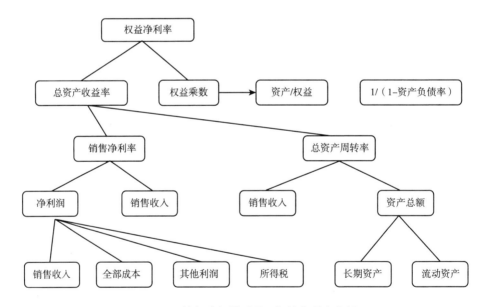

图 7 - 5　杜邦分析模型用于权益净利率分析

由此可见，杜邦分析模型不仅清楚地写出了权益净利率（ROE）的计算方法，同时也将影响 ROE 的各种因素呈现在我们面前。如果发现企业的权益净利率低了，那么可能需要分析一下总资产回报率是否为正。如果为正，就要考虑企业是否要使用财务杠杆（权益乘数大于 1）了。但如果总资产收益率为负而权益乘数大于 1，那么企业的净利润可能状况不是很好，成本管控可能就出了问题。如此一来就可以明确接下来企业管理的方案了。

通过对一家上市公司近几年的净资产收益率进行分析，可以看出一个有趣的现象：上市公司在上市前的几年里，其净资产回报率一直很好，但是后来该指标却出现了显著下降。

这是由于一个公司的经营规模不断扩大，净资产不断增加，需要开发新产品、新市场、新的经营方式来确保公司的净利润和净资产的增长。但是，这对公司而言是一项巨大的挑战，它考验的是公司的领袖对产业发展的预测，对新的盈利增长点的判断，以及公司的经营能力是否能够持续地提高。

有时候，一家公司的盈利能力看起来很好，就是因为它的领导者对某种产品、某种技术、某种营销手段以及对某种规模的人力、资金的管理都很了解。但是，随着公司的发展，他的"胃口"越来越大，也会变得力不从心。

因此，在公司规模不断扩张的情况下，如果公司能够在很长一段时间内保持高的净资产回报率，那么这个公司就有可能领导公司从一次成功到次次成功。这种由创业者经营的公司，其价值可能会更高。

四、 市场指标

在进行企业获利能力评估的同时，也需要学习一些市场指标，用市场指标把握市场的动态变化。

1. 每股收益（EPS）

每股收益，也叫每股税后利润，每股盈余。是指普通股股东每一股可获得的企业净利润和每股净资产的净损失，一般用来反映企业的经营业绩、衡量普通股的盈利水平和投资风险，是投资者等信息使用者用以评价企业盈利能力、预测企业成长潜力，进而作出相关经济决策的重要的财务指标之一。

$$基本每股收益 = (净利润 - 优先股股息)/加权流通在外普通股股数$$

分析每股收益时要注意以下事项：首先，每股收益不能反映企业的经营风险、财务风险，例如，一家从事制造业的企业突然将主营业务改为金融投资，这时，该企业的每股收益可能会保持不变甚至大幅增加，但实际上企业的经营风险却增大了许多，每股收益只能体现企业盈利水平和普通股投资风险，却不能体现经营风险的变化；其次，每股收益建立在股票"份额"概念的基础上，不同企业股票的每一股都是不等量的，不能将每股收益用于公司间比较；最后，每股收益并不能和企业的分红划等号，每股收益高不一定企业分红多，分红的多少要根据企业的股利分配政策进行判断。

2. 市净率（P/B）

市净率是指普通股股东为每股净资产所付出的代价，是市场对公司净资产的评估。

$$市净率 = 总市值/属于普通股股东权益 = 每股市价/每股账面值$$

市净率的估值逻辑如图 7-6 所示。

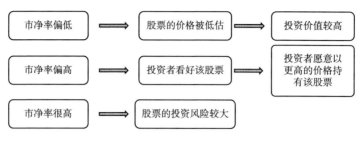

图 7 - 6　市净率的估值逻辑

可以利用市净率进行投资分析。每股净资产就是以成本为单位的股份，而每股市价就是公司在股票市场上的交易所得。当市场价格超过其市值时，公司的资产具有良好的发展潜力；优质股的市场价格均高于每股净资产，一般情况下，股价比净资产低的股票称为"处理品"，"处理品"的特点是其价格比价值低。当然，"处理品"也不是完全没有价值，问题是公司未来会不会有翻身的机会，收购后的资产重组能否增加盈利，这与市值和净资产的比率有关，比率越小，风险就越小。

但是，作为估值的工具，每股账面值是有缺陷的，因为它是基于"公认会计准则"计算所得，受制于历史成本而不是市场价值。再者，其选取的主观性较大，因此，市净率一般应用于银行、保险等金融机构。原因有二：一是银行业的大部分资产为金融资产和金融负债，在计算的时候已经按照市场价值计量了；二是银行业的发展受制于资本的充足水平。

3. 市盈率（P/E）

市盈率反映为普通股股东愿意为每 1 元净利润所支付的价格，体现了投资者对公司前景的预期。

市盈率 = 每股市价/每股收益 = 总市值/属于普通股的净利润

因为股权价值与净利润相关，净利润越高市值就越高，所以一般来说，低增长的企业会体现出较低的市盈率，而有着较高市盈率的企业则很可能会有高增长机会。但如果市盈率过高，那么就可能产生了泡沫。

市盈率将企业的盈利状况与股票价格联系在一起，容易理解、便于计算，使得股票之间的比较变得简单。但是这在选择上依然具有主观性，收益为负的企业就无法使用这种方法。同时，市盈率法也不能区分经营资产创造的利润和非经营资产创造的利润，降低了公司之间的可比性。

4. 市销率（P/S）

市销率反映为普通股股东愿意为每 1 元收入支付的价格，也体现了投资者对公司未来前景的预期。

市销率 = 每股市价/每股销售收入 = 总市值/净销售额

我们认为，收入分析是评估企业前景至关重要的一步，没有销售就不可能有收益，营业收入越高，则创造的价值越多，市场价值就越高，那么市销率就高，投资价值就大。

市盈率将公司的收益和股价相关联，易于理解，易于计算，易于进行比较。不过，在选择比较公司的时候，还是要考虑一些主观因素，如果利润为负数，就不能采用这样的方式了。而比较企业的市盈率法无法将企业的经营收益与非营运资本所产生的收益区别开来，从而使企业间的可比性下降。

专栏 7 – 1

贝特瑞：北交所市值龙头企业

一、企业简介

贝特瑞新材料集团股份有限公司（以下简称贝特瑞）是行业内领先的新能源材料生产制造企业，核心产品包括锂离子电池负极材料、正极材料和石墨烯材料，贝特瑞的产品是锂离子电池的重要原材料，因而它属于消费电子和新能源汽车行业的上游行业。2013 年以来，贝特瑞负极材料出货量已经连续 9 年位居全球第一。根据高工锂电调研数据，公司 2020 年负极材料全球市场份额达到 14%。2021 年市场份额更是高达 19%。与松下、村田、宁德时代、比亚迪、力神、亿纬锂能以及鹏辉能源等国内外主要的锂离子电池制造商建立了良好的业务合作关系。由于大型锂离子电池制造商具有较高的准入门槛，对供应商实施严格的认证机制，而公司与主要客户之间的合作关系普遍长期稳定，能够保障公司业务规模的持续扩张。

二、投资回报

公司通过直接销售的模式开拓业务，收入来源为锂离子电池正负极材料及石墨烯材料的销售。对于营业收入本期比上期增长 156.43%，贝特瑞解释主要是本期新能源汽车需求增长带动锂离子电池及材料行业快速发展，公司产品产销量增长，收入也相应增长。此外，净利润本期较上期增长 20.55%，主要受益于下游新能源汽车产业景气度持续提升、需求旺盛，使本期公司业务快速增长、利润增加。

从业绩表现来看，自 2013 年起，公司的负极材料出货量连续 7 年位列全球第一；2017～2019 年，磷酸铁锂正极材料出货量持续位列全国前三；2019 年，公司的高镍三元正极材料出货量居国内第三。2016～2021 年，贝特瑞的营收略高于可比公司均值，整体表现良好。营业收入分别为 15.01 亿元、21.36 亿元、29.67 亿元、40.09 亿元、43.9 亿元、44.52 亿元和 104.91 亿元，6 年的营收复合增长率为 38.27%。

归母净利润分别实现 1.77 亿元、2.61 亿元、3.36 亿元、4.81 亿元、6.66 亿元、4.95 亿元、14.41 亿元，6 年的归母净利润复合增长率高达 41.78%。

2022 年第一季度，公司实现营业收入 40.79 亿元，同比增长 120.08%；净利润为 4.51 亿元，同比增长 72.22%。其中，锂离子电池负极材料、正极材料占据公司营收大头。数据显示，2021 年和 2022 年第一季度，公司锂离子电池负极材料及正极材料销售收入合计分别为 101.10 亿元和 39.46 亿元，占主营业务收入的比重分别为 97.64% 和 97.19%。

受益于"9 月监管层宣布设立北交所，平移新三板精选层制度"影响，股价连续上涨，最高冲至 198.08 元；两个月时间，股价再度翻番，股价较年内低点 30 元，已上涨 6 倍，市值站上 800 亿元上方。截至 2022 年三季度末，广发多因子灵活配置混合型证券投资基金、嘉实新能源新材料股票型证券投资基金位居贝特瑞前十大股东之列，嘉实新能源新材料股票基金三季度期间增持 55.12 万股，持股数量 412.78 万股，持股比例 0.57%。值得一提的是，位列贝特瑞第五大股东的私募大佬葛卫东在第三季度减持 8.54 万股股份，减持后持股数量为 948.4 万股。此前，贝特瑞引入了亿纬锂能作为战略投资者，共同对项目子公司贝特瑞（四川）新材料科技有限公司进行增资，其中贝特瑞和亿纬锂能拟分别增资 8.26 亿元和 8.84 亿元。贝特瑞还拟将募投项目实际节余的募集资金 4 721.96 万元用于永久补充公司流动资金。

三、结论与展望

通过贝特瑞的融资过程，我们可以了解到，作为一家初创企业的经营管理者，必须学会分析企业创造价值的能力，也要发掘企业创造价值的因素和阻碍价值创造的因素，因为数字和指标是不会骗人的。在扮演好一个优秀经营者的同时，也要成为一个成功的投资者，也要学习对市场上现有企业的价值评估，以便进行更好的投资。

参考资料：

[1] 蔡佳欣. 新三板改革下贝特瑞北交所上市路径及效果研究 [D]. 广州：广东工业大学，2022.

[2] 韦琪龙. 新三板挂牌企业定向增发的融资绩效研究 [D]. 武汉：中南财经政法大学，2020.

[3] 姜汛舟. 宝安集团分拆挂牌贝特瑞对公司绩效的影响研究 [D]. 武汉：华中科技大学，2016.

第二节　创业企业融资

一、 初创企业融资概述

温金海等（2022）认为，初创企业融资难有以下几点原因：第一，由于整体大环境的原因，创业公司的融资问题日益突出。全球经济增长放缓，互联网泡沫破裂，令很多人失去了对新经济的信心。尽管网络泡沫的破裂是在美国开始的，但是它对中国的影响还是非常大的，许多投资者都遭受了巨大的打击。他们担心自己会亏本，所以会大幅削减资金，从而降低创业公司的竞争能力，对创业公司的发展造成很大的影响。第二，创业初期投资高、费用高、规模小，初创企业属于"轻资产"行业，在市场上属于比较弱势的类型，一些创业公司的盈利水平很低，甚至连盈利都没有，没有足够的资本补充，一旦出现了经济动荡和不确定的危机，很容易出现资金链断裂，无法维持公司的正常运转，导致公司盈利不稳，丧失独立性，一般都会出现经营能力差的情况。第三，创业企业没有形成一个标准的企业运营体系，企业内部管理和自我积累意识不强，管理人员素质低下，只靠个人意识进行管理，没有长期的计划，不重视外部的财务报告，不愿提供大量的资料，使得金融机构不能准确地判断企业的信用情况，因此，尤其是银行，为了保证自己的资金安全，不愿意向新企业提供贷款。第四，"轻资产"型创业公司具有固定资产少、产品少等特点，而无形资产往往难以被评估和确认，对公司的股权融资产了很大的影响。在传统观念的影响下，投资者更倾向于投资高资产的公司，这是一种既能保护自己又能有效地控制风险的行为。创业公司的这个特性使得投资者在进行投资决策时，很难对其进行价值评价。这就使公司的股本融资变得很困难。第五，创业公司缺少资金运营的相关人员。创业公司的员工本来就不多，他们的主要管理人员，要么是公司的创始人、朋友，要么是家族式的公司，他们的管理经验和能力都很有限，而且他们的资金管理经验也很有限。而国外的高端人才，由于不能很好地适应公司的家族化管理，以及自身缺乏对人才的重视，导致人才的大量流失。这会对公司的市场竞争力产生直接的制约，从而对创业公司的融资产生不利影响。

二、　初创企业融资方式

金鑫等（2022）认为，家人朋友的种子资金和企业自筹是初创企业的主要融资方式。而内源融资模式的利率、股利等都较低，对企业现金流的影响较小。我国企业的外部资金来源受到其自身因素以及各国的金融制度等因素的制约。当初创企业规模逐渐增大，企业自筹、家人朋友的种子资金这类内源融资方式无法满足企业发展的需求，这时贷款和风险投资就成为企业可以考虑的融资渠道。也就是说，只有当创业企业的内源融资无法满足企业的需求时，企业才会尝试进行外源融资。但是外源融资的融资期限、利率以及股权分配等方面在一定程度上都对初创公司不利，鉴于传统融资方式的劣势，我们要探索出一些新的融资方式。如图 7-7 所示，石颖和崔新健（2022）提出了四种新的融资方式：供应链融资、互联网融资、私募股权融资、知识产权质押融资。

图 7-7　新的融资方式

1. 供应链融资

供应链融资是指为供应链中的核心企业、上下游企业提供金融产品与服务的一种融资方式。供应链融资活动涉及核心企业、上下游企业、物流企业和金融企业等参与者，这种融资方式可以降低融资成本，打通产业的各个企业，促进核心企业与上下游企业沟通合作，解决了供应链中企业融资难、担保难的问题，增强了供应链上下游企业以及核心企业的综合实力。

首先需要在供应链中找到一个核心企业，为其提供完整的财务支撑，从而实现整个供应链的运作。在核心企业进行生产经营活动时，采购原材料、组织生产、日常管理都需要大量的资金，这时企业可以选择用供应链融资担保获取资金，同时为中下游企业提供增值服务，因此，对上下游企业进行风险管理也是非常有益的。供应链金融是一种新型的供应链融资方式，它可以降低创业公司的融资成本、提高银行的信用、改善信息不对称。

供应链金融的融资流程是以核心企业和物流企业为依托的，为了降低融资风险，商业银行应当对创业企业的运营情况有一个更全面的认识。在信用风险评估中，银行将重点放在了核心企业，这对于创业公司来说是非常有利的。通过供应链金融，可以拓展新的业务，拓展客户资源，增强企业的核心能力。

创业型企业可以利用供应链融资的方式，获取创业公司的有关应收账款、预付账款等信息，然后由银行根据这些信息来决定是否要贷款。通过物流公司和核心企业，银行能够更好地了解创业公司的运营情况，从而有效地解决信息不对称问题。创业公司的融资主要是以核心企业和物流公司为基础，从而使银行的信用风险得以分散，减少单一贷款的风险。

2. 互联网融资

互联网融资形式的出现源于人们对于新的金融手段和现代信息技术的需求。网络金融的主要形式为"平台 + 小额贷款"，利用电子商务平台，收集商家的实际运营情况，并对收集到的数据进行挖掘、分析，对最终的交易情况进行量化评价，最终确定平台上的商家是否会发放贷款。

互联网金融可以帮助信息的收集和缓解信息的不对称。互联网金融可以利用自己的平台来收集大量的创业公司数据，并对其进行相应的处理，以判断其信用情况和偿还能力，进而确定是否可以放款。互联网金融以金融机构的平台为依托运行，金融机构因此可以获取海量的用户信息，并利用云计算对海量的信息进行处理，避免了传统的融资方式中的信息查询，从而大大减少了交易成本。不同的融资渠道进行金融业务，其费用也会有所不同。网上银行是较便宜的，它有很大的优点。网络金融在很大程度上促进了单一的借贷效率，并减少了借贷费用。

3. 私募股权融资

私募股权融资是帮助创业公司长期稳定发展的一种融资方式。我国目前的私人股本融资法律环境较为宽松，给创业公司创造了一个良好的融资环境。大大减少了创业公司的资金周转时间。私人投资机构并不以控股为目标，只拥有30%以上的融资主体，并拥有一票否决权，其目标是对公司的发展进行控制，而不涉及日常运营。私人资本的成本相对低廉，因为它不公开，可以免去各种公开发行所需的费用，只需向中介收取一定的手续费。私人股本融资在我国有着很好的发展前景，为完善我国的直接融资提供了便利。融资的机会更大，而且贷款的条件相对宽松，增加了融资的成功率。私人股本投资者更多地关心公司的运营和管理，而公司的管理队伍是一支强大的队伍。

4. 知识产权质押融资

知识产权质押融资是指创业企业将其所持有的专利权、商标权等知识产权作为抵押品，从银行获得融资。在知识经济时代，知识产权是企业宝贵的资产，具备一定的价值，因而可以用它抵押以获取银行贷款。

知识产权质押融资主要有三种类型：第一种类型是以银行创新为核心的知识产权质押市场化贷款模式。创业企业由股份制担保公司担保，将企业拥有的知识产权抵押到商业银行，专业的第三方律师事务所和评估事务所对知识产权质押进行评估和保障。第二种类型是创业企业当地政府主导融资，地方政府提供资金支持，成立一个政策性的担保公司，分担商业银行的贷款风险，初创企业将自己拥有的知识产权质押给政府的政策性担保公司，政府提供专项资金作为融资的保证金。第三种类型是银行与政府共同参与的贷款模式，是两种知识产权质押融资模式的结合体，这种方式可以进一步降低整个融资过程风险。

三、 初创企业融资渠道

如图7-8所示，企业的融资渠道分为内源融资和外源融资两种。

图7-8　企业融资渠道

内源融资是企业运用在经营活动中所获得的资金（主要包括留存收益和折旧），是企业将资金进行再投资的一个过程，内源融资的过程只涉及企业内部，不会影响公司的控制权，融资成本低，是一种高效的融资方法。但是内源融资只能为初创企业获取少量的资金，因为这时初创企业产品不成熟，销量低且利润水平低，单靠内源融资无法支撑公司进一步的发展。

外源融资是一种资金来源更为丰富的融资渠道，是初创企业主要的融资渠道，资金来源于外部其他经济主体。外源融资具体可以分为债权融资和股权融资：债权融资是指公司以债务人的名义向债权人借款，并按时偿付利息和本金，这种融资方式不会造成股权稀释，但是债权融资的条件较为苛刻，对企业资质有较高的要求，初创企业进行债权融资，成本高且期限短，筹集到的资金不适合用于企业的资本项支出；股权融资是指公司的股东将公司的部分股份转让给投资人，而公司不需要支付利息，而投资人则会分取公司未来的利润，作为对公司的投资回报。从图7-9中可以看出，风险投资、天使投资和互联网众筹是主要的股权融资形式。

图7-9　股权融资形式

1. 风险投资

风险投资简称风投，是指投资者向初创企业提供资金支持并取得该公司股份的投资方式。风险投资的投资者一般是专业的投资公司或投资组织，资金主要用于投资初创企业或未上市企业。虽然风险投资者占据了被投资企业的股份，但风险投资者并不以经营被投资企业为目的，而是向被投资企业提供专业知识的指导，协助被投资企业获取事业的成功。这种投资方式之所以被称为"风险投资"，是因为风险投资与普通的投资方式相比有很多的不确定性，风险更高，但高风险意味着高回报，一旦被投资企业的事业获得成功，风险投资者将会获得更加高额的回报。

2. 天使投资

天使投资是指某些拥有闲置资金的个体愿意承担高额的风险，对创业企业进行一次性的投资。天使投资更多的是建立在投资者对被投资对象的了解和信任上，在被投资的初始阶段，这种"小额多投"的投资方式可以有效地降低投资者的投资风险。最近几年，很多公司都愿意投资创业公司的种子轮融资，也有很多人对自己感兴趣的项目进行了大量的投资。

3. 互联网众筹

互联网众筹是指创业者在互联网众筹平台上发布融资信息，投资人如果考虑某一个项目，就会直接在互联网众筹平台上支付。有限合伙模式是较为普遍的互联网众筹模式，这种模式的保障能力强，法律架构明确，但程序复杂，耗时耗力。众筹本质上是一种具有"普惠"特点的网络金融，通过它，可以打破传统的融资方式，使社会各界人士都能参与到筹资中。我国的众筹起步较晚，但近几年发展迅猛，已逐步成为创业公司的一条新的融资渠道。

专栏 7 – 2

爱奇艺：多种融资方式结合，累计总融资额达 500 亿元

一、企业简介

北京爱奇艺科技有限公司（以下简称爱奇艺）注册于 2007 年。爱奇艺 App 于 2011 年 4 月正式上线，同年 11 月正式开启品牌升级计划，启动"爱奇艺"品牌。作为国内领先的网络视频播放平台，爱奇艺由全球最大的中文搜索引擎——百度投资创立，是国内首家专注于提供免费、高清网络视频服务的大型专业网站。自成立起，爱奇艺坚持"悦享品质"的理念，以"用户体验"为生命，锐意创新。2018 年 3 月 29 日，爱奇艺于纳斯达克成功上市。爱奇艺不仅背靠大厂百度，也是三家长视频平台中唯一一家上市公司，拥有更便利的融资渠道，爱奇艺的企业融资方式几乎覆盖了所有传统的融资方式，不到 6 年的时间，融资金额已超过 500 亿元。

二、企业融资方式

我国企业的盈利方式多种多样，但是他们的融资方式往往与企业的发展模式、发展阶段以及大股东的"小算盘"紧密相关。爱奇艺也是如此，为了能够获得目标数额的融资，并且在企业发展的过程中尽可能创造更大的价值，从开始的一直亏损，到后来扭亏为盈，爱奇艺公司采用了多种融资方式。

1. 私募融资 2.85 亿美元

2022 年爱奇艺计划通过私募融资的方式向资本市场获取融资，并发行 A 类和 B 类两

种普通股，供投资方认购。同年 3 月 4 日，爱奇艺宣布与百度等投资机构签订认购协议。投资人同意以私募方式购买共计 164 705 882 份新发行的公司 B 类普通股和 304 705 880 份新发行的 A 类普通股，总购买价为现金 2.85 亿美元。其中，百度将认购 B 类普通股，其他投资人将认购 A 类普通股。虽然 A 类普通股和 B 类普通股在分红方面的权利是一样的，但投票权却相差悬殊。

2. 发行可转移债券融资 12 亿美元

2019 年，爱奇艺发布公告，宣布计划发行价值 10.5 亿美元的 6 年期可转换票据。这批高级无担保票据将于 2025 年 4 月 1 日到期。可转换债券是一种更廉价的融资渠道，息票率较低，且债券持有人可选择在未来以设定的某个价格将债务转换为公司股票。债券为投资者提供了固定回报，而相关的股票转换权则可以让投资者从发行机构的股价上涨中获利。在可转移债券融资方案中，爱奇艺还允许初始购买者购买为期 13 天的额外 1.5 亿美元本金票据，总融资规模达 12 亿美元。这些债券的息票率范围在 2%～2.5%。爱奇艺计划将此次发行票据所得部分净收益用于支付上限交易成本，将剩余资金用于扩大和增强内容发行、技术支持以及用于企业营运资本及其他企业用途。

3. 无息贷款融资

爱奇艺自成立以来，连续亏损近 10 年，还没赚到过一分钱的净利润，可能预期还要亏损很多年。在这种情况下，公司还提出了无息贷款的融资方式。这需要强大的股东背景，大多数上市公司股东寄希望于通过上市实体融资或套现，但爱奇艺的大股东百度却慷慨地提供大手笔的长期无息资金。2018 年 1 月，百度向爱奇艺提供了 6.50 亿元人民币（9 340 万美元）的贷款，一直到 2023 年，五年免息。其原因在于当时百度对爱奇艺有 56.2% 的持股，控制了 92.7% 投票权。

4. 应付账款 ABS

更让人惊讶的是，爱奇艺居然还用应付账款来筹集资金，也就是用应收账款进行资产证券化，只要企业在行业和供应链中有一定的优势。爱奇艺的“应付账款 ABS”模式是指多个债权人共同承担某一债务人的应收账款，也就是某一债务人必须支付多家供应商（债权人），而 ABS 则要求企业保理的介入。传统的应收账款保理是一种逆向运作，由多个债权人将各自的应收账款债权转移到保理公司，而保理公司则是以其对某一债务人的债权为基础进行资产证券化，入池的资产是各个债权人的应收账款债权。然后，可以将股权转让给第三方投资人，进行资产证券化。一般情况下，ABS 是由债务人发起的，从根本上说，它是一种延期支付的方式，但是它也有一定的成本，而且可以减少供方的资金成本。爱奇艺曾经在 2018 年 12 月和 2019 年 12 月进行了 ABS 业务，总计融资 11 亿元。

三、结论与展望

从初创企业面临的现实约束条件、金融企业的风险偏好、企业的长足发展而言，股权融资是初创企业的重要选择。从上述爱奇艺公司的融资经历中，可见创业公司的融资方式多种多样，可以根据公司所处发展阶段的不同正确地选择融资方式。但是，想要在融资的过程中进展顺利，还必须要公司自己有东西才行。不论是计划采用什么样的融资方式，都要事先作出完整的融资计划书，做好相关的准备工作。另外，准备工作一定要注意以下几点：服从整体战略，合理预估需求；突出竞争优势，拓宽融资渠道；增强谈判能力，把控融资风险，融资条款的设计需要充分考虑各种风险因素；梳理并利用好各类政府的有关政策条件，合理降低融资成本。

参考资料：

［1］沈思涵，石丹. 爱奇艺，"凛冬"已至［J］. 商学院，2022（1）：15－22.

［2］欲图抢占 5G＋VR 场景市场先机！爱奇艺智能完成数亿元 B 轮融资［J］. 中国有线电视，2021（1）：29.

［3］黄东晶，夏晟豪，田重阳. 基于灰色预测理论的互联网视频行业企业价值评估——以爱奇艺为例［J］. 中国农业会计，2022（8）：65－67.

四、 初创企业融资风险

如图 7－10 所示，受企业自身因素、外部因素和环境因素的影响，初创企业在融资过程中难免会遇到各种风险，采用不同的融资方式遭遇的风险类型也有所差异，融资风险会对企业造成巨大的负面影响，影响初创企业生存，因而需要对融资风险的类型和成因进行分析，防患于未然。

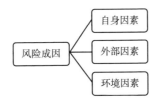

图 7－10　融资风险成因

1. 自身因素

初创企业的规模都比较小，没有建立规范化的内部管理体系，管理制度不完善，这是初创企业发生融资风险的主要原因。初创企业的稳定性较差，一旦债务比例较高，且企业偿债能力有限，极易发生融资风险。

2. 外部因素

一方面，大部分初创企业的融资风险在一定程度上可以说是金融机构造成的，金融机构发放贷款更倾向于实力较强、经营稳定的大型企业，大型企业客户申请贷款没有复杂苛刻的审核限制条件，而初创企业在申请贷款时就面临许多限制，从正规金融机构获取贷款的难度较大，初创企业被逼无奈只能选择小型金融机构或安全性较差的第三方网贷机构贷款，通过这些机构获取的贷款利率更高，且数量有限，难以满足企业发展的需求。另一方面，初创企业依靠担保机构的担保才能从金融机构中获得大额的资金，可以看出，担保机构的经营状况也影响着初创企业的生存，就像是一颗定时炸弹，随时可能使初创企业面临融资风险，如果担保机构经营不善而破产，此时初创企业必须在规定时间内偿还贷款，无法继续使用贷款，会因此导致企业资金链断裂，身处困境。

3. 环境因素

如图 7-11 所示,市场环境因素和自然环境因素是两个主要的环境因素。任何企业都身处市场环境中,如果市场发生波动,必然会影响企业的经营。自然环境主要是指企业所在地区的土地资源、自然资源、气候及自然灾害,初创企业技术有限,受限于自然环境,难以按预期对自然资源进行有效的开发,一旦出现自然灾害,会对初创企业的项目经营造成毁灭性打击,导致资金运转不畅,面临融资风险。

图 7-11 融资环境因素

五、 初创企业融资管理

越来越多的初创企业意识到了融资风险控制的重要性,国家层面也开始关注融资的管理问题,制定了多项融资监管制度和法规,维护初创企业的权益。初创企业应从事前、事中、事后全流程融资管理,注重追踪企业的资金流向,从根源规避融资风险。如图 7-12 所示,初创企业融资管理可以从加强企业的内部管理、健全预算管理机制和扩充企业的融资渠道三个方面进行。

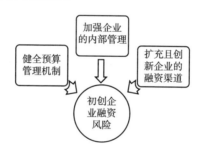

图 7-12 初创企业融资管理

1. 加强企业的内部管理

健全融资风险评估机制和监管机制,减少融资风险的发生;健全企业的管理体系,增加企业固定总资产的比例,增强企业的融资能力和抗风险能力;通过建立内部的约束和激励机制,鼓励员工自发地遵守各项规章制度和行为准则,以防止财务工作中出现不规范操作使企业面临风险。

2. 健全预算管理机制

要充分发挥预算管理在风险控制中的作用,提高预算管理工作的效率,增强企业的风险识别和风险控制能力;要加强对企业各种不同资产的配置效率,优化资源分配;持续提高公司的实力,赢得投资者的信赖,使金融机构、担保机构可以安心地把钱投给公司。另外，增强公司的综合能力也有助于公司迅速地满足市场发展需要，增强执行力、管理力、生产力，降低融资需求也能起到规避融资风险的作用。

3. 扩充融资渠道

初创企业要进行财务分析，财务分析的目标不仅是规范企业的融资行为，而且还是为融资渠道的扩充提供依据。应合理配置企业的长期债务和短期债务，实现风险与收益的平衡；对经济发展状况、资金市场供求状况进行调查和统计，对利率变化趋势、资金统筹中存在的各种危险进行预警。

第三节 创业企业风投

一、 创业企业风投概述

风投的全称是风险投资。唐德森（2022）认为，风投是一种资助创业公司以获得回报的金融方式。虽然有风险，但是风险总是与回报成正比的。一般来说，越是危险的地方，收获也就越大。

目前，我国创业投资面临着资本市场环境中的一些问题。鲁银梭和王璐（2021）根据创业资本将创业投资分为三种类型：股份制、信托制和公司制。我国风险投资的退出机制不够健全。目前，我国的投资机构退出渠道比较单一，只有通过股份转让才能退出，因此，要在资本市场上取得长期的发展，就需要完善退出机制。一般来说，公开发行是一种比较成功的退出方式，但是，想要在主板上维持盈利，还是要考虑许多因素，因此，上市后的退出会给机构带来更多的障碍。要继续深入地研究，并根据目前的资本市场状况，完善退出机制，以推动我国创业投资机构的发展。

二、 创业企业引入风投方式

创业企业引入风投方式如图 7 - 13 所示。

图 7 - 13 创业企业引入风投方式

1. 要选择合适的风险投资商

活跃在市场上的风险投资商有很多，创业企业在引入风险投资前，有必要对风险投资市场的大致情况进行了解，了解不同风险投资者的行事风格、偏好及投资程序。

2. 做好与风险投资商接触的准备

在接触风险投资商之前，应当做好充足的准备。首先要根据风险投资商的特点进行相应的准备，投其所好，避免冒犯，给风险投资商留下良好的第一印象。其次要准备商业计划，详细描述企业的基本情况。

3. 朋友推荐

风险投资是"供不应求"的，有融资需求的企业有很多，但投资商的资源是有限的，并非所有初创企业都有机会见到投资商，即使是特别完美的商业项目也有可能无人问津，没有与风险投资商交流的机会，如果有朋友推荐，将自己推荐给风险投资商，企业就能轻松获得与风险投资商交流的机会，找到捷径。

4. 重视与创业资本的初次接触

在与创业资本的初次接触时，许多风险投资家就已经作出了投资的初步决策。当你和风投公司初次接触时，他们常常会提出这样的问题：除了我之外，你是否还联系了其他风投公司？企业的管理层人员对于公司的战略规划是否达成一致？企业是否有能力建立高效的销售渠道？有没有为企业的发展制定清晰详细的规划？

专栏 7-3

深圳金蝶的风险投资之旅

一、公司简介

深圳金蝶软件有限公司（以下简称金蝶）1993 年在广东省注册成立，是一家财务软件创业公司。公司不断研发和改进财务软件，为其他公司提供财务管理工具，进行商业服务。创业之初，面临当时已经初具规模的竞争对手，金蝶以"突破传统会计核算，跨进全新财务管理"为理念，与国际接轨这一核心，快速开发新产品。目前，金蝶已经成为我国最大的财务及企业管理软件厂商之一。它的快速发展离不开其创业初期 IDGVC 风险投资机构的投资。

二、风险投资过程分析

1. 风投情况

1998 年，金蝶接受广东太平洋技术创业有限公司 2 000 万元人民币的风险投资，广东太平洋技术创业有限公司占有 25% 的股份成为公司最大股东。这些资金将用于金蝶的科研开发和国际性市场开拓业务。这是中国财务软件行业接受的第一笔国际风险投资。充足的资金帮助金蝶实现快速扩张，在十几年前就成为了软件业的标杆。2001 年，金蝶在香港创业板上市。2005 年，金蝶在香港联合交易所主板成功上市。而技术创业投资基金（IDGVC）则在金蝶上市后不断进行现金套现，投资回报率高达 10 倍。此次风险投资可谓是实现了投资机构和被投公司的利益双赢。

2. IDGVC 投资金蝶的成功之处

IDGVC 抓住投资时机。当时金蝶由于技术进步，企业的经济指标（营业收入等）以每年 300% 的速度快速增长，必须找到资金来源支持企业的发展，但是由于软件行业的"高风险"，银行并没有将资金贷给金蝶，此时 IDGVC 的投资就变得尤为重要。而金蝶的企业团队，具有超前的战略眼光和企业战略设计能力。IDGVC 董事长麦戈文对金蝶进行考察时，十分看重企业团队的经验、个人能力、知识和协作能力，并在访问后给予了高度的评价，认为深圳金蝶是一支优秀的团队，值得投资。

而在投资后，IDGVC 给予了金蝶自主管理和投资的空间。作为金蝶的参股人之一，IDGVC 只以股东形式享有股东权益，对于金蝶的投资、研发等过程很少参与，不断做一些辅助性的工作帮助宣传。看似宽松的合作下，金蝶必须要在规定期限达到 IDGVC 要求的指标增长，无形之中增加了金蝶的风险意识和发展压力。另外，IDGVC 在扩大市场影响力、增加商业资源上给予深圳金蝶帮助，IDGVC 给深圳金蝶带来的不仅是 2 000 万元的资金，还让金蝶与国际上的大公司进行交流，进一步拓展了金蝶的国际性销售渠道，使金蝶的成长更进一步。

三、结论与展望

科学合理地引导风险投资行业的发展，能够为我国高新技术产业的发展开辟更广阔的融资渠道，对我国经济实力的提高起着重要的推动作用。从金蝶的风投案例中可以看到，虽然对于风投机构而言，他们的投资是具有很高风险的，但是要明确的是，风险投资企业和风险企业是互利共赢、互相协作的关系。风险投资为风险企业提供资金帮助、缓解资金压力，为风险企业的发展提供力所能及的市场拓展机会和商业价值提升上的帮助，有助于企业成长。风险企业实现盈利的同时，也能给风险投资商带来超额的利润回报。

金蝶在初创期能够有这么知名的大投资商主动找上门来谈投资，在国内风险投资案例中是很少见到的。其主要原因还是在于金蝶本身具有的技术优势和优质的团队建设，还有企业自身独有的特点和素质，加上当时商业市场的信息化发展趋势，从而获得了 IDG 投资机构的风投。

在当时的国内资本市场条件下，风险投资的管理问题还是有一定的局限性，还必须不断加强风险投资管理和进一步完善来促进资本市场中风险投资机构的合理化运行。我国的风险投资还应该以政府为主导，因为风险投资伴随着政府对新兴科技企业的支持才建立起来的，风险投资领域的发展还在起步阶段，投资者的不成熟和制度的不完善决定了风险投资还是要以政府主导为主要方向。因此，应不断优化和完善风险投资市场，促进资本市场条件下风险投资管理的可持续发展。

参考资料：

[1] 徐玉莲，张思琦，郭思迁. 科技金融网络主体合作的演化博弈研究——基于银行、风险投资与科技企业三方分析 [J/OL]. 金融理论与实践，2022（10）：26 - 35.

[2] 丁雨柔. 我国风险投资发展现状、问题及对策分析 [J]. 老字号品牌营销，2022（14）：55 - 57.

[3] 王吉培，宋哲泉. 风险投资在不同投资阶段的作用机理及启示 [J]. 银行家，2022（6）：100 - 104.

三、 风险投资与公司治理

风险投资以一种具备独特优势的融资模式，不仅可以快速、高效地满足初创企业的融资需求，而且可以帮助企业进行公司治理，优化企业治理结构，影响企业的长远发展。如图 7 - 14 所示，风险投资可以从三方面优化企业治理结构。

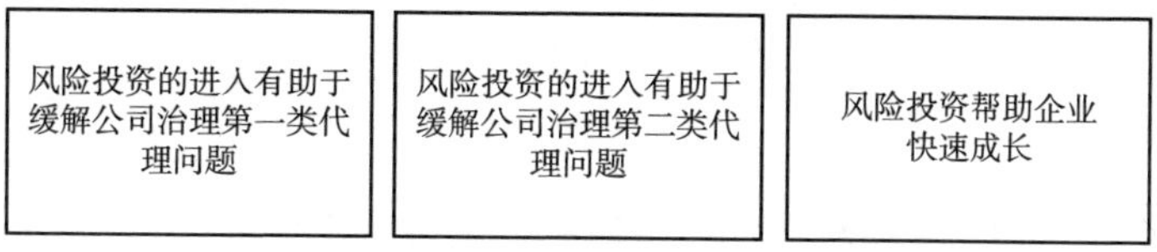

| 风险投资的进入有助于缓解公司治理第一类代理问题 | 风险投资的进入有助于缓解公司治理第二类代理问题 | 风险投资帮助企业快速成长 |

图 7 - 14　风险投资与公司治理

风险投资的进入有助于缓解企业所有者与经营者之间的问题（第一类代理问题）。风险投资参与公司监事会和专门委员会、协助企业制定股权激励计划等方式对企业进行监督激励与约束，使企业管理层与股东的目标趋于一致，共同谋求企业长远健康发展。

风险投资的进入有助于缓解企业大股东和中小股东间的代理问题（第二类代理问题）。风险投资采用了股权投资的形式，在股权集中度和股权制衡方面优化了公司的股权结构，有效调整了成员结构，这对完善董事会运作机制和董事会独立性有积极影响，风险投资以协助企业上市为目的带动公司治理规范化，对保护中小股东权益起到积极作用。

风险投资可以参与公司治理，帮助企业快速成长，提升企业的公司治理水平。对被投资企业来讲，风险投资者不仅是资金的提供者，还充当了企业经营"导师"的角色，风险投资者以自身丰富的企业运营经验帮助企业完善公司治理结构，提高公司治理效率，缓解委托代理问题。

四、 风险投资与退出机制

1. 风险投资退出机制概述

创业资本的本质就是追求高收益，依靠"投入回收再投资"的持续循环，将投资企业获取的收益用于投资新的企业，在每次投资中实现财富的增值，这就是投资者进行投资活动的基本逻辑。与此同时，企业的生存也依赖于高周期的资金流。资本的流动性能够为资本的退出提供一条有效的途径，使其在一个持续的循环中实现价值的实现，同时也能吸纳社会资本，从而扩展其投资团队。

2. 风险投资退出方式

（1）并购。创业投资的退出并非只有 IPO 一种形式，在没有上市的情况下，并购是风险投资者常用的选择。两个或更多的独立公司合并形成一个公司，即合并、并购。不是每一家公司都能公开发行股票，一些不能上市的公司，往往会选择并购等方式来退出市场。

（2）公司的股票回购。风险公司的经理或雇员使用现金、票据和其他有价证券来赎回已发行的风险公司的股份。利用此方式将风险资金从高风险企业中收回称为公司回购。通常情况下，公司回购的主要形式有两种：管理层购买和员工持股。

（3）结账。通常情况下，风险投资者会投资很多创业公司，但很少有可能会成功。清算可以有效地减少自己的投资损失，而无法继续经营的公司则会提出破产清算，而指定的清算机构则会对这些公司进行评估和分配，从而完成资产的清算。

专栏 7-4

快手科技：抓准时机，获得风险投资

一、企业简介

北京快手科技有限公司（以下简称快手）于 2015 年 3 月成立，创始人银鑫。公司主营范围是互联网文化活动、出版物零售、技术开发等，人尽皆知的快手 App 是其主营项目。是一个用于记录和分享生活的短视频平台，用户可以在快手制作并上传视频，与朋友分享生活点滴，查看其他人发生的新鲜事。通过与内容创作者和企业紧密合作，快手提供的产品和服务可满足用户自然产生的各种需求，包括娱乐、线上营销服务、电商、网络游戏、在线知识共享等。随着短视频社交的迅速火热，快手的商业价值也快速飙升。公司顺利获得多轮投资，其中包括并于 2021 年 2 月成功在港交所上市。其投资商中的五源资本作为最早加入的投资机构，懂得抓准时机，低价投入、高价收入。

二、风险投资的退出机制

在 2021 年 2 月，快手在香港交易所挂牌，在全世界发行了 3.65 亿股股票，发行后，它的总股本达到了 41 亿股。根据财报，腾讯在 IPO 之后成为了快手的最大股东，而五源资本则持有 13.7% 的股份。五源资本在 2012 年的时候，就已经投入了 30 万美元的资金。那时候，快手还只是一个以 GIF 动画为主的小平台，但五源资本的张斐看中了它的潜力，果断出手，在市值 1 000 万元的情况下，买下了快手 20% 的股份。自那以后，五源资本陆续在快手公司进行了多轮的后续融资。五源资本从天使投资人到 E 轮，总共投入了近 2 亿美元。五源资本是第一批进入快手的机构投资者，其也在用最少的成本，获得最大的利益。五源资本在快手上市的时候，就已经拥有了快手九年的股份。

三、结论与展望

创业投资是一个非常复杂的过程，它包含了一系列的法律和法规。因此，修改和建立风险资本的法律、法规是非常重要的，它可以根据风险资本的运行规律和不同的风险资本退出模式的特征，修正和完善风险资本的法律和制度，使风险资本的发展有更广阔的发展空间；同时，要对制约创业资本健康发展的若干规定进行适当调整，以保障其合理退出。

我国中小企业板、创业板的不断发展为创业投资提供了一个很好的发展平台，也拓宽了其退出的途径。另外，中国股票市场还不够成熟，OTC 市场的作用还不够完善，因此，有必要借鉴国外的成功经验和技术，推动我国风险投资退出机制的完善。

目前，我国已有一大批具有较强实力的企业和上市公司。通过兼并收购，既能提高企业的创新能力，又能提高企业的价值，同时也有助于企业利用自身的优势，实现高收益。与此同时，我国有许多与高校、科研机构相关的创业公司，其产权关系并不明朗。为此，必须不断地发展相关的中介组织，发挥其在并购进程中的重要作用，从而有效地

推动并购市场的健康发展。

创业投资是一项具有高风险、高收益特征的特殊投资行为，风险资本与高技术是其中的一个关键环节。但同时也需要一群拥有高度的风险意识和高级管理经验的专业人士。从国内来看，在创业投资的发展上，要重点培养一批专业的创业人才，这些人不但要具备创投行业的专业素养，还要具备极强的前瞻性。

参考资料：

[1] 柴乔杉. 92 天上市 快手快人一步 [J]. 中国品牌，2021（3）：76 – 79.

[2] 秦知东. 快手登陆港交所 IPO 电商 GMV 超 3 000 亿 [J]. 计算机与网络，2021，47（4）：3 – 4.

[3] 许昕. 快手的华丽转身 [J]. 企业管理，2021（5）：91 – 95.

融资就是企业筹集资金获得正向现金流，从而完善装备促进业务发展。创业公司的融资轮可以大致分为三个阶段：种子阶段、发展阶段和退出阶段。风险投资公司敢于承担高风险的原因是为了获得高资金回报，因而公司向企业注入风险资本，多年后，资本将被收回，利润丰厚。为了防止资金被套牢，投资公司一般会有意在合同条款中规定资金的退出时间和方式。风险投资公司资金退出的方式和时机取决于投资公司整个组合收益的最大化，而不是追求单个项目现金流入的最大化。

【章末案例】

爱空间：不惧"资本寒冬"，再获巨额融资

一、企业简介

爱空间科技（北京）有限公司（以下简称爱空间）由陈炜于 2014 年联合家居行业巨头、互联网产业基金共同创立，是第一个提出"互联网家装"概念的企业，爱空间也因此发展成为中国第一家从事标准化家装业务的互联网公司。互联网家装是指将价格不透明、工期冗长、成本浪费的家装，改变成为可定价、定期的标准化家装，使消费者线上支付和监控、线下体验和交付。爱空间致力于改变传统家装行业不规范、不透明的情况，通过互联网思维实现标准化，把家装过程中的不可控性降为零。

爱空间成立于 2014 年，因为有雷军顺为资本的参与，所以经营思路上也与小米的互联网模式相似。2014 年 12 月 12 日，爱空间在北京望京开了一家"互联网家装旗舰店"，推出一款"699 元/平方米，20 天工期"的产品，当时的口号是："互联网家装，解放一代年轻人"。

极致的产品价格，借助"小米家装"公关的力量，让爱空间一开业就门庭若市，一个月卖了近 600 单。白领们不懂装修，也没时间自己折腾，这种模式省时省力，非常受青睐。在接下来的两年中，爱空间迅速扩展到 21 个大城市，2016 年，它的单月销量突破了 1 000 单，并且每年的销售突破了 10 亿元。

这一热度吸引了无数的追随者，2014 ~ 2016 年，仅仅两年的时间，网络家居行业就涌现出了上万家，其中 200 家得到了资金的支持。资本市场相信，4 万亿元的家居装修行业，肯定会有很多公司脱颖而出。2021 年，在房地产市场疲软、疫情频发等诸多因素的冲击下，爱空间依然交出了一份漂亮的答卷：2021 年，爱空间全国业绩达 15.5 亿元，增

长率高达 42%。北京销售额超过了 8 亿元，北京的零售额年均复合增长率超过 40%；上海、广州、深圳的销售额都达到了 1 亿元，其中除北京之外，其他 14 个城市的销售额，在这一年里，达到了 50% 以上。

爱空间高级合伙人兼副总裁闫佳提出新的发展目标：在接下来的两年里，爱空间将进入快速发展的轨道，并在 2023 年达到 30 亿元的营业收入，年均复合增长率为 37%。爱空间北京公司在过去三年中，增长率为 60%～100%，2020 年，北京的区域销售额已经超过了 6 亿元。

二、爱空间融资过程

1. A 轮融资：爆红与爆火

不能不承认当过助理工程师、读过 MBA、创过业、干过传统家装的陈炜，身上是自带一种吸引投资人的光芒的，有理想、有信念、有初心。

2014 年 8 月 5 日晚，因为小米计划进入智能家居领域，让陈炜有机会在顺为项目审核会上见到了雷军，原本给的时间是 30 分钟，结果一聊聊了快两小时。谈话内容就是，陈炜告诉雷军他打算干什么事儿，当时他打造的是一个 899 元/平方米、30 天交付的互联网标准化家装产品，并上线了天猫旗舰店，线上销售数据并不太理想。然后雷军发问，问最短的交付时间可以做到多少天，只留 10% 的毛利，价格可以做到多少，产品要做到最极致，然后以规模赚取利润，这正是小米的思维。陈炜当时觉得醍醐灌顶，于是一款 699 元/平方米、20 天超短工期的产品就正式出炉了，像一枚深水炸弹一样轰进了家装行业。与此同时，雷军顺为资本 6 000 万元领投，爱空间完成了 A 轮融资。

由于雷军和小米当时自带话题的属性，以及陈炜个人难得的营销天赋，让这场借势爆发出了最大能量，爱空间同时在 B 端和 C 端之间一夜蹿红。对行业来说，雷军投家装了，这本身就是大鳄入局，更何况将家装的设计、施工、主材打造成统一按照平方米计价的标准化产品，在线上售卖的互联网家装，从前更是闻所未闻。于是，行业媒体一时间一拥而上，有追捧者，也有质疑者，业界友商也集体打探、观望、热议，爱空间想不红都难。

对 C 端消费者而言，陈炜照搬了小米的饥饿营销、种子用户等套路，同时，这个标准化产品的低价、透明、快速等属性也被裂变传播放大，使得爱空间北京望京旗舰店还在试运营阶段，就已经卖了近 600 单，工期排到了半年以后，依然有很多客户愿意等。旗舰店开业后，甚至出现了排队买家装的盛况，结果后端不足以支撑，频频爆仓。

A 轮这个阶段，是爱空间爆红与爆火的高光时刻。爱空间获得了 6 000 万元的融资，爱空间将这笔珍贵的融资用于企业的数字化转型，用数字化连接一线员工，开发了客户管理系统，通过强大后端衔接多个系统，工人移动 ERP 系统，即时通信，工程实施时全面掌控数据。通过激励体系，提升效率、降低成本，提升消费者口碑。

2. B 轮融资：低谷与反思

2015 年 12 月 13 日，有着"首家互联网家装"头衔的爱空间不惧"资本寒冬"，在"1213 爱粉节"之际宣布完成 B 轮融资签约，加速全国扩张的速度。本轮融资的资金将用于爱空间在全国范围内的扩张、品牌的推广、新技术的研发和信息系统的建设。从当前的市场来看，渐入"隆冬"的资本市场，将抛弃那些只会跟风、模仿的互联网家装后来者。这似乎也是个转折点，爱空间逐渐开始出现增长停滞。

这一时期的爱空间开始反思，并找了厚德战略咨询定位团队一起做了大量客户调研和复盘，研究客户需求和爱空间的核心价值。陈炜个人也开始思考行业内已经过热的互联网家装，这些在资本加持下的疯狂扩张，并且已经做到规模化，却非但不盈利，还出现增长停滞的局面。

爱空间从诞生以来一直在做的有这样几件事：一是把硬装的设计、施工和主材变成价格透明无增项且快速完工的标准化家装产品；二是备受行业争议的自建产业工人团队，以实现标准化统一管理，保证更好施工交付；三是通过互联网加速获客、成交；四是以城市合伙人模式在全国迅速实现规模化。那么，很显然，前两者是用户需要的，符合爱空间创办初心"以客户为中心改变家装行业"的。互联网只是一个新的获客路径，"互联网家装思维"在行业中已经一度魔化为了满足投资方需求的规模扩张之战。

于是爱空间在 2017 年 4 月的发布会上正式摘掉"互联网"的帽子，定位为"标准化家装"，专注于为家装消费者解决报价问题、效果问题和品质问题。B 轮时期，是爱空间一度走向低谷并开始定位、模式、路径、价值反思的调整期。

3. C 轮融资：突破与收缩

2017 年 6 月 28 日，国美宣布以 2.16 亿元领投标准化家装公司爱空间 C 轮融资，加速推进新零售转型。据了解，爱空间通过标准化产品、标准化交付和标准化服务，开启标准化家装新模式，现已进入包括北上广深、成都、长沙、哈尔滨等 24 个城市，服务家庭已超 30 000 个。

随后，爱空间入驻北京国美马甸鹏润店，在其中打造了爱空间国美店，但是似乎这一步未能达到双方共同预期的效果。2018 年 9 月，爱空间又入驻了号称京城高端家居品牌汇集地的北四环，开了一家包含意大利鬼才设计师法比奥·罗泰拉（Fabio Rotella）操刀设计的 12 个风格搭配展示区，并引入了小米有品和瑞幸咖啡的旗舰店，以求通过"Matrix 模式"满足用户个性化需求，让标准化家装变得有颜值。这之后，爱空间撤离了国美。

2018 年，爱空间正式对外宣布，全年交易额突破 10 亿元。也是从 2018 年，爱空间开始全国性收缩关店。据公众号"树懒生活"报道，爱空间 2017 年全国进驻 24 城，到 2018 年减少到 19 城，2020 年已缩减至 15 城。

这一时期的爱空间，则依然顶着业界质疑，抱着它的重模式死磕到底。关键的三大项：产业工人、仓储物流供应链、信息化系统。此外，自 2018 年起，爱空间在设计领域也动作频频，不断寻求标准化与个性化之间的那个平衡点。

自建仓储物流，陈炜认为是商业模式决定的，不论是最初的 20 天完工，还是调整后的 33 天完工，要做到 F2C，从工厂直接到用户家里，抛开品牌商现有经销体系产生的中间环节，保证品质良好、服务到位、周期短、价格低，都需要自建仓储、物流配送和安装服务，让每个节点都可以被掌控。

爱空间在维系产业工人这件事上进行了多次尝试。第一次尝试使成熟工人产业化，发固定工资，但工人不满足于手中的工作，有的工人离开了公司，还有的工人拿着工资去其他地方接私活；第二次尝试是爱空间在四川大凉山招中专生自行培训，结果最后也只上岗了一部分，这些工人在技术成熟后大部分都跳槽了；直到第三次尝试，爱空间的管理人员开始深入到工人中间去一起聊天、一起吃饭、一起开会，慢慢摸索出工人的真实需求和心理，最后总结出对外发布的那九字真言，"活不断，钱安全，有尊严"。即保证每天有活干，不间断；通过智能手机绑定银行卡，双周给工人发工资，通过体系化规范化让工人建立信任感，摆脱过去对包工头时常拖欠工程款的担忧；成立匠心学院，持续培训，让工人持证上岗，在 App 里认证注册。并给予工人成长为项目经理、工程副总，甚至城市操盘手的上升路径，让他们看到希望，受到尊重。

信息化"魔盒"系统，这个 80 多人团队，用了 4 年时间，投了约 1 个亿才搞出来的数字化系统，也被认为是产业互联网时代的必备之物。陈炜觉得要把产业所有运营动作都做到标准化，是需要通过对这些动作进行数字化记录来改善提效的，进而走向智能化，实现科学管控。

自 2018 年与意大利设计大师合作打造 12 套配色方案、10 大品类主材、3 个可选档次的三维产品组合矩阵后，爱空间也一直在致力于通过设计来满足消费者相对个性化的需求。2020 年 5 月，爱空间声明将扶持中国青年艺术家，吸纳并推广青年艺术家的优秀作品。2020 年 9 月，爱空间将这一声明落实，携与 made of DNA 设计工作室、三生酒馆（三生 ONEWOOD）联合策划发起的"RESET 疫情后的岛"艺术装置亮相北京国际设计周。

创始人陈炜认为，在资本处于低潮时期的大环境下，C 轮融资对于企业来讲，更为艰难，不仅要看团队和数据，更多的是整体商业模式的验证和未来成长性的预期和判断。战略型合作伙伴，不仅带来资金上的支持，更多是带来资源，因此这一轮是选择过程中能够与国美达成合作的一个基础。C 轮时期，是爱空间一路死磕，实现自我突破，同时又不断收缩的矛盾期。

三、结论与展望

从爱空间的三轮融资中可以看出，风险投资对初创企业的发展起到了至关重要的作用。对于初创企业来说，第一笔资金往往被称为"天使基金"，因为第一笔基金帮助企业走向规范化，建立起企业的经营框架。当创业者在建立了较为成熟的企业经营体系，具备了一定的规模和盈利能力，风险投资者经过客观评估认为，企业的经营模式具备在市场中竞争和生存的可能，并认为企业的盈利模式具有发展前景，能创造超过市场一般预期的收益率，才会向创业者提供风险资金。风险投资因为其本身的巨大风险性，所以需要较高的收益率作为补偿。创新型企业为了壮大发展不得不选择风险投资的模式，从爱空间的案例来看，风险投资对创业型企业来说是一个很重要的成长手段。

参考资料：

［1］闫佳. 品牌定位理论驱动家装行业诞生"独角兽"企业——以爱空间科技（北京）有限公司为例［J］. 品牌与标准化，2020（5）：90 - 92.

［2］徐霄鹏. 拒绝多家巨头收购，爱空间的野心有多大［J］. 全球商业经典，2020（12）：108 - 111.

［3］庄文静. 爱空间何以成为"家装业的海底捞"？［J］. 中外管理，2019（5）：94 - 97.

【本章小结】

本章重点介绍了创业企业财务融资的战略定位和经营策略。从财务计划的角度去分析了企业的投资回报方法，点明了盈利能力分析对企业经营的重要性。从企业融资的角度，介绍了初创企业的融资方式、融资渠道，以及对企业投融资的风险管理，为企业进行明智投融资提供借鉴。本章讲述了风险投资，分别从风险投资的引入、风险投资的治理以及风险投资的退出等方面进行阐述，为企业风险投资的引入和退出提供了建设性的意见及建议。

【思考题】

1. 公司的资本利用效率，反映在提高收入、节省资金方面作用的指标是（　　　　）。

A. 总资产收益率   B. 权益净利率

C. 投资收益率   D. 净利润率

2. 表示普通股股东为每股净资产所付出的代价的指标是（　　　　）。

A. 每股收益   B. 市净率

C. 市盈率   D. 市销率

3. 以下不属于风险投资退出方式的是（　　　　）。

A. 并购   B. 股票回购

C. 结账   D. 利润分红

4. 初创企业的常见融资风险有什么？

5. 初创企业引入风险投资的方式是什么？

第八章 创业运营

创业运营就是创业企业为了实现自己的目标、创造价值而对企业的各项事务进行运行和管理。如果说前期的创业准备工作赋予了企业生命，那么日常的创业运营的作用就是让企业的生命延续下去。设计一个适合自身发展的创业运营模式必须理解创业运营的概念，将创业运营细分为各个不同的板块，重点在运营管理方面深入钻研，优化资源配置，积累并形成企业的竞争优势，近年来流行的共享经济运营模式，也可以给创业运营提供思路，让资源高效共享，颠覆传统的运营思路。

一定要做正确的事情，这个在网易叫战略。战略要正确，动作可以慢，看准了再跟上去，这样风险反而还比较小，这样别人犯过的错误你可能就不会再犯了。

——网易公司创始人 丁磊

【学习要点】

☆了解新产品进入市场的方法
☆学习物流管理战略与企业发展时期的匹配
☆了解企业间员工共享的流程与注意事项

【开篇案例】

阳光电源：全球最大的光伏逆变器厂商的运营模式

一、企业简介

阳光电源股份有限公司（以下简称阳光电源）专注于生产和销售以逆变器为核心的光伏设备，阳光电源的光伏逆变器、风电设备以及水面光伏设备业务规模位居国内第一，产品销往150多个国家和地区，是当之无愧的全球逆变器龙头企业。

二、人力资源：稳健运营

公司管理团队产业背景深厚，行业洞察优势领先，持股相对集中，有助于公司长期稳健地运营。公司高层团队不乏专业资深的新能源领域专家、高校研究人员，管理团队产业背景深厚，深厚的行业积淀有利于公司保持前瞻性行业洞察，及时更新迭代技术。为了有效激励员工，阳光电源频繁向员工发放限制性股权激励，最近的一次股权激励方案发布于2022年5月，共发放限制性股票650万股，有468名员工获得了股权奖励，这些员工主要是公司的管理骨干以及核心研发人员、技术人员。

三、产品研发：前瞻布局，产品线完整

1. 前瞻性战略

阳光电源在市场份额方面表现突出的一大原因就是公司战略具有较强的前瞻性，依托公司优势的电气技术形成集成能力，从而做到领先布局。业务范围扩大的原点是光伏逆变器，积累了大量经验之后，公司的电池端技术大大增强，可以做到提供全套储能系统。相比电池厂商，公司的优势在于电气能力、电力电子、交直流控制，调度方面优势大，储能系统关键在于能量控制与调度，这一点与公司专业更匹配。

2. 完整的产品线

阳光电源的产品线完整，可以提供全产业解决方案、满足客户多元化需求，公司立足逆变器产品，大力发展电力电子转换技术，不断提升系统集成能力，成为领先的光伏产业集成方案提供商，致力于提供全球一流的清洁能源全生命周期解决方案。公司依托逆变器产品以及在电力电子转化技术上的优势，逐步将业务范围向下游应用领域延伸。

2021年，阳光电源的储能系统营收增长迅猛，营收31亿元，同比增长168%，成为企业除了光伏逆变器业务之外的第二大业务。风电变流器是阳光电源的第三大业务，在碳达峰和碳中和的国家战略指引下，作为清洁能源的风电迎来了行业红利期，降本提效是阳光电源风电变流器产品的开发思路，开发出三电平风电变流器，大幅提高变流器的电压等级，带来发电量提升的同时降低线缆成本，未来将成为风能发电机的主流配置，推动变流器组件的国产化替代进程。除了以上三个主要的业务之外，阳光电源始终探寻新的利润增长点，已开始布局新能源汽车充电桩、水面光伏系统等领域。

3. 大量投入

阳光电源注重产学研相结合开发产品，尖端技术由科研机构、高校进行攻克，企业的重点放在把科研成果转化为具体的产品，逐渐提高在产学研合作方面的经费，鼓励合作科研机构在科研方面实现创新，积累产品的技术含量，从而实现产品差异化。阳光电源在研发方面投入了大量的资金，与之对应的是越发强大的科研团队力量，2021年，阳光电源新成立了南京研发中心，与合肥研发中心、上海研发中心和深圳研发中心共同组成四大研发中心，研发人员数量达到2 734人，同比增长49.9%。

四、生产制造：形成规模效应

阳光电源的产品核心技术相通，产品的生产制造具有规模效应。企业已经完成1 000多个储能系统集成项目，这些项目主要分布在中国、北美、欧洲等多个国家和地区，没有一例出现安全事故。目前，公司每单位光伏逆变器产品生产成本控制在0.1~0.15元/瓦，最大效率已全线达到99%，生产成本远低于行业内其他企业。2021年10月，阳光电源快速启动扩产计划，筹集25亿元资金用于70吉瓦光伏逆变设备、15吉瓦风电变流器和15吉瓦储能变流器产能项目的建设，项目建成后，阳光电源的实际出货量将实现倍增。随着产能的不断扩大，光伏逆变器产品的生产成本将进一步降低。

五、市场营销：拓展海外市场

公司成立伊始就树立了全球化的发展战略，受人工费用、物料成本的因素，国外的逆变器定价是国内产品的数倍，国外的网费、电价比较高，因而对光伏产品的价格敏感度较低，综合这两点因素，海外逆变器产品的平均单价显著高于国内逆变器产品，出口

逆变器产品的定价空间巨大，海外业务可以帮助光伏类企业大幅提高毛利率。

2018 年以前，公司的逆变器产品主要销往国内，仅有不超过 20% 的产品进行出口，近年来受市场环境的影响，2020 年，逆变器产品海外出货量贡献 63%。截至 2021 年底，阳光电源已在海外投资设立了 20 多家子公司，公司海外的印度生产基地产能已扩充至 10GW，同时积极布局海外第二工厂。公司在全球范围内拥有多个重要的渠道合作伙伴，产品已批量销往全球 150 多个国家和地区。投资 5 亿元优化全球营销服务体系，设立了欧洲、美洲、亚太、南部非洲和中东全球五大服务区域，配套了 50 多个服务网点和 80 多家认证授权服务商，用于提供更好的售后服务，维护客户关系。此外，阳光电源还强化品牌口碑建设，提升品牌知名度，推进商标及品牌标识的全球注册和保护工作，其中阳光电源的核心商标 SUNGROW 等全球 160 多个国家和地区申请注册保护，积累了无形的、难以复制的竞争优势，进一步提升了品牌标识在国内外市场的识别性和可传播性。这有利于公司扩展销售渠道，增强品牌口碑和影响力，从而进一步提升市场占有率。

六、结论与展望

国家大力推行碳中和、碳达峰政策，并且随着光伏平价上网相关政策的落地，未来在很长一段时间内，光伏行业都将保持高度的景气状态。在整个光伏行业中，阳光电源所处的逆变器赛道优于光伏组件赛道，因为光伏逆变器的使用寿命一般只有 5～10 年，而光伏组件的寿命可以达到 25 年，逆变器产品的消费属性更强，这使得阳光电源的市盈率高于同为光伏行业的隆基、晶科等公司。高瓴资本现已成为阳光电源的十大股东之一，未来隆基、宁德时代和阳光电源也极有可能碰撞出商业火花。总之，作为光伏逆变器的龙头企业，加持储能业务，阳光电源前景广阔。

参考资料：

[1] 安徽省政府发展研究中心与安徽省经信厅联合调研组. 阳光电源："技术＋市场"双擎驱动 [J]. 决策，2022 (5)：71－73.

[2] 夏云峰. 阳光电源：协同创新，致胜风电新时代 [J]. 风能，2021 (12)：34－37.

第一节　创业运营模式概述

创业者先需要理解创业运营的概念和创业运营的过程中可能遇到的障碍，掌握让企业有序运营的关键，然后从创业运营的板块了解运营模式的具体细节。

一、创业运营概述

1. 创业运营的概念

创业运营就是创业企业为了实现自己的目标、创造价值而对企业的各项事务进行运行和管理。企业在创办初期就需要制定创业运营方案，科学理性地经营摇篮中的企业，降低经营风险，积累技术、人力资源、客户等多方面的资源，逐渐形成企业的竞争优势。

创业运营说明了企业在市场竞争中生存并盈利的根本逻辑，运营模式的不同带来了企业竞争力和盈利模式的不同，衡量运营模式的优劣本质上是研究该模式是否符合创业企业的自身特点，衡量在该模式下企业能为消费者创造多少价值，成功的运营模式就是一种可以更高效地创造价值的模式。

对创业运营方面的研究主要集中在怎样设计运营模式帮助创业企业提升自身生命力。卫武等（2021）将创业企业的发展阶段分为概念化阶段、商业化阶段和成长阶段，提出每一个发展阶段都要有不同的运营模式与之对应。祝杨军（2018）认为，创业者的管理能力直接影响了企业的生命力，从创业者能力出发总结出战略定位、制度构建、人才开发和文化塑造是创业运营的关键。王明春（2015）将创业运营分为企业战略经营模式、运作执行体系和专业技术体系三个系统，涵盖了企业所有的价值功能和活动体系。陈国民（2011）深入调查了影响创业企业成长性的因素，认为创业者素质、创业计划、企业环境、企业文化战略和人才管理是创业管理中的重要因素。

2. 创业运营的障碍

如图 8 - 1 所示，创业运营的障碍主要有以下三点。

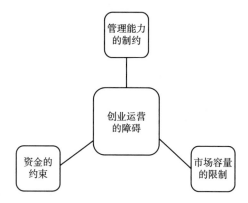

图 8 - 1　创业运营的障碍

（1）管理能力的制约。在一定时期内，企业能够应付的管理业务的数量是一定的，企业所拥有的管理资源既要维护当前业务的正常运营，又要为业务扩张提供准备。企业所需要的管理资源与公司的经营规模成正比时，如果企业的规模发展过快，但管理能力却跟不上步伐，企业的经营活动就会陷入经营困境。管理水平的高低主要取决于企业领导者的管理才能。拥有专业技术、知识背景和管理知识，有助于管理作出科学合理的决策。优秀的创业团队可以使用各种不同的管理技巧，高效率地处理管理事务。如果管理不善，企业员工凝聚力不强，工作效率低下，企业将处于很不利的地位，可能很快被激烈的市场竞争所淘汰。创业团队要具备较强的外界环境变化的应变能力与适应能力，这些能力往往是初创企业不具备的。

（2）市场容量的限制。如果企业取得了一定的成绩，很快就会有同类型企业推出类似的产品抢占市场。众多竞争对手的加入使消费者有更大的选择空间，为了吸引这些消费者，企业不得已用更低的价格和更高的产品品质吸引消费者，在激烈的竞争中，跟不上步伐的企业面临淘汰，这就是市场容量的限制。

在企业自身方面，随着规模的增大，新创企业初期的目标市场容量将无法支撑企业快速发展的需求，企业家必须寻求扩张。但企业扩张往往又受到地域、环境及多元化经营障碍等方面的制约，使得企业的管理变得更加复杂，往往造成很大的损失。

（3）资金的约束。企业的快速成长需要企业具备相应的资产。如果不能得到新的资金，就会严重制约企业的成长。初创企业的发展离不开大量的资金支持。然而创业企业的资金需求大多是高风险、高数额的，并不受投资人的青睐，初创企业的融资难度很大，于是只能依靠缓慢盈利积累和股本扩张来满足资金需求。企业自身融资能力的强弱对新创企业资本实力的影响非常大。融资能力的重大影响因素就是企业在银行的资信水平，因此，良好的信誉是企业提升融资能力的基本保障。同时，政府相关扶持政策的出台与实施对扩展新创企业融资渠道、间接提升企业融资能力也会起到积极的促进作用。

3. 创业运营的关键

如图 8-2 所示，创业运营的关键要素包括以下三点。

图 8-2　创业运营的关键要素

（1）整合外部资源。创业企业要整合外部资源，让外部力量助力企业的成长。初创企业的资产、人力资源等各方面资源都较为稀缺，合理地借助其他企业的力量是一条让自己快速成长的捷径，采用融资、业务外包等方式都可以让业务模式快速成型，进入盈利的状态。

（2）注重人力资源管理。企业的经营者并不能一手包办，因而企业所有的经营事务必须雇用专业的人才从事专业的工作。要为员工提供令其满意的薪资、良好的工作环境和清晰的未来发展机会，使员工有较好的安全感和主人翁意识，从而愿意承担企业生产经营中的责任，积极地投入事业。对于创业团队而言，开展招聘扩大创业团队是重要的人力资源工作，受限于企业的资源，通常初创企业没有专门的人力资源部门专职负责对员工面试、录用及业绩评估。一般这些工作大部分都是由创业者本人或其他一两个核心人员来承担的。

（3）进行灵活有效的管理。创业企业在人才、设施、资金及信息等方面相对较为缺乏，在成长与发展中难以抽出用于技术创新的各种资源，甚至没有资源。这种情况下，创业企业的发展取决于该企业的管理能力，如采用什么样的战略、怎样营销、怎样创新等。面对成长过程中出现的问题，快速增长的企业善于推动并领导变革，并且敢于打破传统竞争模式，引入新的游戏规则。

二、 创业运营版块

1. 发展战略

面对"运营"这一概念，许多初创企业可能会感觉不知所措，不知从何开始设计企业的运营模式。对此，可以从发展战略入手，将企业的发展战略转化为"完成这项目标需要具备怎样的能力"，运营模式本质就是让企业发展积累能力的方式，用创业运营的观点理解企业，企业不仅是围绕产品的各个业务单元的组合，还是各种能力的组合。对于创业企业，成本控制战略和重点集中战略比较适合作为其设计运营模式的依据。

成本控制战略是指企业设计并制造生产简单且有市场需求的产品，控制好生产成本、管理成本、研发成本以及市场营销成本，尽可能地扩大生产规模，大批量生产产品，利用规模效应降低成本，逐渐积攒力量，拓宽自身的生存空间。

重点集中战略是指重点攻克某个特殊客户群体，企业的每一个决定、每一个业务流程设计都从市场定位出发，主要满足目标客户的需求，一旦确定了目标客户群体，就绝不轻易改变目标，深耕目标客户的需求，满足其需求并不断优化产品，不分散企业本就薄弱的运营力量，有助于提高生产效率、降低成本。

2. 运营管理

任何创业团队都是从无到有，逐渐发展壮大的，随着企业规模的扩大，简单讨论后领导者拍板、所有权力集中于领导者的简单管理模式会拖企业的后腿，局部的低效运转会让组织整体运营面临巨大的迟滞。因此，应当制定一套高效的运营管理模式，领导者学会分权，让团队的其他人员承担工作责任，在创业团队中营造一种紧密协作、共同推动企业前进的良好氛围，让专业的人做专业的事，使每一个流程都高效运转。

第二节 运营管理

运营管理分为市场营销、产品研发、生产制造、财务管理、人力资源和物流管理六个环节，这六个环节与常规的企业运营有所不同，创业期的企业面临更多的挑战，经营目标也与成熟的企业不同，因此，应当特别注意运营模式的设计。

一、 市场营销

1. 含义

市场营销是在符合法律法规以及社会价值观的条件下，在市场中进行商品或服务的交易，以满足用户的实际需要，从而实现企业运营目标的活动。除了产品的最终销售环节之外，市场营销所关注的事情还包括怎样提高销量、扩大市场、提高品牌的知名度、保持市场占有率，以及维持与合作伙伴的合作互惠关系。在大多数情况下，决定一个创业活动能否取得成功的因素主要是产品的市场并非技术，与其他运营管理的职能相比，市场营销对于初创企业是较为重要的。

2. 市场营销的过程

如图 8 - 3 所示，市场营销工作可以按照分析机会、选定目标市场、制定方案和实施方案的思路进行。

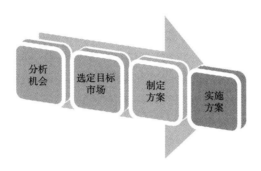

图 8 - 3　市场营销的过程

（1）分析机会。分析机会要求相关工作人员对市场现有产品、消费需求情况进行详细的调研，了解供需关系、消费者心理以及消费者的消费过程。如果发现市场上存在需求缺口或未满足的需求，这样的需求被称为市场机会或潜在市场，这时就可以围绕市场机会开展后续的工作。

（2）选定目标市场。在发现了市场机会之后，需要对市场机会进行细分，市场细分是指将市场的顾客按照特定的标准细分为许多不同的具体需求群体，考虑企业自身可以提供的产品或服务，为了让企业开发的产品在某一类顾客群体中受欢迎，获得长期稳定的市场份额，需要在产品的某个重要部分做文章或是打造独特的品牌形象，使其具备不能被同类产品所替代的特点。

（3）制定市场营销方案。市场营销方案根据企业的市场营销战略制定，它是企业希望可以达到的营销目标，根据战略目标的性质不同可以分为战略目标（长期目标）和战术目标（短期目标），后者是为了实现前者而建立的。将战术目标继续细分为具体的行动、完成目标的部门、相关责任人，就形成了市场营销方案。

（4）实施市场营销方案。实施市场营销方案的前提是要有一个专门负责进行市场营销活动的组织，以对方案的进度适时地进行监督和控制。企业一般设置有市场营销部门，并由企业的高层管理人员负责该部门的运营，管理市场营销人员。为了让市场营销活动取得预期的效果，需要设计好市场营销部门的组织结构，合理分工，还要配备能力符合要求的营销人员，用强有力的激励手段调动营销人员的积极性。

3. 创业企业的产品怎样进入市场

如图 8 - 4 所示，创业企业的产品在进入市场时，要对以下几个方面进行考虑。

（1）产品评估。创业企业要投放什么产品或服务进入市场，是决定创业能否获得成

图 8 - 4 创业企业产品进入市场的要点

功的前提，创业者往往会对产品的成本、专利、竞争对手等因素进行分析，这很重要，但更重要的是应当获得消费者对于产品的真实感受，对产品进行评估。

产品评估可以采用概念测试的方式进行，在产品正式上市之前，将产品或服务提供给一部分受测试消费者，测试他们对产品的反应。可以在产品评估中挖掘出当前产品的不合理因素、获得消费者的改进建议、决定产品上市后的零售价格。

（2）定价策略。定价往往使创业者难以作出抉择，它影响到产品能否被消费者所接受，同时还要考虑各种企业经营方面的成本。定价问题的核心就是寻求消费者接受度与利润之间的平衡点。可以采用撇脂定价法、渗透定价法和组合定价法来辅助进行产品定价。

撇脂定价法就是在最开始把产品的价格制定得非常高，获得最高比例的利润，从市场上"撇脂"，企业用这种策略可以迅速收回产品的前期收入，用前期的高额利润扩大生产规模从而使产品价格逐渐符合市场实际。当存在一些消费能力强且对价格敏感度低的消费者时，企业开发的产品品质优良且其需求对价格变化的弹性不大时，价格会成为该产品的一个差异化优势，吸引消费者购买。当有同类型高价产品加入市场时，企业可以通过前期积累的优势扩大生产，降低生产成本的同时降低价格，形成价格优势，长期占据该类别市场的主导。

渗透定价法恰恰与撇脂定价法相反，产品在最开始时以非常低的价格进入市场，尽可能吸引大量的消费者，以利润率为代价迅速获得一定的市场占有率，薄利多销，用规模效应不断降低成本和售价，最终在市场上立足，渗透定价法适用于需求量对价格变化非常敏感的产品。

组合定价法是指将两类产品捆绑营销，尽可能降低主产品的价格以吸引大量的用户，然后与之捆绑的附属产品可以高价销售，获取大量利润。如果企业开发了两类具有关联的产品，其中主产品的使用依赖于附属产品（如打印机和墨盒、剃须刀与刀片），那么就可以将两类产品捆绑营销，采用组合定价法进行定价。

（3）营销渠道策略。创业都是从零开始的，在营销渠道策略方面，考虑创业企业有限的资源，应当尽量选择直接的、简短的、单一的、垂直的营销渠道，获得快速、低成本的消费者响应，这有助于创业企业的生存。

对于初创企业而言，消费者不了解其品牌和产品，消费者接受新产品需要大量的成本。这时，企业可以"搭别人的船"，借助高知名度品牌或利用其他企业已有的成熟营销渠道将自己的产品推向市场。这样既可以迅速获得市场份额，也节省了开发营销渠道的成本。"寄生"于他人的营销方式虽然节省了成本，但长期看来，这样的营销渠道使得产品的最大销售量有限制。

企业自己从零开始，直接建立一个属于自己的营销渠道也是非常好的选择，这种方式建立在大量的资源、时间投入之上，采用密集型的销售策略。市场需求大和受众广泛且利润空间大、便于收回营销成本的产品适用于这种方法。创业中的企业可以尝试将"从厂家到中间商到零售商最终到消费者"的传统营销渠道颠倒过来，先向零售商推销自己的产品，当产品零售量达到一定程度，向零售商供应商品的中间商就会闻讯而动，希望可以代理产品，产品销量的增加逐渐使得更高级的中间商代理产品，越来越多的经销商加入企业的渠道体系，整个营销渠道随之进化为完整、成熟的体系。

二、 产品研发

1. 产品研发的概念

产品研发是在选定目标产品后，企业进行产品设计、生产流程设计，一直到产品可以进行生产制造的一系列活动。新产品的开发以及现有产品的更新改进都属于产品研发，产品研发包括所有让产品升级优化、丰富内涵的活动，对于大部分公司而言，产品研发主要是改善已有的产品，而不是开发新的产品。在公司的发展中，产品研发一直是一个重要的环节，是企业战略的核心。

2. 产品研发的方向

初创企业的资源有限，因而需要合理分配有限的研发人员力量和资金，在充分进行市场调研的基础上把握好产品研发的方向，使产品研发获得最佳效果，研发出经济效益最高的产品。市场环境复杂且许多市场已呈现饱和的态势，选择产品研发方向时应当考虑以下几点要素，保证产品可以满足消费者多样化、个性化的需求。

（1）考虑产品性质和用途。在研发新产品之前，要对同类型和对应的替代品的技术和功能上的应用进行全面的研究，以保证其具有先进性和创新性，以防止投入大量资源开发的产品从一问世就被市场淘汰。

（2）考虑消费者需求变化。现阶段消费者的需求更具多样化、个性化，社会环境的变化以及影响较大的社会事件都会让消费者发生变化。产品研发需要一定的时间，如果产品研发的速度赶不上消费者需求变化的速度，那么研发出的产品就会被市场抛弃，扼杀在摇篮里。可以在变化的需求中找到"不变"，生产需求不被影响的产品；或提前预知需求的变化方向；或研发所有类型的产品，根据市场反应重点生产特定类型的产品。

（3）考虑政策、外部环境。有些不符合外部环境特点的产品即使本身是一个极好的设计，也不会被接受。例如，现在的手机通信技术已经升级为5G技术，基于4G技术的产品已经落后于时代，不会被接受。此外，根据地区政策，选择研发受政策扶持的产品，会让整个产品研发过程事半功倍。

3. 产品研发的思路

选用恰当的产品研发思路是非常关键的。如果研发思路符合企业的现实情况，那么产品研发更容易获得成功。产品研发通常有三种思路：独创、引进、改进。

（1）独创。从长期来看，产品研发的根本途径就是自行设计和自主研发，也就是"独创"。用此方法进行新的产品研发，既能促进产品更新，又能使公司获得技术上的优势，形成产品的竞争力。独创式的产品研发需要有强大的研发团队，有深厚的技术基础和科研基础，并且需要根据企业的资源开发一个高效的研发过程。

（2）引进。引进是一种常见的新产品研发思路。通过这种方法，可以迅速地获得新的生产技术，降低研发费用和成本，为企业争取更多的时间和更好的发展空间，缩短与竞争对手的实力差距。但是，技术的引进并不能帮助企业形成自己的产品研发力量，不能从根源上改变技术方面的劣势。

（3）改进。改进是指基于企业已有的产品，改变产品性能、规格或使用方法以满足客户需求，从而形成新的产品。利用该方法可以依托于现有的技术和装备，降低研发成本，提高了产品研发的成功率。如果企业长期用改进的方法研发新的产品，会使得企业的产品研发思路限制在一个较小的空间里，产生思维定式，不会开发出令消费者眼前一亮的产品，对公司的长远发展造成一定的阻碍。

专栏 8-1

突破国际技术封锁的联影医疗

一、企业简介

上海联影医疗科技股份有限公司（以下简称联影医疗）2011 年成立于上海嘉定，最初的创业团队由多名国内外知名学者和医疗影像行业专家组成，联影医疗的成立初衷就是突破高端医疗设备领域的国际技术封锁，打造一批高水准的中国制造产品。经过 10 多年的发展，如今的联影医疗已经成为中国高端医疗影像设备的龙头企业。在过去，三甲医院的高端医疗影像设备都使用的是通用医疗、西门子医疗等国际医疗设备厂商的产品，之所以联影医疗打破了行业的技术垄断，是因为联影医疗在产品研发方面投入了巨大的努力。

二、引进："跟随"战略

在创业初期，引进成熟的技术是效率最高的技术进步手段，让企业快速跟上市场主流。联影医疗的各个事业部配合"跟随"战略进行产品研发，紧跟国际大型先进厂商的研究方向，追赶他们的研究速度，但跟随并不是完全照搬，复制一个成功的产品，而是要在产品设计中添加一些创新点和符合中国特色的元素。医疗影像设备主要就是 CT 设备、磁共振设备以及 X 光设备，这些技术经过了数十年甚至数百年的沉淀已经相当成熟，很难找到新的创新点，但是联影医疗的技术研发团队全面地审视现有的技术，仍然完成了产品的创新，找到了属于联影医疗自己的"跟随"之路。联影医疗开发的探索者（uEXPLORER）设备，在速度、灵敏度和危害性方面都实现了创新，原本 20 分钟左右的全身扫描缩短为 15 秒左右，灵敏度较传统设备提升了 40 倍的同时辐射强度也降为传统设备的 1/40，原先因危害性较大不能进行全身扫描的儿童和孕妇群体借助联影医疗的设备如今也能进行全身扫描。除此之外，该设备还可以对人体多个组织和器官进行清晰度更高的 4D 动态成像，这一创新拓宽了相关科研领域的研究空间，也为精准医疗和相关药物的研发提供了全新的思路。

三、独创："超越"战略

从长远来看，如果想要在技术层面对竞争对手形成全面碾压，引进技术并非权宜之计，自主研发才是企业的长期生存之道。"超越"战略是指联影的产品研究部门与专业科研机构、高校和医院展开合作开发在未来有应用前景的高新技术，实现产品概念的超越。"跟随"战略开发的是市场主流的、当代的产品，而"超越"战略开发的则是面向未来的、能够颠覆医疗习惯的产品。

联影医疗的一个产品设计理念就是想设计出在品质、外观、功能、性价比等方面都让消费者感觉"惊艳"的完美产品。在联影医疗实现技术攻关之前，国内的高端医疗影像市场被国外企业瓜分，当时大多数国内企业仅着眼于低端市场，不敢与国外企业争夺高端市场，而联影医疗的创业团队认为，必须实现自主创新的"超越"，不受制于人，让全世界的高端医疗设备写上中国的名字，融合中国的基因。

在这个设计理念的指引下，联影医疗大胆地将医疗设备融入消费类电子产品的技术，联影医疗的一款产品将集成了患者信息、医疗影像、医师交互操作等功能的超大尺寸触摸屏安装在医疗设备中，极大地便利了医师的操作，同时将感情色彩的元素融入产品中，把可调节亮度的环境灯安装在一些检查设备中，舒缓患者的情绪，也便于医生分辨各个操作零件，从而进行操作。充满人性化和科技感的产品颠覆了传统的医疗设备设计理念，优化了效率的同时也有助于维护良好的医患关系。"超越"型的产品深受市场欢迎。

四、结论与展望

目前联影医疗已经成功攻关许多关键的医疗设备技术，在市场中高速发展，然而其研发经费和营收与国际顶尖设备商仍然有很大的差距，2021 年联影医疗的研发经费共 9.7 亿元，而同期西门子医疗的研发经费达到了 15 亿欧元，通用医疗的研发经费也超过了 8 亿美元。近期，联影医疗的上市申请被批准，成功上市后的联影医疗将募集更多的资金投入产品研发，将实现更多关键技术的突破。

参考资料：

[1] 秦梦凡. 联影医疗：飚速生命线　打造全智能化医疗健康生态 [J]. 上海企业，2020 (6)：12－17.

[2] 张晓晖. 联影医疗冲刺 IPO [N]. 经济观察报，2022－04－04 (015)

三、 生产制造

生产制造是企业为了实现生产目标，整合与产品生产相关的资源，把产品的设计概念变成实际产品的过程。

1. 生产制造的过程

从产品完成研发，进行生产材料的准备、生产部门的组织，直到产品问世，生产制造需要经过多层次的生产制造过程。根据不同生产步骤在整体生产制造中产生的不同作用，可以将生产制造过程划分为以下三部分。

（1）基本生产过程是指劳动者对构成产品的生产要素直接进行加工的过程。

（2）辅助生产过程是指为保证基本生产过程的正常进行而从事的各种辅助性生产活动的过程。

（3）生产服务过程是指为保证生产活动顺利进行而提供的各种服务性工作。

这三部分彼此结合在一起，构成企业的整个生产过程。其中，基本生产过程是主导部分，其余各部分都是围绕着基本生产过程进行的。

2. 生产制造需要遵循的原则

生产制造行为需要考虑生产要素最佳组合原则、短期最佳产量决定原则和长期最佳规模决策原则三项原则。

（1）生产要素最佳组合原则。在生产一种产品时，企业可以通过调整劳动力、产品配方等生产要素，从而呈现出不同的生产效率。生产要素最佳组合原则就是在产量一定时，寻找某种可以让生产要素成本最小的生产要素组合；或者是在生产成本一定时，寻找可以让产品价值最大的生产要素组合。

有的生产要素比例可以调整，有的则不可以调整。不可以调整比例的生产要素组合称为固定比例组合，这些生产要素不能相互替代或用其他要素替代，并且不可以改变它们的比例。因为无论怎样改变要素组合，都会使产量下降，造成生产要素的浪费，使生产成本上升。企业必须分离出固定比例生产要素，按照固定比例将要素投入生产。可以调整比例的生产要素称为可变比例组合，不同要素可以相互替代，改变比例，此时由于不同要素的价格不同，同样产量采取不同的要素组合就会有不同的生产成本。如果企业想要压缩产品的生产成本，就可以用低价格生产要素取代高价格生产要素，起到"花同样的钱，产出更多产品"的效果。

分析哪些是不可调整的要素，哪些是可以调整的要素，这是生产要素最佳组合原则的一个基本规则。最佳生产要素组合是动态变化的，一个最佳的生产要素组合只会在某个特定时间点内是最佳的，生产制造部门必须关注各种生产要素的价格变化，然后根据新的价格找到生产要素组合。

（2）短期最佳产量决定原则。短期是指企业保持生产要素投入、无法调整生产计划的一个最短周期。前面提到的生产要素最佳组合的"短期"有效，与这里的"短期"是同样的意义。短期不仅是一个时间长度，更多的是一个经济学的概念，企业的短期最佳产量决定就是在一个较短的研究周期内，如何安排生产可以使企业获得最多的利润，企业获得最多利润时的产量被称为短期最佳产量。

企业的生产往往存在着各种约束。如果市场需求有限，企业需要根据市场的需求上限来制定产量。如果企业的生产要素、生产规模有限，企业选择的最佳产量值也可能会低于不受生产要素限制的产量值。在有限的市场需求或产品供给能力条件下，企业可以占有多少市场份额取决于产品是否具备竞争力和产能，产品竞争力越强、产能越高，它的实际最佳产量就越接近令边际成本等于边际收益的理论最大值。

（3）长期最佳规模决策原则。企业在长期经营中，可以不断调整资源的投入，找到一个让自己利润最大化的长期规模。扩大经营规模需要增加资源的投入，一切投入都可以根据市场实际情况的变化而调整，对资源投入进行调整，每一个时间点不同的资源投入方案就是长期最佳规模的方案。

　　研究企业长期的经营利润变化，必须研究生产规模的变化引起的生产成本的变化。如果扩大了生产规模，产品的生产成本降低、企业利润增加，称为规模经济。规模经济背后的逻辑是某些产品生产规模扩大之后，可以使员工的分工可以更加明确，专业的员工做专业的事情，劳动生产率提高；生产规模扩大是基层生产人员的增加，管理人员的比例下降，企业用于管理方面的支出减少，企业所有员工的平均收入减少；如果通过购买先进生产设备提高了产能，那么可以让机器工作取代劳动力，更加高效地进行生产作业，效率提高；生产规模的增加还需要采购大量的原材料，大批量采购往往可以享受更低的价格。以上所有的变化都可以使生产成本降低，提高产能。

　　然而扩大某些产品的生产规模，会导致生产成本提高，压缩企业利润空间，这种现象被称为规模不经济。规模不经济的背后逻辑是：当某种产品扩大生产规模，企业原有的生产线产能有限，需要资金扩充生产线；生产过程复杂，扩大规模后造成管理方面的困难，生产效率下降；为了满足规模扩大后的人力资源要求，企业需要大量招聘新员工、扩大管理职能团队，人力成本和管理费用增加，不同部门之间的沟通协作成本增加；企业员工数量增加后，员工人际关系变得复杂，员工之间产生摩擦，降低生产效率降低；为将增产的部分商品销售，需要额外的营销支出、渠道支出，流通费用增加。以上的变化会使生产成本不降反增，使企业经营利润受损（如图 8-5 所示）。

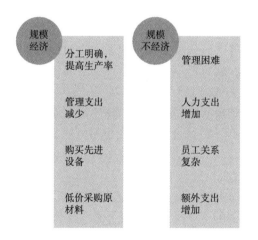

图 8-5　规模经济与规模不经济的比较

　　当企业的生产规模发生变化，规模经济以及规模不经济现象都会发生。如果规模经济的影响大于规模不经济的影响，那么有必要继续扩大生产规模，因为扩大规模会使生产成本下降；反之则需要缩小生产规模，确保企业的利润空间。企业需要对规模变动产生的影响进行全面的思考，将规模调整到可以使利润达到最大的点。除了考虑规模经济之外，企业还应该考虑市场的需求变动情况，产品的供求关系影响产品的售价，同样会对经营利润产生影响。

四、财务管理

1. 财务管理的概念

初创企业如果想要长远、规范地发展，必须进行严格的财务管理。许多融资非常顺利的公司，其商业计划书非常完善，产品或服务满足了市场的某一类需求，销售组织效率很高，市场营销颇为有效，定价也十分合理，但是却失败了，其关键原因往往是缺乏财务管理控制。

2. 财务管理的目的：规避风险

创业过程中的企业可能会因为负债或财务收益与预期不符出现经营方面的危机，使企业经营面临风险，甚至有可能破产倒闭。创业阶段的企业应当对各种支出加以规划和监督，创业者必须对财务管理的关键要点作出详细的规定，用规范有序的财务管理体系预防财务危机，规避企业经营风险，这就是创业企业进行财务管理的目的。可以从以下两个角度出发优化财务管理模式。

（1）强化现金流量管理。一方面应该提高应收账款的流动性，现金流量是评价企业综合素质的重要指标，是企业财务管理的核心内容，创业企业更要坚持现金为王的理念。另一方面应该谨慎投资，创业初期的企业应严格地把握安全区内的可供资金量，并对资金使用效益进行谨慎性评估，以此作为决定企业规模扩张和发展速度的前提。

（2）控制收益分配风险。创业企业在进行收益核算时，应着重于进行企业收益质量和现金流量的分析，优化收益分配模式；对融资风险和利润分配风险进行全面的分析，努力将整体的融资风险保持在一个较低的水平。要注意对公司的流动资金进行合理的配置，以保证公司能够按时偿付所欠的款项，不会因流动资金不足而对企业信誉产生不利的影响；注重与股东、员工等利益相关者的协调与交流，以平衡各方短期、长期利益。

3. 财务管理理念

对于创业企业来说，一般会有一个时间长短不一的"烧钱期"，资金需求紧张，筹资的渠道多样，资金构成也很复杂，因而资金的成本构成也是多样的，不同的财务管理观念与方式会导致财务成本的巨大差异，先进的财务管理理念对有效控制资金成本、提高资金的使用效率意义重大。

（1）货币时间价值观念。货币是有时效性的，货币在不同时期会产生不同的经济意义。企业的财务管理者在进行财务决定时，一定要充分考虑货币随时间产生的变化，例如，在通货膨胀的情况下，一个看起来很赚钱的项目，赚钱的速度可能赶不上货币贬值的速度，反而成为亏本买卖。

（2）效益观念。获得效益是企业运营的目标，在财务管理环节也要以效益观念为基本准则。投资要考虑项目的回报，筹集资金要考虑资金的成本，进行资产的管理要让资金灵活地产生最大的利润，让企业的资本在财务管理下保值且能增值。

（3）竞争观念。任何企业都不能避免在市场中面对竞争。竞争带来了许多业绩突破的机会，但竞争对于初创企业更多的是带来生存威胁。商品的价值规律和市场机制引领着现代公司进行经营，市场的规则就是优胜劣汰，无论是消费者需求的变化、上下游合作伙伴的经营以及不确定的突发事件，都随时危及企业的平稳运行。

五、 人力资源

1. 人力资源管理的概念

创业企业的人力资源管理是指对企业的人力资源进行合理配置，使企业的人力资源供需均衡，处理企业中的员工关系，采取适当的激励措施，调动员工的工作积极性、激发员工的潜能，从而促进创业目标的实现。如图 8-6 所示，人力资源管理工作如下。

图 8-6 初创企业人力资源管理的主要工作内容

2. 工作分析与人力资源规划

工作分析是创业企业所有人力资源管理活动的起点，收集企业内外的信息，对企业每一个具体工作岗位的职责、工作内容、上下级关系、权利义务、工作环境、任职资格进行分析，从而明确规定每一个职位的人员要求和各种与工作相关的细节。工作分析环节最终会形成工作规范以及工作说明书。

根据工作规范和工作说明书可以进行人力资源规划。人力资源规划的主要目标就是预测企业在未来不同时间点的人力资源需求情况，未雨绸缪，方便提前采取措施补充或减少人力，使供需匹配，助力企业战略目标的达成。首先需要收集大量有关企业经营战略、人力资源现状的信息，与企业战略制定者、管理者进行深度的沟通，了解企业的现状以及未来规划。其次选择合适的方法，结合企业内部环境以及外部市场环境，对企业未来某时间点的人力资源需求进行量化和质化的预测。最后根据预测结果，对员工关系以及招聘培训方面的后续工作进行安排。

3. 招聘

招贤纳士、组建一个强大的团队是创业的重中之重。一个人的智慧和力量不可能应对创业过程中的所有的事项，应当发挥团队的智慧。企业的每一个专业岗位最好是可以有与之匹配的专业人才，研发部门配备专业的科技人才，营销部门配备有经验的销售者，财务部门配备专业的财务人员，技能全面、优势互补的人力资源结构更利于企业的成功。

在招聘环节需要制定合适的招聘策略，考虑招聘信息投放的方式、渠道、宣传以及招聘过程的经济性。可以在常用的专业招聘网站（智联招聘、58 同城）发布招聘信息，这些网站的人员类别比较全面，覆盖大部分岗位和行业，也可以在专业性较强的垂直招聘网站进行招聘，这样的网站会对岗位的类别进行细分，便于创业者进行人员的筛选。还有比较灵活的招聘方式，如猎头，直接寻找并联系重要岗位的关键人才，或通过职业社交网络（Boss 直聘、领英）招聘人才。

随后要进行应聘者的筛选，应聘者的筛选以工作说明书为依据，企业需要选择测试的方式来考验应聘者是否符合工作要求。决定录用者后，需要与录用者沟通决定具体工作内容和薪酬，签订劳动合同。

4. 激励

之所以要进行激励，就是要激发员工的工作积极性，让员工在企业中可以努力、投入地工作，同时让员工能够感受到在这里工作给自己带来的利益是在其他地方不能得到的，维系创业团队的人力资源力量，形成一种良好、积极向上的工作氛围。按照员工的类型不同，激励方法可以分为长期激励和短期激励。

有一种员工是自驱型人格，在认同公司价值、对创业活动充满希望的基础上，能够主动、积极地承担工作，对他们适合用长期激励法。可以在薪酬设计的过程中，除了基本的奖金外，向员工提供股权激励、期权激励或者是学习的机会、晋升的机会，让这部分员工可以随着企业的发展而受益。

另一种员工是任务型人格，他们不在乎企业的未来，只希望能够完成分内的任务，获得短期收益，对他们适合用短期激励法。设定一个目标让这些员工去完成，完成目标后就可以获得一定的奖励，奖励包括奖金、休息或其他类型的福利。

六、　创业团队的维护

与其说创业初期的企业是一个"企业"，不如说它是一个"团队"。初创期的企业规模不会太大，人与人之间的联系更为紧密，企业中的所有成员两两之间都会有高强度的沟通交流，可能会因为缺乏信任、意见分歧或利益分配不满意导致企业内部出现矛盾，如果不避免矛盾或矛盾不及时解决，可能会让创业团队的成员离开团队，企业失去重要的力量。因此，创业者必须思考怎样发展、维护好创业团队。一方面要根据不同成员的贡献大小、实际业绩情况，灵活地进行利益分配，对不满意的员工进行适当的安抚和激励，调和企业中的矛盾冲突，维护企业团结协作的良好氛围；另一方面要果断地进行取舍，及时淘汰不合适的成员，补充新的成员，在创业团队成员中营造一种权威感、公平感。

七、　物流管理

1. 物流管理的概念

物流管理是指在社会再生产过程中，根据物质资料实体流动的规律，应用管理的基本原理和科学方法，对物流活动进行计划、组织、指挥、协调、控制和监督，使各项物流活动实现最佳的协调与配合，以降低物流成本，提高物流效率和经济效益。物流管理是企业的利润来源之一，创业企业构建科学系统的物流管理体系，可以通过降低物流成本来降低产品的成本，促进企业盈利和发展。

2. 创业阶段物流管理战略的匹配

（1）创业起步阶段。在创业的起步阶段，企业经营的首要目标是生存，而企业物流体系的建设是一个复杂且高投入的事情，起步阶段建立一套包括采购、仓储、配送的完整物流体系是不切实际的。这一阶段的物流工作，通常仅有原材料的采购以及小批量成品的运输，安排一个采购人员或让其他专业的人员兼任物流工作即可，便于节约成本，将企业的经营重心放在产品和打开销路上。

（2）创业发展阶段。这一阶段的企业已经逐渐在市场中立足，企业的生产活动更加活跃，需要频繁地调动资源进行产品的物流运输。一方面，在起步阶段较为单薄的物流力量不足以应付企业膨胀的业务规模，需要建立独立的物流部门，曾经管理者可以整体化地统筹安排物流活动，但在这一阶段必须将物流活动分类细化至具体的部门，让专业人员从事相关工作，并非所有企业都有强大的物流供给能力，物流活动需要投入大量资源来维持，企业也可以选择将物流业务外包，将自身物流需求与外部物流企业进行沟通，直接获得成熟、高效的物流体系。另一方面，发展阶段的企业总体运营成本和生产成本也在增加，虽然销售利润在增长，但有可能利润率情况恶化，此时创业者应当考虑加强各环节的物流成本和效率，降低运营成本。

（3）创业成熟阶段。创业企业发展到一定规模之后，产品在市场中占有了一定的份额，企业的资源、资金也积累到了一定的水平，各项管理开始走向正规化，组织结构和企业运营流程也逐渐完善。此时企业有实力建立一套完整的物流体系，前一阶段的物流外包可以暂时解决问题，但长远来看外包模式可能会导致企业发展面临"瓶颈"，需要什么样的物流模式与企业匹配只有企业自己最清楚，无论怎样有效地沟通，外包出去的物流不会尽善尽美。建立一套物流体系需要投入大量的资源，但这是一个利在长远的战略选择，可以从根源上降低物流成本，摆脱物流能力对业绩增长的束缚（如图 8 - 7 所示）。

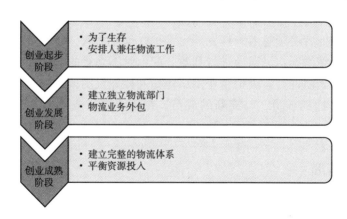

图 8 - 7 创业阶段物流管理战略的匹配

专栏 8-2

京东物流：从内部部门到综合物流服务巨头

一、企业简介

最早的"京东物流"只是京东集团的一个内部部门，为京东商城的用户提供物流服务，在 2007~2017 年这十年中，京东物流不断提升自身的实力，在服务质量以及配送速度方面迭代升级，许多环节逐渐成为物流行业的标杆，物流服务成为京东区别于其他电商平台的亮点。2017 年后，京东物流成为独立的京东物流集团，除京东商城订单外服务外部客户。随后京东物流继续扩大自己的商业版图，于 2021 年上市，当年营收超过 1 000 亿元，京东物流的服务范围几乎覆盖了全国所有地区，是当之无愧的综合物流服务龙头。

二、仓储管理

1. 分布式仓储

京东物流在全国不同区域分别设立仓库，把产品放在距离网购订单用户最近的仓库里，在全国建立仓库，仓库分为两级：第一级仓库称为区域订单分发中心，设立在全国重要的区域中心城市中；第二级仓库称为物流前置分拨中心，设立在消费活动较活跃的二三线城市。一级仓库在必要时可以迅速向二级仓库补货，把供应商产品放在离消费者最近的仓库里，依靠协调中心对货物进行统一调配。协调中心基于大量的数据分析，可以对消费者的订单作出快速的反应，安排距离消费者最近的仓库发货或安排最方便的周边仓库进行调货。这样的分布式仓储就是为了尽可能拉近货品与消费者的距离，距离近意味着配送时间短，省去不必要的中转环节，提高速度降低成本。

2. 协同仓模式

京东物流的协同仓与合作伙伴的仓库距离很近，协同仓与合作商仓库协同运营，减少周转。这样的协同模式主要应用于生鲜商品，将生鲜商品的整个供应链缩短，保证了生鲜产品的新鲜度也就保证了服务质量和商品品质，同时为合作供应商减少库存成本，提高资金流动性。

3. 开放仓储物流平台

京东开放了自己的仓储平台，第三方商家可以使用京东闲置的仓储资源，商家可以把自己的商品存放在京东的仓储中心中，甚至可以将除了仓储之外的其他环节一并交给京东处理，由平台负责商品的出库与配送。这一举措充分利用了仓库的闲置资源，吸引了大量商家入驻，为商家提供物流服务也使京东获得收益，开放式的仓储物流服务在未来具备巨大的成长潜力。

三、配送管理

根据不同的商家需求，京东物流可以提供不同的配送服务：自营商品存储在各级仓库中，随时发货配送；针对某些大型品牌商，如前面提到的开放式仓储物流模式，商家的商品储存在京东的仓库中，商品所有的物流服务均由京东提供；有些商家在京东商城上传商品，产生订单后自行发货，然后将商品运送至距离最近的京东的分物流中心，分拣以及配送服务由京东提供。

四、物流信息系统

1. 青龙系统

京东的物流信息系统名为青龙系统，一方面，可以对接商家发货、退货和进度追踪的需求，青龙系统每天最多可支持处理 10 亿笔订单，可以容纳 50 万个商家同时进行操作；另一方面，可以提高整个分拣、配送过程的效率，青龙系统有"预分拣"的功能，可以根据消费者的收货地预先分配物流站点，可以让物流包裹快速高效地发往指定站点。

2. 京东物流云

京东物流云是一种大数据云服务，用大数据分析并优化物流的各个环节，根据出库订单的详情，分析不同季节、不同地区以及不同类别消费者的消费倾向变化，以物流云的大数据分析为依托，提前预测各种类别商品的销售量，协调各地区仓库的库存量，提前让商品"接近"消费者，这样，商品就可以有备无患地送到消费者手中。

五、结论与展望

京东物流近年来强势发力，逐渐扩大市场占有率，尤其是近期收购了德邦物流进一步增强了自己的综合实力。京东物流的发展潜力巨大，一方面，我国的供应链物流仍然处于早期阶段，有大量的行业规模提升空间，京东物流已经是中国供应链物流领域营收较高的企业，具有巨大的先发优势；另一方面，京东物流背靠京东商城拥有大量的订单基础，拥有行业强大的仓储资源以及配送人员力量，物流成本远远低于同类型企业，发展动力强劲。

参考文献：

［1］余睿. 京东物流：发挥新型实体企业价值 一体化供应链助力高质量发展［J］. 中国物流与采购，2022（2）：23.

［2］田雪莹. 京东物流配送模式优劣势及对策分析［J］. 管理现代化，2017（6）：92－96.

第三节 共享经济运营

共享经济就是拥有闲置资源的机构或个人，将资源的使用权有偿让渡给别人，让渡者可以获取回报，分享到他人闲置资源的个体也可以借助这些闲置资源创造新的价值。共享经济是当今最热门的一种经济形式，创业者也可以学习共享经济的思想，将创业运营模式融入共享员工、共享资源和共享价值，实现资源的高效利用。

一、 共享员工

1. 共享员工的概念

共享员工是指当企业因某种原因出现用工短缺时，员工较为充裕的企业将闲置的劳动力资源分享给有用工缺口的企业，该过程建立在员工、共享企业三方同意的基础上，且不以营利为目的，不改变员工的基本劳动关系，只是将员工暂时"借给"其他企业，以实现人力资源的合理配置。"共享员工"有别于传统的用工模式，打破了传统的人力资源市场边界，是一种合作共赢的创新形式，是共享经济在人力资源领域的延伸应用，打破了传统的人力资源市场边界。

2. 共享员工的模式

如图 8-8 所示，共享员工主要有以下三种模式。

图 8-8 共享员工的模式

（1）企业间共享。企业间共享模式是企业达成共识，将资源供给方员工暂时借给资源需求方企业，劳动关系依然在资源供给方企业，但员工需要在资源需求方企业工作、服从管理，由资源需求方企业为其发放薪资。人工成本是企业运营的一个主要支出，企业间共享用工模式，使得人工成本被分摊，协调人员富余与用工存在缺口的企业共享人力资源，平衡供需，有利于合作双方企业的长远发展。

（2）企业与个人合作。企业与个人之间的合作模式是指在员工获得输出企业同意后，由职工自主寻找临时工作平台，直接与输入企业就工作岗位、工作职责达成协议，但职工仍与原用人单位保持劳动关系。这种模式给予需求企业和闲置员工更多的灵活选择，更符合市场化需要，但也在一定程度上增大了输入企业的甄选成本和培训成本。

（3）政府参与。政府参与无疑为"共享员工"规范化、规模化、系统化提供了切实有力的保障，政府能够在宏观层面对行业劳动力供需进行全面的调研和综合评估，构建互助桥梁，从而促进供给双方信息更加公开透明，调动员工积极性，同时提供权威保障，促进劳资双方关系和谐。

3. 共享员工的意义

（1）实现企业供求精准匹配。

市场波动经常会使某些企业呈现周期性人力资源供需失衡，有的企业会暂时没有订单，生产进度停滞导致没有收入但仍然要承担经营场地费和员工工资，生存面临巨大的压力；而有的企业会突然爆发大量订单，人手不足，无法按期完成生产任务，如果在短期内补充大量人力资源，那么当企业度过忙碌期，新招募的员工又会过剩。"共享员工"模式就是把闲置的员工借给有用工缺口的企业中，多余的员工在企业经营低谷期不会成为过剩的劳动力，处于高峰期的企业也不会因缺乏人手而发愁，实现了人力资源的精确供求匹配。

（2）降低企业运营成本。

企业的人力资源成本包括员工的基本工资、保险津贴、奖金，现代企业的人力资源成本往往占据了企业经营成本的很大一部分。几乎每一家公司都会对人力资源支出进行控制，尤其是劳动密集型企业的经营受市场波动的影响非常大，在停工时，若能用"共享员工"的方式将部分员工进行转移，则可以有效地降低人力资源支出，保护员工的利益，减少员工的流动，降低企业运营成本。

（3）实现员工工作的弹性化。

在传统的雇佣方式中，员工必须在特定的时间段内、在特定的地点进行工作。在"共享员工"模型中，大部分的公司都是以绩效为主导的，其评价的是员工能否按要求完成某项工作，工作过程无关紧要。于是员工就可以不受限于工作地点和工作时间，充分地运用他们的时间，凭借自身的专业知识和技术做多种工作，更加有弹性地安排自己的工作时间，也会因此获得更丰厚的收入。

专栏 8 - 3

共享员工模式的创立者——盒马鲜生

一、企业简介

盒马鲜生是主打新鲜海产品和水果蔬菜的生鲜电商品牌，把生鲜市场和餐饮相结合，同时提供线上下单配送的模式，一度成为"新零售"的标杆，让众多传统商超效仿。据《2022 年中国生鲜电商运行大数据及发展前景研究报告》显示，盒马鲜生在全国 27 个城市经营着 320 多家门店，盒马鲜生是中国消费者常用且较为喜欢的生鲜电商平台。除了用先进的新零售理念颠覆了生鲜行业的运营模式之外，盒马鲜生的另外一个"高光时刻"就是开创性地运用了共享员工的模式。

二、盒马鲜生的雇佣关系

盒马鲜生的员工雇佣模式主要包括合同制和劳务派遣制。与大多数企业的雇佣模式一样，盒马鲜生与可以长期稳定工作的员工签订长期合同，另外为了应对生鲜需求的季节性波动，盒马鲜生会与进行临时工作的员工签订短期雇佣合同，长期雇佣与短期雇佣相结合，减少员工频繁流动带来的损失。劳务派遣模式主要是应用于配送服务，与一些提供物流服务的企业开展合作，将一部分配送服务外包或与劳务派遣人员签订合同，但是这样的劳务派遣模式并不稳定，对外界人员很难进行有效的管理。

三、共享员工模式问世

2020 年初，突如其来的新冠肺炎疫情（以下简称疫情）席卷全国，在这段特殊时期，盒马鲜生突然出现了巨大的人员缺口。出现人员缺口的原因主要有两点：第一，疫情限制了劳动力的跨区域流动，甚至同一区域的员工也被限制出行，无法到岗，可以正常到岗的员工寥寥无几；第二，当时大量的消费者被封锁在家中，足不出户，只能线上下单购买食物和生鲜食品。

线上购买的需求爆发使盒马鲜生的用户数及用户消费频率显著增加，疫情期间盒马鲜生的线上订单数量增加了 2 倍，突如其来的业务量爆发使盒马鲜生本就不充足的人力资源供给雪上加霜，不仅是库存紧张、供货不稳定，更重要的是物流配送人员严重紧缺，难以消化消费者的大量订单，业务运营到了濒临崩溃的边缘。

2020 年 2 月，盒马鲜生开始了一系列"自救"，盒马鲜生率先宣布接受云海肴餐饮公司的帮助，云海肴公司的一部分员工在特殊时期暂时加入盒马门店，帮助盒马渡过难关。随后酒水电商 1919、网约车平台、酒店影院行业的 32 家企业共"借"给盒马鲜生 1 800 多人，共享员工这一模式引发了人们的广泛关注，疫情期间盒马鲜生的尝试掀开了共享员工的序幕。

对于临时支援盒马鲜生的共享员工，盒马鲜生对他们实行同工同酬制度，他们的收入结构与盒马鲜生正式员工完全一致，在基本工资的基础上附加计件数量作为奖金，按月结算工资，除了工资之外，盒马鲜生还为共享员工支付了社会保险费用，并由员工原先单位负责社会保险的缴纳。

四、共享员工模式的第二次尝试

2022 年 3 月，上海、深圳等地再次因疫情陷入疫情管理状态，盒马鲜生的订单需求再次增加，这让盒马鲜生的配送力量出现了大量的缺口，于是尘封两年的共享员工模式再次救急。与第一次的尝试相比，这一次的盒马鲜生应对困难更加从容，由于共享员工这一模式的普及，在短时间内就有大量的餐饮企业员工积极报名参加，同时也吸引了大量健身房、电影院、剧本杀等娱乐场所员工的踊跃参与，从招募到培训到签订合同，整个过程更加流畅、成熟。

五、结论与展望

目前来看，共享员工既是通过企业间灵活的员工"借调"，帮助企业规避特殊时期暂时性的用工荒风险，保障了职工的个人收入，在市场达到新的均衡后，"共享员工"模式的灵活性仍旧能发挥其优势，保证劳动者在企业或行业间的快速调整，减少摩擦性失业。"共享用工"模式作为劳动力市场的一种新兴用工关系，是企业在特殊时期应对特殊需要的一种先进尝试。作为新兴事物，其在运行流程和规范制度方面尚存在许多缺陷，随着更多企业加入"共享用工"模式领域，这一模式能够在实践中得到进一步的完善和发展，最终成为企业一项重要的用工方式。

参考资料：

［1］张思琪，汪璇，张欣雨．"共享员工"模式当前发展与今后走向——以盒马鲜生为引［J］. 经营与管理，2022（3）：108 – 114.

［2］汪茜，刘海琴．共享经济背景下零售企业雇佣模式探讨——以盒马鲜生为例［J］. 商业经济研究，2021（5）：136 – 138.

二、　共享资源

1. 什么是共享资源

共享资源就是闲置资源的高效利用，在市场中存在着大量的闲置资源，在传统商业模式中，消费者获得资源后自己使用，不能及时使用的资源就会闲置，而这样的闲置资源很难交易给其他人，使资源得到有效利用。在共享经济模式下，消费者可以重复交易自己拥有的存量资源，是"一次购买，多次出租"的商业思维。各种各样的共享平台涌现，越来越多的闲置资源可以进行高效利用，这样就形成了一个完整的商业生态系统，在此系统中，闲置资源和低效资源被充分挖掘并发挥价值。

2. 实现共享资源的逻辑

如图 8-9 所示，可以从以下三个方面理解共享资源的逻辑。

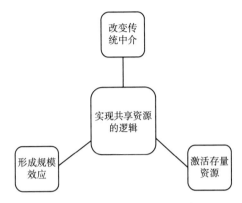

图 8-9　实现共享资源的逻辑

（1）改变传统中介。在传统的经济模式下，消费者的个人需求得到满足必须依靠各种企业组织提供的商品。产品的生产者必须把产品提供给商业组织才能将产品价值变现，获得报酬，而消费者消费需求的满足也需要从商业组织中购买实现，在这一过程中，供需双方并没有直接沟通直接进行交易，而是以商业组织为中介间接地进行交易。但是随着社会的进步，消费者产生了多样化的需求，用传统的交易方式难以满足其多样化的需求，商业组织作为一个传统的中介并不能起到为供需双方提供便利、简化流程的作用，反而成为交易效率的阻碍。共享经济的出现改变了传统中介，这一改变经过了去中介化到再中介化的过程。

所谓"去中介化"，就是在共享经济的基础上，供求关系的满足已经从根本上改变了原来必须借助企业提供商品的限制，供需双方可以绕过商业组织直接进行供需匹配，使供求之间能够进行高效的协调。例如，在借贷流程中，在共享经济的背景下，提供资金与需要资金的人不必依赖于银行或其他机构来进行交易，资金提供者和资金需求方可以直接进行沟通交流，完成资金的流动。

而"再中介化"是指共享经济搭建了新的平台，新的平台基于大量的信息数据和平台使用者的信誉，它为社会资源的匹配提供了纽带，平台的使用者不必是某个企业、某个组织的成员，而是以个人的形式进入平台，将自己的剩余劳动力、剩余生产资料、闲置资源在平台中完全释放出来。

第三方平台是共享经济的一个重要组成部分。用户在网络平台将自己的闲置资源发布，平台对交易行为进行监督与审核，并且调配资源，协调平台各使用者的关系，降低资源供需双方的交易成本。正是这个第三方平台为共享经济中的个体建立了相互信任并交易的体系。共享经济中的第三方平台是一个提供信息的供需交易平台。资源的拥有者可以在平台中发布物品的信息，需求者可以根据信息找到自己所需的物品。

（2）激活存量资源。激活存量资源是指共享经济将现有的闲置资源进行临时转让，将空闲物品或空闲劳动力进行整合，将这些存量资源的使用权暂时转移给需要这些资源的"陌生人",为那些真正有需求的人群提供价值增值的机会。通过共享经济,存量资源得到了高效的利用,甚至可以进行不断重复的交易。对供应方来说,这种闲置、低效的存量资源自己偶尔也是需要的,他们并不想出售这些资源,期望能够以租赁方式取得更大的经济效益。对资源的需求方而言,他们仅仅是临时需要某种资源,不会频繁地使用,或者仅使用一次,因此没有购买的必要。这样就激活了社会上的存量资源,最大限度地提升了现有资源的使用效率,减少了资源的浪费,既增加了个人福利使个人可以通过其自身拥有的闲置资源获取额外收入,又使整个社会更加可持续发展。

(3)形成规模效应。实现规模效应的必要条件就是交易主体的数量足够庞大。一方面,共享经济作为市场中的一种新鲜事物,对未曾接触过的消费者而言本身就有一种吸引力,通过网络上的各种广告宣传以及身边家人朋友的分享,共享经济模式在短时间内就吸引了大量用户,快速打开了市场。另一方面,共享经济的商业模式并没有生产出新的产品供消费者消费,而是鼓励消费者分享一切闲置资源,不再追求资源的所有权,较而追求资源的使用权,能够使人们所拥有的资源增值,因此受到市场的欢迎和消费者的追捧。此外,共享经济的绝大多数企业所采用的均为"多对多"的供需匹配、交易模式,供给方和需求方都能获得大量的信息,在大量信息的基础上进行比较权衡,选择出最合适的交易对象。"多对多"的交易模式提升了行业的交易量,使供需双方能够获益于规模效应。

专栏 8-4

小猪短租:共享住房资源

一、企业简介

小猪短租是在线短租行业的明星企业,成立于2012年的小猪短租市值已超过100亿元,在全球700多个城市拥有超过80万个房源。小猪短租在创业初期就采用基于轻资产运营的住房资源共享模式,逐渐成为国内较大的民宿、短租平台之一。

二、运营模式

与传统民宿类平台不同,小猪短租的商业模式以"运营"为主,管理入驻企业,并不会以购买大量的房源作为企业运营的基础。小猪短租是这样处理平台、房屋所有者和用户三方面共享经济主体关系的:房屋所有者在平台上发布信息,用户按照自己的要求在小猪短租上查询房源并完成预定,进行预定时需要向平台缴纳房费价格的20%作为保证金,用户入住,平台与房屋所有者进行确认后用户通过平台进行付款。用户的租住期限结束后,会在平台上反馈自己的居住感受,用户与房屋所有者交易额的10%上交平台,作为平台的酬劳。小猪短租在传统民宿运营模式的基础上进行了低成本、轻资产的改进。小猪短租不需要耗费大量的资金用于购买房屋和装修装潢,也不会长期租赁某个房源进行平台自营,房屋的所有者自费装修房屋,小猪短租仅在平台运营和房源信息管理方面支出费用,投入比普通民宿企业更少的人力和财力就可以让企业有效运转,运营成本较低。

共享经济的发展使交易成本大幅减少。在房屋共享平台出现之前,房屋所有者搜寻租赁者以及消费者搜寻可租赁的房源都是非常麻烦的事情，信息的寻找费用是相当昂贵的，低效、少量的信息使房屋资源的供需双方都难以寻找到好的交易目标。共享平台打破了传统，实现信息的即时分享，平台审查监管信息，确保信息来源真实、信息传递通畅，维护房屋供需双方的权益，大量降低交易成本。

三、实现资源共享

1. 优化供需匹配

房屋所有者将个人闲置资源与有短租需求的消费者共享，获得一定的收益。小猪短租采用了大量的信息技术，根据房屋资源的供给者与需求者供货商各自的特点，最大限度地为供需双方提供精准满足其需求的信息，为成功交易提供便利；运用大数据分析技术，追踪房屋供给者和需求者的成交频率，对每一笔交易的进度进行即时分析，将各种交易分类，有针对性地给予指导和干预，促成交易；分析用户偏好以及房屋供给者的房源风格，建立房屋供应者、消费者以及平台三方的黏性。

2. 平台与消费者有效反馈，改变传统中介

小猪短租让使用者在平台上分享租房入住的综合感受，让不同的消费者开展互动是一种很好的营销手段，平台与消费者之间建立有效的反馈机制，平台成为新的中介，与传统租房交易中介（直接沟通、房产中介）不同的是，平台型的中介通过消费者评价构建的反馈机制既能为消费者的房屋选择提供重要的依据，又能优化对房源的分类依据，实现更高效的闲置资源配置。平台为消费者提供高质量服务的同时维护了房源信息的真实性，也积累了平台的口碑。

3. 丰富房源形成规模效应

在租房市场上也存在规模效应，种类充足的房源与庞大的用户数量之间发生碰撞，产生的结果就是：所有消费者都可以选到最心仪的房源，所有种类的房源都能被租出去。小猪短租的核心优势就是对特色住宿方式的挖掘及产品体验计划的打造，实现对房源种类的全覆盖。入驻平台的房源种类包括普通住宅、公寓、四合院、历史性建筑、酒店公寓，此外，特色房源有海边小屋，花园洋房、绿皮火车房、森林木屋、星空景观房等，租住方式包括日租房、公寓短租、别墅短租、卧室短租、沙发短租等，全方位满足用户不同租住需求，所有类型的房源都可以在这里等待体验者入驻，尽可能让闲置资源不闲置，房源种类越多，吸引到的新用户越多，带动更多的房源入驻平台，这就是租房市场的规模效应。

四、结论与展望

旅游业以及住宿行业正逐渐走出疫情的阴霾，据《2020－2025 全国乡村产业发展规划》预测，短途旅行在我国具有巨大的发展潜力，每年周边游和省内游的游客数量会超过40亿人次，创造超过1.2万亿元的收入，这将为民宿、短期住房租赁行业带来红利。小猪短租丰富的房屋种类、广泛的服务面积覆盖是它的王牌，这将会吸引更多的用户使用短租平台，改变游客的出行游玩方式。

参考资料：

［1］徐燕，戴菲. 分享经济下在线短租商业模式画布创新研究——基于小猪短租商业模式与途家短租比较分析［J］. 价格理论与实践，2019（6）：137－140，174.

[2] 王春英，陈宏民．共享短租平台房东定价行为——基于小猪短租平台的数据分析 [J]．系统管理学报，2021（2）：363 - 372，383．

三、　共享价值

1. 集合价值

在工作之余的空闲时间，人们喜欢分享自己的生活、进行发明创造，在共享经济的背景下，人们有机会进一步进行创造和分享，用新的信息交流媒介和沟通工具，创造出集合价值（人人都有一些没有被发现、挖掘、利用的能力，这些能力蕴藏着价值，通过与他人的沟通交流产生思维碰撞，挖掘出自己潜力的价值就是集合价值），共享价值具体体现在各个共享平台、社交平台实现了社会不同群体、任意个体之间的互联互通，供应方可利用的资源与需求方的资源缺口得到对接，共享平台上的用户数量越多，能够产生的集合价值也越多。

2. 消化过剩产能

过剩的产能充斥着我们的生活，过剩产能可能是暂时的、有形的、虚拟的、产生于过程中的或者是网络中的。如果过剩的产能能够得到有效的利用，投入到新的生产制造流通环节，那么这一过程就会产生大量的新价值，过剩产能的再次投入生产可以显著地降低生产成本及时间成本，效率更高。

一方面，共享经济平台通过分割、整合和合理供给的方式，可以有效地消化过剩的产能，发掘过剩资源的新价值和社会效益，使资源得到最大化利用。另一方面，共享经济模式为企业的过剩产能处理打开了一扇窗户，过剩资源可以与外界进行交易，购买自己需要的资源的同时也可以购买外界企业的过剩资源，不但可以提升平台使用的效能，而且可以产生空间更大的增值。

3. 弥补市场失灵

市场可以依靠竞争机制和价值规律进行资源的优化配置，调节生产行为，但是市场的调节能力是有限的，超过调节能力就会导致市场失灵。具体的表现就是出现了信息不对称，消费者无法得知商品的真实质量、品质，只能接受以市场平均价格购买商品，优质商品因成本过高被逼退出市场，降低市场平均水平，恶性循环导致优质产品越来越少，资源配置的效率越来越低。共享经济借助先进的大数据、物联网技术，消除信息不透明；市场上供需双方信息的公开，保护优质产品的发展，帮助消费者识别劣质产品。

【章末案例】

星星充电怎样让消费者便捷充电

一、企业简介

随着政策的倾斜以及日常维护行驶成本的考虑，越来越多的消费者在购车时会选择新能源汽车，新能源汽车正在逐渐取代传统的燃油汽车，与之密不可分的新能源汽车充电桩行业也开始大跨步发展，尤其是 2020 年新能源汽车充电桩被纳入国家新基建范畴之后，充电桩的品牌也呈现井喷态势。

其中，充电桩行业的领头羊莫过于星星充电。2022 年 3 月《互联网周刊》和 eNet 研究院、德本咨询联调发布的"2021 中国充电桩运营商 TOP15"显示，星星充电位列第一，市场份额占据全国充电桩行业市场份额的 22.6%。星星充电成立于 2014 年，刚进入充电桩行业后，星星充电就进行高速发展式布局：一方面，在产品研发方面发力，推出和建设更多类型的充电桩来满足消费者的充电需求；另一方面，基于物联网技术推出了"云（平台）、管（充电场站）、端（硬件设备）"的运营模型，充分利用闲置资源，让用户更加方便高效地进行充电。

二、产品研发

1. 依靠慢充充电桩站稳脚跟

星星充电的创业起步期同时也是国内新能源汽车的"萌芽期"。当时已经有众多企业涉足该行业并研发出了数量众多的产品，但当时充电桩的品质和标准并不统一，国内大多数大城市都开始出台政策鼓励购买新能源汽车，如曾在国内火极一时的"十城千辆"的政策，但当时新能源汽车的用户基本都是驾驶网约车的营运人员，城市道路上难见到"绿车牌"的车辆。当时充电价格更为低廉、质量更为耐用的交流慢充桩成为这一人群的首选。

面对这一市场需求情况，星星充电在创业初期就建立了研发团队针对充电桩底层技术去研究和攻关，并且在江苏常州建立了制造基地，很快星星充电就推出了旗下第一代充电桩产品，基于这一产品也开始投建自身的充电桩站点。星星充电选择了充电效率不高但质量较好的慢充桩，但星星充电也创新地在产品中引入了智能化的技术。

星星充电作出这样的选择，主要有两个原因。一方面，其看到了当时行业内很多充电桩都仅有基础的充电功能，不具备智能调控功能，如果在充电桩中加入智能模块，不仅可以实现对充电桩的功率进行分配，尽可能让每辆车的充电时间缩短；而且基于智能化管理，也可以让充电桩的运维巡检变得更为高效。另一方面，星星充电希望开发充电桩产品的"能源入口"。所谓能源入口就是不同充电桩之间的连接点，通过这些连接点可以让智能充电桩连接起来，用智能化模块实现充电桩之间的能源管理。

2. 更快、更智能的产品

凭借着早期加入智能调控模块的慢速充电桩，星星充电迅速在行业内站稳了脚跟，也积累了一定的资源，有一定的实力进行产品品类的扩展。

2019 年后，新能源汽车的需求爆发，新能源汽车的年销量连续两年突破百万台。此前充电桩行业更多以低廉的成本进行发展，随着充电基础设施的完善，以及各种新能源车辆类型的井喷，用户希望可以更快速、更智能地完成充电。公共充电桩中交流充电桩（慢速充电）与直流充电桩（快速充电）的比例约为 3:2，公交车、大货车等大型车辆几乎全部使用直流快充充电桩进行充电，高速公路的新能源汽车充电区域也大多使用直流快充桩，而交流充电桩主要是小区停车场的私人充电桩，于是各大充电桩企业进行了产品革命。因此，星星充电的经营策略转变为研发更快更智能的产品。

星星充电研发出功率为 500 千瓦的液冷技术大功率充电机，用户用此设备快充 8 分钟就可以行驶 400 千米。星星充电的大功率充电桩设备主要满足商业营运车、货运车辆、公共交通车辆，以及在高速公路上的充电需求。在更智能的充电方面，星星充电拥有超 900 件知识产权，包括硬件安全保护、接地检测、电气安全、软件 OTA 升级与云平台互联监控功能等各个领域，为消费者提供更智能化的充电体验。

3. 更环保的产品

在国家"双碳"战略的引领下，星星充电发挥了绿色低碳新能源领域的实力，主导打造出技术领先全球的光储充放一体化充电站。2021 年，星星充电率先在黄石地区的综合客运站运营光储充放一体化充电站；2022 年，该类型的充电站又在常州行政中心投入使用。光储充放一体化充电站的车棚顶部安装光伏阵列，新能源汽车充电系统、能源智能管理系统、光伏发电系统、储能系统四种系统相辅相成，使电能、光能和储能进行高效的利用，实现了新能源的清洁绿色供电。

三、让产品进入市场

1. 精准投放

在新能源汽车问世初期，大量充电桩的选址是不合理的，为了节约建设成本、增加充电桩的覆盖率，会选择偏远的地点建造充电桩，比如有些充电桩设置在偏远的地下车库、有土地纠纷导致无法供应电力的区域，充电桩行业的风气是忽略运营、只重视建造，于是市场上出现了大量无法正常使用的"僵尸桩"。快慢桩的比例不合理也导致消费者消费体验差，适合私人车库的慢速充电桩的充电时间为 6~10 小时，而适合商业车辆充电的快速充电桩充电时间为 1~3 个小时，然而两类充电桩常常出现在相反的情境中。

创业初期的企业自然不适合采用广泛安装充电桩，用高覆盖率吸引消费者的思路。于是星星充电从"不合理选址"的现状入手，以精准投建的思路进行产品的投放。星星充电早期在政府部门的帮助下进行充电桩选址，虽然流程复杂麻烦、运营效率低，但这样的方式帮助星星充电积累了大量的用户数据，可以保证每一个投建的充电桩都可以触及消费者。星星充电也开始利用选址模型优化充电桩投放地点，结合用户的行驶习惯和充电行为偏好，根据充电桩的利用率数据和利用率热力图有针对性地布局充电桩。

2. 与汽车厂商合作

为了进一步提升产品的知名度和普及度，星星充电迈出了充电桩企业与车企合作的第一步，星星充电与江淮、一汽和大众等老牌车企联合成立了开迈斯公司，进行充电墙盒和充电桩技术的研究；推出"光明顶"计划吸引中小型充电桩运营公司加盟，3 年投入 30 亿元；星星充电还与奔驰、奥迪、捷豹、小鹏汽车、理想汽车等汽车品牌以"充电卡"的形式展开合作，消费者购买新能源汽车的同时免费获得 1 000 元的"星星充电"充电券，可以在星星充电的应用程序中代替现金使用。

3. 搭建移动能源网络

我国充电产业在经历了单桩充电、联网充电阶段后，从 2020 年开始迈向移动能源互联网的新阶段。充电桩行业最终可以形成基于充电终端的信息联网，交通出行信息与能源信息通过交易入口、用户行为入口以及信息入口相连为一个信息网络，这个庞大的信息网络横跨信息、零售等多个领域，带来整个产业的数字化大变革。

这一点，正与星星充电的发展战略相吻合。为此，星星充电也向其提出的"能源入口"目标再进一步，开始搭建移动能源网络。星星充电正式提出了"云管端"的服务模式，即线上软件平台（云）＋线下自营充电网络场站和运维工程（管）＋智能充电桩硬件（端）。基于这套服务模式，星星充电开始从运营商转变为"运营商＋聚合平台"的公司，通过互联互通的方式让更多的充电品牌接入其智能网络，同时还可以通过智能化调控让自身平台的充电桩运营网络覆盖更多的用户。

四、共享经济运营

1. "回家充电"计划

星星充电创新提出"回家充电"计划。"回家充电"中的"家"是一个广义的概念，它不仅可以是我们安身的住房，也可以是我们生活的整个小区，甚至整个社区，还可以是我们每天至少会待8个小时的公司、工厂。"回家充电"计划就是帮助用户做到随时随地都能给自己的车辆充电，让新能源车主充电不再困难。星星充电"回家充电"计划是由多种业务模式组成的。"回家充电"模式是目前的"公共场站充电"和"目的地充电"的重要补充，新能源汽车车主可以趁着在家中睡觉、在公司或工厂上班的间隙，让自己的车充满电。

相对于"公共充电场站"而言，"回家充电"模式有着更加贴近车主、使用便利的优势，只要小区、企业停车场的配电允许，与小区物业、企业管理部门或工厂协商好，就可以安装充电桩做到"回家充电"。同时，星星充电凭借成熟的生产技术和售后体系，在让车主有电可充的同时，保障充电安全，让车主方、物业方、产权方都能毫无后顾之忧。

星星充电为"回家充电"计划提出了多个可选择的方案：共建模式是物业或企业投入充电场地，并进行日常运营，根据双方投入比例决定服务费的分成比例；BTO模式是物业或企业采购设备并进行安装，星星充电通过集采服务费的形式承包场站对外运营业务；赠送模式是星星充电以赠送充电桩的模式促成项目落地，星星充电后期收取服务费30%或按固定金额收取平台管理费；对冲模式是先签买卖合同，上线后签集采服务费进行设备对冲，星星充电收取后续服务费50%分成；私人套餐模式是星星充电提供设备，并提供安装服务，车主使用充电桩必须分月购买充电包。

比较成功的一个方案是"人人电站"模式，为私人的充电桩开通共享，小区其他车主也可以借用充电桩进行充电，方便小区内部车主充电的同时赚取收益。目前，星星充电的"人人电站"私桩共享模式已初具规模，截至2021年8月底，星星充电的共享私桩数量已经达到6.65万台，遥遥领先于其他品牌。通过共享这一形式，不仅能让私桩桩主出售个人充电桩的空闲时间赚取收益，提高私人充电桩的利用效率，也能方便同一小区或附近小区的新能源车主有电可充。

2. 与支付宝联动，强化平台建设

星星充电认为，它需要一个可靠的、具备强大流量支撑的合作伙伴，强化共享充电平台的建设，让更多的新能源汽车车主受到便利的充电，于是星星充电找到了支付宝。作为国内集支付、消费、生活和出行等多场景的生态平台，支付宝本身就拥有10亿规模巨大流量的天然优势，因此，其也愿意基于自身的优势能力来帮助各行各业的企业实现更好的发展。2020年，星星充电与支付宝建立起了合作，这是二者进行的最初合作，星星充电把自己的充电桩资源接口接入支付宝中，让消费者实现在完成充电后可以通过支

付宝快捷支付费用，改善了支付便捷性的问题。

2021 年，支付宝开始推行自己的小程序生态，并且吸引众多的商家入驻支付宝小程序，来让商家各自构建属于自身的自运营阵地，星星充电也很快入驻支付宝小程序，与支付宝开始了更加深入的合作。支付宝对于商家小程序的扶持也是专业和用心的，例如，支付宝团队会到线下，通过各种物料来引导用户使用某个商家的服务；同时支付宝也是开放的，会听取入驻商家的建议，来调整一些商家服务场景的优先级。在充电这一板块，星星充电与支付宝深度合作后，原本被隐藏在支付宝生态中很深的充电模块，很快就被支付宝提升至更高的层级上，支付宝首页的"出行"页面，内嵌了"充电"入口。基于高德体系的查找能力，用户在地图上进行查找后，可以直接在支付宝上完成开始充电、进度查询的进程，配合"先充后付"等特色的付款解决方案，星星充电的用户实现了充前找桩—充中查询—充后付款的全链路打通，感受更加高效和便利的充电服务。

星星充电在这个过程中获得了支付宝巨大的流量，从充电等入口获得流量后，就可以将其导入自身建立的支付宝小程序等私域服务场景中，使这些流量转变为自身的粉丝和忠实用户。通过在支付成功页等页面投放优惠券、在小程序中发布图文与视频以及参与支付宝向商家开放的"集五福"活动，来增加用户的黏性和活跃度。在这样一系列的获客和运营的动作下，星星充电交易量增长明显。在 2022 年初开始正式运营，仅 3 个月星星充电支付宝小程序月交易订单量和月交易额两个核心指标都提升了 9 倍。下一步星星充电会继续挖掘与支付宝以及内部功能之间的关系，并且会对比不同渠道的数据，来进一步作决策，基于支付宝生态中的地图、智慧停车等业态场景，延伸发展社区充电业务。

五、结论与展望

综上所述，可以看出星星充电的成功源于准确把握不同时期的市场环境，开发与消费者需求相匹配的产品，一步一个脚印、稳健地将产品投向市场、扩大市场，然后用共享经济的思路巩固创业成果，灵活地降本提效，整合与充电相关的生态资源，同时吸引更多的用户。

参考资料：

[1] 陈秀娟. 星星充电破解盈利"魔咒"[J]. 汽车观察，2021（1）：95-97.
[2] 中国充电桩行业市场前景及投资研究报告 [J]. 电器工业，2021（12）：13-33.

【本章小结】

本章内容主要介绍了创业运营的方式。从创业运营的概念以及创业运营的具体板块剖析创业运营理论的具体概念界定，选择创业运营板块中的运营管理部分进行详细的叙述，将运营管理分为市场营销、产品研发、生产制造、财务管理、人力资源以及物流管理六个环节。引入了近年来的热点话题：共享经济，为企业的运营模式设计提供人力资源共享、资源共享和价值共享的思路。

【思考题】

1. 以下选项中，（　　）不属于规模经济的成因。

A. 分工更加明确　　　　　　　　B. 员工关系复杂

C. 低价采购原材料　　　　　　　D. 减少管理支出

2. 企业自己建立一套完整的物流体系，进行规范化的管理，这样的物流管理战略适合（　　）的企业。

A. 起步阶段　　　　　　　　B. 发展阶段　　　　　　　　C. 成熟阶段

3. 企业如果需要直接寻找并联系重要岗位的关键人才，应当使用（　　）招聘渠道。

A. 社交网络　　　　　　　　　　B. 招聘网站

C. 垂直招聘网站　　　　　　　　D. 猎头

4. 采用共享员工的用工形式，对企业发展有什么样的意义？

5. 为什么共享经济可以实现资源的共享？

参考文献

［1］阿茹汗．小巨人｜吉因加 CEO 易鑫：选对路源于对目标的坚定［N］．经济观察报，2021 - 12 - 24．

［2］艾·里斯，杰克·特劳特．重新定位［M］．谢伟山，译．北京：机械工业出版社，2010：106 - 113．

［3］爱德华·布莱克韦尔．商业计划书要这样写：创建出色的商业战略指南（第六版）［M］．张楚一，译．北京：中信出版社，2019．

［4］安徽省政府发展研究中心与安徽省经信厅联合调研组．阳光电源："技术 + 市场"双擎驱动［J］．决策，2022（5）：71 - 73．

［5］安天博．社交媒体环境下江小白的品牌传播策略研究［J］．出版广角，2020（21）：77 - 79．

［6］白洋．聚焦个护行业的变与不变［J］．现代家电，2020（12）：37 - 39．

［7］彼德·德鲁克．未来的管理——25 位卓越管理大师关于管理的新思维与新技巧［M］．成都：四川人民出版社，2000：147 - 160．

［8］蔡光荣，唐宁玉．创业领导关键维度的探索性研究［J］．华东交通大学学报，2006（6）：39 - 43．

［9］蔡佳欣．新三板改革下贝特瑞北交所上市路径及效果研究［D］．广州：广东工业大学，2022．

［10］蔡馨，李心悦．移动互联网视阈下好利来联名营销的策略探析［J］．今传媒，2022（6）：134 - 138．

［11］蔡雨彤．紫光集团：从心开始，从芯到云［J］．华东科技，2021（8）：44 - 46．

［12］曹流芳．三顿半咖啡，如何逐鹿热门赛道？［J］．国际品牌观察，2021（19）：53 - 54．

［13］柴乔杉．92 天上市　快手快人一步［J］．中国品牌，2021（3）：76 - 79．

［14］陈蓓蕾．新式消费连锁品牌数字化转型战略、实践与趋势［J］．商业经济研究，2022（10）：79 - 81．

［15］陈国民．影响初创企业成长性因素的现状调查［J］．中国商贸，2011（27）：251 - 252．

［16］陈奎庆，李刚．创业型领导研究回顾与展望［J］．常州大学学报（社会科学版），2016（4）：26 - 31．

［17］陈梦洁．休闲食品电商企业 IPO 动因及绩效研究［D］．贵州：贵州财经大学，2021.

［18］陈睿雅．吉因加　肿瘤防治在路上［J］．中国企业家，2022（7）：60 - 63.

［19］陈绍刚，梁卓怡．基于消费限制的供应链定价策略研究——B2C 电商环境下的理论推导及仿真［J］．山东财经大学学报，2022（5）：18 - 27，38.

［20］陈思涵．团队认同与团队绩效：团队氛围的调节作用研究［J］．生产力研究，2022（9）：91 - 96.

［21］陈兴荣．抱团取暖　以积极的心态面对疫情后市场［J］．现代家电，2020（3）：25 - 27.

［22］陈兴荣．国货回潮　情怀回归与实力崛起［J］．现代家电，2020（8）：64 - 66.

［23］陈兴荣．新消费　新流量　新品牌［J］．现代家电，2020（1）：44 - 46.

［24］陈秀娟．星星充电破解盈利"魔咒"［J］．汽车观察，2021（1）：95 - 97.

［25］陈雨田．"VUCA + 数字化"时代背景下的战略协同［J］．经理人，2021（11）：54 - 55.

［26］谌飞龙．互联网经济背景下创业营销理论的历史使命［J］．江西社会科学，2018，38（6）：210 - 219.

［27］谌永平．编好商业计划书　提高中小企业融资能力［J］．企业科技与发展，2009（16）：264 - 267.

［28］成榕．"一带一路"战略视域下中俄跨境电商发展模式与路径研究文献综述及思路［J］．财经界，2016（17）.

［29］丁胜红，钱秀秀．共享经济下企业人本资本共享价值解析［J］．经济问题，2022（4）：10 - 20.

［30］丁小洲，郭韬，曾经纬．创业者人格特质对创业企业商业模式创新的影响研究［J］．管理学报，2022.

［31］丁雨柔．我国风险投资发展现状、问题及对策分析［J］．老字号品牌营销，2022（14）：55 - 57.

［32］董玥玥，周长荣．房地产项目的市场定位及营销策略探讨［J］．时代金融，2018（8）：276，282.

［33］范云峰．深度分销［M］．北京：中华工商联合出版社．2012.

［34］菲利普·科特勒．营销管理［M］．王永贵，等译．北京：中国人民大学出版社，2012：121 - 134.

［35］《福建省"城市智慧公交"系列标准》通过专家评审［J］．城市公共交通，2022（5）：5 - 6.

［36］付龚钰，韩炜，彭靖．创业网络结构如何动态影响创业学习？——基于资源依赖视角的案例研究［J］．现代财经（天津财经大学学报），2021（9）：61 - 77.

［37］付翃．"互联网 +"背景下内容营销与产品定位融合分析［J］．商业经济研究，2018（15）：63 - 65.

［38］高聪蕊．营销赋能：新媒体营销下的渠道创新［J］．商业经济研究，2021（18）：82 - 84.

[39] 高学敏 . K 公司微商团队激励优化研究 [D] . 呼和浩特：内蒙古大学，2021.

[40] 龚焱，钱文颖 . 创业裂变：从 0 到 1，从 1 到 N [M] . 上海：复旦大学出版社，2019：15 - 17.

[41] 咕咚 CEO 申波：后疫情时代，咕咚从"吃穿用练"全面推进运动大健康 [J] . 互联网周刊，2021（4）：50 - 51.

[42] 郭国庆，陈凯 . 市场营销学通论（第三版）[M] . 北京：中国人民大学出版社，2005.

[43] 郭建辛 . 数字经济时代，GPU 将如何引领行业变革 [J] . 华东科技，2022（2）：12 - 13.

[44] 郭世静 . "互联网 +"背景下苏北地区农村产业化金融支持研究——以淮安市为例 [J] . 农村经济与科技，2020，31（21）：117 - 118.

[45] 郭韬，任雪娇，邵云飞 . 制度环境对创业企业绩效的影响：商业模式的视角 [J] . 预测，2017，36（6）：16 - 22.

[46] 韩树杰 . 创业地图：商业计划书与创业行动指南 [M] . 北京：机械工业出版社，2020.

[47] 何波，赵海媛，安海忠 . 复杂网络视角下中国经理人研究热点与趋势测度 [J] . 财经理论与实践，2014，35（5）：102 - 107.

[48] 何江，闫淑敏，关娇 . 共享员工到底是什么？——源起、内涵、框架与趋势 [J] . 商业研究，2020（6）：1 - 13.

[49] 何盛明 . 财经大辞典（上卷）[M] . 北京：中国财政经济出版社，1990.

[50] 何永清，卜振兴，潘杰义 . 创业企业的源创新战略构建——基于多案例研究 [J] . 北京交通大学学报（社会科学版），2022，21（1）：103 - 111.

[51] 红瓷，张通 . 冲上云霄的中国无人机 [J] . 中国工业和信息化，2021（10）：76 - 81.

[52] 胡国晖，赵婷婷 . 数字化基础、数字普惠金融与居民创业——基于中介效应模型的实证分析 [J] . 工业技术经济，2022，41（4）：122 - 130.

[53] 胡华成 . 商业计划书：从 0 开始高效融资 [M] . 北京：化学工业出版社，2020.

[54] 胡楠楠 . 卷上露营风口的探路者 [J] . 中国企业家，2022（7）：99 - 103.

[55] 胡望斌，焦康乐，张亚会，张琪 . 创业者人力资本与企业绩效关系及多层次边界条件研究——基于经验视角的元分析 [J] . 管理评论，2022，34（7）：81 - 94.

[56] 胡小玲 . 跨境快时尚品牌 SHEIN 的品牌建设与崛起之道 [J] . 对外经贸实务，2021（12）：66 - 70.

[57] 华为、东方明珠等投资中国电信 [J] . 中国有线电视，2021（8）：876 - 877.

[58] 黄东晶，夏晟豪，田重阳 . 基于灰色预测理论的互联网视频行业企业价值评估——以爱奇艺为例 [J] . 中国农业会计，2022（8）：65 - 67.

[59] 黄飞宇，杨国忠 . VUCA 环境下企业变革管理复杂适应系统的建构及实现路径 [J] . 企业经济，2020，39（8）：96 - 105.

[60] 黄琳娜 . 新消费时代中小型商超营销渠道创新问题探讨 [J] . 商业经济研究，2021（14）：83 - 85.

［61］黄梦颖．中芯国际回归科创板财务战略决策研究［D］．广州：广东工业大学，2022．

［62］黄迎富．新时期大学生创业机遇、挑战与应对策略探究［J］．大学，2022（19）：156－159．

［63］黄玥，宋加山，王仰东．创业投资引导基金资助下中小上市企业的发展特征与成长性［J］．科技管理研究，2022，42（6）：18－27．

［64］黄珍，李阳阳，付铁岩．好利来产品市场营销策略研究［J］．国际公关，2022（13）：115－117．

［65］姜敏．做一份赚钱的商业计划书［J］．经理人，2016（7）：94－97．

［66］姜汛舟．宝安集团分拆挂牌贝特瑞对公司绩效的影响研究［D］．武汉：华中科技大学，2016．

［67］姜振军．加快推进黑龙江省对俄电子商务合作的对策研究［J］．知与行，2016（2）：156－159．

［68］蒋钰香，彭玉婷，肖宇欣．基于IP储备与联名的泡泡玛特发展优化研究［J］．商场现代化，2021（19）：21－23．

［69］金鑫，张敏，孙广华，杨虎．众创空间、初创企业与风险投资的合作策略及投资决策研究［J］．管理工程学报，2022．

［70］柯佳宁，王良燕．跨品类延伸对老字号品牌和新兴品牌的影响差异研究［J］．南开管理评论，2021（2）：4－14．

［71］蓝进．试论市场定位、产品定位和竞争定位之间的关系［J］．商业研究，2007（10）：51－53．

［72］蓝文永，俞康慧．商业模式对财务绩效的影响研究——基于周黑鸭与煌上煌对比案例［J］．行政事业资产与财务，2022（15）：114－117．

［73］雷英杰．超7成环保公司派发42亿"红包"［J］．环境经济，2022（10）：24－27．

［74］黎赔肆，王晓萍．创业营销观念探析［J］．全国商情（经济理论研究），2008（18）：24－25．

［75］李海燕．基于市场需求为导向的大学生就业创业能力培养研究［J］．湖北开放职业学院学报，2021，34（22）：6－7．

［76］李嘉欣．创业企业外部环境影响研究——一个文献综述［J］．中国商论，2020（5）：248－250．

［77］李进生，赵曙明．VUCA时代人力资源管理模式创新的取向与路径——以"三支柱"模式为主线［J］．江海学刊，2021（5）：90－96．

［78］李康宏，项瑜嫣，周常宝．外卖江湖　谁主沉浮？［J］．企业管理，2021（1）：80－83．

［79］李立望，毛基业，刘川郁，龙梅．服务众包平台信任如何修复？——基于猪八戒网的案例研究［J］．科学学与科学技术管理，2022，43（2）：129－149．

［80］李思儒，杨云霞，曹小勇．数字型跨国并购与创业行为研究［J］．国际贸易问题，2022（7）：142－158．

［81］李文博．大数据驱动情景下数字创业商业模式创新关键影响因素——话语分析方法的一项探索性研究［J］．科技进步与对策，2022．

［82］李霞．"互联网＋"背景下内容营销与产品定位的融合探讨［J］．商业经济研究，2018（8）：51－53．

［83］李晓华．科技创新与商业模式创新：互动机制与政策导向［J］．求索，2022（5）：179－188．

［84］李颖，赵文红，杨特．创业者先前经验、战略导向与创业企业商业模式创新关系研究［J］．管理学报，2021，18（7）：1022－1031，1106．

［85］李永华．茶颜悦色关店，奈雪的茶预亏　新茶饮业的资本游戏　开店比盈利重要？［J］．中国经济周刊，2022（1）：64－65．

［86］李勇．聚焦战略　主动应变　以创新变革推动计划财务工作转型升级［J］．航空财会，2022，4（4）：13．

［87］李哲．"羊了个羊"爆火　中小游戏公司在蛰伏中成长［N］．中国经营报，2022－10－17（B18）．

［88］连建辉，赵林，钟惠波．当代创业企业的经济性质——当代科技创新劳动的市场性综合定价机制［J］．中国工业经济，2002（10）：64－69．

［89］梁宏．浅谈企业创新和互联网思维［J］．中国发明与专利，2015（6）：26－30．

［90］梁鹏．资本市场条件下风险投资管理的应用探析［J］．商展经济，2022（4）：84－86．

［91］廖城江．永卓科技有限公司商业模式创新研究［D］．长沙：湖南大学，2015．

［92］廖恒．爆红：创业公司一鸣惊人的6大营销绝招［M］．北京：机械工业出版社，2018：109－111．

［93］林沁．企业融资：从商业计划书到上市［M］．北京：化学工业出版社．

［94］刘伯龙，王弘钰．创业型领导与团队有效性的关系研究［J］．工业技术经济，2019（4）：126－132．

［95］刘谨．从可行性研究到商业计划书［J］．中国高新区，2002（9）：16－17．

［96］刘蕾，鄢章华．共享经济——从"去中介化"到"再中介化"的被动创新［J］．科技进步与对策，2017（7）：14－20．

［97］刘爽，任兵．基于过程视角的创业团队动态与创业决策：一个研究综述［J］．未来与发展，2022（4）：74－84．

［98］刘威，温暖．从"快乐水"到"社交货币"——Z世代新式茶饮消费的社会学分析［J］．中国青年研究，2022（6）：92－100．

［99］刘霞，张宪萌，刘畅．罗欣药业回归A股财务风险控制策略［J］．合作经济与科技，2021（22）：108－111．

［100］刘向东．浅谈5G时代传统图书营销渠道的拓展［J］．中国编辑，2022（4）：77－81．

［101］刘英团．一份商业计划只需要一页纸——读《一页纸商业计划》［J］．现代国企研究，2017（17）：95－96．

[102] 刘云. 创业企业定价方法研究 [J]. 价格理论与实践，2010 (11)：74-75.

[103] 刘哲铭，邓攀. 周鸿祎　上山下海 [J]. 中国企业家，2021 (12)：53-56.

[104] 卢长宝，柯维林，庄晓燕. 大型网络聚集促销决策中前瞻性情绪的诱发机制：限时与限量的调节作用 [J]. 南开管理评论，2020 (5)：28-40.

[105] 卢岳. 打造本地生活场景　智慧零售让数码门店满足"便捷"刚需 [N]. 消费日报，2022-02-16 (B03).

[106] 鲁银梭，王璐. 风投引入后创业企业控制权配置的影响因素研究 [J]. 生产力研究，2021 (11)：95-99.

[107] 陆克斌，沈洁. 市场营销 [M]. 北京：人民邮电出版社，2015.

[108] 陆毛忠. 基于股权融资的商业计划书编制初探——以Z公司为例 [J]. 全国流通经济，2021 (10)：85-87.

[109] 吕森林，申山宏. 创业从一份商业计划书开始 [M]. 北京：电子工业出版社. 2019.

[110] 吕爽. 创业管理 [M]. 北京：中国铁道出版社，2019：145-158.

[111] 罗伯特·沃尔科特，迈克尔·利皮茨. 内驱力：团队创业与创新的行动指南 [M]. 吴海荣，译. 北京：中华工商联出版社，2011：91-98.

[112] 马士伟. 传统营销与创业营销理论融合下的高职高专学生创业能力培养研究 [J]. 就业与保障，2021 (16)：92-93.

[113] 马翊华，郭立甫. 大疆无人机占领国际市场的成功经验与启示 [J]. 对外经贸实务，2016 (1)：76-79.

[114] 孟韬，李佳雷. 共享经济组织：数字化时代的新组织性质与成长动因 [J]. 经济管理，2021 (4)：191-208.

[115] 苗妙. 企业融资风险控制研究 [J]. 投资与创业，2022，33 (14)：23-25.

[116] 莫静玲. 高校学生商业计划书编写技能培训综述 [J]. 现代经济信息，2017 (13)：383-384.

[117] 倪华云. 如何打造一流创业团队：创业者最实用的管理指南 [M]. 北京：中国友谊出版公司. 2018.

[118] 倪渊，李翠. 内隐创业领导与多层次积极追随力的互动机制 [J]. 心理科学进展，2020 (5)：711-730.

[119] 聂海荣，古志杰. 浅析初创型企业运营管理 [J]. 企业导报，2013 (6)：99.

[120] 宁怀远. 从产品定位到战略竞争 [J]. 企业研究，2020 (4)：43-44.

[121] 欧绍华，王丹. 创业团队异质性对创业拼凑的影响研究——基于团队互动的中介作用 [J]. 广西财经学院学报，2021 (5)：92-105.

[122] 庞长伟. 创业企业动态能力对商业模式设计的影响机制研究 [J]. 管理现代化，2022，42 (2)：108-114.

[123] 裴以明. 浅析互联网背景下的创业营销 [J]. 商场现代化，2018 (18)：27-30.

[124] 濮振宇. 宁德时代曾毓群：加快电池碳足迹研究 [N]. 经济观察报，2022-03-14 (019).

［125］浦徐进，刘志颖，赖德凌．零售商营销渠道和物流服务模式选择——基于平台经济的视角［J］．产经评论，2021（4）：22–31．

［126］齐友发．中小企业融资问题研究［J］．现代商业，2022（21）：105–107．

［127］乔恩·R.卡曾巴特．团队的智慧——创建绩优组织［M］．北京：经济科学出版社，1999：111–120．

［128］秦春倩．芬尼科技裂变式创业［J］．企业管理，2021（10）：83–87．

［129］秦梦凡．联影医疗：飚速生命线　打造全智能化医疗健康生态［J］．上海企业，2020（6）：12–17．

［130］秦先普．设计，是未来和消费者沟通的重要语言——访小米生态链企业须眉科技CEO陈兴荣［J］．中国广告，2019（7）：79–81．

［131］秦艺芳，邓立治，邓张升．大学生商业计划书演示课程模块设计与关键环节研究［J］．大学教育，2018（7）：14–16．

［132］秦勇，陈爽．创业管理：理论、方法与实践［M］．北京：人民邮电出版社，2019：127–129．

［133］秦勇，陈爽．创业管理：理论、方法与实践［M］．北京：人民邮电出版社，2019：26–38．

［134］秦知东．快手登陆港交所IPO电商GMV超3 000亿［J］．计算机与网络，2021，47（4）：3–4．

［135］任朝旺，任玉娜．共享经济的实质：社会生产总过程视角［J］．经济纵横，2021（10）：23–32．

［136］任绍媛，信翔宇．基于5T理论分析网红产品的口碑营销策略——以“元气森林”为例［J］．现代营销（下旬刊），2022（6）：67–69．

［137］日本顾彼思商学院．商业计划［M］．北京：北京时代华文书局，2020．

［138］桑雪骐．家电市场升级趋势延续　集成化、智能化产品受青睐［N］．中国消费者报，2022–05–19（003）．

［139］沈丛．中国IC制造“双雄”再创佳绩［N］．中国电子报，2022–05–27（008）．

［140］沈思涵，石丹．爱奇艺，“凛冬”已至［J］．商学院，2022（1）：15–22．

［141］沈思涵，石丹．揭秘字节跳动，那些“跳动”背后的局［J］．商学院，2022（6）：86–90．

［142］沈羽．米哈游：致力于中国游戏的世界表达［J］．上海企业，2021（11）：20–23．

［143］石海娥．薇诺娜：做透细分领域［J］．光彩，2022（5）：34–35．

［144］石蔚，王衍宇．社会企业市场营销国外研究发现以及未来展望［J］．北方经贸，2021（3）：76–79．

［145］石一．何华杰：用科技创新破局的“探路者”［J］．经理人，2022（6）：60–61．

［146］石颖，崔新健．员工持股计划对企业财务绩效的影响研究［J］．经济体制改革，2022（4）：129–136．

［147］史琳，宋微，李彩霞，吴学彦．量身定制商业计划书［J］．价值工程，2013，32（28）：182－184.

［148］水藏玺．不懂得带领团队，怎么做管理［M］．北京：中国纺织出版社有限公司，2021.

［149］宋萌，王震，张华磊．领导跨界行为影响团队创新的内在机制和边界条件：知识管理的视角［J］．管理评论，2017（3）：126－135.

［150］宋胜梅．电子商务时代农产品网络营销渠道创新探索［J］．核农学报，2022（4）：876.

［151］孙锦乔．景嘉微有望引领 GPU 国产化"芯"时代吗？［J］．现代经济信息，2020（1）：160－162.

［152］孙启伟．德鲁克：有效管理理论［J］．中外企业文化，2009（7）：56－57.

［153］孙庆欣，刘畅．产品市场定位的创新策略研究［J］．中国商论，2020（8）：74－75.

［154］孙志超，郑可君．创业实战笔记：教你掌握创业下半场的生存要诀［M］．北京：清华大学出版社，2018：18－19.

［155］汤黎明，汤非平，贾建宇．我国共享经济的理论价值、实践意义与模式创新［J］．宏观经济管理，2022（4）：70－75.

［156］唐安．外卖O2O商业模式分析及发展建议——以"饿了么"为例［J］．中国物价，2021（8）：101－103.

［157］唐彬森．元气森林　唐彬森　新消费大幕刚刚掀开了一个小角［J］．中国企业家，2021（7）：36－39.

［158］唐超．赋能：打造亮剑团队［J］．中国医院院长，2020（19）：90.

［159］唐德森．创业企业融资及风投选择［J］．投资与创业，2022（8）：26－28.

［160］唐德森．创业营销定位及实现路径［J］．现代营销（下旬刊），2022（4）：33－35.

［161］陶陶．创业团队管理实战［M］．北京：化工工业出版社，2018.

［162］田朝．新租赁会计准则对电信企业的影响分析［D］．北京：北京交通大学，2020.

［163］田雪莹．京东物流配送模式优劣势及对策分析［J］．管理现代化，2017，37（6）：92－96.

［164］童子琪，王红缨．"大众创业万众创新"国家战略下的大学生自我营销策略［J］．新闻研究导刊，2018（4）：43，50.

［165］万琪，刘捷．浅析中国盲盒行业的发展前景——以泡泡玛特公司为例［J］．现代商业，2022（6）：22－24.

［166］汪峻萍，吴思卓．考虑广告促销的供应链捆绑销售产品博弈模型［J］．合肥工业大学学报（自然科学版），2021（6）：851－858.

［167］汪茜，刘海琴．共享经济背景下零售企业雇佣模式探讨——以盒马鲜生为例［J］．商业经济研究，2021（5）：136－138.

［168］汪帅东．新媒体时代企业形象传播策略及实施路径［J］．决策与信息，2019

（4）：121 - 127.

［169］汪彤彤，蔡佳豪."互联网＋"时代高职院校校园创业实践探索——以江阴学院"解忧"坚果铺创业实践为例［J］. 投资与创业，2021（21）：62 - 64.

［170］王柄根. 欣旺达：消费电池、动力电池未来可期［J］. 股市动态分析，2020（14）：37.

［171］王炳根. 贝泰妮：赛道红利不容忽视　品牌矩阵仍待完善［J］. 股市动态分析，2021（15）：44 - 45.

［172］王成成，余先玲. 智慧零售背景下实体零售企业的转型路径探索［J］. 商展经济，2022（1）：21 - 23.

［173］王春英，陈宏民. 共享短租平台房东定价行为——基于小猪短租平台的数据分析［J］. 系统管理学报，2021，30（2）：363 - 372，383.

［174］王德智. 小微企业创业领导力与创业绩效的关系研究［D］. 石河子：石河子大学，2016.

［175］王刚. 一文了解什么是 OTA 商业模式［J］. 中国会展（中国会议），2022（10）：38 - 41.

［176］王弘钰，刘伯龙. 创业型领导研究述评与展望［J］. 外国经济与管理，2018（4）：84 - 95.

［177］王吉培，宋哲泉. 风险投资在不同投资阶段的作用机理及启示［J］. 银行家，2022（6）：100 - 104.

［178］王明春. 初创企业的 7 个陷阱［J］. 企业管理，2015（2）：27 - 30.

［179］王明霄. 互联网企业　奇虎 360 竞争策略案例分析［J］. 产业与科技论坛，2022（3）：55 - 56.

［180］王琪. 商业计划书写作与通用模板［M］. 北京：人民邮电出版社，2021.

［181］王少奇. 顶尖创业者高等教育背景对其成长时间的影响［J］. 高教发展与评估，2022（6）：24 - 36，120.

［182］王帅国. 曹操出行获 38 亿 B 轮融资 "二线网约车平台"加强反攻［N］. 经济观察报，2021 - 09 - 13（027）.

［183］王婷，杨力潓，刘耘，伏洁. 高质量发展视角下家电制造业转型升级路径分析——以小熊电器为例［J］. 北方经贸，2021（12）：144 - 147.

［184］王夏阳，江彤，周家鑫. 定金预售模式下的电商线上促销及送货策略研究［J］. 当代经济管理，2022（4）：16 - 24.

［185］王娴. 轻资产运营模式下三只松鼠绩效问题研究［D］. 石家庄：河北师范大学，2022.

［186］王心宁. 大数据时代企业财务分析及管理路径研究［J］. 中小企业管理与科技，2022（10）：194 - 196.

［187］王歆，聂艳萍. 基于财务视角的大学生创业商业计划书探究［J］. 科技创业月刊，2020（12）：98 - 102.

［188］王雪靖. 新消费品牌的发展现状、问题与前景展望［J］. 中国广告，2022（2）：51 - 56.

［189］王轶，柏贵婷．创业培训、社会资本与返乡创业者创新精神——基于全国返乡创业企业的调查数据［J］．贵州财经大学学报，2022（4）：1 - 10.

［190］王涌．论信托法与物权法的关系——信托法在民法法系中的问题［J］．北京大学学报（哲学社会科学版），2008（6）：93 - 101.

［191］王缘．新消费时代下烘焙品牌好利来转型路径研究［J］．产业创新研究，2022（3）：117 - 119.

［192］王震，欧阳啸，郭伟．众包设计平台工作者关系网络构建与分析［J］．计算机集成制造系统，2022.

［193］韦琪龙．新三板挂牌企业定向增发的融资绩效研究［D］．武汉：中南财经政法大学，2020.

［194］卫武，杨天飞，温兴琦．基于初创企业发展周期的众创空间服务与角色［J］．科学学研究，2021（9）：1720 - 1728.

［195］魏洪泽，李玉杰．精准医疗与伴随诊断产业发展研究［J］．中国生物工程杂志，2019（2）：13 - 21.

［196］魏萍．小微企业初创期领导力提升研究［D］．南昌：江西师范大学，2018.

［197］魏瑞锋．基于居民网络消费结构变化的营销模式创新探讨［J］．商业经济研究，2022（10）：76 - 78.

［198］温金海，陈晓伟，刘静，陈光振，李存锋．如何精准扶持人才初创企业？［J］．中国人才，2022（8）：39 - 43.

［199］温婷．丸美股份孙怀庆：坚守长期主义　发扬国货之光［N］．上海证券报，2021 - 09 - 16（006）.

［200］温馨．家族企业职业经理人的治理角色：文献综述［J］．市场周刊，2021（10）：175 - 177.

［201］吴朝彦．新冠疫情下的中小企业创业营销：逻辑构建与实践策略［J］．重庆理工大学学报（社会科学），2020（9）：92 - 101.

［202］吴昊．SaaS 创业路线图：to B 产品、营销、运营方法论及实战案例解读［M］．北京：电子工业出版社，2020：204 - 205.

［203］吴瑶瑶．创业营销助力餐饮企业危机应对的机理［D］．蚌埠：安徽财经大学，2021.

［204］吴宜蔓．私募股权融资背景下电商企业初创期发展战略研究［D］．南昌：江西财经大学，2021.

［205］夏木．深圳大疆：精准农业促增产增收［J］．农机市场，2022（4）：47 - 48.

［206］夏欣．浅析生产型企业创业实践定价模型及优化［J］．农村经济与科技，2021（20）：169 - 171.

［207］夏云峰．阳光电源：协同创新，致胜风电新时代［J］．风能，2021（12）：34 - 37.

［208］项国鹏，高挺，万时宜．数字时代下创业企业与用户如何开发机会实现价值共创？［J］．管理评论，2022（2）：89 - 101，141.

［209］肖超．多点 Dmall 定位全渠道加国际化［J］．中国食品工业，2021（9）：

117 - 119.

[210] 肖建. 一种对成长期科技创业企业的投资与定价的创新模式 [J]. 商场现代化, 2008 (34): 246.

[211] 肖峻, 朱密. 风险投资持股能抑制实体企业"脱实向虚"吗——来自中国上市公司的经验证据 [J]. 当代财经, 2022 (6): 63 - 74.

[212] 肖鹏燕. 合规共享: 共享员工的法律风险与防控 [J]. 中国人力资源开发, 2020 (7): 96 - 106.

[213] 肖小玮, 徐冬梅, 吴丽萍, 廖冰. 大数据时代下未来经济与商业模式的思考——评《商业模式设计时代》[J]. 商业经济研究, 2022 (18): 2.

[214] 谢江佩, 蒋旻天, 王永跃. 团队权力分布的概念、效用机制与未来方向 [J]. 商业经济与管理, 2020 (6): 47 - 55.

[215] 熊国钺, 李世培. 创业营销对创业绩效的影响研究: 一个有调节的中介模型 [J]. 上海管理科学, 2020 (1): 44 - 49.

[216] 徐迪威, 张颖. 数据分析与现代科技管理 [J]. 科技管理研究, 2018 (15): 239 - 245.

[217] 徐汉宁. 互联网时代家具企业销售渠道创新研究 [J]. 林产工业, 2020 (7): 74 - 76.

[218] 徐铭浩, 王玉霞. 创业型小企业营销策略分析——以 MP 烘焙店为例 [J]. 商业经济, 2018 (2): 54 - 56, 102.

[219] 徐霄鹏. 拒绝多家巨头收购, 爱空间的野心有多大 [J]. 全球商业经典, 2020 (12): 108 - 111.

[220] 徐晓娜. 高新技术企业公司创业能力影响因素研究 [D]. 鞍山: 辽宁科技大学, 2017.

[221] 徐燕, 戴菲. 分享经济下在线短租商业模式画布创新研究——基于小猪短租商业模式与途家短租比较分析 [J]. 价格理论与实践, 2019 (6): 137 - 140, 174.

[222] 徐玉德, 李昌振. 资本市场支持科技创新的逻辑机理与现实路径 [J]. 财会月刊, 2022 (16): 141 - 146.

[223] 徐玉莲, 张思琦, 郭思迁. 科技金融网络主体合作的演化博弈研究——基于银行、风险投资与科技企业三方分析 [J]. 金融理论与实践, 2022 (10): 26 - 35.

[224] 许洁. T3 出行、曹操出行大额融资轮番上演 资本看重新能源车网约市场? [N]. 证券日报, 2021 - 09 - 28 (A03).

[225] 许晓世, 熊攀. 创业投资项目定价问题研究 [J]. 商业会计, 2009 (20): 38 - 39.

[226] 许昕. 快手的华丽转身 [J]. 企业管理, 2021 (5): 91 - 95.

[227] 许艳芳, 朱春玲. 社会价值、经济价值与社会企业创业策略的选择——基于制度逻辑理论的案例研究 [J]. 管理案例研究与评论, 2022 (1): 51 - 68.

[228] 薛红志. 创业者如何做商业计划? [J]. 中外管理, 2011 (11): 102 - 103.

[229] 薛昀淳, 向永胜. 跨境电商 C2M 商业模式研究——以 SHEIN 为例 [J]. 商场现代化, 2022 (7): 24 - 26.

［230］闫佳．品牌定位理论驱动家装行业诞生"独角兽"企业——以爱空间科技（北京）有限公司为例［J］．品牌与标准化，2020（5）：90－92.

［231］阎密．多点 DMALL 副总裁田浩　全面彻底数字化是破局之路［N］．国际商报，2022－06－17（006）.

［232］阳飞扬．从零开始学创业大全集［M］．北京：中国华侨出版社，2011：520－534.

［233］杨皓．冲破秩序的《原神》［J］．检察风云，2019（18）：66－67.

［234］杨静．创业型领导研究述评［J］．中国人力资源开发，2012（8）：5－9.

［235］杨娟，官振中，蒲波．创业型领导的概念、维度与影响机制综述［J］．领导科学，2019（22）：62－64.

［236］杨俊．创业、创业团队与创业绩效研究综述［J］．智库时代，2018（43）：9－11，17.

［237］杨俊．创业团队社会资本与企业绩效的研究述评［J］．中国商论，2018（36）：158－160.

［238］杨利静．我国大学生创业营销模式的困境分析与对策［J］．现代营销（下旬刊），2016（8）：72.

［239］杨勤，李尚泽，王卫星，张建敏，罗睿铭．基于优化 Kano 分析的产品定位设计决策［J］．机械设计，2020（6）：129－133.

［240］杨贤传，张磊．电商促销活动的长期影响效应研究——基于天猫网消费者的实证分析［J］．技术经济与管理研究，2020（6）：36－41.

［241］叶伊倩，陈岚．欣旺达：品质与技术双核驱动产业群协同低碳转型［J］．广东科技，2021（10）：44－47.

［242］叶志锋，任佳敏．会计信息价值与战略性资源评估方法——以超图软件为例［J］．商业会计，2021（15）：68－71.

［243］尹航，刘佳欣，曾能民．创业投资引导基金作用下中小企业商业模式创新的策略演化研究［J］．系统工程理论与实践，2022.

［244］尹军军，朱彦卓，弓泽宇．"互联网＋"时代下在校大学生自主创业的路径研究［J］．黑龙江教育（理论与实践），2022（3）：87－89.

［245］尹然平．农业企业创业精神、创业能力与创业绩效关系研究［D］．广州：华南农业大学，2016.

［246］余睿．京东物流：发挥新型实体企业价值　一体化供应链助力高质量发展［J］．中国物流与采购，2022（2）：23.

［247］欲图抢占 5G＋VR 场景市场先机！爱奇艺智能完成数亿元 B 轮融资［J］．中国有线电视，2021（1）：29.

［248］袁玲．共享经济视角下礼橙专车与曹操出行的对比研究［J］．科技创新发展战略研究，2020（5）：52－55.

［249］原喜泽，孙晓芳．职业经理人概念的理论演进［J］．科技情报开发与经济，2007（5）：128－129.

［250］詹爱玲．企业财务分析体系的构建与实施［J］．企业改革与管理，2022

（13）：97 – 99.

［251］张彩云．高校教学团队的概念与特征研究综述［J］．安徽工业大学学报（社会科学版），2010（4）：158 – 160.

［252］张娣，田旭．价值网视角下企业营销渠道创新研究［J］．商业经济研究，2021（13）：75 – 78.

［253］张桂平，庞毅．中国商业文化实践与理论（连载之七）第七章　信息时代技术变革的混沌与秩序［J］．商业文化，2020（21）：9 – 20，8.

［254］张辉．全球价值链理论与我国产业发展研究［J］．中国工业经济，2004（5）：38 – 46.

［255］张慧省．新媒体时代企业营销渠道的选择及控制［J］．江西电力职业技术学院学报，2022（1）：128 – 130.

［256］张洁，侯娜，刘雯雯．高管团队认知适应性如何推动商业模式创新？——三顿半和玛丽黛佳的双案例研究［J］．管理案例研究与评论，2020（5）：566 – 588.

［257］张进财．打动投资人：直击人心的商业计划书［M］．北京：清华大学出版社，2019.

［258］张鲲．大学生商业计划书教学设计重点和路演核心要素分析［J］．科教文汇（下旬刊），2021（3）：27 – 28.

［259］张雷，盛天翔．小微企业数字化转型与融资约束：理论机制与经验事实［J］．兰州学刊，2022（11）.

［260］张丽军，孙有平．走向主动健康：后疫情时代运动健康教育与大数据融合发展研究［J］．成都体育学院学报，2022（3）：47 – 52.

［261］张明．小红书　从"种草"到"拔草"［J］．企业管理，2022（8）：48 – 53.

［262］张启鹏，童飚，张秋雪．中国职业经理人现状［J］．商业文化，2014（17）：48 – 49.

［263］张庆丰．浅谈撰写创业融资商业计划书的一些误区及建议［J］．现代经济信息，2018（13）：100.

［264］张如奎，徐增辉．浅论基因检测对肿瘤精准医疗的意义［J］．中国医药生物技术，2016（2）：103 – 109.

［265］张庶萍．产品商业计划与本科生创业教育研究［J］．科技与创新，2020（19）：76 – 77.

［266］张思琪，汪璇，张欣雨．"共享员工"模式当前发展与今后走向——以盒马鲜生为引［J］．经营与管理，2022（3）：108 – 114.

［267］张思远，孙春生，张巨才．非确定促销的心理机制研究——基于风险偏好实验［J］．商业经济研究，2021（6）：60 – 64.

［268］张文慧，王辉．中国企业战略型领导的三元模式［J］．管理世界，2013（7）：94 – 112.

［269］张文剑，陈科，蔡凌曦．中国无人机产业生态链的协同发展研究［J］．技术与市场，2022（5）：133 – 135.

［270］张雯婷，刘艳．社交化电商商业模式分析——以小红书为例［J］．上海商业，

2021 (6)：32 - 33.

[271] 张武欣，史淑桃．团队认知多样性研究综述与展望 [J]．内蒙古科技与经济，2021 (24)：19 - 22，44.

[272] 张晓晖．联影医疗冲刺 IPO [N]．经济观察报，2022 - 04 - 04 (015)

[273] 张延陶，刘振腾．罗欣药业创新差异化 [J]．英才，2020 (Z1)：68.

[274] 张亦弛，赵鹏超，谢卉瑜．中国智慧公交示范现状分析及展望 [J]．时代汽车，2021 (6)：35 - 38.

[275] 张永冀，炎晓阳，张瑞君．产品市场竞争与关联方交易——基于战略转移定价理论的实证分析 [J]．会计研究，2014 (12)：79 - 85，96.

[276] 张瑜．小熊电器差异化战略分析 [J]．现代商业，2021 (14)：13 - 15.

[277] 张玉利．创业教育的定位与教学方法 [J]．河南教育（高校版），2006 (11)：48 - 49.

[278] 张玉明．共享经济学 [M]．北京：科学出版社，2017：295 - 314.

[279] 张媛珍．爆火之后，洗地机行业的"千亿生意"牌该怎么打？ [J]．电器，2021 (11)：39 - 41.

[280] 张运生，肖锦擘．创业投资机构股权投资对新创企业技术创新绩效的影响机制 [J]．科技管理研究，2022，42 (8)：148 - 155.

[281] 张真．农机商业计划书该怎么写 [J]．农机市场，2022 (3)：13.

[282] 张子山．共享办公情境下新创企业营销渠道的构建——基于资源编排理论 [J]．商讯，2020 (28)：22 - 23.

[283] 赵锦帆．"宽衣文化"在当代服装设计中的应用——以 bosie 品牌为例 [J]．艺术大观，2021 (7)：58 - 59.

[284] 赵静，李斌．中小微企业商业模式研究——基于帮助企业融资撰写商业计划书的实务探讨 [J]．中国商论，2018 (1)：126 - 128.

[285] 赵静，袁霞光．商业计划书对于企业融资的重大意义 [J]．经贸实践，2018 (1)：110 - 111.

[286] 赵思嘉，易凌峰，连燕玲．创业型领导、组织韧性与新创企业绩效 [J]．外国经济与管理，2021 (3)：42 - 56.

[287] 赵显一，王雪．《创新创业教育——创业指导》课程过程性评价考核研究 [J]．才智，2020 (20)：120 - 121.

[288] 赵心依．竞争性供应链定价与促销决策研究——基于 B2C 电子商务平台下价格竞争的情形分析 [J]．价格理论与实践，2020 (5)：121 - 124.

[289] 赵秀丽，马早明．创业环境与创业意向的关系：一个有调节的中介模型 [J]．高教探索，2020 (11)：106 - 112.

[290] 赵彦志，张玉莹，王鹏．学术创业研究的历史根源文献探析——基于引文出版年光谱方法的计量分析 [J]．中国高校科技，2022 (3)：73 - 78.

[291] 郑兴东，丁增稳．基于社会资本视角的科技型企业融资机制研究 [J]．通化师范学院学报，2022 (7)：74 - 78.

[292] 郑秀恋，赵丽仪，马鸿佳，郭帅辰．深化科技体制改革促进创新创业生态发

展［J］. 科学管理研究, 2021 (6): 26 - 34.

[293] 政工. 肯·谢尔顿的《领导是什么》[J]. 云南电业, 2002 (2): 43 - 44.

[294] 智雅. 淘品牌 BOSIE 获 B 站投资［N］. 中国服饰报, 2021 - 10 - 08 (009).

[295] 中电联环保: 以技术创新守护蓝天［J］. 中国环境监察, 2021 (8): 114 - 117.

[296] 中国充电桩行业市场前景及投资研究报告［J］. 电器工业, 2021 (12): 13 - 33.

[297] 周艾琳. 达沃斯聚焦中国能源转型 国家电网、宁德时代代表这么说［N］. 第一财经日报, 2022 - 05 - 26 (A03).

[298] 周常宝, 李自立, 张言方. 大疆创新生态系统［J］. 企业管理, 2020 (3): 64 - 67.

[299] 周繁. 基于4P 理论分析茶颜悦色对 Z 世代的营销策略［J］. 新闻传播, 2022 (9): 12 - 14.

[300] 周方. 基于电子商务平台的特种产品市场营销渠道分析——评《O2O 实战二维码全渠道营销》[J]. 热带作物学报, 2021 (11): 3481 - 3482.

[301] 周航. 创业营销与企业绩效关系［D］. 衡阳: 南华大学, 2021.

[302] 周剑熙. 创业者要懂的 24 堂团队管理课［M］. 北京: 人民邮电出版社, 2016: 18 - 24.

[303] 周丽. "道""术""用"结合的创业教育模式研究［J］. 创新与创业教育, 2014 (1): 14 - 17.

[304] 周丽等. 创新创业大赛实战教程［M］北京: 企业管理出版社, 2019.

[305] 周丽等. 科技人力资源管理［M］武汉: 武汉大学出版社, 2023.

[306] 周丽等. 团队建设实训教程［M］北京: 企业管理出版社, 2021.

[307] 周炜, 蔺楠, 张茜. 学术创业: 研究综述与展望［J］. 科研管理, 2022, 43 (1): 14 - 21.

[308] 周晓丰. 企业家与职业经理人异同分析［J］. 天津市财贸管理干部学院学报, 2005 (4): 16 - 18.

[309] 周亚琴, 许柏鸣. 电商布艺沙发的市场定位分析［J］. 家具, 2021, 42 (5): 71 - 74, 70.

[310] 周阳, 鲁若愚, 张立锴. 数字技术创业企业的网络联结、TMT 团队特征与企业成长: 基于 fsQCA 分析［J］. 技术经济, 2022 (3): 61 - 70.

[311] 周至, 孙宇祥. 五力模型与 OODA 环模型相融合的企业战略决策模型［J］. 河海大学学报 (哲学社会科学版), 2020 (3): 74 - 81, 107 - 108.

[312] 朱海雄. 商业计划书编写指南 (第 2 版)［M］. 北京: 电子工业出版社. 2012.

[313] 朱仁宏, 曾楚宏, 代吉林. 创业团队研究述评与展望［J］. 外国经济与管理, 2012 (11): 11 - 18.

[314] 朱仁宏. 创业研究前沿理论探讨——定义、概念框架与研究边界［J］. 管理科学, 2004 (4): 71 - 77.

[315] 朱蓉, 温傲, 邓春平. 用户社会创业企业的商业生态系统构建案例研究［J］. 管理评论, 2022 (6): 341 - 352.

［316］朱秀梅，费宇鹏．关系特征、资源获取与初创企业绩效关系实证研究［J］．南开管理评论，2010（3）：125 – 135．

［317］朱艳秋．就业非正规性："共享员工"的现实缺陷与规制进路［J］．中国人力资源开发，2020（12）：70 – 80．

［318］朱泽钢，程佳佳．数字经济时代独角兽企业的商业模式研究——以字节跳动为例［J］．商展经济，2021（24）：102 – 104．

［319］祝杨军．初创企业生存发展的困境与出路——基于SC创业领导力模型的叙事研究［J］．领导科学，2018（26）：34 – 36．

［320］庄文静．爱空间何以成为"家装业的海底捞"？［J］．中外管理，2019（5）：94 – 97．

［321］宗毅．制度创新——裂变式创业［J］．中国建筑金属结构，2020（4）：60 – 63．

［322］左伟英，许黎辉．商业计划：助你驶向彼岸［J］．商业经济，2004（2）：80 – 81．

［323］Bartol K M, Srivastava A. Encouraging Knowledge Sharing：The Role of Organization Rewards System［J］. Journal of Leadership and Organization Studies, 2002, 9（1）：64 – 76.

［324］Gerald E. Hills, Claes M. Hultman, Sascha Kraus, Reinhard Schulte. History theory and evidence of entrepreneurial marketing overview［J］. Entrepreneurship and Innovation Management, 2013（1）：3 – 18.

［325］Gras D, Mendoza-Abarca K I. Risky business? The survival implication of exploiting commercial opportunities by non-profits［J］. Journal of Business Venturing, 2014, 29（3）：392 – 404.

［326］Gupta, Vipin, MacMillan, Ian C, and Surie, Gita. Entrepreneurial leadership：Developing and measuring a crosscultural construct［J］. Journal of Business Venturing, 2004, 19（2）：241 – 260.

［327］Higashide H, Birley S. The consequences of conflict between the venture capitalist and the entrepreneurial team in the United Kingdom from the perspective of the venture capitalist［J］. Journal of Business Venturing, 2002, 17（1）：59 – 81.

［328］Hills G E, Hultman C M, Miles M P. The evolution and development of entrepreneurial marketing［J］. Journal of SmallBusiness Management, 2008, 46（1）：99 – 112.

［329］Ireland R D, Hitt M A. Achieving and maintaining strategic competitiveness in the 21st century：The role of strategic leadership［J］. Academy of Management Executive, 1999, 13（1）：43 – 57.

［330］Kamm M A. Role of surgical treatment in patients with severe constipation.［J］. Annals of medicine, 1990, 22（6）.

［331］Ko E J, Wiklund J, Pollack J M. Entrepreneurial team diversity and productivity：The role of family relationships in nascent ventures［J］. Entrepreneurship Theory and Practice, 2021, 45（2）：386 – 417.

［332］Morris M H, Schindehutte M, LaForge R W. Entrepreneurial marketing：A construct for integrating emerging entrepreneurship and marketing perspectives［J］. Journal of marketing theory and practice, 2002, 10 (4): 1 - 19.

[333] Renton M, Richard J E. Entrepreneurship in marketing: Socializing partners for brand governance in EM firms [J]. Journal of Business Research, 2020, 113 (5): 180 - 188.

[334] Rowe W G. Creating wealth in organizations: The role of strategic leadership [J]. Academy of Management Executive, 2001, 15 (1): 81 - 94.

[335] Thomadsen R. Product positioning and competition: The role of location in the fast food industry [J]. Marketing Science, 2007, 26 (6): 792804.